LOCAL LEGISLATION

黄兰松 ◎ 著

地方立法动力论

THE DYNAMIC
OF LOCAL LEGISLATION

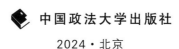
中国政法大学出版社

2024·北京

图书在版编目（CIP）数据

地方立法动力论 / 黄兰松著. -- 北京 ：中国政法
大学出版社，2024. 7. -- ISBN 978-7-5764-1667-1

Ⅰ. D927

中国国家版本馆 CIP 数据核字第 2024EP9782 号

出　版　者	中国政法大学出版社
地　　　址	北京市海淀区西土城路 25 号
邮寄地址	北京 100088 信箱 8034 分箱　邮编 100088
网　　　址	http://www.cuplpress.com (网络实名：中国政法大学出版社)
电　　　话	010-58908586(编辑部) 58908334(邮购部)
编辑邮箱	zhengfadch@126.com
承　　　印	北京中科印刷有限公司
开　　　本	720mm×960mm　1/16
印　　　张	24.5
字　　　数	400 千字
版　　　次	2024 年 7 月第 1 版
印　　　次	2024 年 7 月第 1 次印刷
定　　　价	130.00 元

立法的目的是确立稳定的社会预期

在《政治秩序的起源》一书中，政治理论家福山阐述了法治应有的三重要素，即法律至上、法律约束、法治共识。所谓法律至上，就是法律作为一个社会最高的规范体系，是人们评判政治行动合法、正义与否的根据和标准。理性化的法律标准不仅高于道德伦理、地方习惯，而且也高于权力意志、公共意志。立法和法律即一个社会最高价值的制度表达。所谓法律约束，意指平等约束，法律不仅理性地约束个体，而且约束现代国家庞大的公共权力，约束的目的是减少公共权力对社会空间和私人领域的过度干预，从而最大化地保障个人自由，创造一个多元包容的自由秩序。所谓法治共识，系指整个社会围绕着法治，以法治的规范、价值和理想为核心，形成一种关于良法善治的公共政治文化，国家自上而下、人民自下而上地认同法律价值、法律正义、法律思维。法治既表现为一种集成化的顶层设计，同时也是社会自发形成的法律信仰，人们普遍相信，"为权利而斗争，就是为法律而斗争"。

无论是法律至上、法律约束，还是法治共识，它们都有一个突出的作用，那就是确立一个稳定的社会预期。现代化理论家韦伯认为，西方社会能够更早地发展出资本主义的经济形式和组织，除了文化上的新教伦理因素这一原因外，另一个重要原因是它发展出了"形式理性法"这一能稳定社会预期的制度。无独有偶，哈耶克亦曾有言，近代西方在文明竞争中具有优势，一个很重要的原因就是一般性、普遍性的法律能够约束权力的恣意，为社会交往带来长久稳定的预期，让整个社会避免因为一时的权宜之计而牺牲宝贵的原则，因即时性政策目的而牺牲长远利益、根本利益。社会预期之所以重要，是因为它向人们公开展示了何种行为会得到法律的肯定，哪种行为会得到法律的否定性评价，人们会根据这些规则的价值尺度明白法与不法的界限，弄清自由行为的空间，从而合理地安排自己的行动以追逐、实现自己的目的。如果一个社会缺乏稳定的预期，那么不仅合法与不法将失去界限，而且也意味着人们无法预见自己行为的后果，从而无法安排、选择自己的行为策略，自此民无所措手足，最终挫伤的将是整个社会的活力和进取心。

迄今为止，法治是保障社会预期的最优选择。"人不仅是追求目的的动物，更是遵循规则的动物。"只有法律至上，确立法律规则的最高权威地位，人们才会心安理得地形成"规则思维"，而不必担心承受一些来自宗教的、道德的、政治的"莫须有"审判。唯有法律有效约束公共权力，为其设置合法性的制度约束，人们的自由空间才能得到可靠的保障，自由理性才能多元地创造价值，开辟多种多样的生活方式。法律只有被人们广泛信仰，人们才有可能彼此互信，发自内心地遵从法律的逻辑和规范，按照法律的要求去行事，尊重法律博弈和审判的结果，接受法律正义和制度的安排。法治信仰是社会预期的诚信基础。

之所以特别强调法治预期，是因为现代法治很大程度上是市民社会的产物，它的特性与中产阶级的崛起密不可分。"在他们取得统治的地方把一切封建的、宗法的、田园诗般的关系都破坏了"，他们铲除了束缚人们的形形色色的封建羁绊和家长制，使人与人之间的关系变成了纯粹的、理性的利害关系。近代化的历史证明，排除专断、平等尊重、意思自治是法律预期的基石。正如黄兰松教授在书中所言，市民社会注重市场经济这一生产与交往方式，注重自由的私人领域，它以城市中产阶级为交往主体，孕育的是市场法则、市民理性和平等精神。市民社会追求身份平等而反对一切等级特权，私人领域主张扩展自由而反对权力恣意，中产阶级讲究多元竞争而反对各种唯我独尊的一元论，这些精神伦理在立法和法律上的表达，是通过立法反对各种权力寻租行为和各种形式的保护主义，通过立法平等地关心和尊重人民，通过"正当行为规则"来保障和扩展自由，等等。这些是为了让人们明确政府会以何种方式使用自己的权力，并据此计划如何安排他们的个人事务。稳定的社会预期，是地方立法走向法治化的重要主题和目标。

此外，黄兰松教授建构的"地方立法动力论"，还从其他方面保证立法的可预期性。立法中的地方保护主义倾向，以及地方立法权扩张过程中的权力寻租行为、部门利益法制化等现象，违背了立法预期。它们的共同特点是将立法工具化，未用立法维护普遍利益、公共利益；将立法当作一种自上而下的单向度的意志宣示工具，而非自下而上与自上而下互动形成的公共产品。在这种情况下，立法的社会预期作用高度依赖立法的公共性，以及地方治理体系的法治化水平。"地方立法动力论"提出建构一种法治化的地方治理模式。法治化治理模式包括以人大主导的立法制度、法律合法性标准，以及法律权威下的公共治理。同时，要保证地方立法的公共性，就应保证立法中的公共参与。公共参与通过锻造公民主体、反馈社会事务、拓宽参与渠道等方式，促进了地方立法的民主化，并通过对地方立法的民主控制，维护人民的主体地位，使立法体现地方居民意志，实现社会公正，遏制制度寻租和腐败行为，建立基于民心、民意的正当性概念，树立法治的权威，增强地方立法对社会实际的适用性和特色性。

当然，从确定社会预期的角度来看，"立法动力论"还存在诸多问题需要解决。首先，法律的高预期性依赖立法本身的一般性、普遍性、原则性，而"立法动力论"则要求地方立法尽可能地兼顾具体的时空条件、地方"国情"因素、本土资源甚至传统道德文化观念。这就容易产生"原则与权宜"之间的矛盾。其次，"立法动力论"强调治理模式的转型，要求立法回应治理体系转型过程中出现的新问题、新挑战，如此法治并不是社会定型化或制度转型完成中的法治，而是"前所未有之大变局"中的法治，法治的制度构成和价值原则都会遭遇挑战，乃至产生"重估一切价值"的要求。这不可避免地给法律的一般性、可预期性带来挑战。这即法律的稳定性、可预期性与变化中的法律之间的矛盾。最后，则是那些趋向稳定预期的"形式理性法""正当行为规则"如何参与"秩序重建"的时代主题，如何与整个社会的秩序体系协调、衔接。这些问题与其说是时代变局的产物，不如说是对时代变革的回应。历史的缺憾需要由当代去弥补。无论如何，"立法动力论"的宗旨都是向现代坚定迈进，而非向传统回归。

本书作者黄兰松教授，是一位学术成果颇丰的年轻学者，其理论功底扎实，治学严谨，具有很强的学术敏锐性。作者对地方立法中所涉及的各种动力进行了深入探索和剖析，从地方立法与政治、经济、社会、文化等领域中的重要因素的关系角度展开研究，提出了一系列具有创新性的观点和理论框架，这些对于加强地方立法工作的规范化和科学化，具有非常重要的现实意义。总体而言，《地方立法动力论》是近期研究地方立法问题的一部有分量的学术专著，能够为广大关注地方立法研究的学者和实务部门提供有益的参考和借鉴。

中国社会科学院研究员　莫纪宏

2024 年 7 月 3 日

立法者的科学：地方立法应该注重时空条件

很高兴看到法学青年才俊黄兰松教授《地方立法动力论》一书的出版。

中国自古以来就是"普天之下，莫非王土""事在四方，要在中央"的大一统体制。这种体制表现为超稳定结构，具有超强的历史连续性、适应性和自我修复机制。即便经历过疾风骤雨、政治的现代性转型，这种大一统体制也没有遭遇世界其他地域传统国家的解体命运，仍然顽强地存续下来，并成功与新的政治形式、社会结构、生产方式相结合，可谓"周虽旧邦，其命维新"。然而，历史延续性并不等于"自然正确"，它同样需要理性标准的检验。连续性一方面是记忆绵长、生命顽强、经验更续的证明，另一方面它也意味着继承了这一体制在治理方面的固有矛盾：中央与地方、集权与分权、合法与合理。中国是一个幅员辽阔、族群多元、内部发展不平衡的超大规模社会，导致顶层设计有时难以适应多元复杂的地方形势与需求，在实际执行中不可避免地带来偏差和问题。这提示我们，大国的制度创制，一定要注重大国特有的时空条件，尊重地方差异的空间结构，尊重复杂多样的社会需求。

在强调制度安排的时空条件方面，无论是"崇山峻岭中的中国法治"，还是"历史中国的制度构成"，都有学者在耐心解释以农耕文明为基础的超大型历史文化共同体如何产生迥异于西方的历史需求，这些历史需求又如何塑造历史制度的品格。历史制度不是自生自发的，它们也是由古代的立法者们立足于当时的时空条件通过不断的立法活动积累、塑造的。适用于古代立法者的"德性"要求，可能同样适用于今天的立法者，比如尊重社会利益多元化的现实，学会从大国经济社会发展不平衡的实际出发，认识到城乡二元结构的优势和矛盾，厘清不同地方的发展禀赋以及其与中央的关系定位，梳理南方与北方、东部与西部的历史文明关系与流变，思考中心与边缘的地缘转变与生产力变革的关系。特别是在大转型、大变革的时代，立法者应当将我国视为一个海纳百川的"文明型国家"，一个处在文明冲突中的文明母体。她的历史记忆、文化遗藏，多元的生活方式和价值信仰，复杂的地域和社会构成，多元一体的政治支配结构，都应当成为立法宝贵的时空条件及其"本土资源"。

时空条件既是历史的，也是现实的。它可以表现为历史条件的延续性，历史基础的既成性，也可以表现为现实因素的制约性，现实活动的创造性。按照我的理解，黄兰松教授的"立法动力论"，首先强调的，是历史性的经济、制度和文化因素对于地方立法的结构约束性及其影响。比如，肯定地方政府在经济发展中的主体性作用，承认其具有经济理性人的一些特质和行为特征，地方立法最终要为开放的市场经济服务。其次强调的，是要求地方立法应当立足于地方性的民间社会及其"交往理性"，努力表达其多元化的社会、经济和文化诉求，并在这种理性交往、协商民主、多元互动的基础上提升地方立法质量及其法治化水平。就现今而言，全面深化改革的总目标是完善和发展中国特色社会主义制度，推进国家治理体系和治理能力现代化。地方立法同样需要回应国家治理现代化这一当代主题，审时度势地通过立法提供切合实际的制度供给，满足中国这一超大规模国家在自身现代化转型过程中对"国家能力"的特殊需求。

人创造了自己的历史，虽然他们不是随心所欲地创造。从主体的角度来看，时空条件表现为人创造的政治、经济、社会、文化、生态等方面的文明。只有主体化为人的实践，时空条件才能具体化为一种提升而非压制人的创造力的力量。我想，黄兰松教授所说的"立法动力论"，其问题关切不仅是要强调物质条件或"国情"、制度约束机制，更要从人之实践、从立法者的主体角度出发，去论证地方立法在法治秩序建构过程中的推动和引领作用，强调地方立法的创新性、主动性和积极性，甚至实践批判性。正因为如此，我们才能看到黄兰松教授在书中对地方立法一般性要求的阐释：地方立法应该在保持法制统一的基础上输出适应和促进本地经济社会发展的"正当行为规则"以及重要制度创新，而非脱离实际的"正确规则"或者蜕变为地方保护主义的、工具性的政策措施。思想和意识形态的因素同样能推动、引领人的行动，因此，法治的理念和原则，法治社会的理想图景，同样是地方立法的遵循和动力机制。这些表达的都是社会发展现代化和法律现代化的时代需求，而需求正是推动人的行为的最强大的社会化动力。在黄兰松教授对于地方"法治型治理模式"的论述中，我们看到了法治观念的引领作用，特别是"依法立法"在地方法治秩序建构过程中的引领性和示范性作用。在这一意义上，"立法动力论"不啻为一种"立法者的科学"和愿景。

更难能可贵的是，本书作者对于立法动力学的研究，立足于具体立法制度和立法活动，在借鉴相关理论的基础上进行符合中国实际的理论提炼和升华。在本书开头，作者即意图勾勒出立法动力理论在传统政治经济学中的基础地位。这种政治经济学传统的杰出代表是马克思的唯物史观、波兰尼的实体理论、诺斯的制度变迁理论，它们最大限度地挖掘出体制外因素或非正式制度因素与立法之间的关系，并为研究立法（当然也包括地方立法）提供了一种政治经济学视角。在马克思唯物史观看来，立法作为政治社会上层建筑的一部分，是一定时代占据支配地位的生产关系的积极反映，是对社会制度和经济关系的历史变迁（结果）加以正当化的方式，是用来建构和组织社会的意识形态力量。历史最终是对人类社会历史变迁的记录和说明。不同于传统政治哲学所采取的那种从抽象的人性论出发来构建合理社会秩序的进路，马克思实际上从实际的社会关系的角度去理解立法及其附随的各种制度运作。这种社会关系既可能是经济和政治的，也可能是阶级、民族和文化的，总之，其构成了历史变迁的广阔视野。波兰尼同样在一种历史转型的视野中来看待立法，只不过这里的核心范畴是市场社会、自律性市场和社会的自我保护——后两者的冲突和对抗构成了现代社会经济与政治变迁和矛盾的根源。面对自律性市场的扩张，波兰尼站在社会的自我保护的立场上，认为政府和国家应当积极采取社会性立法的手段，来应对市场及其法则的扩展对于人的生存环境和自然的侵害。因此，政治经济学视野中的社会的发现，就成为立法的另一重动力。只不过与马克思的社会关系不同，这里的社会是相对于自律性市场而言的，代表的更多是社会的整体利益以及实质的社会关系，而马克思社会关系的侧重点则是其中所隐蔽的支配与反支配的阶级对抗关系和运动。至于诺斯，则是在一种经济制度变迁和比较现代化的视野当中来揭示经济与立法的关系的，在这里，国家、意识形态、人的行为模式、社会组织、制度结构和安排等因素都成为一个能动的经济范畴，与交易费用一起，共同作用于人类社会的诸多立法。虽然诺斯理论的出发点是要去探究西方社会与非西方社会所存在的文化、宗教、政治、经济差异的根源，对发源于西方的现代化的成功经验进行制度层面的自我确证，因而不可避免地带有西方中心论和现代化意识形态的色彩，但是他的制度范畴却不仅是意识形态的，同时也是特定的制度结构和制度安排，而人们的交往活动和经济关系又总是内在于一定的制度结构当中的。制度是经济活动的实质环节和要素；这种制度与经济的互动，尤其是既定制度结构（包括国家制度、政治制度）下的经济活动以及其所反映出的政治、立法与经济的关系，构成了一种政治经济学的总体性视野。所以，在诺斯那里，不是抽象和形式的制度，而是结构化了的经济，构成立法活动背后的实质动力。

　　理论与实践相结合是黄兰松教授的《地方立法动力论》一书的最大特色，衷心期待本书能够得到学界、实务界的广泛关注和应用，为地方立法理论与实践贡献一份智慧。

西南政法大学教授　　付子堂

2024 年 7 月 7 日

立法不仅要确立一个自足的规范体系

　　法哲有云："法律的生命在于经验，而不在于逻辑。"法律的道路如此，立法亦然。在形而上学时代，人们将立法视作自然理性的产物，这种自然理性是超脱人类历史经验、社会安排和时代局限性的，立法承载了与过去的历史记忆告别的使命，它寓意一种时代的断裂；还有人将立法视作某种绝对的善观念在无尽历史长河中的辩证运动和知性闪现，类似于神迹降临，立法将一个民族的权力、荣耀和梦想推向历史顶峰。

　　但在后形而上学时代，人们普遍接受的观念是"社会生活的本质是实践的"，相比于传统独断论的形而上学思维，人们更愿意从人类广阔的实践历史的角度去审视立法和法律。人们也不再拘泥于某种绝对的道德观念和抽象理念，而是更倾向于从国家治理、社会治理的角度去调和立法过程中包含的经验与理性、理论与实践、事实与价值、实然与应然的对立。人们逐渐形成共识，立法和法律并非某种自足的规范体系，它既不可能孤立于历史，超脱于社会，亦不可能借助某种抽象观念、某个神圣意志、某种政治化过程或程序将其神秘化。实际上，立法与法律的现代化，就是一个经验除魅的过程。如果不与既存的历史传统对接，不考虑一定时期的生产方式、交往形式、社会结构，不去审视特定国家、民族的政治支配结构、民族精神，那立法就如同失去社会基础的空中楼阁，没有源头活水的池塘水洼，不仅难以得到圆满的理解和解释，而且本身也会走向专断和恣意，违背良法善治的初心。

　　翻阅人类立法史，历史法学派的集大成者萨维尼首先将立法与一个民族的精神禀赋、信念伦理联系起来。萨维尼拒绝那种通过立法舍弃历史联系，仅凭专断意志凭空创造一部法典的不成熟观点,他主张立法这一活动应兼具"历史的视野和政治的眼光",从而将立法行为纳入国家建构这一历史运动过程当中。其后的马克思面对先验唯心主义法学和立法观的主导地位,以历史唯物主义的进路系统阐释了生产力与生产关系、经济基础与上层建筑、政治国家与社会等辩证范畴,把立法从唯心论的迷惘中解放出来,将其放置到历史性的"社会关系"的基础上进行理解。立法不再被视为绝对理念燃烧过后的现实剩余,而是被实事求是地当作对生产方式变革、社会阶级变革、意识形态变革的合法化确认。20世纪的庞德,面对法学形式主义和逻辑实证主义盛行的情况,主张立法应该协调各种各样的利益,特别是个人利益与公共利益、现实利益与预期利益、物质利益与精神利益。立法面临社会化的问题。站在协调个人主义和社会保全的高度,庞德将法律和立法定义为发达政治组织社会才可能拥有的社会控制手段,从而开创了一个影响至今蔚为大观的社会法学流派。

可以说,黄兰松教授的《地方立法动力论》即沿着上述理路不断探索的结果。"立法动力论"具有这样几个鲜明的特点:第一,将立法活动与中国式现代化进程的诸多方面联系起来,将立法理论与当前社会各学科的最新理论成果联系起来,兼具理论与实践视野;第二,显示出"综合法理学"取向,并未将自身局限于某一理论或某一问题层面,而是从广阔的政治经济学、社会学视角对立法进行综合研究,形成一种整体性的、融贯性的观点,以求尽可能地展现立法的诸多侧面;第三,不是将立法当作一种历史决定论、经济决定论式的被动的、机械的活动,而是将立法视作一种制度和价值方面的能动活动、创造性活动,既将立法嵌入复杂的政治安排、经济交往、文化重建、社会结构当中,审视立法的功能定位与应然品格,又透过立法去建构更加可欲合理的制度、经济、文化方面的社会关系;第四,文章于兼容并包之中,这种立法建构的秩序,将兼容"古今之争"与"中西之争",兼容传统的"家国天下"秩序与现代原子论式的个人主义秩序,兼容"政治驱动型"秩序与自身自发秩序,兼容发展主义与正义原则。

在具体问题研究方面,本书亦有很多令人印象深刻的见解。比如,作者认为,在政治动力方面,近年来地方立法权的扩张产生了一种制度需求,即地方立法者应当以法治化的方式提供公共产品。这一制度需求推动了地方立法的法治化转型，创造出更加适宜的治理方式。这一理性化的制度需求充当了地方治理法治化转型的前奏，国家能力建设则为地方立法设置了一条可见的政治红线，它决定了地方立法自主性的限度，以及维护这种自主性所需要克服的难题；换言之，地方立法需要在国家治理与法治的张力中寻求自身的自主性，并把这种自主性纳入国家能力尤其是制度能力的建设过程当中。国家治理的现代化，则提出了治理体系现代化的要求。毋庸置疑，这种国家治理体系的法治化变革，会深刻影响到地方治理体系，尤其是地方立法权力的配置。在此，由于国家治理体系法治化的建设，地方人大与地方政府之间的立法权限及其关系架构将不可避免地受到影响。再如，在经济动力方面，作者指出，地方政府间的竞争作为一种重要的经济学事实，不仅在很大程度上推动了中国经济模式的形成，而且也修改了地方制度及其权力结构。地方政府间的竞争促进了地方政府之间的制度与政策的竞争，进而左右了地方立法的经济理性和工具主义特征，并推动了法治实验的兴起。在此制度竞争和实验过程中，它既为地方立法带来了前所未有的经济——产权激励，也造成了地方立法价值取向偏颇、民主基础缺失等风险。这一切，都可谓立法动力学视野下的真知灼见。

总而言之，作者以其扎实的学术功底、精湛的研究方法和全面的视野，形成了独特且较为系统的理论分析框架。我认为，黄兰松教授的这项研究成果必将增益人们对于立法的认识，为地方立法研究注入新的理论活力。

武汉大学教授 秦前红

秦前红

2024 年 7 月 9 日

创立地方立法动力学的尝试

中国现阶段的地方立法经历了渐进的发展过程。1979年《中华人民共和国地方各级人民代表大会和地方各级人民政府组织法》（以下简称《地方组织法》）是中国现阶段地方立法的起点。该法第6条规定省、自治区、直辖市人民代表大会制定地方性法规的权力；第27条规定省级人大常委会制定地方性法规的权力。1982年12月4日第五届全国人民代表大会第五次会议通过的现行《中华人民共和国宪法》第100条确认了我国1979年《地方组织法》关于省级人大及常委会的立法权；该法第116条明确了民族自治地方自治条例和单行条例的立法权。1982年《地方组织法》修正，对地方立法权作出补充，规定省级人民政府所在地的市和国务院批准的较大的市人大及其常委会有拟订地方性法规草案提请省级人大常委会审议制定的职权，并规定了上述人民政府有关规章的制定权。1986年《地方组织法》第二次修正，这一次明确省级人民政府所在地的市和国务院批准的较大的市人大及其常委会有制定地方性法规的权力，而不是行使法案起草权，但制定的地方性法规须报请省级人大常委会批准后实施。

在一般地方立法形成格局后，自20世纪80年代开始，随着我国对内改革对外开放方针确立，国家开始设立经济特区，经济特区的立法权问题提出来了。早在1981年11月26日，全国人大常委会通过《关于授权广东省、福建省人民代表大会及其常务委员会制定所属经济特区的各项单行经济法规的决议》，授予以上两省人大及其常委会制定单行经济法规，在经济特区范围内实施。1988年4月13日，全国人民代表大会通过《关于建立海南经济特区的决议》，授权海南省人大及其常委会制定单行经济法规，在海南经济特区实施。其后全国人大及其常委会分别于 1992 年、1994 年、1996 年作出授权，授予深圳市、厦门市、汕头市和珠海市人大及其常委会制定单行经济法规，在其经济特区范围内实施，确立了除海南省以外的四大作为经济特区的市的立法权。同时以上四市经过全国人大及其常委会的授权，其人民政府也有制定政府规章的权力。

2000 年九届人大三次会议制定通过系统规定立法制度的法律——《立法法》，该法第 63 条规定省级人大及其常委会、较大的市人大及其常委会有制定地方性法规的权力，该条第 4 款对较大的市作了解释；该法第 73 条也规定了省级人民政府以及较大的市人民政府有政府规章的制定权。2015 年《立法法》第一次修正，将"较大的市"的立法权扩展到所有设区的市的立法权，该法第 72 条规定了设区的市人大及其常委会有地方性法规的制定权，第 82 条规定了设区的市人民政府有规章的制定权，但对设区的市立法权限限制于城乡建设与管理、环境保护、历史文化保护等方面的事项。2023 年《立法法》第二次修正，设区的市立法权的主体没有变化，但立法权限事项范围修改为"城乡建设与管理、生态文明建设、历史文化保护、基层治理等方面的事项"，另外该法第 84 条对经济特区法规、浦东新区法规、海南自由贸易港法规的立法权作出了规定。

如此，我国现阶段的地方立法格局是：第一，省、自治区、直辖市人大及其常委会有制定地方性法规的权力；第二，省、自治区、直辖市人民政府有制定政府规章的权力；第三，设区的市、自治州人大及其常委会有制定地方性法规的权力；第四，设区的市、自治州人民政府有制定地方政府规章的权力；第五，民族自治地方（自治区、自治州、自治县）人大有制定自治条例、单行条例的权力；第六，经济特区所在地的省、市的人大及其常委会有权制定经济特区法规；第七，上海市人大及其常委会根据全国人大常委会的授权决定，制定浦东新区法规，在浦东新区实施；第八，海南省人大及其常委会根据法律规定，制定海南自由贸易港法规，在海南自由贸易港范围内实施。

虽然地方立法主体及立法权力由《宪法》《地方组织法》《立法法》等确立，但我们要思考的是，真正推动地方立法的动力是什么？黄兰松教授的著作《地方立法动力论》试图为我们回答这个问题。

什么是立法的动力？从现有学术资料来看，最早提出这个概念是郭道晖先生。郭老师在《政治与法律》1996年第2期发表一篇论文，即《立法的动力、压力与阻力》，郭老师指出："立法工作不是单凭立法者的意志力和想象力来推动的，立法的进退成败，受制于一定的主客观条件。这些条件中，有的是推进立法的动力，有的可造成立法的压力，还有的会形成立法的阻力。"郭老师认为，有必要运用法律来处理不同社会利益矛盾时，就是立法的动力。在同一年郝铁川教授在《学习与探索》1996年第4期发表论文《论我国现阶段立法的本质、动力和任务》，也对立法的动力进行了探讨。郝铁川教授认为，在我国由计划经济体制向市场经济体制过渡的转型期，立法的动力由原来的中央推动为主转变为多元化的利益主体推动为主。也有些其他文章探讨了具体部门法立法的动力问题，总体上看，这种立法动力来源于多元利益关系及其矛盾冲突，这种利益关系及其矛盾冲突的因素的背后是深刻的政治、经济、社会、文化、历史及制度因素，因此立法的动力根本上要解决影响立法的政治、经济、社会、文化等因素，正如本书作者在导论中提出的"本项研究的主要目的，就是要综合性地考察、解释当下政治、经济、社会、文化、历史和制度因素对地方立法的形塑作用，以及这些因素是如何影响到地方立法的品格的。"

黄兰松教授所著的《地方立法动力论》，旨在从政治、经济、社会、历史文化等多维度对地方立法的动力机制进行深入阐释，为我们提供一个理解地方立法复杂性、多样性的独特视角。除绪论与结语外，全书共分五章。第一章对历史唯物主义理论、波兰尼的政治经济学理论、诺斯为代表的制度经济学理论等进行了深入的探究，为研究地方立法动力学奠定了坚实的理论基础。第二至第五章则依次对地方立法的政治推动力、经济推动力、社会推动力和历史文化推动力进行探讨。这种结构安排不仅逻辑严密，而且论证深入，通过对这些推动力的细致考察，为我们提供了丰富的理论启示和实践指导。

此外，黄兰松教授严谨的治学态度和深邃的分析视角，为地方立法研究领域注入了新的生机与思辨，也有助于推动立法学理论研究的创新与发展。《地方立法动力论》既是对地方立法复杂性、多样性的深刻剖析，也是对立法研究方式方法的一次有力拓展。在此，我衷心祝贺黄教授的新书问世，并祝愿这部著作能够在学界和实务领域产生更加广泛的影响，促使更多学者关注地方立法的研究和实践。

山东大学教授　汪全胜

2024 年 7 月 13 日

目　录

导　论

一、面向国家治理的地方立法

自改革开放以来，中国社会的经济发展体制、政治治理方式、社会利益结构、文化道德观念相较于新中国成立后的前三十年，已发生了一系列近乎革命性的变化。之所以说这种变化是革命性的，是因为它是全方位的、持续性的，它不仅涉及生产力、生产关系、科学技术方面，而且还延伸到了国家治理方式、社会领域的组织模式、公民的现代身份和政治认同、公共生活的道德观念等诸多领域，它不仅是国家自上而下地推行命令或即时性政策的结果，也是一个包括国家决策与来自社会领域的运动相结合的过程，并且其间涉及实验、竞争和试错机制。因此，这场变迁意味着人们生活方式的变革，就是说，它不仅能够具体化为人们的经验生活，而且还应配套相关的制度安排。

自党的十八大以来，中国的改革事业在实践中继续深化，当代的社会政治秩序明显呈现出新的发展态势。在政府体制和治理方式层面，党的十八大报告全面提出了法治政府的新要求，即大力运用制度、规则来约束和规范权力的运作，争取真正地将权力关进制度的笼子里；同时，在防止权力恣意干预私人自主的前提下，又引入多方面的民主机制，加强民主渠道建设，通过民主控制打造有责政府，在重视对政府权力的监督和制约的基础上避免懒政怠政等现象，督促政府为人民的公共利益和长远利益负责。在社会经济方面，党的十八大报告提出进一步简政放权，还权于社会，还权于市场，在鼓励多元主体竞争的基础上加强市场在资源配置中的基础性地位，并积极融入全球化秩序。在文化建设方面，为适应经济、政治、社会领域的巨大进步，而概括性地提出了现代化过程中的道路自信、制度自信、理论自信、文化自信。此外，完善国家治理体系，提升国家治理能力，"经济新常态""一带一路"等全新的时代课题也进入人们的视野。诚所谓经济基础决定上层建筑，物质生活方式的变革会影响到立法、法律等相关制度设置，这些新的政治经济发展趋势势必会影响到我国的法治和立法建设。

另外，随着计划经济向市场经济体制的转型和"依法治国"理念的提出，不仅在中央政府和地方政府眼中，即便在一般的社会公众当中，法治及相关制度的完善也日益受到关注和重视。当前，我国社会主义法律体系已初步完善，截至 2024 年 3 月 11 日，我国现行有效法律 300 件，其中已经施行的法律 299 件，包括宪法及其相关法 53 件，民法商法 24 件，行政法 96 件，经济法 84 件，社会法 28 件，刑法 4 件，诉讼与非诉讼程序法 11 件，有效的地方性法规 14 000 多部，有效的地方政府规章 8000 多部。[1]地方立法涉及促进高质量发展、加强生态文明建设、加强民生领域保障、加强基层治理、维护国家安全、完善人民代表大会制度、民族领域、推进区域协同制度化、强化新兴领域的制度保障、弘扬社会主义核心价值观、探索具有时效性的小切口立法等。[2]在大范围、大规模的立法动作逐渐止息的形势下，今后相当长的一段时间内，我国更加注重的将是立法质量的提升，以及严格执法、公正司法等法律适用环节的合宜性。正是在这种背景下，党的十八届四中全会首次以专题的形式讨论依法治国问题，并在中共中央《关于全面推进依法治国若干重大问题的决定》中提出科学和民主立法、完善立法体制、加强重点领域立法、坚持中国特色的社会主义法治道路、建设中国特色社会主义法治体系的主张。

尤其值得注意的是，地方治理的重要性逐渐显露出来。提升地方治理水平、提高地方法的效益与质量，逐渐成为国家体制改革、实现国家治理现

---

〔1〕 数据来源于"国家法律法规数据库"。

〔2〕 参见闫然：《地方立法统计分析报告：2023 年度》，载《地方立法研究》2024 年第 1 期；闫然：《地方立法统计分析报告：2022 年度》，载《地方立法研究》2023 年第 1 期；闫然、黄宇菲：《地方立法统计分析报告：2021 年度》，载《地方立法研究》2022 年第 2 期；肖君拥：《地方国家安全立法四十年：质效评价与发展前瞻》，载《河北法学》2024 年第 3 期。

代化、建设社会主义法律体系和法治国家的重要环节。人们已经对我国的国家体制以及地方政府的性质产生了更加深刻的认识。改革开放之前，由于计划经济体制下全国人大对立法权力的高度集中，我国地方并没有充分地发挥其立法作用。改革开放之后，我国地方立法体制以较快的速度稳步健全起来。在受宪法和组织法保护的限度之内，地方立法权构成我国立法权体制中的重要部分。在努力实现国家治理现代化、法治化的背景下，立法权下放或者地方立法主体的扩张已成为我国立法权发展的方向。为了进一步调动地方的积极性，促其因地制宜地管理、服务于其行政区域，2015 年《立法法》[1] 修改，进一步扩大了地方立法权的范围，市一级享有立法权的主体由 49 个较大的市，增至 289 个设区的市及 4 个不设区的市（广东省东莞市和中山市、甘肃省嘉峪关市、海南省三沙市，其中三沙市后为设区的市），加上 31 个省（区、市），目前我国地方立法主体共 354 个，其中设区的市、自治州、不设区的地级市共 323 个。2019 年 2 月，山东省莱芜市划归济南市管辖。2019 年 3 月，我国享有地方立法权的设区的市、自治州数量为 322 个，涉及 289 个设区的市、30 个自治州和 3 个不设区的地级市（广东省东莞市、中山市，甘肃省嘉峪关市）。[2] 市一级立法机关对地方立法权的行使必将对我国的立法体制的运作、法律体系的完善乃至公共治理体系的变迁产生深远的影响。2023 年 3 月，《立法法》迎来了第二次修改，其中一个备受关注的亮点就是进一步扩大了地方立法权限范围，由 "城乡建设与管理、环境保护、历史文化保护等方面" 扩大为 "城乡建设与管理、生态文明建设、历史文化保护、基层治理等方面"。党的二十大报告指出："中国式现代化是人与自然和谐共生的现代化。"[3] 从这个角度上讲，中央对地方进一步赋权的目的就是希望通过立法体制的进一步民主化，提高立法质量，完善地方治理体系，提高地方的制度供给能力。据此，我们可以预见地方立法在我国整个立法体制中占有重要地位。

---

　　[1]　《立法法》即《中华人民共和国立法法》，为表述方便，本书涉及我国法律、法规，省去 "中华人民共和国"，直接使用简称，全书统一，后不赘述。

　　[2]　经国务院批准，海南省三沙市于 2020 年设立西沙区和南沙区，并于 4 月 18 日经民政部公告。这是三沙市首次设区，中国至此从 4 个不设区的市变为 3 个。参见闫然：《设区的市地方立法大数据分析报告（2018）》，载《地方立法研究》2019 年第 6 期。

　　[3]　习近平：《高举中国特色社会主义伟大旗帜　为全面建设社会主义现代化国家而团结奋斗——在中国共产党第二十次全国代表大会上的报告》，人民出版社 2022 年版，第 23 页。

（件）

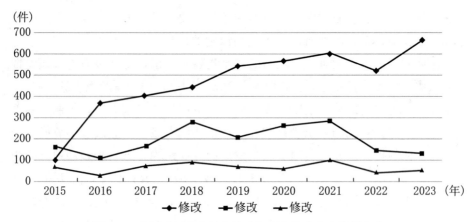

图 0-1 我国设区的市地方性法规制定修改废止数量[1]

　　正是基于地方治理体系及地方立法的重要性，本书进行的是一项关于地方立法的研究。本书不是要去抽象地讨论地方的立法权限或者地方立法的科学化、民主化等问题，而是要突破立法文本的局限，将地方立法置于更为广阔的政治经济学和历史文化视域，以图详细揭示、还原出推动、塑造地方立法的动力机制。因此，本书的主要目的，就是要综合性地考察、解释当下政治、经济、社会、文化、历史和制度因素对地方立法的形塑作用，以及这些因素是如何影响到地方立法的品格的。本书试图追问如下问题：政治变迁，特别是国家治理方式的变化是如何影响中央与地方、人大与政府的立法关系的？中国迄今形成的独特的经济发展模式，尤其是其一系列的构成要素，例如，地方政府间竞争、地方发展型政府、财政分权等政治经济学要素对地方立法的运作模式、政策取向有何影响？社会利益结构的变化，以及在此过程中兴起的公共参与，对地方立法的民主化、科学化、法治化会产生怎样的效果？历史文化因素的时空延续性，会对地方立法的价值取向、利益选择产生何种作用？同一主权单位内部民族构成的复杂性、民族生活方式的多样性又会对地方立法的平等性质提出哪些挑战？笔者试图在回答这些问题的过程中，逐步完成一幅关于地方立法动力学的综合性图谱。

　　需强调的是，本书并非一项单纯实证性的研究。实际上，对立法动力机

---

　　〔1〕 闫然：《地方立法统计分析报告：2023 年度》，载《地方立法研究》2024 年第 1 期。

制的深入挖掘，亦附带着对实然层面问题的思考。它一方面包含着对既有立法成果的评估，对现行立法体制、立法运作过程的检视；另一方面它又在对影响因素做出消极或积极的判断、归纳的基础上，讲求立法的"因势利导"，剔除、抑制那些不良因素，诱导、发挥那些积极因素，以真正提高地方立法质量、立法科学性，为地方法治建设提供可鉴性的方向和建议。

二、地方立法动力机制研究

对于任何社会而言，立法，包括地方立法都不是一项抽象意志的宣誓行为，而是一种严肃的制度化实践。立法固然是对各种社会关系的调整，但其也存在着深刻的社会关系根据，这些关系既可以是政治的、经济的，也可以是社会的、文化的，它们皆可构成立法，从而也是地方立法的动力。本书不再仅仅从体制、法律文本、正式制度、权力的分配和运作程序研究地方立法，而是从地方立法与当前分布在政治、经济、社会、文化领域中的重要事实的关系入手，显示的是探明地方立法的动力机制的努力。其目的，就在于解释地方立法背后的实质动因，还原地方立法的实质过程，为审视、检验、评估、完善地方立法提供一幅整体化的视野。

构建地方立法的动力学的尝试并非空穴来风，它实质上根植于一种深厚的政治经济学传统。这种政治经济学传统的杰出代表是马克思的唯物主义历史观、波兰尼的实体理论、诺斯的制度变迁理论，它们最大限度地挖掘出体制外因素或非正式制度因素与立法之间的关系，并为研究立法（当然也包括地方立法）提供了一种政治经济学视角。马克思是在历史唯物主义的视野中看待立法的，在他看来，立法作为政治社会上层建筑的一部分，是一定时代占据支配地位的生产关系的积极反映，是特定阶层将其利益和意志上升为国家意志和普遍利益以实施其公开或隐蔽的阶级统治的工具，是国家向社会贯彻其意志的制度手段，是对社会制度和经济关系的历史变迁（结果）加以神圣化、正当化的方式，是用来建构和组织社会的意识形态的力量。历史最终是对人类社会历史变迁的记录和说明。因此，不同于传统政治哲学所采取的那种从抽象的人性论出发来构建合理社会秩序的进路，马克思实际上从实际的社会关系的角度去理解立法及其附随的各种制度运作；这种社会关系既可能是经济和政治的，也可能是阶级、民族和文化的，总之，其构成了历史变迁的广阔视野。波兰尼同样在一种历史转型的视野中看待立法，只不过这里的核心范畴是市场社会、自律性市场和社会的自我保护——后两者的冲突和对抗构成了现代社会经济与政治变迁和矛盾的根源。面对自律性市场的扩张，波兰尼站在社会自我保护的立场上，认为政府和国家应当积极采取社会性立法的手段，来应对市场及其法则的扩展对于人的生存环境和自然的侵害。因此，政治经济学视野中的社会的发现，就成为立法的另一重动力；只不过与马克思的社会关系不同，这里的社会是相对于自律性市场而言的，代表的更多是社会的整体利益以及实质的社会关系，而马克思社会关系的侧重点则是其中所隐蔽的支配与反支配的阶级对抗关系和运动。至于诺斯，则是在一种经济制度变迁和比较现代化的视野当中来揭示经济与立法关系的，在这里，国家、意识形态、人的行为模式、社会组织、制度结构和安排等因素都成了能动的经济范畴，与交易费用一起，共同作用于人类社会的诸多立法。虽然，诺斯理论的出发点是要去探究西方社会与非西方社会之间存在的文化、宗教、政治、经济差异的根源，对发源于西方的现代化的成功经验进行制度层面的自我确证，因而不可避免地带有西方中心论和现代化意识形态的色彩，但是他的制度范畴却不仅是意识形态的，也是指特定的制度结构和制度安排，而人们的交往活动和经济关系又总是内在于一定的制度结构当中。制度不仅是经济活动的一个实质环节和要素；制度与经济的互动，尤其是既定制度结构（包括国家制度、政治制度）下的经济活动以及其所反映出的政治、立法与经济的关系，也构成了一种政治经济学的总体性视野。所以，在诺斯那里，不是抽象和形式的制度，而是结构化了的经济，构成立法活动背后的实质动力。

从这一立场出发，本书的思路是：

第一，本书试图从还原立法的实际运作过程的角度出发，去发掘出究竟哪些因素在背后影响、推动、激励着立法，它们又是凭借何种方式、通过何种渠道、在多大程度上左右着立法者的政策、价值判断与选择。

第二，在"地方立法的动力机制"这一核心问题的视野当中，地方已不仅是中央意志的代表或延伸，除此之外，它也在相当程度上具备自身的行为模式，具备自身的政治经济文化属性。本书所谓的地方，就是特定时空的政治、经济、文化、制度、合法化逻辑的复合体，在立法动力学眼中，地方立法只不过是这些因素的作用结果。

第三，本书认为，相关的政治经济学因素、政治变迁过程乃至历史文化的延续，更能塑造立法的品质，更能够从实质层面、世界观层面、文化心理层面影响着立法者的立法动向和决策。诚然，既有的制度会影响立法的行为模式，但这些因素相比于形式制度，当更属动因层面的问题。正是由于制度与非制度化的政治、经济、文化因素的结合，立法才可被视为一个社会自我制度化的过程。

第四，本书所要从事的就是一项关于地方立法的动力机制的综合性研究，旨在打破学科之间、领域之间的藩篱，整体性地把握政治、经济、文化过程与立法之间的关系，以较为全面地概览地方立法的动力机制。

第五，当前的研究成果虽然谈论过政治、经济、文化因素对立法的影响，但它们却并未有意识地将这种关系上升为立法动力学，而是笼统地将其概括为所谓的"国情因素对立法的影响"。特殊与普遍、本土资源与普适道路并非二元对立。本书明确要在立法动力学的问题视野当中去研究特定时空之中的政治、经济因素对地方立法模式、特点、品质的塑造，着重展现地方立法的发展特性，并希望在兼顾历史变迁的前提下，将地方立法动力学予以理论化，以提取出普遍经验和价值规范。

总之，只有在地方立法动力学的视野当中，我们才有可能全面地理解地方立法，才能精确地找到当前地方立法所存在的弊端和问题，才能针对性地提出建设性的方案。一句话，地方立法动力机制研究的最终目的，是为地方立法提供一幅更加实际的指导图景。

三、本书的结构安排

本书所要从事的是一项地方立法动力学的综合性研究。地方立法动力学旨在全方位地勾勒出那些推动、促进乃至决定地方立法过程、事业、结果的政治、经济、社会、文化等动力机制。具体而言，这种立法动力学即意指地方新立法制度、国家治理模式变迁、经济发展模式、地方发展型政府的行为特征及政府间的经济或制度竞争、市民社会的兴起、历史文化的实践性延续、公共道德观念等要素对地方立法的权力配置、合宪性品质、政治经济功能、社会成本、价值目标、政策取向、文化基础的自觉或非自觉、直接或间接型构。此外，在刻画立法的动力机制的主题下，本书还试图附带地对既有的立法成果、运作模式加以反思、检视，对地方立法未来的制度图景进行展望。

从这一主题出发，本书在结构上分为五章，意在从多个角度、不同层次全方位、系统性地勾勒出地方立法的动力机制。第一章为立法动力学的理论基础。之所以在展开政治、经济、社会领域的重要事实与立法之间的关系之前进行这种纯粹理论上的概述，就是要表明构建地方立法动力学的尝试并非空穴来风，它实质上根植于一种深厚的政治经济学传统。这种政治经济学传统的杰出代表是马克思的唯物主义历史观、波兰尼的实体理论、诺斯的制度变迁理论，它们最大限度地挖掘出体制外因素或非正式制度因素与立法之间的关系，并为研究立法（当然也包括地方立法）提供了一种政治经济学视角。因此，第一章的内容将围绕马克思的唯物主义历史观、波兰尼的实体理论、诺斯的制度变迁理论展开，本章分为三节。第一节讨论的是马克思对立法动力的论述。马克思是在历史唯物主义的视野中看待立法的，在他看来，立法作为政治社会上层建筑的一部分，是一定时代占据支配地位的生产关系的积极反映，是特定阶层将其利益和意志上升为国家意志和普遍利益以实施其公开或隐蔽的阶级统治的工具，是国家向社会贯彻其意志的制度手段，是对社会制度和经济关系的历史变迁（结果）加以神圣化、正当化的方式，是用来建构和组织社会的意识形态的力量。历史最终是对人类社会历史变迁的记录和说明。因此，不同于传统政治哲学所采取的那种从抽象的人性论出发来构建合理社会秩序的进路，马克思实际上从实际的社会关系的角度去理解立法及其附随的各种制度运作；这种社会关系既可能是经济和政治的，也可能是阶级、民族和文化的，总之，这些社会关系构成了历史变迁的广阔视野。第二节考察波兰尼的政治经济学中的立法动力机制理论。波兰尼同样是在一种历史转型的视野中看待立法的，只不过这里的核心范畴是市场社会、自律性市场和社会的自我保护——后两者的冲突和对抗构成了现代社会经济与政治变迁和矛盾的根源。政治经济学视野中的社会的发现，就成为立法的另一重动力；只不过与马克思的社会关系不同，这里的社会是相对于自律性市场而言的，代表的更多是社会的整体利益以及实质的社会关系，而马克思的社会关系的侧重点则是其中所隐蔽的支配与反支配的阶级对抗关系和运动。第三节从诺斯的制度变迁理论当中寻找立法的动力。诺斯是在一种经济制度变迁和比较现代化的视野当中来揭示经济与立法的关系的，在这里，国家、意识形态、人的行为模式、社会组织、制度结构和安排等因素都成为能动的经济范畴，与交易费用一起，共同作用于人类社会的诸多立法。虽然诺斯理论的出发点是要去探究西方社会与非西方社会之间存在的文化、宗教、政治、经济差异的根源，对发源于西方的现代化的成功经验进行制度层面的自我确证，因而不可避免地带有西方中心论和现代化意识形态的色彩，但是他的制度范畴却不仅是意识形态的，也是指特定的制度结构和制度安排，而人们的交往活动和经济关系又总是内在于一定的制度结构当中。制度不仅是经济活动的一个实质环节和要素；制度与经济的互动，尤其是既定制度结构（包括国家制度、政治制度）下的经济活动及其所反映出的政治、立法与经济的关系，也构成了一种政治经济学的总体性视野。所以，在诺斯那里，不是抽象和形式化的制度，而是结构化了的经济，构成立法活动背后的实质动力。

接下来的四章将从地方立法与政治、经济、社会、文化等领域中的重要因素的关系角度展开地方立法动力机制的研究。

第二章论述的是地方立法的政治动力，即将地方立法放置到政治变迁当中进行观察，具体分为三节，第一节讨论的是地方立法权的扩张，第二节研究的是国家能力建设，第三节探讨的是地方治理的法治化转型。近年来地方立法权的扩张产生了一种制度需求，即地方立法者应当以法治化的方式提供公共产品，这一需求推动了地方立法的法治化转型，创造出更加适宜的治理方式，同时充当了地方治理法治化转型的前奏。国家能力建设则为地方立法设置了一条可见的政治红线，它决定了地方立法自主性的限度，以及维护这种自主性所需要克服的难题；换言之，地方立法需要在国家治理与法治的张力中寻求自身的自主性，并把这种自主性纳入国家能力尤其是制度能力的建设过程当中。国家治理的现代化则提出了治理体系现代化的要求；毋庸置疑，这种国家治理体系的法治化变革，会深刻影响到地方治理体系，尤其是地方立法权力的配置。在此，由于国家治理体系法治化的建设，地方人大与地方政府之间的立法权限及其关系架构将不可避免地进行较大调整。

第三章讨论的是地方立法的经济动力，具体分为三节。第一节旨在讨论地方政府间的竞争关系对于地方立法的影响。地方政府间的竞争作为一种重要的政治经济学事实，也是当前地方政府间关系的新趋势，它既包括地方政府间的经济竞争，也包括政策竞争和制度竞争，并且，制度竞争愈加占据核心的地位。地方政府间的竞争关系不仅在很大程度上推动了中国经济模式的形成，而且也修改了地方制度及其权力结构。地方政府间的竞争促进了地方政府之间制度与政策的竞争，进而左右了地方立法的经济理性和工具主义特征，并推动了法治实验的兴起；在此制度竞争和实验过程中，它既为地方立法带来了前所未有的经济—产权激励，也造成了地方立法权力配置失衡、价值取向偏颇以及民主基础缺失等风险。第二节讨论地方发展型政府（体制）对地方立法的政策选择的影响。地方发展型政府（体制）作为一种"改革的国家体制"的政治现象，深刻地影响了地方立法政策的选择。第三节讨论财政分权、权力问责机制对地方立法中的利益本位现象的推动作用。

第四章讨论地方立法的社会动力，分为三节。第一节讨论市民社会建设与地方立法的法治化水平。改革开放以来兴起的市民社会建设，大大提高了地方立法的法治化水平。作为社会力量的一部分，市民社会具有自治性、平等性、公共性、利益和文化多元主义等特征，这些特征能够在实践中化作一种自下而上的推动力量，推动地方立法向着扩展个人自由、约束政府权力、维护权利平等、健全制度安排等法治的方向发展。它不仅为地方立法设置了目标，而且提供了实践的动力。第二节着重讨论公共参与的兴起对于地方立法民主化的促进作用。公共参与不仅是一项立法原则，而且是一种社会运动。它通过锻造公民主体、反馈社会事务、拓宽参与渠道等方式，促进了地方立法的民主化，并通过对地方立法的民主控制，维护人民的主体地位，使立法体现地方居民意志，实现社会公正，遏制制度寻租和腐败行为，建立基于民心、民意的正当性概念，树立法治的权威，增强地方立法对社会实际的适用性和地方特色性。良序社会不仅传递了一种理念，而且代表了一种优良的治理状态或秩序，它促进了地方立法的价值转型。第三节展开良序社会建设的探讨，问题点是良序社会建设与地方立法的公平正义的价值取向。良序社会作为一种社会建制，适当地表征了国家与公民个人之间、政府与市场之间、国家与社会之间合理的关系状态，它是一个充分稳定的社会，更是一个公平正义、充满包容性、充分流动性的社会。它传递给地方立法公平正义的价值理念，推动地方立法从经济效率向公共服务、从部门利益向公共利益的转变。

第五章论述的是地方立法的文化动力，分为三节。第一节探讨的是当代占据主导地位的那些公共道德观念对于地方立法的实效性的影响。公共道德观念可以作为一种民情，嵌入民族的文化传统、支配性的时代信念以及共同体的制度实践当中，从而稳步提升地方立法的实效性。就是说，公共道德观念不仅是一种文化传统，而且作为一种文化动力而存在，它能够妥善处理法律的安定性与变化之间的矛盾，可以担当一种意识形态或非正式的制度约束来降低法律制度实施的摩擦成本，能够增进人们对于地方立法的合法性认同，可以有效地约束立法者和政府的行为，从而有效贯彻法治约束的原则。最后，它还能够促进社会秩序的自发成长。第二节讨论地方立法对于传统秩序遗产的实践性继承问题。除公共道德观念之外，传统秩序的遗产对于地方立法的影响也是相当可观的。传统秩序向我们提供了多种仍然存在价值的秩序观念，包括独特的家庭、地方以及国家观念，不仅如此，它还具有礼俗性（非正式制度资源对于正式制度的补充和发展）、差序格局、差异平等、包容性秩序、实践理性优先等特征，这些秩序观念和特征仍然作用于今天的地方立法，决定了地方立法在现代化建设的历史情境中对于传统秩序遗产的实践性继承。第三节探讨了文化问题与地方立法的现代化，重点阐释了文化与地方立法现代化的困境，并给出了实现地方立法现代化的一些建议。

第一章

地方立法动力的理论基础

　　我们试图从三种经典社科理论——马克思的唯物主义历史观、波兰尼的实体理论、诺斯的制度变迁理论——当中发掘出体制外因素或非正式制度因素与立法之间的关系，以期为地方立法动力学提供一个既成的理论基础，并勾勒出关于地方立法的政治经济学视角。马克思是以历史唯物主义的视角看待立法的，在他看来，立法作为政治社会上层建筑的一部分，是一定时代占据支配地位的生产关系的积极反映，是特定阶层将其利益和意志上升为国家意志和普遍利益，以实施其阶级统治的工具，是国家向社会贯彻其意志的制度手段，是对社会制度和经济关系的历史变迁及结果加以神圣化、正当化的方式，是用来建构和组织社会的意识形态力量。因此，不同于传统政治哲学所采取的那种从抽象的人性论出发来构建合理社会秩序的进路，马克思实际上从实际的社会关系的角度，去理解立法及其附随的各种制度运作；这种社会关系既可能是经济和政治的，也可能是阶级、民族和文化的，总之，它构成了历史变迁的广阔视野。波兰尼同样是以一种历史转型的视角看待立法的，只不过这里的核心范畴是市场社会、自律性市场和社会的自我保护——后两者的冲突和对抗构成了现代社会经济与政治变迁和矛盾的根源。[1] 面对自律性市场的扩张，波兰尼站在社会的自我保护的立场上，认为政府和国家应当积极采取社会性立法的手段，来应对市场及其法则的扩展对于人的生存环境、

---

　　[1] See Wolcher, Louis E, "The Enchantress and Karl Polanyi's Social Theory", *Ohio State Law Journal*, 51 (1990), 1243~1282.

对于自然的侵害。因此，政治经济学视野中的社会的发现，就成为立法的另一重动力；只不过与马克思的社会关系不同，这里的社会是相对于自律性市场而言的，代表的更多是社会的整体利益以及实质的社会关系，而马克思的社会关系的侧重点，则是其中所隐蔽的支配与反支配的阶级对抗关系和运动。至于诺斯，则是以一种经济制度变迁和比较现代化的视角揭示经济与立法的关系的，在这里，国家、意识形态、人的行为模式、社会组织、制度结构和安排等因素，都成为能动的经济范畴，与交易费用一起，共同作用于人类社会的诸多立法。虽然诺斯理论的出发点是要去探究西方社会与非西方社会之间存在的文化、宗教、政治、经济差异的根源，对发源于西方的现代化的成功经验进行制度层面的自我确证，因而不可避免地带有西方中心论和现代化意识形态的色彩，但是他的制度范畴却不仅是意识形态的，也指特定的制度结构和制度安排，而人们的交往活动和经济关系，又总是内在于一定的制度结构当中。制度不仅是经济活动的一个实质环节和要素；制度与经济的互动，尤其是既定制度结构（包括国家制度、政治制度）下的经济活动及其所反映出的政治、立法与经济的关系，也构成了一种政治经济学的总体性视野。所以，在诺斯那里，不是抽象和形式化的制度，而是结构化了的经济，构成立法活动背后的实质动力。

　　因此，将制度层面运作的立法放置在社会科学理论的总体层面来看待，而非仅拘泥于官方的或实证的制度，是根植于社会科学理论传统当中的，这也更加符合人们的历史实践。正所谓"不是事物本身的逻辑，而是逻辑本身的事物"，[1]人既是一种实践的动物，也是一种需要理解、思想和言说的动物。实践能够改变世界，思想和言说则能够将这个世界正当化。人们总是喜欢从思想和言说的角度去解决问题，久而久之，就容易把思想、言说等同于这个世界，将正当化的逻辑混同于实践的逻辑。但问题是，相比于无尽广阔而又复杂多样的实践和历史，人们的理性总是有限的，人通过思想和言说所把握、反映的历史也总是相对合理的。因此，值得注意的是，一切试图对历史、时间进行确证的理论，特别是那些意识形态和正当化理论，与真实的实践相比，都只能算是一种形式主义的理论。之所以是形式主义的，是因为它

---

〔1〕《马克思恩格斯全集》（第3卷），人民出版社2002年版，第22页。

们往往都遮蔽了某些重要的历史事实，习惯于从观念、形式理论的角度去推导实践。而这里强调的立法动力，是要探究立法背后的决定性力量，将立法放置在广阔的历史关系和变迁运动的视野当中。立法是一种由政治、经济、社会、文化因素共同催生的制度化行为或过程。立法背后的政治的、社会的、经济的、文化的因素，就构成了立法背后的实质性的历史关系或政治经济学动因。事实上，只有通过对这些政治的、经济的、社会的、文化的因素与立法的关系进行分析，立法活动的实质动因才能得到最大限度的揭示。[1]

但如果从一种区别于形式主义叙述方式的、探究立法背后的实质的社会关系和历史动因的角度出发，并侧重于社会组织体的实质运作，那么对于地方立法利益本位问题的分析，就应坚持以下方法论要点：①区分"表达"与"实践"。"政府体制的特点不仅是由法律制度决定的，同样也是由法外制度决定的。"[2]②地方立法中的"地方"，不仅是单一制国家结构下的地方单位，而且是一个"有着某种非人格的自主性和稳定性"的"跨体系社会"。"跨体系社会"意味着，"地方"会呈现出混杂、多元的空间结构，它在构成上不仅包括自然地理要素，而且也包含着文化的要素、群体生活方式和生产的要素、经济和政治关系的相互依赖性、迁徙和流动、国家规划的行政区域。[3]因此，"地方"是在"差序格局"的宪制结构下具有一定的能动性（自主性）和行为模式的特定政治空间或主体。③立法，包括地方立法，也不纯粹是技术化、客观化、中立化的活动，而是具有明显的政治建构作用。立法者对立法政策的选择、价值的偏重往往来自意识形态的规训。因此，有必要分析立法者的世界观，并对其进行"反思平衡"。

因此，这种关于立法的动力学的特征是显而易见的，立法动力学的目的即要通过立法与其他各种类型的社会关系的研究，来揭示立法活动的实质运作和动因。立法活动正是通过法律制度的供给为由社会体制机制和社会基本

---

〔1〕　See Varona, Anthony E.，"Toward a Broadband Public Interest Standard"，*Administrative Law Review*，61（2009），1~136.

〔2〕　［美］弗兰克·古德诺：《政治与行政——政府之研究》，丰俊功译，北京大学出版社2012年版，第3页。

〔3〕　参见汪晖：《东西之间的"西藏问题"（外二篇）》，生活·读书·新知三联书店2014年版，第189~190页。

结构组成的社会体系提供规范预设和资源配置规则。[1]立法始终是内嵌在社会体系内部的一种活动，它不可能脱离相关要素而独立存在和运作。

第一节　历史唯物主义视野中的立法动力观

马克思的政治经济学是一个综合的思想体系，受制于本书的主题，我们在这里所要做的只是截取其理论的一些片段，以争取在这些片段的研究中着重明了立法的动力。我们将从马克思的实践历史观、阶级革命、现代国家结构三个角度出发来阐明。

一、实践史观：立法的历史社会学根据

在《关于费尔巴哈的提纲》一文中，马克思指出："哲学家们只是用不同的方式解释世界，而问题在于改变世界。"[2]马克思是在唯心主义与唯物主义、理念论与实践论的对立框架中来构建其历史观和政治经济学（批判）的。可以说，马克思与诸多古典政治哲学家和近代启蒙思想家的一个重大区别，是赋予实践以（相对于理念）优先和崇高的地位。"社会生活在本质上是实践的，凡是把理论诱入神秘主义的神秘东西，都能在人的实践中以及对这种实践的理解中得到合理的解决。"[3]实践不仅是马克思主义与其他思想的区别，而且还是理论体系自我构建的一个关键性环节。正是因为有了实践这一范畴，马克思主义才能从抽象的哲学论辩转向政治经济学批判，才能突破自然状态、自然权利、经济人、理性人理论的抽象的人性论，而把人的本质归结为社会关系的总和，[4]才能在脑力劳动和体力劳动分工的历史条件下，重新确立人民特别是被统治阶级在生产和革命实践中的主体地位，才能超越过往部分的、

〔1〕　金梦：《社会空间视角下区域协同立法机制的构建》，载《中共中央党校（国家行政学院）学报》2022 年第 6 期。

〔2〕　《马克思恩格斯选集》（第 1 卷），人民出版社 2012 年版，第 136 页。

〔3〕　《马克思恩格斯选集》（第 1 卷），人民出版社 2012 年版，第 139~140 页。

〔4〕　"费尔巴哈把宗教的本质归结于人的本质。但是，人的本质不是单个人所固有的抽象物，在其现实性上，它是一切社会关系的总和。"《马克思恩格斯选集》（第 1 卷），人民出版社 2012 年版，第 139 页。

宗教的、政治的解放而提出人的解放。[1]

实践优先意味着，历史不再是一部观念史，而是一部实践史。过往的唯心主义思想家把观念或精神看作本源性的，自然界和人类社会则是其衍生品，并且就价值而言是次要的。所谓价值与事实的两分，本身就意味着价值是一个自由、正确、正当的领域，事实性的存在得接受价值领域的批判和检验。建立在这种唯心主义思维方式之上的政治哲学、道德哲学和历史哲学，就很自然地把历史简单地看作善恶观念之间的斗争，或绝对观念的外化和实现，抑或是历史使命在世界各民族身上的传递。"历史哲学，特别是黑格尔所代表的历史哲学，认为历史人物的表面动机和真实动机都绝不是历史事变的最终原因，认为这些动机后面还有应当加以探究的别的动力；但是它不在历史本身中寻找这种动力，反而从外面，从哲学的意识形态把这种动力输入历史。"[2]不同于观念史那种从思想、观念、价值去推导历史起源、社会变迁及其发展路径的思维方式，实践史则是把历史看作实践的历史，历史的主体内容是实践而非观念，是实践着的人而非观念中的抽象的人，因此，它是从实践当中去理解、掌握、看待、还原观念。至于历史发展、历史规律和必然性，它们可以从人类实践的角度去理解。这样一种以实践为具体内容的历史，相比于观念史而言，是更为实质的历史。具体到立法而言，立法活动可形成一种融会贯通、系统开放、动态更新的立法思路，[3]立法活动无外乎就是这种实质历史过程的一部分，或其运动的结果。

实践优先还意味着，历史的发展是存在内在规律的，它拒绝任何形式的历史终结论调。正如马克思所说的："旧唯物主义的立脚点是市民社会；新唯物主义的立脚点则是人类社会或社会的人类。"[4]在这里，市民社会指的是资产阶级社会。一定的意识形态总是和特定的社会制度与政治形式相匹配，而旧的唯物主义实质上是一种适用于资产阶级和资本社会的意识形态，它为资本主义社会提供了重要的世界观。因此，立足于旧唯物主义的历史和传统的

---

〔1〕　参见《马克思恩格斯全集》（第3卷），人民出版社2002年版，第207~214页。

〔2〕　《马克思恩格斯选集》（第4卷），人民出版社2012年版，第255页。

〔3〕　参见宋智敏、区慧霞：《整体法治化：我国多元解纷机制立法的构想》，载《湖南科技大学学报（社会科学版）》2023年第6期。

〔4〕　《马克思恩格斯选集》（第1卷），人民出版社2012年版，第136页。

观念史，就不是一种面向实践和人类的历史，而是一种意识形态化了的历史。就是说，这里存在的是经过意识形态过滤和加工过的历史，是经过特定的制度过滤和结构化的历史。在此，历史不是一个实践、矛盾和斗争的过程，而是一个正当化的过程，一个自然主义的过程。对历史的起源、变迁方式的研究，不是为了历史研究本身或探究人类社会的进步规律，而是为了对特定的历史形式、政治形式、道德形式进行最终的确证。历史成为意识形态化了的历史。[1]当然，这也是其正当化功能之一。

与之相反，实践历史则拒绝任何形式的自然主义和神秘主义，它不把历史的发展或特定的社会形态看作自然而来的，而把自身的前史或替代的对象看作非自然的。实践史观通过实践范畴，把历史充分地人为化，人类的历史实践，既是历史发展的源泉和动力，也是历史必然性的由来；实践既能够解决一系列的历史问题，也能够同时创造出新的问题。从实践出发，人类社会因生产力和生产关系的互动而发生的演化，就很好地得到了理解；从实践出发，政治社会存在的阶级分化和对立以及随之而来的阶级统治也就得到了承认；从实践出发，人类社会在物质生产方式的进步以及与之相适应的阶级结构和阶级斗争形势中产生的社会制度的演化、交替也就顺理成章。实践历史所要书写的不是某一个阶段的历史、某一个阶级的历史、某一种社会形态的历史，而是历史化了的阶级结构、阶级斗争、社会形态、政治制度、经济交往关系和产权形式以及特定的意识形态和思想体系，换言之，无论是社会制度、自由意志、社会主体都需要放到不断变化、发展的历史中进行理解。因此，实践史观本质上是批判的，但它不是一种道德批判，而是政治经济学的批判，它旨在揭示实质的社会关系。它不会运用道德信条来对特定的制度安排进行辩护，不会历史目的论式地把发展看作一个自然而然的过程，不会历史阶段论式地把前一历史阶段简单看作后一历史阶段的自然铺垫。所谓的合理性是一种相对的东西，因而否弃一切形式的历史终结。这一切正如恩格斯所说的："在它面前，不存在任何最终的东西、绝对的东西、神圣的东西；它指出所有一切事物的暂时性；在它面前，除了生成和灭亡的不断过程、无止

---

〔1〕　See Bonnie, Richard J. P., "Browning Hoffman: The Legacy of an Idealist", *Virginia Law Review*, 66（1980），397~404.

境地由低级上升到高级的不断过程，什么都不存在。"〔1〕而立法，同样也不例外。

在实践历史观眼中，任何社会形态下的立法，不再是简单地主权者的意志、正义和普遍理性的实现、民族精神和共同信念的表达或社会控制的手段，作为一种经过国家而获得政治形式的制度化行为，它是历史各阶段占据支配地位的生产方式和所有制关系的记录和说明，是历史上各统治阶级的物质生产和意识形态生产的产品，是每一时代生产力和生产关系发生矛盾和互动的结果，是对政治社会一定时期（长时段）的阶级结构和阶级斗争形式与情势的一种反映。历史的实质内容就是人们社会化了的实践，包括社会分工的细化、经济交往范围的扩展、生产力的进步、生产技术的变革、社会制度的创造和变迁（包括革命所催生的整体性、革命性制度变迁）。不言而喻，人们的实践是多种多样的，但最基本的实践形式则是生产实践，因为，人类社会存在的基础就是生命的生产，就是大规模地掌握生产资料以获得群体生存足够的规模经济，就是通过不停的物质生产来满足不断增长的物质需求。如果在实践历史观眼中，经济是立法活动及其规范作品的决定性力量，那么对于这里的经济也应做出更为广义、更为实质的理解。经济关系是人类社会的基本性生存条件和方式，而非形式主义经济学所言的理性选择或收益、利润、财富、产值、利益、欲望满足最大化。经济不是盈利的手段，而是根本的存在方式，而立法正是这种生活方式的反映。"如果说国家和公法是由经济关系决定的，那么不言而喻，私法也是这样，因为私法本质上只是确认单个人之间的现存的、在一定情况下是正常的经济关系。"〔2〕

然而，也正如恩格斯所说的："国家一旦成了对社会来说是独立的力量，马上就产生了另外的意识形态。这就是说，在职业政治家那里，在公法理论家和私法法学家那里，同经济事实的联系就完全消失了。因为经济事实要以法律的形式获得确认，必须在每一个别场合都采取法律动机的形式，而且，因为在这里，不言而喻地要考虑到现行的整个法的体系，所以，现在法律形

---

〔1〕 《马克思恩格斯选集》（第 4 卷），人民出版社 2012 年版，第 223 页。
〔2〕 《马克思恩格斯选集》（第 4 卷），人民出版社 1995 年版，第 252 页。

式就是一切，而经济内容则什么也不是。"[1] 无疑，恩格斯的观点是简单明了的。因为每一社会在物质生产方式和立法之间，都存在诸多的环节和要素，所以我们不可能将人们的行为和社会关系进行简单化处理和看待；并且，经济基础往往还得依靠其他的因素间接地对立法发挥作用，因而它们之间的联系也就变得模糊不清了。正常情况下，立法多是出自国家的行为，多是获得了统治者的认可，也往往采取统治者的命令的形式，因而人们就容易认为立法体现的是主权者和政治国家的意志，是纯粹的政治行为，是相对于社会和公共利益而言的异己存在，是区别于经济领域的自在领域。在法经济学视角下，立法不仅是一种政治行为，同时也是一种经济行为。[2] 现代国家多是采取民族国家的形式，民族不仅是国家的主体，也是文化的主体，由于立法与民族生活方式的不可切割的联系，人们也经常会把立法看作民族精神和共同信仰的表达。甚至，每一时代占据优势地位的道德观念、价值偏好、思想意识形态也往往会对立法产生这样或那样的影响，因为立法不是单纯技术形式，立法和法律规范中蕴含着立法者的利益判断、道德判断和价值取舍，所以人们也普遍把立法看作人类理性和永恒正义标准的实证化。然而，正如前文所说的，人们的实践最基本的还是物质生产实践，一定时期的历史图景最终还是由其生产实践所刻画的。这些文化的、传统的、民族的、意志的、理性的因素，只不过是经济关系用以作用于立法的手段和途径，它们本身就是生产实践的延伸。"个人怎样表现自己的生命，他们自己就是怎样。因此，他们是什么样的，这同他们的生产是一致的——既和他们生产什么一致，又和他们怎样生产一致。因而，个人是什么样的，这取决于他们进行生产的物质条件。"[3] 确切来说，是生产力和生产关系、经济基础和上层建筑的矛盾、互动、变迁推动了历史的变迁，它们的矛盾和演变构成了立法的实质动力，决定了立法的形式、方式、内容、路径依赖和价值选择。一定时期的立法活动，应从其物质经济基础中作出说明。

在马克思看来，所谓的经济基础就是指一定时期的生产力和生产关系，

---

〔1〕《马克思恩格斯选集》（第4卷），人民出版社2012年版，第260页。

〔2〕张凌寒、于琳：《从传统治理到敏捷治理：生成式人工智能的治理范式革新》，载《电子政务》2023年第9期。

〔3〕《马克思恩格斯选集》（第1卷），人民出版社2012年版，第147页。

尤其是社会分工的形式、所有制形式，也即"个人在劳动材料、劳动工具和劳动产品方面的相互关系"。[1]而上层建筑，即指与特定的经济基础相适应的社会结构和政治结构，包括社会阶级划分、城乡对立关系、国家机器的构成、政治支配的形态、道德——法权结构、国家意识形态机制等。马克思指出："各民族之间的相互关系取决于每一个民族的生产力、分工和内部交往的发展程度……然而不仅一个民族与其他民族的关系，而且这个民族本身的整个内部结构也取决于自己的生产以及自己内部和外部的交往的发展程度。"[2]"民族的内部结构"和"自己的生产及内部和外部的交往"都是历史的，是以现实中的人的活动为界限、前提和条件的。以一定的方式进行生产活动的人们自觉或不自觉地创制出一定的社会关系和政治关系。概言之，社会结构和国家结构是从人们的生活过程当中，更确切地说是从生产和交往活动中产生的。

从这种实践历史的角度出发，生产力与生产关系、经济基础与上层建筑与立法的关系包括：

（1）在部落所有制的时代，与生产资料的有限性和社会分工的不发达相适应，社会结构表现出与家庭结构的同构性，家庭成为最基本的社会和政治单位。在这种部落所有制基础上发展出了"父权制"的政治权力，其支配范围仅限于部落成员、家庭成员以及奴隶，而根据不发达的分工形式和所有制形式，奴隶制度尚潜在于家庭制度当中，未得到充分发展。与这种尚未充分发展的社会分工、不完全的私有制形式、狭隘的社会交往范围、非政治的部落式的社会组织和制度相适应，立法还属于一种奢侈品，在部落社会主要实行的是地域性的习惯、传统、自然崇拜、血缘关系、族长权威所确立的规范。在家庭、私有制和国家尚未发展出其完整形式的前提下，社会中的公共权力也未具备普遍、强制、政治的性质，因而立法的存在也就缺失可行的物质基础。[3]

（2）在古典古代的公社所有制（国家所有制）占支配地位的时代，经济基础与上层建筑的关系表现为：其一，农业与手工业的分工、工业与贸易的

---

〔1〕《马克思恩格斯选集》（第1卷），人民出版社2012年版，第148页。
〔2〕《马克思恩格斯选集》（第1卷），人民出版社1995年版，第58页。
〔3〕 See Posner, Richard A, "The Material Basis of Jurisprudence", *Indiana Law Journal*, 69（1993），1~38.

出现，城市与乡村的对立已经产生，"一些代表城市利益的国家同另一些代表乡村利益的国家之间的对立出现了"。[1]其二，动产及不动产的私有制发展起来了，社会财富开始向少部分人集中，就整个社会结构而言，公民与奴隶之间的阶级关系已经充分发展，而原本建立在公社所有制基础上的人民权利，也随着私有制特别是不动产私有制的发展而逐渐趋向衰落。[2]在此阶段，立法逐渐显现出公共权力的性质，开始向少数特权阶级手中集中，并逐步反映出原始公有制解体进而向私有制过渡的经济占有关系。

（3）在封建的或等级的所有制时代，与小规模的土地耕作和手工业式的工业相契合的"上层建筑"表现为整个社会结构呈现出高度的等级制，内在于这种社会分工的等级结构存在于王公、贵族、僧侣、农民、师傅、帮工、学徒之间。封建制度具体表现为贵族制、农奴制、帮贡支付和学徒制度。一方面，在农村是封建贵族对农奴的支配，另一方面，在城市表现为师傅对于学徒的支配。"土地占有的等级结构以及与此相联系的武装扈从制度使贵族掌握了支配农奴的权力。这种封建结构同古典古代的公社所有制一样，是一种联合，其目的在于对付被统治的生产者阶级。"[3]而随着生产力的提升和交往活动的扩展逐步产生了地区联合，在此过程中，中央集权的君主制封建王国逐步发展起来。因此，立法很大程度上也是封建制的，虽然在封建社会后期逐步成为君主们的权力。立法不仅记录了当时的封建所有制关系，而且反映了当时的政治依附关系。

（4）在资本主义私有制时代，取代封建所有制关系的是"自由竞争以及与自由相适应的社会制度和政治制度、资产阶级的经济统治和政治统治"。[4]随着工厂手工业、机器大工业、世界市场逐步从封建的关系中发展起来，社会的阶级结构逐步简化为直接对立的两个阶级，也即资产阶级和无产阶级。资本主义生产方式不平衡扩展的结果，是农村附属于城市，同时是未开化或半开化的国家从属于文明的国家，农民的民族从属于资产阶级的民族。[5]在

---

〔1〕《马克思恩格斯选集》（第1卷），人民出版社1995年版，第69页。
〔2〕参见《马克思恩格斯选集》（第1卷），人民出版社1995年版，第69页。
〔3〕《马克思恩格斯选集》（第1卷），人民出版社2012年版，第149~150页。
〔4〕《马克思恩格斯选集》（第1卷），人民出版社1995年版，第277页。
〔5〕参见《马克思恩格斯选集》（第1卷），人民出版社1995年版，第272~277页。

民族国家内部，生产数据、交换手段的私有化及其带来的生产的集中，导致了政治上层建筑的集中，这表现为现代民族国家统一的政府、统一的法律、统一的关税。[1]资产阶级不仅创立了代议制国家，而且建立了系统化的政治统治权力。此时的立法，随着国家权力的集中，成为政治国家的专属权力，从而服务于资产阶级的统治。立法不仅开始记录资本主义生产方式的核心要素，如契约和私人产权，而且与资本主义世界市场和全球化的分工合作体系相适应，其开始创造超过单个民族国家范围的世界性的通用法则。

二、革命与秩序：立法的政治治理与正当化功能

在很多人看来，革命意味着剧烈的暴力和反抗，大规模甚至伴随非理性的集体化行动，其目标是对现存秩序的破坏，对现存政治权威及统治正当性的武力批判。革命既有可能创造一个新的秩序、新的世界和历史图景、新的法典和法律体系，也可能单纯地摧毁现存的所谓社会秩序和文化传统，并会因为或多或少的暴政而引发诸多不尽如人意的非理性的结果。有人认为，革命所引起的剧烈的动荡，不仅会破坏社会秩序和共同生活本应具有的和谐性、一致性、连续性和体系性，而且会对历史和制度的自然演化、渐进发展带来粗暴的破坏。它可能激烈地反对传统，抛弃固有的道德观念和行为模式，造成文化发展的断层和历史记忆的割裂。有的人坚持站在道德和法律立场上，直接对革命抱以拒斥的态度，将其定性为非法的行动。有的人干脆将革命的目标、途径、社会解放功效给剔除掉，将其内涵简单地与暴力行为等同，认为其不仅是在挑战权威，更是在制造社会恐怖。有的人认为革命的性质单纯就是政治的，而政治的目的和内容就是争权夺利，因此革命的目的就是推翻既有的统治者，反之，一切推翻既有的政权和统治者的行为，就可称为革命。还有人把革命的动因归结为自然权利和消极自由，认为人民之所以举行革命，是为了捍卫他们与生俱来的自由和权利。人们会为自身的生存权利而斗争，只要其是为了捍卫自身的权利，那其行动就可称为革命。

很显然，人们在一种后革命时代的政治和意识形态的语境中，已经习惯

---

〔1〕 参见《马克思恩格斯选集》（第1卷），人民出版社1995年版，第277页。

于对革命作出一种"去政治化的"政治解释。[1]所谓去政治化的政治解释，一方面意味着对革命目标的否定、对革命原则的放弃、对革命组织原则的消解、对革命社会解放后果的抹杀，如此一来，革命的内容几乎就只剩下大规模的暴力和迫害、无处不在的权力斗争、对自发的社会秩序的破坏、对传统文明和道德观念的逆反、对制度的激进型变革以及专制奴役的回归。另一方面则是消解革命的批判精神，无论是道德批判还是政治经济学批判，这样做的目的则是尽快正当化既有的秩序和权力安排，论证支配性的霸权结构的合理性。因此，重新梳理马克思的革命观就显得尤为重要。更为重要的是，我们的目的是在此探究实践历史与立法的关系，而将革命与秩序的关系引进立法，实际上是要在革命实践批判和秩序合理化的互动关系中，解释立法所具有的另一功能，即统治和正当化功能。或者更准确来说，革命批判与制度、秩序的互动关系是立法具备合法化和正当化功能的历史实质动因。[2]

站在实践历史的角度，马克思为革命赋予了全新的政治经济学内涵：其一，革命意味着一场全方位的变革，而不仅是通过武装反叛或暴力推翻既有政权的一次政治行动。革命意味着对国家机器、社会结构、意识形态体系、政治正当化基础的一次全方位改造，它不仅消灭了原有的生产力和生产关系，而且创制了新的生产力和交往形式；它不仅消灭了旧的阶级、阶级对立以及阶级生产条件，而且创造了新的阶级统治及其再生产机制。其二，革命意味着生产方式的变革，即在生产力发展的基础上，扫清那些落后的、保守的、束缚性的生产关系、社会关系及其制度结构。它用新的、充分发展了的社会分工，消除了旧的社会分工内部蕴含的等级制，用新的对生产资料及生产手段的占有形式取代原有的、占统治地位的所有制形式，用新的历史占有者阶

---

〔1〕　关于 20 世纪去政治化的问题，请参见汪晖的以下作品：《去政治化的政治、霸权的多重构成与 60 年代的消逝》，载汪晖：《去政治化的政治：短 20 世纪的终结与 90 年代》，生活·读书·新知三联书店 2008 年版。《东西之间的"西藏问题"》，载汪晖：《东西之间的"西藏问题"（外二篇）》，生活·读书·新知三联书店 2014 年版。《齐物平等与跨体系社会》，载邓正来、郝雨凡主编：《转型中国的社会正义问题》，广西师范大学出版社 2013 年版。《"后政党政治"与中国的未来选择》，载《文化纵横》2013 年第 1 期。《两种新穷人及其未来——阶级政治的衰落、再形成与新穷人的尊严政治》，载《开放时代》2014 年第 6 期。

〔2〕　See Emerson, Frank D, "History of Arbitration Practice and Law", *Cleveland State Law Review*, 19 (1970), 155~164.

层代替没落的、旧有的生产活动和国家机器的支配阶级。其三，革命是阶级力量对比的结果，它源于阶级利益矛盾的不可调和。革命的道德动机并非基于个人的自然权利，而是普遍的阶级解放。它创造了新的阶级平衡关系，用一种阶级统治取代另一种阶级统治，用一种阶级剥削和压迫取代另一种阶级剥削和压迫，用一种阶级矛盾代替另一种阶级矛盾，用一种新的阶级联合条件代替旧的联合条件，阶级范畴的存在成为革命的历史策源地。

"统治阶级的思想在每一时代都是占统治地位的思想。"[1]要理解革命与秩序的互动关系，以及立法因此而生的正当化功能，首先就应先行理解阶级统治的概念。与传统的政体思维不同，马克思不是按照政体的划分或支配方式来界定统治者与被统治者的。这里的统治者不仅是直观的主权者、专制君主、贵族团体或法律所规定的特权身份团体，而是历史辩证的阶级。所谓统治，是一个阶级对另一个阶级的控制、支配和剥削。而统治阶级的产生，不是简单地出自人们的意志、智识德性的高贵、血统的继承或自发秩序，而是生产方式的变革。[2]

另外，社会中的阶级并非单一的，阶级关系也是多样的。一个阶级之所以能够成为统治阶级，不是因为其掌握了权力、垄断了国家的意志和暴力机器或获得民主多数决的支持，而是因为这个阶级掌控了社会的生产力。社会生产包括物质生活资料的生产和精神生活资料的生产。正是因为掌握了生产生活数据和精神数据的机制，所以，统治才能够制度化为某个阶级的统治。由此也看出，所谓统治，不仅仅是粗暴的暴力压迫或强制控制，任何统治想要成为阶级的、历史的，那就需具备正当化的力量。就是说，统治阶级仅能够生产生活资料和国家机器，还是远远不够的，它还需生产道德、观念、传统、文化、历史、法律、习惯、宗教等，这些设施在社会范围内形成道德判断、思想观念、身份认同、政治认同和审美标准，以使自身的统治利益和意志被看作社会的整体利益和普遍意志，使被统治阶级忽略统治阶级的统治身份并认可其统治，使被统治阶级认可自己的地位并心甘情愿地服从而非反抗统治。在此过程中，立法首先是确认统治阶级在社会生产中的主导地位，然

---

〔1〕《马克思恩格斯选集》（第 1 卷），人民出版社 1995 年版，第 98 页。

〔2〕 See Dakun, Wu, "The Asiatic Mode of Production in History as Viewed by Political Economy in Its Broad Sense", *Chinese Law and Government*, 22（1989），27~46.

后，其还会把统治阶级的利益偏好、价值观念上升为国家意志，从而成为全社会的公共意志和理性。

从这种阶级统治的观点出发，所谓的社会秩序，实质上是阶级统治的确立和稳固化，是一个阶级的统治获得制度化认同以及获得被统治阶级道德心理的认同，是统治阶级的思想模式和价值追求成为最优的、正确的思想和价值模式，统治阶级所要求的行为标准被宣布为整个社会的行为标准，任何对这些标准和规则的违反，不是被说成违反了统治阶级的利益，就是被定性为一种反对社会行为，因为其触犯了保护社会全体成员的法则，威胁和毁坏了社会全体成员的生存条件和长远利益。适合于阶级统治利益的生产力、意识形态的生产与再生产都保持在良性的轨道之内。而立法是在社会秩序稳固的时候，扮演了阶级统治条件生产与再生产机制的角色。

在良好的社会秩序中，阶级分化是持续存在的，因而阶级对抗、冲突实际上无处不在，只不过这些阶级之间的对抗和冲突，或者是隐蔽的，或者被人为地转化为法律、道德价值和文明冲突、经济利益冲突、环境保护等问题，并被最大限度地消灭在统治阶级的意识形态修辞之中。[1] 社会秩序所具有的和平性、包容性、平等性，实际上是阶级之间的对抗和冲突运动并未冲击到社会成员的身份认同，并未触及社会制度、政治结构以及背后的阶级统治的合法性与正当性，并未冲破现代国家的法律框架，并未威胁到统治阶级所赖以存在的所有制基础。客观来说，阶级统治一旦牢固确立，社会秩序即进入稳步发展的阶段。只要告别革命，那阶级社会的社会秩序就会进入其常态，也即精英统治与社会结构固化。这两者往往是相辅相成的。这是一个知识、财富、权力不断积累的过程，伴随这一过程的则是社会利益结构和阶级结构的固化。所谓立法的正当化，很大程度上就是立法在社会秩序的重建过程中，创建和认可了这些知识、权力、财富的再生产和积累机制，确认了这种累积而得的社会利益结构和阶级结构。而这种结构化了的历史，将周而复始地循环下去，不经过革命的冲击，是万难被打破的。

但是，从实践革命的视角出发，"至今一切社会的历史都是阶级斗争的历

---

〔1〕　参见王广：《阶级分析方法仍是认识历史、把握历史的科学方法》，载《史学理论研究》2022 年第 3 期。

史。自由民和奴隶、贵族和平民、领主和农奴、行会师傅和帮工，一句话。压迫者和被压迫者，始终处于相互对立的地位，进行不断的、有时隐蔽有时公开的斗争，而每一次斗争的结局都是整个社会受到革命改造或者斗争的各阶级同归于尽"。[1]"因此，在现代历史中至少已经证明，一切政治斗争都是阶级斗争，而一切争取解放的阶级斗争，尽管它必然地具有政治的形式（因为一切阶级斗争都是政治斗争），归根到底都是围绕着经济解放进行的。"[2]阶级革命之所以会爆发，其秘密不在于观念和意识形态，而在于实践。自阶级社会诞生那一刻起，它就与一个社会的物质生产方式及其内在的矛盾联系在一起。"一切历史冲突都源于生产力和交往形式之间的矛盾。"[3]作为实践批判的重要形式，阶级革命具有以下特征：

第一，"生产力和交往形式之间的这种矛盾——正如我们所见到的，它在迄今为止的历史中曾多次发生过，然而并没有威胁交往形式的基础——每一次都不免要爆发革命，同时也采取各种附带形式，如冲突的总和，不同阶级之间的冲突，意识的矛盾，思想斗争，政治斗争，等等。"[4]阶级革命始终是与特定的生产方式相联系的。革命阶级享有共同的生活条件、形成共同的利益。他们处在同一社会结构当中，是各种等级制之下的压迫者、被压迫者。他们创造了生产力，但却没有能力掌握这种生产力，反而受到生产力的压制和窒息。他们遭受一种异化统治，失去了独立和主体地位。因此，维护、争取本阶级的生存条件是革命的初始动力。

第二，"批判的武器当然不能代替武器的批判，物质力量只能用物质力量来摧毁；但是理论一经群众掌握，也会变成物质力量。理论只要能说服人，就能掌握群众；而理论只要彻底，就能说服人，所谓彻底，就是抓住事物的根本。但是，人的是人自身"[5]革命的阶级不仅需要阶级联合的客观条件，也即共同的生活方式和利益，更需要普遍的阶级意识，即认识到自己的阶级利益所在，认识到阶级斗争的历史使命和目的，认识到自身与统治阶级的界

---

〔1〕《马克思恩格斯选集》（第1卷），人民出版社1995年版，第272页。
〔2〕《马克思恩格斯选集》（第4卷），人民出版社1995年版，第251页。
〔3〕《马克思恩格斯选集》（第1卷），人民出版社1995年版，第115页。
〔4〕《马克思恩格斯选集》（第1卷），人民出版社2012年版，第195~196页。
〔5〕《马克思恩格斯全集》（第3卷），人民出版社2002年版，第207页。

限，认识到统治阶级意识形态的虚假性质。当然，这需要普遍的阶级教育和阶级启蒙。

第三，"进行革命的阶级，仅就它对抗另一个阶级而言，从一开始就不是作为一个阶级，而是作为全社会的代表出现的；它以社会全体群众的姿态反对唯一的统治阶级。它之所以能这样做，是因为它的利益在开始时的确同其余一切非统治阶级的共同利益还有更多的联系，在当时存在的那些关系的压力下还不能够发展为特殊阶级的特殊利益"。[1]与阶级矛盾和阶级统治相伴随的是阶级斗争，革命正是阶级斗争的最高形式。阶级斗争不是一种改变个别处境、获取个别利益的法律斗争，而是一种普遍的政治斗争。其目的在于改变生产力、生产数据、交换手段的占有状态以及建立在上面的阶级结构和统治关系。而那些诞生于革命的立法，很大程度上就是对革命成果的制度化、合法化承认。

第二节　波兰尼的政治经济学对立法动力的解释

对于经济史学家波兰尼的政治经济学（实体理论），我们将从其"经济"和"社会"两个范畴入手，以解释近代的经济与政治转型是如何影响立法的。与那些单方面为自律性市场进行辩护的形式主义经济学理论不同，波兰尼并不把市场机制和市场化过程看作一个自发秩序或社会达到自发均衡的过程，他既不是从抽象的理性人、经济人出发去解释经济行为，也不是从知识论出发去推导社会事务（如哈耶克）。在分析资本的性质时，马克思并不把资本直观地看作掌握在个人手中的财富，而是将其视作一种社会力量；同样，波兰尼在处理经济这一范畴时，也不是简单地将其与价格、供需、利润、私产等抽象范畴联系在一起，而是将其当成一种区别于以往社会机制的范畴；更确切来说，他谈论的是市场社会，即一种运用市场法则来进行自我规律的社会体系。对于社会范畴，虽然波兰尼与马克思都力图还原其实质含义，但他们却存在不同。波兰尼关注的是社会作为由法律、制度、传统、身份、习俗、

---

〔1〕《马克思恩格斯选集》（第1卷），人民出版社2012年版，第180页。

文化构成的关系网络，面对市场机制的扩张而对人们的保护作用。[1]但不管如何，经济与社会这两个范畴对于立法的影响都是清晰可见的，因而也构成立法的另一重实质动力。

一、经济的两种含义：形式与实质

要从波兰尼的经济史叙述中梳理出立法的实质动力，那么对经济范畴就不能继续做出形式主义的理解，而要真正地将经济视作经济体的运作过程；这里的经济不是一个科学的概念，而是一个政治经济学的概念。

当代对于经济的主流解释，是一种关于市场的概念。其认为，市场秩序是一种自生自发秩序或扩展秩序，它不是来自人们有意识的设计，而是无数人不停交往、互动和行动的结果。这种扩展秩序是自然演化的，具有非人为、非人性的一面，所以它反对外在的强力干涉，因为这种自发秩序在无权干涉的前提下，能够最大限度地利用人们发展出的知识、技能和智能。这种扩展秩序属于文化进化的一部分，它认为由传统、习惯、法律、道德所提供的规则，要比人类的本能和理性更为重要，这些（道德）规则构成了经济秩序的基础；而这些（道德）规则的核心内容，则是私有财产和契约。[2]这种市场机制能够自发地实现社会均衡和公正，其所谓的公正，是就社会的普遍行为规则而言的，[3]而非指社会合作所产生的利益的分配结果和最终格局，换句话说，在市场秩序中，只要确立了自由的普遍规则的框架，那么诸如分配正义和社会公正的要求，对其都是不适当的，这不仅是因为人们在主观上很难确立一个能够获得社会全体成员一致拥护的正义观，更是因为这样做只会使文明的进化成为不可能，"对于由运气造成的差异进行压制，会破坏大多数发现新机会的可能性。在这样一个世界里我们失去这样的信息，只有它们，作为我们生活环境中千变万化的结果，能够告诉每一个人，为了维持生产或——假

---

〔1〕 See Wolcher, Louis E, "The Enchantress and Karl Polanyi's Social Theory", *Ohio State Law Journal*, 51 (1990), 1243~1282.

〔2〕 参见 [英] 弗里德里希·奥古斯特·哈耶克：《致命的自负》，冯克利等译，中国社会科学出版社 2000 年版，第 15~19、33~35 页。

〔3〕 参见 [英] 弗里德里希·冯·哈耶克：《哈耶克文选》，冯克利译，江苏人民出版社 2007 年版，第 349~350 页。

如可能的话——增加生产，我们必须做什么"。[1]

与这种观点相关，对波兰尼的理解，有学者认为，"在市场化和反市场化的'双向运动'中，许多人更关注市场在资源分配方面的效率，而波兰尼等人则更多看到了市场的不足，强调适度的国家干预的必要。如果同时兼顾上述两个方面，就会达成'双手并用'的共识，即在现实的市场经济条件下，市场的'无形之手'和政府的'有形之手'都各有其功用，尽管它们作用的领域、范围、方向不同，但都会在资源分配方面产生影响"。[2]"在'双向运动'中界定和区分经济政府与市场主体、政府配置与市场配置，就是强调两类主体、两类配置要各司其职、各尽所能、各得其所，并在经济治理上辨证施治，解决资源分配方面存在的突出问题。"[3]

对于经济概念，波兰尼自始就区分了其形式含义和实质含义。波兰尼认为："经济的实质含义源于人的生活离不开自然和他的同伴。它是指人与其自然环境和社会环境之间的互换，这样做的结果就是为他提供满足物质需要的手段。"[4]经济的实质含义体现为人与自然、人与人之间的关系，而非纯粹的理性选择。更为重要的是，波兰尼认为经济或市场的形式含义与实质含义的历史重叠纯粹是出于"逻辑上的偶然情境"。[5]按照波兰尼的解释，经济的形式含义即指计划或市场（利伯维尔场的抽象模型、价格体系、自发秩序）；而其实质含义，则意指经济体的实质运作过程，亦即"包含着各种复杂的社会关系，与各种各样的制度、国家政策、传统、习俗和事件联系在一起"。[6]所以，"实质性的经济活动并非抽象的市场活动，而是被镶嵌在各种人类生活、各种制度和文化之中的过程，它无法按照'自我调节的市场'及其规范运

---

〔1〕 ［英］弗里德里希·奥古斯特·哈耶克：《致命的自负》，冯克利等译，中国社会科学出版社2000年版，第83~84页。

〔2〕 张守文：《政府与市场关系的法律调整》，载《中国法学》2014年第5期。

〔3〕 张守文：《政府与市场关系的法律调整》，载《中国法学》2014年第5期。

〔4〕 汪晖：《去政治化的政治：短20世纪的终结与90年代》，生活·读书·新知三联书店2008年版，第235页。

〔5〕 汪晖：《去政治化的政治：短20世纪的终结与90年代》，生活·读书·新知三联书店2008年版，第236~237页。

〔6〕 汪晖：《去政治化的政治：短20世纪的终结与90年代》，生活·读书·新知三联书店2008年版，第237页。

动"。[1]而对于自律性市场这一形式主义的观念，波兰尼认为，人类历史只有发展到 19 世纪，经济自由主义的信条才一改经济活动嵌含在社会体制内部的传统观点，转而支持市场机制对于社会生活的控制。[2]实际上，其对自律性市场的扩张趋势与社会因之而起的自我保护运动的"双重倾向"的历史叙述，以及自我调节的市场从社会制度当中"脱嵌"之不可能的论断，都意图表明，仅凭经济的形式含义无法描述经济体的实际运作，即那种"人与环境相互作用的制度化过程"；此恰如汪晖所言，"一种实质性的历史只有在实质性的社会运动之中才能真正展开"！[3]

二、自律性市场的扩张和经济性立法

在此，可以从经济史和政治经济学两个角度，来理解波兰尼所谓的市场扩张及其所导致的社会后果。对于市场经济体制，波兰尼认为："市场经济意味着一个自律性的市场制度；用更专门的名词来说，这是一个由市场价格——而且只由市场价格——来导向的经济。这样一个能不依外力之说明和干涉而自行组织整个经济生活的制度，自然足以称之为自律性的。"[4]波兰尼首先认为，市场经济体制是建立在一种自发性进步的精神信仰之上的。这里面的关键前缀首先是自发性，其次是进步的信念。那些自律性市场的支持者普遍认为社会秩序作为人类文明的一部分，如同语言、文字、货币、伦理、市场、法律一样，都不需要借助外力或者在反对政治权威的前提下自我维续。比如，经济的持续繁荣就依赖于对国家权力施加明确的限制。这些自律性市场制度的支持者还认为，这种市场制度必然能够带来一种进步，尤其是秩序向未知领域的进化，不仅能够产生巨量的知识和财富的积累，发展出高度复杂的文明，而且还代表着自由的扩展、正义的实现、人道的进步。这样，如果立法

---

〔1〕 汪晖：《去政治化的政治：短 20 世纪的终结与 90 年代》，生活·读书·新知三联书店 2008 年版，第 235 页。

〔2〕 参见 [英] 卡尔·波兰尼：《巨变：当代政治与经济的起源》，黄树民译，社会科学文献出版社 2013 年版，第 129~130 页。

〔3〕 汪晖：《去政治化的政治：短 20 世纪的终结与 90 年代》，生活·读书·新知三联书店 2008 年版，第 274 页。

〔4〕 [英] 卡尔·波兰尼：《巨变：当代政治与经济的起源》，黄树民译，社会科学文献出版社 2013 年版，第 109 页。

试图保护个人自由的价值，那就要捍卫自发性和进步的信念，而万万不能阻碍它。

与自发性进步信念相伴随的，是市场制所带来的社会体制上的转变。这种转变的真实意义，是经济或市场对于社会的控制。在资本主义社会之前，虽然人们也进行交易、生产，在一定范围内也存在市场，但是市场却从未在社会体制或经济体制中取得支配性的地位。市场制度不是自然而来的，它是大规模历史变迁的结果。[1]"没有一个社会能不具有某种经济形态而长期存在下去，但是在我们这个时代之前，没有一个经济是受市场的控制（即使是大体上）而存在的……在交易上图利从没有在人类经济史上占过如此重要的地位。虽然市场制度从石器时代后期就已普遍出现，但它在经济生活中的角色只不过是附属性的。"[2]总之，真正的市场制度是 19 世纪的创造物。

在前市场经济时代，决定人们行动的因素，是社会地位、社会权力和社会生产，而非逐利的经济动机。[3]甚至生产和分配，都未必表现为一种占有某物的经济利益，而是一种社会利益。换句话说，经济在社会中扮演的角色是次要的，经济行动并不具备独立的、纯粹的外观，而是包裹在政治、习俗、宗教、礼仪等社会关系当中的。而在市场化时代，市场不仅取得了超然的地位，成为主要的经济形式，而且控制了社会，使社会的运作屈从于它的法则和逻辑，使社会本体屈从于市场规律，甚至于若非如此，市场制就不能成功运作。此外，市场制也造成了经济与政治领域的分离，经济行动与政治行动的区分。经济是一个自由的领域，而政治是一个强制的领域。经济领域意味着分权、契约、自己责任和私有产权，政治领域则代表了权力集中、官僚意志、有组织的暴力。"诚然，没有一个社会能没有某种用来确保商品之生产及分配之秩序的体制而存在。但这并不意味着就存在独立分离的经济制度；一

---

〔1〕　参见段新星：《市场吸纳社会的逻辑、风险与治理——卡尔·波兰尼视角下的中国网约车市场发展过程（2014—2022）》，载《社会科学研究》2023 年第 1 期。

〔2〕　[英] 卡尔·波兰尼：《巨变：当代政治与经济的起源》，黄树民译，社会科学文献出版社 2013 年版，第 109~111 页。

〔3〕　See Flynn, Michael, "China: A Market Economy", *Georgetown Journal of International Law*, 48 (2016), 297~330.

般而言，经济秩序只不过是社会秩序的一种作用，并包含于其中。"[1]

站在经济史的角度，波兰尼指出，人类直到封建时代末期，各经济体制主要还在推行互惠、再分配以及家计制，而非交换或以物易物。[2]互惠主要与社会的两性组织（包括家庭和亲族关系）有关，它存在于这种对称式的社会制度当中；再分配则与一位共同首领下的所有人相关，它依赖于地域和团体权力的集中性；家计制则主要存在于为了自己的使用需要而进行的生产之中。可以看出，在这些经济体制当中，经济制度始终是嵌入社会关系当中的，具体来说，"财物之有秩序的生产和分配是经由一般行为原则所控制之各式各样的动机而得到的。在这些动机中，图利并不是很突出。习俗与法律、巫术与宗教都互相配合来诱导个人去服膺一般的行为法则，这些行为法则最后确保了他在经济制度中所起的作用"。[3]波兰尼认为，在古希腊、古罗马时代地中海文明圈内虽然存在高度发达的贸易，但也并没有创立一个独立的经济领域；毋宁说，罗马共和国和罗马国家的经济体制的特征，是罗马政府在一家计经济上实施大规模的谷物再分配。这一特点直到中世纪末期也未得到改变。虽然自 16 世纪以后欧洲发展出很多市场，甚至在重商主义的精神氛围中，这些市场成为当时各国政府的主要关注点，但即使在这个时期，仍然没有产生市场机制要控制人类社会的迹象。

因此，市场制度想要控制社会，那就应具有独特的机制。波兰尼认为，自律性市场得以成功运作的秘密，就在于其对真实商品和虚拟商品之间的区分。所谓商品，其实是为市场销售所生产的东西。根据这一定义，土地、劳动力和货币都只是一种虚拟商品，因为它们并不是为了市场销售而生产。"自律性意味着所有的商品都是在市场上售卖的，而且所有的所得都是从这些售卖中得到的。据此，生产的所有要素都有其市场，不但财物（包括劳役）有其市场，而且劳动力、土地及货币都有其市场，它们的价格分别被称为物价、

---

〔1〕[英]卡尔·波兰尼：《巨变：当代政治与经济的起源》，黄树民译，社会科学文献出版社 2013 年版，第 149~150 页。

〔2〕See Kendall, Walter J, "Law, Fugitive Capital and Karl Polanyi's the Great Transformation", *Indonesian Journal of International & Comparative Law*, 2 (2015), 847~866.

〔3〕[英]卡尔·波兰尼：《巨变：当代政治与经济的起源》，黄树民译，社会科学文献出版社 2013 年版，第 127 页。

工资、地租及利息。"[1]劳动力、土地、货币作为工业生产的要素，被按照市场的原则组织了起来。然而，问题在于，劳动力、土地及资本显然不是商品，因为它们并不是为了买卖和销售而生产出来的。劳动力是一种与生命本身相协调之人类活动的另一个名称，这种活动是不能与个人生活的其他方面分开的；土地是自然的一部分，它并不是人类制造出来的；而真实的货币只是购买力的表征，它是由银行或国家财政之类的机构所产生的。这样一种市场制度的扩张，对于社会变迁和立法而言，产生了多重后果。

首先，"当一个漫无目标之变迁的过程在其步调过于迅速时，如果可能的话，我们必须减缓其速度，以保障社会福利，这个道理是不用多加说明的"。[2]在正常情况下，立法应当扮演社会与市场之间的缓冲器的角色，保持社会制度与市场制度之间的均衡；它能够被用来减缓制度变迁，减轻其对社会所施的压力。然而，在市场扩张以及其所传递的进步信念的支持下，立法成为市场制的工具，在很大程度上扮演了劳动力、土地、货币的再生产机制。

其次，"对自发性之进步的信仰会使我们忽视政府在经济生活中所扮演的角色。这个角色包括调整变迁的速度，并依实质的情况使之加快和减缓；假如我们相信变迁的速度是无法调节——或者更坏的，如果我们认为调节其速度有如亵渎神明——那么自然就没有加以干预的余地了"。[3]市场扩张还带来政府的政治角色的转化。从此，国家作为一个凌驾于社会之上的权力体系，不再是德性的所有者，不再是文化的创造者，而是降格为一个需要通过经济发展和对市场制运行条件的维护（如保护私有产权）来证明自身的合法性的存在。与之相应，此时立法权力虽然高度集中于国家之手，但立法的正当目的却不是用来扩张国家权力或满足统治者寻求租金利益最大化的偏好，而是用来保护私人领域、维护公民个人的经济自由权利，用来限制国家权力对于资源分配和市场运作的进入，用来划分自己的责任以提升社会整体的运行效

---

〔1〕［英］卡尔·波兰尼：《巨变：当代政治与经济的起源》，黄树民译，社会科学文献出版社2013年版，第146页。

〔2〕［英］卡尔·波兰尼：《巨变：当代政治与经济的起源》，黄树民译，社会科学文献出版社2013年版，第95~96页。

〔3〕［英］卡尔·波兰尼：《巨变：当代政治与经济的起源》，黄树民译，社会科学文献出版社2013年版，第101页。

率。与经济和政治领域相同步，立法就是来划定政治与经济的界限，用来打造一个有限政府。

最后，"一个商业社会里的机械生产实际上是将社会之人的本质与自然的本质转化为商品。这个结论虽然是不可思议的，却不可避免；假如不是这样就不会达到目的：很明显，这样的机制所引起的秩序错乱会拆散人与人之间的关系，并且以毁灭来威胁他的自然居所"。[1]市场扩张的另一个后果，就是把原本处在各种社会关系中的人，从中抽离出来，再通过市场原则重新组织。所谓的商品化，实质就是抽象化。所谓市场原则，就是把人身上所具有的宗教、伦理、部落、民族、宗族、封建、团体、血缘、性别等身份打碎，并同时宣布其无意义，从此，人们各种共同体之间的关系和纽带被淡化了，人们被从各种社会关系中切割出来，并由市场原则自由组织。由此，人变成社会中的原子。在这种情况下，把自利作为人的本性，实质上是在说，人们所具有的只是一种平等的、类似的抽象人格。与这种原子论的个人和抽象人格相适应，市场扩张时代的立法，大力推行的是形式平等而非实质平等，立法保障的是公民的消极自由而非分配正义，其推崇的价值是经济效率而非社会保障和公共利益，总之，立法旨在确立一个普遍规则的框架，在此框架之内，人们将平等地享有机会和权利，在不妨碍他人的前提下可以为资源展开自由的竞争，至于这种竞争的结果，以及个人是否具备运用这些机会的条件或能力，则纯属个人的责任，并非立法所应关注的问题。

三、社会的自我保护与保护性立法

波兰尼认为，自律性市场的信念实际上蕴含着一个全然空想的社会体制。[2]市场社会的秘密实际上是将社会之人的本质和自然的本质转化为商品。社会之人变成了经济人和自然人，然后人们再从鲁滨逊的一人世界出发去想象和构建交易关系、社会秩序和政治制度；而自然界却变成了消费品，它不

---

〔1〕 〔英〕卡尔·波兰尼：《巨变：当代政治与经济的起源》，黄树民译，社会科学文献出版社2013年版，第108页。

〔2〕 See Perry-Kessaris, Amanda, "Reading the Story of Law and Embeddesness through a Community Lens: A Polanyi-Meets-Cotterrell Economic Sociology of Law", *Northern Ireland Legal Quarterly*, 62（2011），401~414.

是人类存在的物质条件，而是一种满足人类欲望的消费品，人与自然的关系被商品化了。自律性市场不断地侵吞社会的领域，其通过交易和竞争法则的支配，将社会变成了附属的存在，使实在服从于抽象，使经济体的实质运作服从于形式主义的经济解释。因此，市场扩张是新时代权力的渊源，其催发新的形式的不平等和越来越多的不均衡发展。"自律、自我调节的市场作为一种经济运行逻辑和组织原则，不仅"脱嵌"于社会织体，更不断占领、卷入更多的社会领域，以作为自律市场体系的质料，进而主导社会，使社会成为市场的附属品。"[1]自律性市场的和谐是"经济制度中本有的，个人与社会利益最终是一致的——但这种和谐的自律性却要求个人服从于经济规律，即使它会毁灭他。冲突也似乎是经济制度中本有的，不论是人与人之间的竞争或者阶级之间的斗争——但是这样的冲突却可能是导向现实或未来社会之深一层和谐的唯一工具"。[2]市场扩张导致了大量的大规模贫穷、社会动荡、阶级和民族矛盾，逐渐引起了多种方向和目标相反的运动，它们有的试图回归传统的等级制社会，有的试图拒绝市场制度逻辑的支配，有的则试图毁灭社会，这些运动构成了市场化时代的社会保护运动。由于市场经济背后的社会实体（而非原子论式的个人）的发现，这种社会保护运动将从多个方向、多个议题和目标，改变市场社会的面貌和制度发展方向，并影响着立法活动。[3]

首先，自律性市场的扩张在一定程度上导致了大规模的社会贫困。市场化的扩张过程要求将自然、劳动力商品化。自然的商品化，实际上是将土地商品化，这就要求改变原先的土地占有关系，将土地从各种身份关系中解放出来，成为个人的财产。至此，土地基本上失去了维护社群、团体生存的公益性质。劳动力的商品化，同样是把人从各种社会关系中抽离出来，将其塑造成可在市场上自由流通和买卖的资源和生产要素。从此，社会之人失去了附随在各种身份制之上的权利和福利，他需要单独面对市场生产的法则。波兰尼指出，这一商品化过程造成了农村土地的集中化、农民的流民化，农民

---

[1]　郦菁：《"波兰尼时刻"在当代中国》，载《文化纵横》2022年第3期。

[2]　[英] 卡尔·波兰尼：《巨变：当代政治与经济的起源》，黄树民译，社会科学文献出版社2013年版，第170页。

[3]　参见王一：《社会保护动力机制的再研究：双向运动理论与积累的社会结构》，载《社会科学辑刊》2021年第6期。

被剥夺了地产，被从世代生息的家园中驱赶出来。失去传统乡村中各种社会关系的庇护，农民不可避免地赤贫化。然而，这只是劳动力生产的初始环节。随着市场化、工业化生产的开展，被剥夺土地的农民被驱赶到城市之中，被裹挟进工业化生产之中，在出卖自身劳动力的同时却要忍受着巨大的剥削。"假如说劳动者们是身体上被非人化的话，那么有财产者则是在道德上沉沦了。前所未闻的财富变成与前所未闻的贫穷无法分开。"[1]面对市场化扩张所导致的贫穷，社会保护运动采取了立法的形式。这时候，立法开始作为一种政策工具，被广泛地用于社会各阶层利益的博弈，以阻缓、制衡由工业资产阶级和经济自由主义者主导的速度过快的市场变迁；立法除重视个人价值之外，还开始面向社会进行立法，如济贫法、居住法、劳工法等一系列社会保护性立法；同时，在立法价值层面，为消除贫困，立法者和那些理性主义的改革者开始强调社会公共利益的重要性，并逐步地引入无产阶级所要求的分配正义。

其次，市场社会的贫穷不再是一个简单的经济问题，而实际上是一个社会问题。"从经济上来说，工人阶级确实是被剥削了。对个人之幸福与公众之幸福的最大伤害是市场制摧毁了他的社会环境、他的街坊、他在社群中的地位以及他的同业公会；总而言之，就是摧毁了以往包含在经济活动之中之人的关系、自然的关系。"[2]资本主义生产过程的抽象化，逐渐由最初的解放性关系演变为压制性的关系；这种生产过程异化的最终结果，就是人丧失其社会关系的主体地位，而逐步成为机器和其他生产工具的附属品；由人们所创造的生产力，并没有起到保护自身的作用，反而破坏了其自身的生存环境和社会关系网络。针对市场化扩张和资本主义生产抽象化而生的社会保护运动，其运动的方向就是重建社会，重建人——使人的本质回归到自身，使生产者作为主权者掌握政治参与、决策和生产权利。这时的立法，也就因之包含了多重功能：立法不再简单地关注形式平等和自由，其开始关注实质平等和自由；除关注个人以外，其开始注重社会和团体的价值，就像强调契约、财产对于个人的重要性，其开始强调共同价值对于社会维护的重要性；立法不仅

---

〔1〕〔英〕卡尔·波兰尼：《巨变：当代政治与经济的起源》，黄树民译，社会科学文献出版社2013年版，第195~196页。

〔2〕〔英〕卡尔·波兰尼：《巨变：当代政治与经济的起源》，黄树民译，社会科学文献出版社2013年版，第237页。

仅关注经济，而且也开始注重文化和文明，在市场秩序的建构过程中，其不仅注重人类社会通行的普遍法则的实行，而且开始懂得维护文化多样性对于人们生活的意义。

最后，市场扩张还引发了各种形式的保护主义。"保护主义之车是三轮驱动的。土地、劳动力与货币都各有其地位，但土地与劳动力开始是与特定的（虽然是广泛的）社会阶层——如工人或农民——相联结的恶，而货币保护主义在一更大程度上是一全国性的要素，经常融合各种不同的利益为一整体。"[1]这种社会保护最有力的部分发生在阶级和民族身上。就阶级运动而言，受市场扩张侵害的无产阶级为了争取自身的经济利益、社会认同而展开广泛的斗争，这些斗争最初反对的目标是工厂主和资本家，运动的兴起也多是自发的，而后随着市场化支配的进一步深入，人们之间的传统关系，如亲属、街坊邻居、同业关系信仰等非契约型的组织被扫除掉，工人阶级的个别反抗逐步演化为对整个资本主义社会的生产制度的反抗，其反抗对象包括生产机器、私有制、垄断，手段也从非暴力转向了暴力革命。另外，阶级革命也与民权运动有机结合在了一起，通过宪章运动等社会保护运动，其逐步争取到了一定的宪法自由权和民主政治权利。[2]

第三节　制度变迁理论框架下的立法动力观

在制度经济学诞生以前，政治经济学的研究主要集中在选择逻辑、行为偏好、价格调节、效应最大化等问题上。[3]例如，国家在古典经济学那里，基本上只承担守夜人的角色，其只具有防止暴力、胁迫、诈欺等功能；换言之，它是经济活动和市场秩序的消极性外部力量，而不是经济活动的积极参与者，人们普遍认为由于官僚集团本身的私利和短视，或者受制于民粹情绪

---

〔1〕［英］卡尔·波兰尼：《巨变：当代政治与经济的起源》，黄树民译，社会科学文献出版社2013年版，第345页。

〔2〕 See Kupferberg, Seth, "Political Strikes, Labor Law, and Democratic Rights", *Virginia Law Review*, 71 (1985), 685~752.

〔3〕 See Merges, Robert P., "Intellectual Property Rights and the New Institutional Economics", *Vanderbilt Law Review*, 53 (2000), 1857~1878.

和利益集团的压力，政府可能会关注短期绩效和目标，而忽略社会的整体利益和长远目标，其参与资源分配只会使事情变得更糟更无效率。

一、制度变迁：考察立法动力的新视角

对于制度，人们也多把它当作经济发展的外在变量，甚至既定变量，因为经过资产阶级革命和普遍的立宪行为，自由民主的政治制度和法治政府的体制已经确立了，生产资料方面的所有制关系也已经很明确了。"制度变迁理论指出，制度变迁是行为主体在期望获取最大潜在利润时导致的，而要获取这种潜在利润需做出改变，对制度进行再安排，从而促成制度的变迁。"[1]人们习惯性地认为，有什么样的制度就会有什么样的行动，而自由制度会孕育、促进自由经济，因而其与经济生活的联系就不言自明。不仅如此，即便对于资本主义经济活动的天然要素企业和市场，其存在也仅仅是一种经济活动的参与者或竞争平台，它们都被假定为既定的要素，而不是需要人为去建构、改建的制度化的存在。可以看出，这种研究范围的理论内容具有抽象性、形式化的特点，因为其缺乏与社会生活实际的有效结合，未充分关注人们遵守规则以及作出决策所依据的诸多实质性的因素和理由。[2]

（一）制度与经济关系的实质化

制度经济学的诞生正好改变了这一局面。事实上，正是由于制度分析的引入，经济学告别自然状态而进入制度状态或宪制经济。制度经济学认为，人们的社会生活本质上存在制度需求。例如，林毅夫就把制度存在基础解释为人们生活中存在的安全和经济两方面的强烈需要，在他看来，制度安排实际上构成经济个体获取集体收益的手段。[3]张五常认为人类社会中的制度本质上是一种合约，不同层级的制度构成不同层级的合约安排；鉴于人类社会

---

[1] 千静慧、郝理想：《从疏远到干预：诱致性制度变迁视角下美国联邦政府职业教育角色的转变》，载《河北科技师范学院学报（社会科学版）》2022年第2期。

[2] 参见赵海怡：《当代法和经济学发展的第三条进路——法学与经济学的双向校验互动》，载《政法论坛》2022年第4期。

[3] 参见林毅夫：《关于制度变迁的经济学理论：诱致性变迁与强制性变迁》，载［美］罗纳德·H. 科斯等：《财产权利与制度变迁：产权学派与新制度学派译文集》，刘守英等译，格致出版社、上海三联书店、上海人民出版社2014年版，第263~265页。

资源的有限性和人们欲望的无限性，资源竞争成为经济生活的常态，然而竞争需求的存在又会带来消极的一面，即无限制的竞争将带来人类社会的毁灭。因此，制度即为了响应这种竞争需求而被创设出来，它们共同构成了人们开展资源竞争的一组有效约束。[1]

　　具体来说，这些制度需求包括：①将现存的社会关系正式化、正当化、合法化，在此基础上通过共同的标准来扩展、规范人们的合作与交往秩序，将不同种族、宗教、团体、地域、肤色的各式人等吸纳进来，增强现存秩序的包容性和开放性；②人类个体虽然具有理性，但其理性毕竟是有限的，其在理性范围内获取的信息、知识和智能也是非常狭窄的，而制度则在很大程度上弥补了个人理性能力的不足，它能够通过制度框架的确定性、可预见性来提升个人对生活计划的规划能力，通过统一、公开可见、大家一致同意的规则以及遵守规则的行动，增强个人对于外界变化的环境的适应能力。③个体不仅要实现道德价值、经济价值，还需要满足安全需求，这些安全既是对政府而言的，也是对个人而言的。而制度就是通过一系列的确权、限权、规训、评价、惩罚机制，来约束权力，划定私人的权利领地，非难和制裁各种暴力、胁迫等社会反对行为，从而有效地化解个体在经济生活中的风险，满足其基本的安全需求。④从长远来看，个体的绩效终究是有限的，但个人想要实现最大的经济价值，还得依赖于社会合作，在这方面，制度其实是共同体实现规模效应的最佳方式。它通过共同制度认同、统一的行动标准、可预见的评价、收益、风险负担和制裁机制，将杂多的个人组织起来，克服个人、家庭、部落、地域等特殊性单位的固有狭隘性，从而在分工合作当中实现大规模的集体收益，并在此过程中最大程度地实现个人的经济价值。⑤制度通过权力、权利、义务的合法化集成，风险和负担的合理性分配，能够创造一种理性、和平的交往秩序，人们的经济关系，始终处在特定的制度结构和制度安排的监督、控制之下，通过这一途径，制度合理地规划了人们经济生活当中无处不在的资源竞争，并消除那些无序竞争。⑥制度不仅仅代表着成本、权力或效率，它还凝聚着共同体的生存性智慧，代表了一整套的生活方式和价值观样式，一种文明和传统的持续积累、不断进化。单个人的生产会随着

----

〔1〕　参见张五常：《经济解释　卷四：制度的选择》，中信出版社 2015 年版，第 19~21 页。

个体生命和记忆的丧失而消亡，而社会的生产、价值的生产、文化的生产、知识的生产、财富的生产，又是一个历史积累的过程。这些生产想要良性地持续下去而不会发生断层和中断，那就需要制度的支撑、规范和调节。在此意义上，制度是人类的文明和价值的积累机制。

这样，制度理论就展示了人类生活以及人性事实的复杂性，可以看出，它把以前抽象的经济范畴、价格范畴、经济增长、人类理性、经济需求、生存条件都大大扩展了。[1]不仅如此，在人类共同生活的哲学方面，在根据人性选择可欲的生活样式方面，制度理论也大大拓宽了我们的视野。在这些问题上，传统的观点将好的社会、有效率的经济系统寄托在人性具有无限的塑造可能性和无限理性的基础上，而制度理论则认为就社会的建设而言，制度是最重要的，它弥补了人们天性的诸多缺点和理性的有限性的缺陷。基于德性的理论往往限制人们对社会事务、经济事务的普遍参与，并根据德性在社会当中强制性地划分等级，推销某一等级认可的道德观念和价值原则，而制度理论则认为，社会制度应当平等地对待人民，赋予其以同等的自由，"这样一种社会制度之所以能发挥有效的作用，并不取决于我们是否能找到一些好人来运作这种制度，也不取决于所有的人是否能够变得比他们现在更好；相反，这种社会制度乃是经由多样且复杂的人而发挥作用的：这些人时好时坏，有时聪明，但更多时候却愚蠢"。[2]正是在这个意义上，我们才可以说，制度经济学将经济从冷冰冰的数字变成了人们的制度生活以及具体的生活方式。进言之，正是得益于制度的存在，人们才走出鲁滨逊的一人世界或摆脱本能支配而成为社会之人，人们之间的社会合作才告别霍布斯式的丛林法则而成为一种自由、公开、和平的竞争，人们之间的自然、自发、无序、局部性交往和联系才扩展成一种普遍、有序、规则性的约束关系。

舒尔茨认为，制度就是一种行为规则，这些规则涉及社会、政治及经济行为。他认为，政治经济学视野中的社会制度主要存在以下几种形态：①用于降低交易费用的制度；②用于影响生产要素所有者之间配置风险的制度；

---

〔1〕 See Vand, Erik, "System Theory：Another Perspective on Leadership Communication", *FBI Law Enforcement Bulletin*, 78（2009），15.

〔2〕 ［英］弗里德利希·冯·哈耶克：《个人主义与经济秩序》，邓正来编译，复旦大学出版社2012年版，第10页。

③用于提供职能组织与个人收入流之间的联系的制度；④用于确立公共品和服务的生产与分配的框架的制度。〔1〕诺斯认为，社会经济制度对于经济绩效的影响是无可争议的，从长远来看，不同经济的长期绩效差异受制度演化方式的影响，他认为："制度就是一个社会的博弈规则，或者更规范地说，它们是一些人为设计的、塑造人们互动关系的约束。从而，制度构造了人们在政治、社会和经济领域里交换的激励。"〔2〕在他们眼中，制度不再是简单的统治者的意志的体现，而是社会内生的文化产品。制度不再被认定为与经济增长无关的因素，相反，它是至关重要的。不仅如此，制度在经济分析中不再被直接剔除或省略掉，而是被当作一种内生变量，其需要在制度的基础上审视经济，即制度能够促进人的经济价值的不断提高。同时，政府也不是一种消极的守夜人，而是成为一种可以量化的制度化存在，"在所有社会制度安排中，政府是最重要的一个。政府可以采取行动来矫正制度供给不足"。〔3〕以此为基础，经济不再是一个自发调节的范畴，而是与社会制度、政治结构、文化价值等因素紧密地融合在一起。可以看出，由于制度的存在，经济才可能成为一种实质的社会关系，同时也构成立法的历史动力。

（二）制度变迁视野下的立法

诺斯指出："制度在社会中的主要作用，是通过建立一个人们互动的稳定（但不一定有效）结构来减少不确定性。然而，制度的稳定性不否认它们处于变迁之中这一事实。从惯例、行为准则、行为规范到成文法、普通法以及个人之间的契约，制度总是处在演化之中，因而也在不断改变着对我们来说可能的选择。"〔4〕诺斯理论的一个核心问题是如何理解人类历史中的变迁路径的

〔1〕　参见［美］西奥多·W. 舒尔茨：《制度与人的经济价值的不断提高》，载［美］罗纳德·H. 科斯等：《财产权利与制度变迁：产权学派与新制度学派译文集》，刘守英等译，格致出版社、上海三联书店、上海人民出版社 2014 年版，第 176 页。

〔2〕　［美］道格拉斯·C. 诺思：《制度、制度变迁与经济绩效》，杭行译，格致出版社、上海三联书店、上海人民出版社 2008 年版，第 3 页。

〔3〕　林毅夫：《关于制度变迁的经济学理论：诱致性变迁与强制性变迁》，载［美］罗纳德·H. 科斯等：《财产权利与制度变迁：产权学派与新制度学派译文集》，刘守英等译，格致出版社、上海三联书店、上海人民出版社 2014 年版，第 262 页。

〔4〕　［美］道格拉斯·C. 诺思：《制度、制度变迁与经济绩效》，杭行译，格致出版社、上海三联书店、上海人民出版社 2008 年版，第 7 页。

差异，也即不同的社会形态是如何形成的。[1]虽然现今是一个全球化的时代，"但过去几千年的主流特征却是：世界逐渐演化成为许多在宗教、种族、文化、政治和经济方面都迥然不同的社会。富国与穷国之间、发达国家与不发达国家之间的差距一如往昔，可能还更甚于以往。如何解释这种差异"?[2]诺斯对这一问题的解答是，制度变迁决定了人类历史中的社会演化方式，因而其是理解历史变迁的关键。可以看出，诺斯的制度理论所欲响应的问题，仍然是一个何为现代化以及如何实现现代化的问题。与技术决定论、文化决定论相区别的是，诺斯坚定地站在了制度决定论一边。按照他的观点，现代化的变革关键是制度结构和制度安排层面的变革，而非简单地提升技术或移植文化；就历史而言，制度变迁比简单地技术变迁更为优先。用诺斯的话说："制度变迁是一个复杂的过程。这乃是由于制度变迁在边际上可能是一系列规则、非正式约束、实施的形式及有效性变迁的结果。"[3]正是这种复杂性，才贴合于人类历史实践的实际情况。制度从来不是静止存在之物，它始终处在变迁之中。历史地看，制度变迁相比于单纯的制度安排，具有更为实质的内涵，也更为实质地反映历史关系，更能充分地解释经济的实质含义。

在现今发展出成熟的政治组织以及权力运作越加理性化的时代，立法已成为最主要的制度创新方式，也是政府所掌握的最主要的制度供给手段。诺斯等制度经济学家是在制度变迁的理论框架内来看待和审视立法的。顺着制度变迁的逻辑，我们可以大致厘清立法的特征、功能定位及动力属性。

第一，制度理论明确区分制度安排和制度结构，在其眼中，发生变迁的乃是单项的制度安排而非整体的制度结构，其关注的也是单个的制度安排的变迁与经济增长的动态关系。所谓制度安排，就是管束特定行为模式和关系的一套行为规则。所谓制度结构，就是一个社会正式的和非正式的制度安排的总和。更为实质地说，制度安排就是支配经济单位之间可能的合作与竞争

---

[1] See North, Douglass C, "Ideology and Political/Economic Institutions", *Cato Journal*, 8 (1988), 15~28.

[2] [美] 道格拉斯·C. 诺思：《制度、制度变迁与经济绩效》，杭行译，格致出版社、上海三联书店、上海人民出版社 2008 年版，第 8 页。

[3] [美] 道格拉斯·C. 诺思：《制度、制度变迁与经济绩效》，杭行译，格致出版社、上海三联书店、上海人民出版社 2008 年版，第 7 页。

方式的一种安排。它可能是长期的，也可能是暂时的。而制度结构就是一个国家的政治制度及宪法秩序。因为制度结构确立了单个制度安排和立法的准则、程序和效力层级，构成了单个制度安排的背景制度，因此它又可被视为制度环境。相较于单项的制度安排而言，制度结构确实是最基本的，因为它实质性地建立了生产、交换与分配的政治、社会和法律基础规则。[1]由于近代资产阶级革命之后，西方发达国家已经大致确立起了立宪民主制和利伯维尔场制的社会基本结构，所以其制度结构很大程度上是既定的，对其后的制度变迁而言，是一个很大的优势。因此，立法推动的制度变迁，很大程度上只是在既定的自由制度框架内对个别制度安排的修正、废弃和创新。

第二，制度变迁一般是渐进性的、连续性的变迁，而非革命性的、非连续性的变迁。究其原因，乃是由于"非正式约束嵌入"造成的。根据主流的观点，制度安排分为两种，即正式的制度安排与非正式的制度安排；制度安排的目的是要"提供一种结构使其成员的合作获得一些在结构外不可能获得的追加收入，或提供一种能影响法律或产权变迁的机制，以改变个人（或团体）可以合法竞争的方式"，[2]从制度约束的角度来讲，两者虽然存在形态各异，但却都能够对人们的行为和选择的机会集合形成某种约束。正式制度主要包括产权制度、组织、经济组织之间的交易方式、政府与经济组织之间的关系。[3]对于正式的制度安排，诺斯解释道："正式规则包括政治（和司法）规则、经济规则和契约。这些不同层次的规则——从宪法到成文法、普通法，到具体的内部章程，再到个人契约——界定了约束，从一般规则直到特别的界定。"[4]非正式的制度安排则是指观念、习惯和传统等文化因素，也即意识形态。就来源而言，"它们来自社会传递的信息，并且是我们所谓的文

---

〔1〕　参见［美］罗纳德·H. 科斯等:《财产权利与制度变迁：产权学派与新制度学派译文集》，刘守英等译，格致出版社、上海三联书店、上海人民出版社2014年版，第188页。

〔2〕　［美］罗纳德·H. 科斯等:《财产权利与制度变迁：产权学派与新制度学派译文集》，刘守英等译，格致出版社、上海三联书店、上海人民出版社2014年版，第271页。

〔3〕　参见杨光斌:《政治变迁中的国家与制度》，中央编译出版社2011年版，第99页。

〔4〕　［美］道格拉斯·C. 诺思:《制度、制度变迁与经济绩效》，杭行译，格致出版社、上海三联书店、上海人民出版社2008年版，第65页。

化传承的一部分"。[1]对于任一自由、充满活力和包容性、高效率的社会体系而言，正式制度和非正式制度都不可或缺。并且，从文化传统中衍生出的非正式制度约束，不会立即对正式制度的变化做出反应，因此，已经逐渐改变了的正式制度与非正式制度之间的互动、紧张关系及其所导致的社会后果，对于制度变迁的速率和路径而言至关重要。制度变迁之所以是渐进性的而非革命性的，就在于非正式制度安排的存在。"尽管正式约束可能由于政治或司法决定而在一夕之间发生变化，但嵌入在习俗、传统和行为准则中的非正式约束，可能是刻意的政策所难以改变的。这些文化约束不仅将过去与现在和未来连接起来，而且是我们解释历史变迁路径的关键之所在。"[2]文化的生命力是顽强的，其变迁只能是渐进的，其对制度变迁包括正式制度变迁的影响也是深远的。在这种渐进性的制度变迁的框架内，立法就应明确自身的功能定位。

第三，制度变迁的前提是对组织与制度的角色定位进行严格的区分，制度通常指的就是一套约束人们的竞争行为的行为规则，其被广泛地用于塑造人的行为模式和社会经济关系。组织则是具体的行动单位，它们是内在于规范框架的、利用规则以掌握资源的单位。如果说制度为人们提供了基本的激励机制和机会集合，那组织就是为捕捉、利用这些机会，回馈这种激励而产生的。组织既可以是政治性的（如政党），也可以是经济性的（如企业），更可以是社会性的（如大学）。组织的演化能够推动制度的改变，而制度的渐进性变迁，实质上就源于政治和经济组织的企业家，对改变既有制度框架内的边际状况，以使自身收益增长的充分感知。因此，组织与制度之间的辩证关系能够左右制度变迁的路径依赖。诺斯认为，作为结果的制度变迁路径取决于：①由制度和从制度的激励结构中演化出来的组织之间的共生关系而产生的锁入效应；②由人类对机会集合变化的感知和反应所组成的回馈过程。[3]组织

---

[1] [美]道格拉斯·C.诺思：《制度、制度变迁与经济绩效》，杭行译，格致出版社、上海三联书店、上海人民出版社 2008 年版，第 51 页。

[2] [美]道格拉斯·C.诺思：《制度、制度变迁与经济绩效》，杭行译，格致出版社、上海三联书店、上海人民出版社 2008 年版，第 7 页。

[3] 参见[美]道格拉斯·C.诺思：《制度、制度变迁与经济绩效》，杭行译，格致出版社、上海三联书店、上海人民出版社 2008 年版，第 9 页。

具有学习能力，不同组织之间的学习、竞争和淘汰也是制度变迁的过程。而组织及其成员能够获得的知识、技能、学习机制和财富，将反映出内含于制度框架中的报酬支付—激励形式。[1]在这一视野下，立法不仅需要为组织的创设和活动提供足够的机会、平等的自由以及必要的激励，而且应重视组织的目标，对其需求及时做出回应，以充分发掘政治和经济企业家们的积极性和创造精神。

第四，制度变迁虽然强调制度，但并不把制度当作一种独立于人的存在，在这里，人性论的事实、人的行为假定仍然是存在的，"一切社会科学的理论化，暗含地或明确地，都建立在人类行为概念的基础之上"，[2]因此，制度变迁应吸纳这些因素，并把其作为自身的基础。然而，制度变迁理论的一个不同之处，在于其对传统行为假设的修正。这些假设包括经济世界是处在合理的均衡状态之中的、单个经济的人的行为选择具有重复性、行为人的偏好具有稳定性。总之，它们假设"竞争力量能使那些按理性方式行事的人幸存下来，而另一些不这样做的人会被打败；因而在一个演化、竞争的环境中，能被不断地观察到的行为一定是按照这种标准行事的人"。[3]很显然，这种假设并不与人们实际的状况相符，也低估了经济生活的复杂性。作为修正，制度变迁所立足的人类行为假定包括：①经济世界具有不确定性，因而简单的理论模型难以有效地预见其运行的结果；②个人的效应函数是复杂的，人们的偏好不仅包括自利和财富最大化，而且还存在利他行为和其他类型的自我施加的约束；③人类理性是有限的，在面对独特的和非重复的选择时，局面往往是信息不完全，结果也不确定；④个人作出选择所依赖的主观模型具有发散性，在信息不完全的情况下没有显示收敛的趋势。[4]因此，以这种行为模式为基础，制度变迁就不是一个简单的自然均衡过程，而是一个长期、复杂的过程，其结果也充满了诸多不确定性。在此，立法应重视人性的复杂性以

---

〔1〕　参见杨光斌：《政治变迁中的国家与制度》，中央编译出版社 2011 年版，第 99 页。

〔2〕　[美] 道格拉斯·C. 诺思：《制度、制度变迁与经济绩效》，杭行译，格致出版社、上海三联书店、上海人民出版社 2008 年版，第 21 页。

〔3〕　[美] 道格拉斯·C. 诺思：《制度、制度变迁与经济绩效》，杭行译，格致出版社、上海三联书店、上海人民出版社 2008 年版，第 25 页。

〔4〕　参见杨光斌：《政治变迁中的国家与制度》，中央编译出版社 2011 年版，第 16 页。

及人类理性的有限性，保持规则的稳定性和制度环境的确定性，以在复杂的社会关系面前为人们的行为提供充足的制度和正当化支持，弥补个人理性不足所导致的信息匮乏、预期的不可能性，并对人们的选择和行为模式进行持续的规训与塑造。

第五，制度变迁是一个制度试错的过程，有成功的制度变迁，当然也有失败的制度变迁，成功的制度变迁往往带来有效率的制度安排，从而降低交易成本，而失败的制度变迁一般会产生无效率的组织制度，导致社会的租值消散，政策失败。[1]事实表明，并不是所有的制度变迁都能够顺利实现现代化，或实现经济效率的提升，有的制度变迁可能会把人们引向歧途，严重的还会产生毁灭性的后果。当然，制度变迁本身就是一个制度试错的过程，其能否具有生命力，最终还是要看国家制度供给能力的强弱，人们是否具有纠错和矫正能力，是否能够发展出包容性的文化机制。制度变迁的失败往往是因为这样几种情况：①统治者的偏好和有限理性。如果新的制度安排所带来的国民收益较高而统治者自身的收益过低，那么其也就丧失了推动制度变革的动力。退一步讲，即便统治者的目标是追求国民财富的最大化，那么，由于其统治理性的有限性、认识和理解制度不均衡以及设计制度安排所需要信息的复杂性，他仍然有很大可能无法矫正制度安排的供给不足。②意识形态刚性。如果为恢复制度均衡所要建立的制度安排会动摇统治者的权威与合法性，那么他就断然不会选择新的制度安排，而是会千方百计地维护旧制度，并为纯洁化意识形态而战。③官僚机构问题。官僚机构问题会恶化统治者的有限理性，并增加国家治理的交易费用。如果说新建立的制度安排所能带来的额外收益被官僚自利行为滥用，那么新制度就很难建立起来。④集团利益冲突。制度安排可以允许或加速变迁的发生，[2]制度安排的变迁经常在不同的选民中重新分配财富、收入和政治权力。如果变迁中受损者得不到补偿，他们将明确地反对这一变迁。⑤社会科学知识的局限性。制度安排选择集合受到社会科学知识储备的束缚。即使政府有心建立新制度安排，以使制度从

---

〔1〕 See Schlag, Pierre, "The Problem of Transaction Costs", *Southern California Law Review*, 62 (1989), 1661~1700.

〔2〕 [美] 詹姆斯·马奇、[挪] 乔罕·欧森：《新制度主义政治学的发展源流、主要议题与前沿探索》，马雪松、陈虎编译，载《上海行政学院学报》2024 年第 3 期。

不均衡恢复到均衡，但由于社会科学知识的不足，政府也可能无法建立一个正确的制度安排。[1]因此，立法同样需要注意制度供给失败的问题。它必须承认立法者知识、理性的有限性；重视多元利益诉求，回应各个利益集团的压力，做好立法中重大利益的协调；重视立法的官僚化问题，防止官僚集团的偏好影响立法政策。

二、交易费用、国家、意识形态与立法

审视制度变迁理论的三个较为核心的范畴，即交易费用、国家和意识形态，它们都实质性地构成了立法的渊源和动力机制。[2]

（一）交易费用：审视立法成本与效率的新视角

制度理论家们普遍认为，与任何其他的服务一样，制度性服务的获得需要支付一定的费用。实质上，在技术条件给定的情况下，交易费用是社会竞争性的制度安排选择的核心。[3]用最少额度的费用提供高数量和高质量的制度安排，将是合乎理想的制度安排。"从某种现行制度安排转变到另一种不同制度安排的过程，是一种费用昂贵的过程；除非转变到新制度安排的个人净收益超过制度变迁的费用，否则就不会发生自发的制度变迁。"[4]交易费用可以是就资源配置而言的，具体指的是信息搜寻、缔约谈判、过错、合约执行、风险规避、损害赔偿等一系列的环节所产生的费用，交易费用越低，说明资源配置效率越高，缔约当事人以及社会整体的收益也越大。一个能够降低社会总交易费用的制度，必然是一个合理安排的制度，一个能够实现产值最大化的制度。可以看出，这里的交易费用是对现行制度安排的一个评价，其提

---

〔1〕参见林毅夫：《关于制度变迁的经济学理论：诱致性变迁与强制性变迁》，载［美］罗纳德·H. 科斯等：《财产权利与制度变迁：产权学派与新制度学派译文集》，刘守英等译，格致出版社、上海三联书店、上海人民出版社 2014 年版，第 279~281 页。

〔2〕参见孙丹、丰雷：《动态制度变迁中的学习行为——理论发展回顾与探讨》，载《经济社会体制比较》2024 年第 1 期。

〔3〕See Schlag, Pierre, "The Problem of Transaction Costs", *Southern California Law Review*, 62 (1989), 1661~1700.

〔4〕林毅夫：《关于制度变迁的经济学理论：诱致性变迁与强制性变迁》，载［美］罗纳德·H. 科斯等：《财产权利与制度变迁：产权学派与新制度学派译文集》，刘守英等译，格致出版社、上海三联书店、上海人民出版社 2014 年版，第 262 页。

供了一个效率标准，用以判断现行制度合理与否。但实际上，交易费用还可用于制度变迁，就像前文所指出的。

交易费用为衡量制度变迁确立了一种成本——收益的评判标准。交易费用实质上是制度费用，是确立以及维持一种社会制度所要损耗的社会资源。在制度约束的条件下，人们围绕着资源而展开的竞争和合作是以享有、转让权利或承担义务的形式展开的，据此，制度安排实质上就可以看作一种权利安排，"不同级别的规则——宪法、成文法、普通法（甚至一些法规、章程）——结合在一起，界定了存在于特定交换中的正式权利结构"。[1]制度变迁是从一种关于权利的安排调整到另一种权利的安排，新制度的确立即权利的重新界定，制度的执行是权利的保障和实现，其当然需要一定的成本。从权利重新界定的角度来看，制度变迁的费用可以分为三种，分别为制度建立的费用、制度实施的费用、制度转型的费用。立法作为制度供给和创造权利体系的主要手段，其也要服从于成本收益的逻辑。

第一，制度建立费用。立法要实现制度供给，首先要弄清制度需求。制度作为一种公共产品，其供给肯定不能简单地依赖于政府和统治者的偏好，而是一种社会需求、公共需求，是社会的、经济的、政治的普遍理由才导致了立法。这就需要立法者进行前期的立法必要性和可行性的调查与论证。这当然要耗费一定的社会成本。[2]法律法规是经过合法的立法程序运作的结果，无论是法律提案、审议还是表决通过环节，都需要花费较大时间和精力。现代立法往往是多政府职能部门参与的结果，各职能机构之间的分工协调，将影响到立法工作的进度和质量，并且现代立法以民主化为基本原则，鼓励各种形式的公共参与，这些部门协作、公共参与显然需要投入大量的人力与物力。现代立法不再是政府单方面的权力宣示，而是要调节多元的社会关系和利益矛盾，因此利益衡量显得尤为重要。利益衡量和风险防范构成了重要的立法考量元素。[3]要进行利益衡量，要求立法者掌握社会的性质、利益格局、

---

〔1〕 ［美］道格拉斯·C.诺思：《制度、制度变迁与经济绩效》，杭行译，格致出版社、上海三联书店、上海人民出版社 2008 年版，第 86 页。

〔2〕 See Cameron, W. H., "Social Costs of Accidents", *American Labor Legislation Review*, 19 (1929), 397~403.

〔3〕 王蔚：《人类健康权的实现及其限制》，载《政法论丛》2024 年第 3 期。

利益诉求、阶层分布等方面的信息和知识，这显然又是需要支付高昂成本的。

第二，制度实施费用。制度实施费用的高低，尤其是制度实施多耗费的社会资源与取得的政治经济绩效之间的对比结果，将在很大程度上决定一套制度安排是否能够在社会中存续下去。从交易费用的视角来看，如果维护一项制度安排的实施费用过高，或其仅能取得微末的经济和政治绩效，而其带来的损失却是经济崩溃、政治分裂、社会失范、资源环境被破坏，那么其就基本上丧失存在下去的理由了。立法确立的制度想要得到很好的贯彻或执行，显然需要诸多的条件。制度的实施首先需要得到人们的认同，而认同的理由则又多种多样，包括其很好地做到了利益衡量、符合民众的行为习惯或公正道德观念、具有较为深厚的民主合法性基础。有时候，制度的实施往往还要依赖一些执行机构，或重新设立一些中立的监督机构或仲裁机构，此外，它还需要相应的配套制度设施，这些配套机构和制度的确立，都需要耗费社会成本。制度之所以能够在政治社会中贯彻，不仅是因为其价值观或包含的正义判断，人们遵守规则或按照制度办事也不仅是因自身自发地服从制度，而是因为制度和规则的背后，都存在一定的强制力在保障它的实施。如果人们拒绝制度的要求或违反规则，那其就应承受制度的非难、制裁，承受诸多的不利后果；制度的生命力在于实施，制度想要存在下去，其就应对违反游戏规则的行为作出反应。因此，在制度执行成本中，还包括对违反规则行为的制裁、矫正费用。现代立法的实施还强调立法后的评估，以精确测量立法实施的效果，无疑，这些工作同样需要成本。

第三，制度转型费用。计算一个社会所消耗的制度费用，还要将制度转型费用包括在内。[1]制度的生命能够长久，很大程度上在于其对社会环境的适应能力。应明确，制度安排并非一劳永逸的，制度均衡也可能是暂时的，科学技术的变革、生产关系的变化、社会利益结构的调整、经济交往范围的扩大、新的社会需求的产生，都在改变制度均衡的局面，都在对制度施加方方面面的压力，都有可能导致现存制度安排与变化了的环境发生脱节。因此，为了适应环境的变化，解决新的实践性问题，制度转型是必要的。但这种转

---

〔1〕　See Sweet, Justin, Sweet et al. , "Architectural Cost Predictions: A Legal and Institutional Analysis", *California Law Review*, 56 (1968), 996~1039.

型并非不需要成本。制度结构是历史发展的结果，一定的制度结构往往凝结整个社会的经济、政治、社会力量的对比，除此之外，制度化也即合法化，制度结构当中也携带着社会各阶层的身份认同与历史记忆，因此，制度转型往往会引起整个社会范围内的政治斗争和冲突、价值观冲突和合法性争论。这些都是实实在在的社会成本。如果制度变革能够在各方协商的条件下顺利完成，那其产生的社会成本可能是较低的。但如果在制度转型时期社会的保守势力过于强大，或统治者因循守旧不肯顺应变革的潮流而顽固地坚持旧制度结构，那制度转型就很难通过和平的、协商的方式完成，这时就有可能诉诸暴力、革命、社会运动等形式。这样，其制度转型的成本必然是高昂的。

（二）国家：立法制度化的另一种途径

在制度理论之前，关于国家的观点比较有影响力的主要有两种，分别为契约论和掠夺论的国家观。契约论的国家观认为，人们通过原始缔约而建立的政治组织——国家，能够充当使社会福利最大化的角色，"因为每一项契约限制着每个人与他人的活动，从而对经济增长具有重要意义"。[1]在契约论下，国家是选民意志的造物，实现和维护公民权利是其目的，它能够积极为节约利用资源、促进经济增长提供一个有效的产权框架，从而实现全社会的福利增长。掠夺论的国家观则主要以马克思等人的观点为代表。他们普遍认为，国家是一个集团阶级的代理机构，其职能是代表某个集团或阶级的利益榨取其他选民的收入。"掠夺的国家将规定一套产权将当权集团的收入最大化，而不顾它对整个社会的福利有什么影响。"[2]

与之相较，制度理论家诺斯提出了关于国家的暴力潜能的分配理论。诺斯认为，契约论的国家观很好地揭示了缔约各方的最初收益，但却遗漏了不同利益的选民后来使自身利益最大化的行为，即经契约建立的国家作为每项契约的第三方和最终强制的根源，却在日后逐渐蜕变为缔约各方为争夺对其决策权的控制而进行战斗的场所。掠夺论的国家观着眼于掌握国家控制权的

---

〔1〕［美］道格拉斯·C. 诺思：《经济史上的结构和变革》，厉以平译，商务印书馆1992年版，第27页。

〔2〕［美］道格拉斯·C. 诺思：《经济史上的结构和变革》，厉以平译，商务印书馆1992年版，第27页。

人从其选民中无限制地榨取租金，而忽略了各方缔结契约的最初收益。[1]据此，诺斯指出："就其作用来说，国家是一种在行使暴力上有比较利益的组织，它对纳税选民拥有的权利决定其地理疆界的延伸。产权的实质是排他的权利。而一个享有暴力的比较利益的组织便处于规定和强制实施产权的地位。与政治学、社会学和人类学文献中经常提到的理论相比，这里理解国家的关键在于，潜在地利用暴力来实现对资源的控制。"[2]这样一种国家具有三个可辨识的行为特征：其一，国家为获取足够的收入，会提供保护或公正等公共产品来与选民进行交易；其二，为使收入最大化，国家会凭借手中的垄断性权力将选民划分为不同的集团，并为其设计相应的产权制度；其三，国家的意志和行为受到选民的机会成本的制约，因为国家始终面临着一些潜在的竞争对手，包括国家上的和国家内部的。国家实质上是在政治市场上参与交换的政治组织。

在制度理论看来，无论是文明之间的竞争，还是国家与国家之间的竞争，归根到底都是制度的竞争，是制度决定了国家的兴衰成败。因为国家能够界定产权结构，产权结构能够影响经济绩效，经济绩效又影响国家兴衰，所以，国家应为造成经济增长、停滞和衰退的产权结构的效率负责。在诺斯看来，国家的存在对于经济增长既是必不可少的，也是人为的经济衰退的根源。造成这一局面的关键就在于，作为在暴力方面具有比较优势的国家，其向社会提供有用服务自始就存在两重目的，"一个目标是规定竞争与合作的基本规则，以便为统治者的所得租金最大化提供一个产权结构（规定要素和产品市场的所有权结构）；另一个目标是，在一个目标的框架内，一边减少交易费用，一边促进社会产出的最大化，从而增加国家税收"。[3]较为不幸的是，统治者追求垄断租金最大化的目标与社会产出最大化的目标之间并不完全一致，因而导致无效率的产权结构长期存在。而国家所提供的那些竞争规则，无论是不成文的习俗，还是成文的法规，它们都只是这两重目的的具体化。这样一种国家

---

[1]　参见杨光斌：《政治变迁中的国家与制度》，中央编译出版社2011年版，第4页。

[2]　[美]道格拉斯·C. 诺思：《经济史上的结构和变革》，厉以平译，商务印书馆1992年版，第26页。

[3]　[美]道格拉斯·C. 诺思：《经济史上的结构和变革》，厉以平译，商务印书馆1992年版，第29页。

观，实际上就内在于了制度变迁，成为制度变迁或立法的渊源和动力。[1]

在制度变迁的框架内，国家能够为立法提供三种类型的动力：

第一，国家能够提供保护和公正。国家提供保护性立法主要是为保护私人产权不被肆意侵犯，保护交易的平稳进行而免于暴力、胁迫和欺诈，以及保护契约的顺利履行。公正则包括两种，一是通过普遍性的规则，消除专断的差别待遇、歧视、不平等以及地域性的保护主义，以拆除各种交易壁垒，防止租值消散；二是通过立法指引资源的流动方向，以在保障公平竞争的前提下，保证社会资源向社会中的弱势群体或最少受惠者团体倾斜，降低社会成员的被排斥感，提升其社会参与的积极性和尊严感。

第二，国家能够界定和实施有效产权。阿尔钦认为："产权是一个社会所强制实施的选择一种经济产品的使用的权利。"[2]根据德姆塞茨的观点，产权作为一种社会工具，其主要意义就在于它们能够帮助一个人形成他与其他人进行交易时的合理预期。[3]哈耶克也认为，在缺少分立的财产制的地方，无社会公正。鉴于产权对于组织经济生活和实现社会正义的重要性，衡量国家的法治水平和其立法能力的一个重要指标，是看其是否能够有效地保护产权。产权不仅为私人自主提供了一个物质基础，而且为私人活动确立了一个受法律保障的私人空间，立法应明确自身的界限，而不能对其施加恣意的干预。此外，立法也应当努力地调整产权结构，改善产权不明晰的情况，以降低经济体运行的社会成本。

第三，国家能够推动制度的创新和变迁。国家在政治市场上始终面临各式各样的竞争者。这种竞争本身是对国家行为和决策的一种激励，因为竞争敦促国家做出改变，以回应外界的压力、适应环境的改变，最终在政治经济竞争中胜出。对于统治者而言，制度结构和制度安排往往能够直接影响政治

---

〔1〕 See Goldberg, Victor P, "Institutional Change and the Quasi-Invisible Hand", *Journal of Law & Economics*, 17, (1974), 461~492.

〔2〕 ［美］阿尔钦：《产权：一个经典注释》，载［美］罗纳德·H. 科斯等：《财产权利与制度变迁：产权学派与新制度学派译文集》，刘守英等译，格致出版社、上海三联书店、上海人民出版社2014年版，第121页。

〔3〕 参见［美］德姆塞茨：《关于产权的理论》，载［美］罗纳德·H. 科斯等：《财产权利与制度变迁：产权学派与新制度学派译文集》，刘守英等译，格致出版社、上海三联书店、上海人民出版社2014年版，第71页。

绩效与经济绩效，其应不断地进行创新以适用相对价格的变化。只要其他统治者的潜在竞争不存在变化，创新就会实行。因此，国家多会运用立法的形式，推动社会进行强制性的制度变迁，通过充分的制度供给以保证自身收入和社会产值的最大化，维护政权与统治的稳定性，并获得民众的合法性认同。在此，国家的制度化能力直接体现为立法能力。

（三）意识形态：立法的非硬性约束

制度理论的另一个创新之处，是把意识形态纳入制度变迁的框架之内，对意识形态做出制度化的处理，进而视其为立法的动力机制。意识形态在马克思主义那里往往是一种消极的存在，它们被视为一种统治阶级生产的、用于为其阶级统治进行历史和道德辩护的世界观体系，因其基本作用是用来掩盖统治与被统治的历史关系，所以其被定义为一种虚假的思想体系。对马克思而言，意识形态本质上是阶级性的，这种意识形态是由占统治地位的物质关系所决定的，因而是服务于这个阶级的特殊利益；[1]但制度理论却挖掘了意识形态的经济功用与社会内涵，在其看来，意识形态是一种能够节约交易费用的非正式的制度安排。具体来说，人类社会的合作是一种集体性的行动，人们虽然能够从这种分工和合作中受益，但集体行为也容易产生单个人工作时所不存在的诸多问题，譬如磨洋工、搭便车以及道德风险等问题。"磨洋工、搭便车和道德风险问题也增加了供给基本的制度安排服务的费用。因此也有某些制度安排，它们存在的目的就是减少供给基本的制度服务的费用。"[2]确切来说，意识形态就是减少向其他的制度安排提供服务费用的最重要的制度安排。

"意识形态可以被定义为关于世界的一套信念，它们倾向于从道德上判定劳动分工、收入分配和社会现行制度结构。"[3]根据诺斯的概括，意识形态作为一种普遍存在于任何社会当中的、能够降低交易费用的非正式制度安排，

---

〔1〕 骞真：《意识形态理论的起源、发展与展望——基于马克思恩格斯意识形态理论的考察》，载《东岳论丛》2024 年第 1 期。

〔2〕 林毅夫：《关于制度变迁的经济学理论：诱致性变迁与强制性变迁》，载［美］罗纳德·H. 科斯等：《财产权利与制度变迁：产权学派与新制度学派译文集》，刘守英等译，格致出版社、上海三联书店、上海人民出版社 2014 年版，第 266 页。

〔3〕 林毅夫：《关于制度变迁的经济学理论：诱致性变迁与强制性变迁》，载［美］罗纳德·H. 科斯等：《财产权利与制度变迁：产权学派与新制度学派译文集》，刘守英等译，格致出版社、上海三联书店、上海人民出版社 2014 年版，第 266 页。

其具有三方面特征：①意识形态是一种节省的方法，个人用它来与外界协调，并靠它提供一种"世界观"，使决策过程简化；②意识形态与个人所理解的关于世界公平的道德伦理判断不可分割地交织着。这一情况显然意味着有几种可供选择的方案——几种对立着的合理化或意识形态。关于收入适当分配的规范性判断便是意识形态的一个重要部分。③当个人的经验与他们的意识形态不一致时，他们便改变自己的思想观念。实际上，他们试图提出一套更适合他们经验的新的更合乎理义的规则。有关的一套价值准则的单独变化不能改变个人的观点和决定，但违背个人合乎利益准则的持续变化或其福利的重大后果的变化，则会促使他改变意识形态。[1]

意识形态主要包括这样几种存在形态：①传统文化观念、习俗，它们主要是因为文化继承和沿袭而存在于今日，并塑造了诸多固定的行为模式，其对制度的实施能够发挥一定的支撑作用，例如人们之所以选择遵守而非规避规则，并不是因为其很好地理解了规则的含义，而是因为出于习惯，因为这些规则的要求与他习惯的行为模式相符。②社会上占主导地位的道德观念，尤其是正义观念和效率观念。这些观念既可能是国家的意识形态机器发展起来的，也可能是社会内生的，它们都可以被人们用于对现行制度安排正义与否或是否有效率的判断。③不成文的规则。这些规则主要是在现实的实践中形成的，其来源于人们的社会生活而非国家自上而下的制定；虽然并未采取制定法的形式，但其仍然能够对人们的经济交往、合作与竞争形成制度约束。并且，它很大程度上能够补充由于实证法本身的滞后性、僵化性等弊端所导致的制度供给的不足。无论以何种形态存在，这三种意识形态都能够对立法者和改革者形成某种约束，都能够直接或间接地作用于制度供给和立法改革。意识形态是关于统治秩序存续的合法性论证的一套理论体系，为制度的辩护或改变提供理论机制，对于制度变迁和维护的成败有重要作用。[2]所以说，意识形态是制度变迁的渊源和立法的动力。[3]

---

〔1〕 参见［美］道格拉斯·C.诺思：《经济史上的结构和变革》，厉以平译，商务印书馆1992年版，第57~58页。

〔2〕 陈明明：《社会科学研究的转向：以历史发展理论》，载《中国人民大学学报》2024年第3期。

〔3〕 参见杨伟国、韩轶之、王静宜：《制度变迁动因研究：一个基于新制度主义的整合性分析框架》，载《北京行政学院学报》2023年第3期。

　　当然，并不是所有的意识形态都能够推动制度变迁。落后的、保守的、反动的意识形态只会去维护旧制度，而不会去支持制度变迁。杨光斌指出："对于发展中国家而言，一些内生性的传统美德固然可能降低交易成本而实现生产交易，但是那些来自文化遗传的非正式规则并不像诺斯所说的那样能够推动有效制度的创新，恰恰相反，在很多时候阻碍着创新。"[1] 在这里，我们所讨论的意识形态假定是包容性的、开放性的，是解放人性而非压抑人性的，是能够降低交易费用的，是能说服、指导统治者和立法者进行制度变革的。我们可以想象这些意识形态是反对封闭僵化的等级制，是主张社会资源的平等流动的，是主张应最大限度地发展公民的自由的，是对新技术的变革抱以支持态度的，是欢迎新的生产力和生产关系的，因而，也是能够推动制度创新和立法变迁的。

　　意识形态推动制度变迁和立法变革的方式主要有这样几种：

　　第一，意识形态能够凝聚共同体的制度认同，保证新制度的稳固确立。那些源自本民族文化传统内部的思想观念，以及在社会实践中诞生的不成文习惯和规则，很大程度上是民族的实践性智慧的表达。它们不仅是共同体在历史实践中发展起来的适应环境的手段，或是提升社会产值的工具，而且凝聚着共同体的历史记忆和文化认同。当制度变迁顺着文化发展的方向，新制度符合人民的文化心理预期，与传统的文化习惯、行为习惯、道德准则融洽无悖，容易获得人们的认同，人们也多乐于遵从新制度的要求而减少规避行为。这明显能降低新制度实施的交易费用。并且，由于这种意识形态是内生的，其所推动的新制度安排往往会更加适合政治共同体的体量，使共同体与其制度外衣相符合，以充分减少制度摩擦。

　　第二，意识形态能够确立现行制度的合法性与正义性。当新的意识形态开始质疑传统制度的合法性和正当性，判定旧制度为过时、陈腐、已经丧失生命力的教条时，它就已经在谋求制度变迁了。[2] 意识形态既是制度变迁的起点，也是制度变迁的终点。它既可以批判旧制度，为新制度的到来敞开观念之门，也可以为新制度安排进行合理性的辩护。意识形态是以世界观、价

　　〔1〕　杨光斌：《政治变迁中的国家与制度》，中央编译出版社 2011 年版，第 143 页。

　　〔2〕　See Hasen, Richard L., "Judges as Political Regulators: Evidence and Options for Institutional Change", *Revista Forumul Judecatorilor*, 4 (2011), 22~36.

值观的形式存在的，它始终包含着现存制度结构合理与否、正义与否的判断。它提供了一整套能够用来评判新制度的原则、观念和标准，因而可以说它塑造了人们的心智结构，或者是人们对于社会制度的道德、政治评价方式。当新制度合乎人们的道德预期，契合人们坚持的道德观念，从而被判定为正义且有效率时，新的制度安排就容易为人们所普遍接受。这时，人们会普遍认为新的制度安排是合法的、正当的、正义的。并且，这种合法性与正当性是可靠的，因为人们会认为这些新的制度安排符合其心中的正义信念，而非出自统治者的单方面意志或外来之物。

第三，意识形态还能够指导和推动制度变迁。"意识形态是依照制度规范、现实根据和自觉理性的一致性设计出来的信仰体系，社会群体以此作为制度实践的合法性依据。"[1]但凡历史上的重大制度变革，都伴随意识形态层面的变革，甚至可以说，在那些重大的制度变革之前，社会都在意识形态层面上经历过一场革命。如历史上的诸子百家与秦汉政治体制的确立、启蒙运动与法国大革命以及后来的民主政治、历史法学派的兴起与德国民法典的编纂。中国的改革开放也很好地印证了这一点，制度层面的重大变革行动往往需要在思想观念层面解放思想，需要引入新的价值观念，然后由这些价值观念去推动制度变迁。意识形态对于制度变迁的影响是多方面的。[2]它可以改变立法者的世界观和政治观，改造其对自身的统治需求和现行制度的可行性、变革的必要性的判断，从而鼓励、支持统治者、立法者进行制度变革。意识形态能够教育国民，使民众意识到现存制度合理与否、自身的生存状况、福利状况与现存制度的积极或消极关系，培育出新的经济、社会、政治权利方面的需求，并把分散的个人凝聚在一起，组成政治性的公民团体或运动，使其向统治者和立法者施加足够的压力，从而及时推动旧制度的变革。意识形态还能够为新的制度安排和制度结构提供一幅指导性的由原则、理想、价值、观念构成的理想图景，从而指引立法者和民众进行制度创新和立法活动。

---

〔1〕 宋增伟、邓陈缘：《意识形态的制度化与制度的意识形态化——当前我国意识形态与制度建设的学理探析》，载《廊坊师范学院学报（社会科学版）》2021年第4期。

〔2〕 See Cameron, Alan, "Legal Ideology and Ideology Critique", *Bulletin of the Australian Society of Legal Philosophy*, 16 (1991), 80~90.

第二章

地方立法的政治动力

地方立法的政治动力不是要从政治的概念入手，而是要从国家的政治变迁入手，以期勾勒出地方立法在政治变迁过程中的形象和功能定位。为此，本书选取了地方立法权的扩张、国家能力建设、国家治理的现代化（法治化）转型这三个地方立法的"背景制度"，其分别影响了地方的公共产品的供给方式、地方立法自主性的模式和界限，以及修正地方立法权力配置，改革地方治理体系。

第一节　地方立法权的扩容与地方治理的法治化转型

习近平总书记在党的二十大报告中多次提及"中国式现代化"的理念，"中国式现代化，是中国共产党领导的社会主义现代化，既有各国现代化的共同特征，更有基于自己国情的中国特色"。[1]"中国式法治现代化的根本追求是依法保障人权，实现好、维护好、发展好最广大人民群众的根本利益。"[2]国家治理体系现代化是中国式现代化的核心指标之一。治理体系现代化既涉及横向的国家机关权力分配，又涉及纵向的央地关系，央地关系的重要内容

---

〔1〕　习近平：《高举中国特色社会主义伟大旗帜　为全面建设社会主义现代化国家而团结奋斗——在中国共产党第二十次全国代表大会上的报告》，载 https://www.12371.cn/2022/10/25/ARTI1666705047474465.shtml，2024 年 5 月 20 日访问。

〔2〕　付子堂：《中国式法治现代化的人权价值及其世界意义》，载《人权》2023 年第 6 期。

是央地权力划分和地方治理模式，国家治理体系现代化客观上要求地方治理现代化。党的二十大报告明确提出："改革开放迈出新步伐，国家治理体系和治理能力现代化深入推进……"为地方治理现代化指明了方向，提供了根本遵循。

一、地方立法权扩容的特点

在推进国家治理现代化进程中，为地方配置立法权是提升地方治理能力的重要改革措施。[1]在我国，地方立法权作为国家权力体系的重要组成部分，[2]是指"有立法权的地方国家机关，按照宪法、法律的规定或授权，根据本地政治、经济、文化生活的特点，制定、修改、废止效力不超出本行政区域范围内的规范性法律文本的权力"。[3]地方立法权的扩张作为一个连续性的制度变迁过程，具有明显的自治性含义。我们可以把地方立法权的扩张总结为五个方面：①地方立法主体的增加。地方立法权主体从最初省、自治区和直辖市的人民代表大会及其常务委员会[4]到较大的市人大及常委会，再至设区的市人大及常委会。②行政立法权得到确立。例如根据 1979 年的《地方各级人民代表大会和地方各级人民政府组织法》（以下简称《地方组织法》）地方政权机关仅享有地方性法规的制定权，而后根据 1982 年的《地方组织法》和 2000 年《立法法》，地方人民政府才逐步获得地方政府规章的制定权。同时，在较大的市、设区的市人大及其常委会享有制定地方性法规权力的同时，同级人民政府可以制定规章。③立法层级的深化。改革开放初期只有省一级的地方单位享有自主立法权，直至后来《地方组织法》和《立法法》的多次变革，立法权才逐步下放到较大的市以及设区的市，从而形成多级并存的立法

---

〔1〕　参见李少文：《中央和地方关系视角下地方立法权扩容的治理效能》，载《法学论坛》2024年第 2 期。

〔2〕　See Cloe et al. , "Special and Local Legislation", *Kentucky Law Journal*, 24（1936）, 351-386.

〔3〕　杨凤春主编：《中国地方政府》，中央广播电视大学出版社 2007 年版，第 85 页。

〔4〕　《地方各级人民代表大会和地方各级人民政府组织法》第 10 条与第 49 条明确规定了省、自治区、直辖市的人民代表大会根据本行政区域的具体情况和实际需要，在和国家宪法、法律、政策、法令、政令不抵触的前提下，可以制定和颁布地方性法规，并报全国人民代表大会常务委员会和国务院备案。省、自治区、直辖市的人民代表大会常务委员会在本级人民代表大会闭会期间，根据本行政区域的具体情况和实际需要，在和国家宪法、法律、政策、法令、政令不抵触的前提下，可以制定和颁布地方性法规，并报全国人民代表大会常务委员会和国务院备案。

体制。④设区的市立法权限范围进一步扩大。2015 年《立法法》修改,赋予设区的市城乡建设与管理、环境保护、历史文化保护三方面的立法权;2023 年 3 月,《立法法》修改,进一步扩大了设区的市的立法权限范围,其可在城乡建设与管理、生态文明建设、历史文化保护、基层治理等方面制定地方性法规,其中基层治理立法权的获得,"揭开了基层善治的规则需求"[1]。地方立法主体的扩大有助于适应多层次治理需求,增强地方的创新活力,提升法的适应性、灵活性与应对社会变迁的能力,满足公众参与和监督要求,协调中央与地方关系,推动法治建设和现代化治理。"截至 2023 年,共有 289 个设区的市(含 49 个较大的市)、30 个自治州、3 个不设区的市的人大及其常委会,总计 322 个地方立法权主体;自 2015 年 3 月以来,新制定 4199 件、修改 1708 件、废止 529 件地方性法规。"[2]⑤《立法法》(2023 修正)[3]与《地方组织法》(2022 修正)[4]赋予了地方协同立法权。如为了规范乡村发展并改善居住环境,一些地区出台了具体法规,明确指导村庄规划与建设,优化农村布局,同时也增强了城乡基础和公共服务设施,有效地推动了地方治理。[5]2015 年至 2020 年间,地方法规重点涉及 147 项水环境、138 项大气环境、137 项文化遗产、105 项城市卫生、70 项交通管理和 60 项住房保障。[6]

---

〔1〕　方洁:《化入场景的治理:城市、数字化与立法》,载《浙江学刊》2023 年第 5 期。

〔2〕　有关数据参见闫然:《地方立法统计分析报告:2023 年度》,载《地方立法研究》2024 年第 1 期;闫然:《地方立法统计分析报告:2022 年度》,载《地方立法研究》2023 年第 1 期;闫然、黄宇菲:《地方立法统计分析报告:2021 年度》,载《地方立法研究》2022 年第 2 期;闫然:《立法法修改五周年设区的市地方立法实施情况回顾与展望》,载《中国法律评论》2020 年第 6 期。

〔3〕《立法法》(2023 修正)第 83 条规定:"省、自治区、直辖市和设区的市、自治州的人民代表大会及其常务委员会根据区域协调发展的需要,可以协同制定地方性法规,在本行政区域或者有关区域内实施。省、自治区、直辖市和设区的市、自治州可以建立区域协同立法工作机制。"

〔4〕《地方组织法》(2022 修正)第 49 条第 3 款规定:"省、自治区、直辖市以及设区的市、自治州的人民代表大会常务委员会根据区域协调发展的需要,可以开展协同立法。"

〔5〕　参见李少文:《中央和地方关系视角下地方立法权扩容的治理效能》,载《法学论坛》2024 年第 2 期。

〔6〕　参见闫然:《立法法修改五周年设区的市地方立法实施情况回顾与展望》,载《中国法律评论》2020 年第 6 期。

表 2-1　地方立法权的扩张趋势

	1949—1953	1954—1978	1979—2014	2015—2021	2022 至今
地方享有立法权的法律依据	《省县市人民政府组织通则》《中国人民政治协商会议共同纲领》和《大行政区人民政府委员会组织通则》	1954 年《宪法》	1979 年《地方组织法》、1982 年《宪法》、1982 年《地方组织法》、1986 年《地方组织法》、2000 年《立法法》	2015 年《立法法》、2015 年《地方组织法》	《地方组织法》（2022 年修正）、《立法法》（2023 年修正）
立法体制的特点	享有立法权的主体广泛，且层级较多。不仅仅省级和市级主体享有地方立法权，而且县级主体也享有立法权。地方人大及其常委会并无立法权，地方人民政府委员会行使立法权	此时呈现出计划体制下地方立法主体缺位、中央高度垄断立法权的特点，自治地方之外的其他地方单位不享有任何立法权限	在这一阶段，地方权力机关和人民政府逐步取得地方立法权（1979、1982、1986 年《地方组织法》，2000 年《立法法》）。享有地方立法权的主体和层次增多，地方性法规和政府规章制定权开始下放到较大的市（1986 年《地方组织法》、2000 年《立法法》）	地方立法权主体空前扩张。由原先 49 个较大的市统一扩展为 284 个设区的市。中央和地方之间的立法权限划分更加明晰，确立了地方自主立法的权限范围	《地方组织法》（2022 年修正）与《立法法》（2023 年修正），赋予了地方协同立法的权力
地方立法权主体	省、市、县三级的人民政府委员会	自治区、自治州、自治县的自治机关	该阶段，省、自治区、直辖市的人民代表大会及其常委会，省、自治区的人民政府所在地的市和经国务院批准的较大的市的人民代表大会及其常委会，同级人民政府，先后取得了地方立法权。2000 年《立法法》实施后，地方立法主体为省、自治区、直辖市、较大的市人大及其常委会，除此以外还有同级人民政府	省、自治区、直辖市、设区的市人大及其常委会，同级人民政府，自治区、自治州、自治县的人民代表大会有权依照当地民族的政治、经济和文化的特点，制定自治条例和单行条例	省、自治区、直辖市、设区的市人大及其常委会，同级人民政府，自治区、自治州、自治县的人民代表大会有权依照当地民族的政治、经济和文化的特点，制定自治条例和单行条例

续表

	1949—1953	1954—1978	1979—2014	2015—2021	2022 至今
地方立法权限范围	与政务有关的事项	依照当地民族的政治、经济和文化的特点，制定自治条例和单行条例	不得与上位法相抵触的原则性规定	省、自治区、直辖市立法遵循不得与上位法相抵触原则。设区的市在该原则的基础上只能在城乡建设与管理、环境保护与历史文化保护三个方面立法。民族自治地方的人民代表大会有权依照当地民族的政治、经济和文化的特点，制定自治条例和单行条例	(1) 省、自治区、直辖市以及设区的市、自治州的人民代表大会常务委员会根据区域协调发展的需要，可以开展协同立法。(2) 省、自治区、直辖市的人民代表大会及其常务委员会根据本行政区域的具体情况和实际需要，在不同宪法、法律、行政法规相抵触的前提下，可以制定地方性法规。(3) 设区的市的人民代表大会及其常务委员会根据本市的具体情况和实际需要，在不同宪法、法律、行政法规和本省、自治区的地方性法规相抵触的前提下，可以对城乡建设与管理、生态文明建设、历史文化保护、基层治理等方面的事项制定地方性法规，法律对设区的市制定地方性法规的事项另有规定的，从其规定

从制度变迁的视野来看，地方立法权的扩张呈现出以下特点：

第一，地方立法权的扩张不仅是单个制度安排的变化，更是涉及制度结构的变革，因而具有重要的法治意义。党的第十八届四中全会《关于全面推进依法治国若干重大问题的决定》指出："依法赋予设区的市地方立法权。"2015年修正的《立法法》即体现了这一精神。[1]立法权扩张的法治意义不在于《宪法》及《立法法》的修改和相关法律条款的变动，而是在于对单一制国家内部央地权力架构的修正，对"中央"与"地方"权力关系的平衡。"改革的国家体制其实既是一个分权的体制，也是一个中央集权的体制；它是两者微妙结合的体制。"[2]《立法法》明定地方立法权的权力范围，不仅进一步夯实了地方自主治理的法理基础，更起到了明晰中央与地方立法权限划分的效果。此外，地方立法权的扩张及地方分权制度的完善，明显也是国家治理理念发生变迁的结果，推行地方立法分权也能够巩固现有体制的合法性。

第二，地方立法权扩张多是一种强制性变迁，[3]国家始终居于决定性的地位。这主要表现在：①国家掌握着地方立法权扩张的路径、力度、步骤和制度红线。比如，地方立法权扩张应在确保国家能力的前提下进行，地方的自主立法、先行立法无论如何都不能削弱中央能力这一政治前提。②国家赋予地方立法权扩张以合法性。从立法权源的角度来说，由于在单一制国家地方并不是拥有主权的自治单位，而只是中央的政权延伸，因此其地方立法权是由国家意志授予的。③中央直接决定地方立法主体的设置。例如，1982年《地方组织法》和2000年《立法法》都将较大的市的批准权授予国务院，由国务院去评估其是否具备成为较大的市的资格。这种中央干预下的强制性制度变迁具有维持制度变迁的稳定性和持续性、解决制度短缺、降低制度选择的交易成本等优势。[4]

第三，地方立法权的扩张也是一种渐进性的制度变迁。中国的改革是一

---

[1] 参见周叶中等：《中国特色社会主义法治话语体系创新研究》，人民出版社2020年版，第218页。

[2] 黄宗智：《改革中的国家体制：经济奇迹和社会危机的同一根源》，载《开放时代》2009年第4期。

[3] 关于强制性制度变迁理论，请参见林毅夫：《关于制度变迁的经济学理论：诱致性变迁与强制性变迁》，载[美]罗纳德·H.科斯等：《财产权利与制度变迁：产权学派与新制度学派译文集》，刘守英等译，格致出版社、上海三联书店、上海人民出版社2014年版，第260~287页。

[4] 参见陈天祥：《论中国制度变迁的方式》，载《中山大学学报（社会科学版）》2001年第3期。

个中央控制之下的制度试验过程，一个区别于唯理主义模式的经验性渐变过程。地方立法权的扩张也不例外。①地方立法权主体和权限逐渐扩展。以设区的市为例，其前身为较大的市，最初仅包括由国务院批准的较大的市，直至 2000 年《立法法》才将省、自治区的人民政府所在地的市，经济特区所在地的市和经国务院批准的较大的市统称为较大的市；与之相应，地方立法权限的扩大也是逐步完成的，例如 1980 年实施的《地方组织法》仅授权省、自治区、直辖市的人民代表大会制定和颁布地方性法规的权力，而不包括地方政府规章制定权，而直到 1982 年《地方组织法》才第一次授权省一级的人民政府，以及省、自治区的人民政府所在地的市和经国务院批准的较大市的政府制定行政规章的权力。[1]②立法层级逐层深化。地方立法权的扩张并未像中华人民共和国成立初期那样直接扩展到县，而是采取了逐层扩展的方式，即由省、自治区、直辖市扩张到 1986 年《地方组织法》的省、自治区的人民政府所在地的市和经国务院批准的较大的市，再到 2000 年《立法法》规定的较大的市，由此地方立法权扩展到省、市两级。[2]③由差异平等走向形式平等。"管理这样一个人口众多的区域（设区的市）……当然要靠法治来管理……一些具有本行政区域特点和特别需要的事项，国家和省级不可能专门立法，所以有必要按照依法治国的要求赋予其地方立法权。"[3]实践中不同的地方政权存在立法权的差别，这种地区之间的差别并非一种专断的不平等，而是一种差异平等，因为这里的区别对待是建立在对各个地区的人口数量、地域面积、经济社会发展情况、立法需求、立法能力等因素的仔细考量基础上的。直至条件成熟，《立法法》才将较大的市统一修改为设区的市，以实现地区之间的权利平等和均衡发展。

二、地方立法主体扩张的现实根据

既然地方立法权的扩张属于制度变迁的范畴，那可以将它放到"需求—供给"

---

〔1〕 参见李少文：《中央和地方关系视角下地方立法权扩容的治理效能》，载《法学论坛》2024 年第 2 期。

〔2〕 参见孙莹、肖棣文：《法制统一与分级治理：我国央地立法权的配置机制》，载《公共行政评论》2023 年第 1 期。

〔3〕 武增主编：《中华人民共和国立法法解读》，中国法制出版社 2015 年版，第 259 页。

的经典理论框架中进行分析。换言之，地方立法权的扩张存在深刻的社会需求。

（一）地方政府转型的需要

地方立法权扩张的一个重要功能即强化地方政权机构的政治责任，促进其职能的转变，地方立法权的形式有助于强化对地方政权机构的监督。[1]当前地方政府体制的转型主要分为两个方面：一是在职能上从发展型政府转向服务型政府；二是在性质上转化为法治政府。[2]前者注重的是公共服务职能的履行，后者需要的是对公共权力的法律约束和公民权利的平等尊重。"法治是促进政府规制遵循公共利益的保障，应从更侧重法律形式权威的形式法治向更强调法律实际效果的实质法治转变，推动实质法治成为社会主流价值观，促进政府规制强化利益平衡、精准规制与公共服务等理念和方法"[3]，而"新时代服务型政府建设是实现民主的过程"[4]。就地方政府职能履行方式而言，发展型政府多关注的是抽象的经济增长，财政收益最大化的目标指向，对政府偏好和公共政策具有塑造作用，由此其多会选择性地履行经济发展职能，对公共服务则采取忽视的态度。[5]而立法作为地方治理的理性平台，其在运作机制和政策结果上能够吸纳、反映多方意见，因而可以说是提供公共产品和服务的最优途径。《立法法》第81条将设区的市制定地方性法规的权限严格限定在"城乡建设与管理、生态文明建设、历史文化保护、基层治理等方面的事项"，充分显示了立法者运用立法手段来促进公共产品供给的意图。

另外，发展型政府体制的巩固往往也是一个统治权力不断累积的过程，它实际上强化了地方政权机关的"卡理斯玛"品性，从而阻碍了其法治转型。法治即意味着有限政府，它不仅要求政府积极履行其职能，而且这种职能的履行应存在权力和程序方面的合法依据，严格禁止权力的"法外推定"。法治政府还要求，政府应当基于一般性规则而对公民给予平等对待，不能因为某些

---

〔1〕 参见秦前红、李少文：《地方立法权扩张的因应之策》，载《法学》2015年第7期。

〔2〕 See Cooper, Frank E, "The Executive Department of Government and the Rule of Law", *Michigan Law Review*, 59 (1961), 515~530.

〔3〕 冯辉：《公共利益、政府规制与实质法治》，载《政法论坛》2024年第2期。

〔4〕 胡仙芝等：《新时代中国特色社会主义行政改革研究》，人民出版社2020年版，第71页。

〔5〕 参见郁建兴、高翔：《地方发展型政府的行为逻辑及制度基础》，载《中国社会科学》2012年第5期。

实用性的理由或是特定的政策目的，就将公民权利作为其可任意支配的资源或手段。[1]立法过程是一个权力和责任逐步清单化的过程，《立法法》第81条关于设区的市的地方性法规制定权限的规定表明，立法者不仅是要通过城乡建设与管理、生态文明建设、历史文化保护、基层治理方面的立法来增加公共服务的数量和品质，更是希望借此提升公共用品供给的规范化、制度化、法治化水平，最大限度地约束权力机构的任性，遏制地方政府及其部门的寻租行为。

（二）开展地方法治实验的需要

近年来地方法治实验逐渐兴起，这方面比较有代表性的有浙江省"市场服务型法治"、湖南省"程序推动型法治"等。落实法治实验的前提有二：一是在治理理念上坚持实践优先于理论，以渐进试验的实践为主要方法路径；二是治理领域的各主体具有充分的自主性，以此形成差异化的实验，[2]应当"鼓励和允许不同地方进行差别化探索"。[3]例如，根据《海南自由贸易港法》第10条的规定，海南在立法方面享有一定灵活度，得以在不与中央法律框架冲突的前提下，调整具体法律条文以适应地方需求。这项变通立法权并不涉及中央政府的专有领域，如"经济管理""浦东改革创新实践"以及"贸易、投资和相应的管理活动"，这些都是中央和地方政府共同管理的事务；参考深圳经济特区的经验，深圳先行一步实施了包括股份有限公司条例、企业破产条例、个人破产条例和财产拍卖条例在内的地方性法规，这些法规的实施显著推动了深圳的经济和社会进步。[4]虽然目前制度选择的最终决策权

---

〔1〕　Mo, Yuchuan, Cao et al., "Construction of a Government under the Rule of Law—An Overview of Report on China Law Development 2014: Construction of Legal Government", *Frontiers of Law in China*, 11 (2016), 167~196.

〔2〕　参见钱弘道、杜维超：《论实验主义法治——中国法治实践学派的一种方法论进路》，载《浙江大学学报（人文社会科学版）》2015年第6期。

〔3〕　《习近平主持召开中央全面深化改革领导小组第十七次会议》，载 http://www.xinhuanet.com//politics/2015-10/13/c_1116812201.htm，2024年5月20日访问。

〔4〕　参见《关于授权广东省、福建省人民代表大会及其常务委员会制定所属经济特区的各项单行经济法规的决议》，载《中华人民共和国国务院公报》1981年第25号；《关于授权上海市人民代表大会及其常务委员会制定浦东新区法规的决定》，载《中华人民共和国全国人民代表大会常务委员会公报》2021年第5号；参见李朝晖：《用足用好特区立法权 建设法治先行示范城市——深圳经济特区授权立法三十年回顾与展望》，载《深圳特区报》2022年7月5日；周宇骏：《〈立法法〉试点立法条款的分离设置及其权力逻辑》，载《政治与法律》2024年第1期。

仍属中央，但由于我国差序格局的宪制构造，以及地方政府间的经济竞争、制度竞争日益加剧，地方很大程度上已经掌握了法治试验的行动权乃至主动权。《立法法》将地方立法分为执行性立法、自主性立法和先行立法，按照其定义，自主性立法和先行立法明显属于法治试验的范畴。可以说，地方立法权的扩张，一方面健全了地方分权制度，深化了地方政权的自主性；另一方面在强化自治权力的同时也明确了其政治责任，防止法治试验因被地方部门利益俘获而逾越"法治红线"，从而夯实了地方实验的行为空间，确保了法治改革试验的制度化。也有学者认为，地方立法权扩容以后，"地方的'法治试验'更具有影响力，因为地方立法可以推动制度的生成并提升其生命力，从而吸引特色资源、推动地方发展以及发挥竞争动力学的优势"。[1]

（三）央地关系法治化的需要

"对于中国这样一个超级大国来说，能否处理好央地关系，关乎行政管理体制效率和国家稳定繁荣。"[2]当前，地方治理法治化面临的困境之一，是央地关系法治化程度不足。毛泽东强调，在不违反中央政策的前提下，地方有权根据实际情况制定条例、办法等，他主张既要保持全国的一致性，又要允许地方的特色发展，应维护中央的有力统一领导和全国的统一规划与纪律，不允许破坏这种基本的统一。[3]央地关系的难题始终是如何在巩固中央权威的前提下，落实地方治理主体的自治性权力。地方立法权的扩容在一定程度上增强了地方话语能力，无形中会弱化中央在立法权上对地方的控制力。[4]所谓央地关系的法治化，即要将中央与地方单位之间多层次的关系纳入制度化的轨道，用法治化的方式而非任意性权力来平衡权力配置。立法关系作为央地关系的核心内容之一，与分税制改革一样，地方立法权的扩张也具有重大法治意义。参照《立法法》第80条、第81条的规定我们可以看出：首先，其申明了地方立法的不抵触原则，确立了宪法、法律、行政法规的上位法地位。其次，设区的市的人民代表大会及其常务委员会获得地方性法规制定权，

---

〔1〕 参见周尚君：《地方法治试验的动力机制与制度前景》，载《中国法学》2014年第2期。

〔2〕 《政能亮》编委会编：《政能亮（Ⅳ）》，人民出版社2018年版，第216页。

〔3〕 参见毛泽东：《论十大关系》，载中共中央党校教务部编：《毛泽东著作选编》，中共中央党校出版社2002年版，第400页。

〔4〕 侯学勇：《地方立法权扩容背景下的法律体系融贯》，载《地方立法研究》2023年第4期。

进一步增强了地方在制度创制和变迁方面的自主性，确立了设区的市的地方治理主体地位。最后，将设区的市的立法权的范围限于城乡建设与管理、生态文明建设、历史文化保护、基层治理等事项，明示了地方自治性事务的范围，确认了地方政府对辖区内事务自主治理的正当性，充分做到了于法有据。

宪法、法律、行政法规允许的，而地方性立法却作出禁止性规定；或明文禁止的却作出允许性规定	增加、减少或变更法律责任的种类、幅度、适用范围或适用条件	增加、减少或变更了执法主体、执法主体的执法权限或执法程序	增加、减少或变更了宪法、法律规定的公民、法人或其他组织的权利和义务，或者改变了履行义务、行使权利的原则、条件或程序

图 2-1　与上位法相抵触的情形[1]

（四）地方治理能力现代化的需要

治理的一个基本理念，就是政府的有效性或国家能力优先于政府形式；公民权利的基本前提是存在有效的公共权威，而一个组织涣散、腐败无能的政府才是公民权利和自由的最大威胁。[2] 据此，要实现优良治理，不仅要努力发掘、培育民间的自发力量，突出多元、协作、自治的理念，还依赖国家能力的建设。地方政权机关作为国家政权体系的组成部分，其国家能力的强弱对于良性治理秩序的实现至关重要。与立法相关，地方政权的国家能力有两方面特别重要的内容：一是制度化能力，地方立法权的扩张为治理体系现代化的实现提供了一种重要的制度手段，[3] 即将自身的治理理念、政策予以法律表达的能力；二是合法化能力，意指通过立法把法治的观念、原则、思维引入国家治理活动，进而将政府的活动建立在基于法律的合法性基础之上的能力。地方立法权的扩张，为国家能力的法治化提供了可能。[4] 其一，它

---

〔1〕　参见苗连营：《论地方立法工作中"不抵触"标准的认定》，载《法学家》1996 年第 5 期。

〔2〕　参见王绍光：《民主四讲》，生活·读书·新知三联书店 2014 年版，第 129~135 页。

〔3〕　参见李少文：《地方立法权扩张的合宪性与宪法发展》，载《华东政法大学学报》2016 年第 2 期。

〔4〕　See Lovejoy, Wallace F, "Oil Conservation, Producing Capacity, and National Security", *Natural Resources Journal*, 10（1970），62~96.

为地方提供更多也更为正式的制度手段，促进了国家意志表达的规范化，在公开强制权力边界的同时也划定了公民个人的自由空间，使国家机构的治理活动与社会的自我调适并行不悖。其二，地方政权可以借由立法权的行使，在国家与公民之间建立稳定的法律纽带，确立地方治理的法治共识，提高受众群体对其行政举措的认受性。

综上，地方立法权的扩张反映了一个渐进的、内生性的制度变迁过程。地方立法权的扩张是地方政府体制转型的要求，是央地关系法治化的要求，是地方开展制度竞争和法治试验的要求，是地方治理能力现代化的要求。从制度前景来看，地方立法权力的扩张将会切实推动地方治理向法治型治理秩序转型，这种法治型地方治理秩序在构成上将包括基于法律的合法性制度、人大主导的立法体制以及法律权威下的公共治理三层要素。

三、当前地方治理的特点与问题

习近平总书记在党的二十大报告中多次提出"中国式现代化"的理念，"中国式现代化，是中国共产党领导的社会主义现代化，既有各国现代化的共同特征，更有基于自己国情的中国特色"。[1]中国式现代化的本质是实现高质量发展，国家治理体系现代化是中国式现代化的核心指标之一。例如，天津市针对校园霸凌的预防与控制措施、滨海新区与市中心区域的绿色屏障建设、生活废物的分类回收、土壤污染的防治策略、露天烧毁秸秆的管理、航运枢纽的发展、优化城市天际线以及基因及细胞产业的发展等方面，推出了一系列地方性法规，这些举措有效地促进了经济与社会的高品质进步。[2]治理体系现代化既涉及横向的国家机关权力分配，又涉及纵向的央地关系，央地关系的重要内容是央地权力划分和地方治理模式，国家治理体系现代化客观上要求地方治理现代化。党的二十大报告明确提出："改革开放迈出新步伐，国家治理体系和治理能力现代化深入推进……"为地方治理现代化指明了方向，

---

〔1〕 习近平：《高举中国特色社会主义伟大旗帜　为全面建设社会主义现代化国家而团结奋斗——在中国共产党第二十次全国代表大会上的报告》，载 https://www.12371.cn/2022/10/25/ARTI1666705 047474465.shtml，2024 年 5 月 21 日访问。

〔2〕 参见胡健、任才峰：《推动地方立法工作高质量发展的十个关系》，载《地方立法研究》2024 年第 1 期。

提供了根本遵循。自党的十五大以来，党中央即明确了"依法治国，建设社会主义法治国家"的基本方针，法治化是实现治理现代化的重要途径。国家治理现代化是一项复杂而系统的工程，它包括政治、经济、社会、法律等方方面面的建设，涉及国家与社会、政府与市场、中央与地方等一系列关系的结构性调整。"法治是国家治理现代化的航标，依法治理是最稳定最可靠的治理方式，完备的法治体系为国家治理体系夯实法治之基，良好的法治能力推动国家治理能力的提高。"[1]地方治理，无论对于国家治理体系的完善，还是治理能力的实质提升而言，都是不可或缺的部分。法治化是国家治理体系现代化的主导原则，地方治理法治化是推进新时代国家治理体系和治理能力现代化的重要引擎。[2]通过对当下地方治理现状的考察，探究地方治理的特点，分析当前治理模式存在的问题，为后续地方治理法治化提供优化思路。

（一）当前地方治理的特点

一方面，随着改革开放以来央地关系的不断调整，地方在行政、立法等方面获得了越来越大的自主空间，分税制改革充实了地方财政实力，2015年《立法法》修改使得设区的市获得了地方立法权。2023年《立法法》修改，进一步扩大了设区的市的立法权限范围。当前新形势下，央地间的事权和财权分配进一步朝着制度化的"分责下的分工"推进。[3]上述诸多改革，降低了国家治理成本，调动了地方的积极性和主动性，地方政府担当着国家职能的实际履行者，成为推动中国经济发展的能动主体，使中国成为全球第二大经济体。地方政府之间的经济竞争不仅提升了产品、要素的流动和配置效率，而且推进了各地区之间的制度竞争，从而促进了与市场交易秩序相关的制度环境的改善。中央政府将诸多权力下放给地方，鼓励通过地区之间的竞争和自身的管理创新来发展地方经济。[4]市场经济本质是法治经济，在深化经济

---

〔1〕　付子堂、付承为：《国家治理法治化的若干问题研究》，载《兰州学刊》2022年第5期。

〔2〕　冯麒颖、刘先春：《我国地方治理法治化"落地"难题及其破解》，载《中州学刊》2020年第8期。

〔3〕　刘雪华、马威力：《地方政府治理能力提升的理论逻辑与实践路径——基于当前我国社会主要矛盾变化的研究》，载《社会科学战线》2018年第9期。

〔4〕　孙涛、孙宏伟：《比较视野下的中国地方政府改革及其挑战》，载《行政论坛》2018年第6期。

体制改革的同时，亦需要完善相关配套制度建设，优化地方治理模式。倘若缺乏完整统一的国内大市场，商品流通受到重重阻碍，则无法充分发挥市场在资源配置中的基础作用，市场经济的优势自然无法体现。党的二十大报告提出要"完善网格化管理、精细化服务、信息化支撑的基层治理平台……加快推进市域社会治理现代化，提高市域社会治理能力"。

另一方面，在创造"增长奇迹"的同时，原有地方治理模式的不足之处亦逐渐凸显出来。"地方立法常常就是通过对民间规范的整合，进而把社会中自发生成的规则导入到法律体系中，作为国家治理实践中的一种重要制度性资源。"[1]以往地方治理模式改革是行政主导型，地方政府虽然在推动制度变革，但这种"强制性的制度变迁"却时常将社会力量排除在外，过于强调政府法令的作用而忽视了其民众基础，导致制度供给与民众的公共需求产生了一定的裂痕。从国家建构的角度来看，地方政权建设虽然日益完善，并且在治理现代化路径上已经取得了不错的经济绩效，但我们不得不清楚地认识到，地方治理仍然面临着法治化程度不足的问题，政府在职能、权限等方面仍未受到充分的法律约束，越权立法、越权执法等现象仍然时有发生，导致实践中地方治理法治化的目标仍未能完全实现。通过明确定义立法事项，可以避免法律法规之间的冲突，防止立法越权和无序立法。[2]地方立法不仅是国家治理体系和治理能力现代化的制度依托和重要路径，也为国家法律制度体系提供了必要支撑和试验探索。[3]具体而言，2015年《立法法》修改，赋予了所有设区的市人大及其常委会和政府地方立法权，但无论是地方政府立法，还是地方人大立法，都会或多或少地受到部门利益的影响。此外，值得注意的是，改革开放四十多年间，虽然地方立法成果显著，但地方人民代表大会与其常委会在立法功能上发挥的作用不平衡，前者的立法职能尚未完全实现，有时甚至被忽视；自党的十八大以来，各省级人民代表大会的立法能力开始受到关注并得到提升，但仍有待均衡发展；上一届，有23个省、自治区、直辖市的人民代表大会共通过了50部地方性法规，而其他一些省级人民代表大

---

〔1〕 高中意：《迈向立法治理：地方立法的治理面向考察》，载《南海法学》2023年第4期。

〔2〕 参见武增、封丽霞：《不断完善以宪法为核心的中国特色社会主义法律体系——专访全国人大常委会法工委副主任武增》，载《地方立法研究》2023年第2期。

〔3〕 曲辰：《地方立法与国家治理体系和治理能力现代化》，载《江海学刊》2020年第5期。

会还未通过任何地方法规。[1]

（二）当前地方治理模式的特征

当前地方治理所呈现的面向并非真正意义上的法治型治理模式。概括来说，这种"政府主导，自上而下"治理模式主要具有三方面的特征：

第一，政府在地方事务治理中占据优势地位。中央不断根据外部环境和各种社会因素，调整与地方的关系，发挥地方在国家治理体系中的作用。[2]长期以来，地方发展型政府体制，在增长主义的引导下，将大量资源用于经济发展目的，在取得高效经济增长的同时，权力和资源也在向地方权力机构和职能部门集中。政府逐步显现出独立的利益偏好，并支配了地方治理的目标、行为逻辑与制度选择，演化为行政主导型的治理模式，并非完全意义上的法治型治理模式，与之相比，法治的权威被置于次要的、被支配的位置。行政主导促使政府在地方事务治理中发挥主导作用，相对而言则弱化了权力机关的地位，政府的任务逐渐成为地方治理的目标。[3]

第二，地方政府仍存在以"政绩"为标准的观念。高速的经济增长对政府的行为有着重要的影响，而对发展绩效的"路径依赖"，反过来又强化了其超凡魅力禀赋。地方治理是推进国家治理体系和治理能力现代化的重要一环。[4]地方政府时常将提升"政绩"摆在优先位置，政绩本来应该包含多方面的元素，除经济数据之外，还包括环境保护、教育医疗、体育文化等民生领域。但经济总量的增长始终处于高显示度的位置，无形之中引导着一些地方政府将追求经济的高速增长视为核心目标，对民生领域的其他元素的重视不足。

第三，地方政府偏重科层管理模式。"我国央地立法权的分配，除遵循维护'法制统一'的首要原则之外，在法律落实的实践中还形成了'分级治

---

[1] 参见胡健、任才峰：《推动地方立法工作高质量发展的十个关系》，载《地方立法研究》2024年第1期。

[2] 郑智航：《超大型国家治理中的地方法治试验及其制度约束》，载《法学评论》2020年第1期。

[3] 参见李建新：《现代治理体系构建中的地方治理定位与地方立法权限》，载《河南财经政法大学学报》2023年第2期。

[4] 许宝健：《习近平关于县域治理的重要论述及其实践基础》，载《行政管理改革》2022年第8期。

理'的原则。"[1]地方政府对社会秩序的组织和维持，偏重通过政府上下级之间的管理服从关系，逐层向下推进治理。上级政府制定统一的政策方案，下级部门按上级要求执行政策方案。[2]这种治理有可能塑造一种相对集中化的权力体系，在政府与社会的关系上，政府对社会始终保持着一种主导姿态，对社会领域自发力量作用的重视不足。科层管理模式不仅会限制社会力量在地方治理中发挥应有作用，还会妨碍政府内部治理结构的优化。科层管理体制强调下级对上级的服从，无形之中削弱了下级发挥主观能动性的空间，限制了下级的创造性思维，又可能引发人浮于事的氛围。

（三）当前地方治理模式的弊端

地方政府的角色变化受特定的经济社会环境影响，与中国经济社会的整体转型紧密相关。[3]当下地方治理模式某种程度上可以集中高效地利用土地、资本、劳动力、技术等生产要素促进经济增长。在党中央提出"中国式现代化"的背景下，这种治理模式与国家治理体系现代化之间仍然存在一定的差距。地方成立评比领导小组统合党政力量是评比表彰项目有效执行的核心动力，推动了横向和纵向治理资源的整合。[4]行政主导模式呈现易变性的特征。面对纷繁复杂的行政事务，行政机关决策注重行政效率，这在一定程度上导致行政决策的出台比较仓促，当客观情况发生变化时，又要修正之前的决策，使得治理模式难以获得稳定的预期，呈现多变的形态。除此之外，设区的市取得立法权后，"在取得成就的同时，也面临着同级立法内容协调性不足、立法内容同质化程度较高和司法判决书援引率较低等方面的挑战"[5]。仅就地方性法规在司法审判中的应用频率来看：在上海市的各级法院中，不论是民事还是行政判决，引用地方性法规的比例不足 0.5%；而在原本的 18 个较大城市中，地方性法规的引用率甚至只有 0.19%；这表明地方立法在司法实践

〔1〕孙莹、肖棣文：《法制统一与分级治理：我国央地立法权的配置机制》，载《公共行政评论》2023 年第 1 期。

〔2〕冯猛：《地方治理政策的创新程度与执行差异》，载《学海》2021 年第 3 期。

〔3〕王猛：《中国地方政府创新研究：理论、议题与方法》，载《公共管理评论》2020 年第 1 期。

〔4〕陈彪、贺芒：《复合治理视域下的地方"评比表彰"执行逻辑——以 S 省 D 市四城同创为例》，载《北京理工大学学报（社会科学版）》2021 年第 6 期。

〔5〕钟楚怡、严建祺：《地方立法主体扩容后的地方环境立法：成就、挑战与展望》，载秦天宝主编：《环境法评论》（第 8 辑），中国社会科学出版社 2023 年版，第 35 页。

中的适用率远远低于预期。[1]习近平总书记明确提出："要更好发挥法治固根本、稳预期、利长远的作用。"[2]未来地方治理只有沿着法治化的路径前行，才符合中国式现代化的发展轨迹。

四、地方治理的法治化转型及其价值表征

法治型治理模式重视优良治理，是建立在某些获得公共认可的普遍性原则的前提上，而非片面依赖于某种排他性的共同目的或政治权威。[3]它们为社会成员提供了合理的公正观念，确立了公民私人自主的空间，界定了政府的伦理责任，指导了人们对于权利、义务、机会、利益等的分配。这些基本原则因塑造了良序社会的整体图景而具有高于具体政治决断的权威，依靠它们，能够理性地组织自己的生活，能够对治理活动进行公共的评价。法治型治理模式相对于传统治理模式，更加注重依靠规则治理，充分保障公民基本权利，严格控制公权力的运行，构建充分有效的救济机制。

（一）人权保障

人权的本质表现为利益和正义两个方面，[4]人权保障是现代法律文明的核心价值，一个现代化的国家治理体系，应以尊重和保障人权为目标，[5]衡量治理能力的强弱，应以公民基本权利及自由的保障和发展程度为标准。作为一种普遍价值，人权正是建立在"人是目的而非手段"这一人性论根据之上的。人权这一不可轻侮的道德事实即决定了，法治型治理秩序首先要重构被集权型治理所颠倒的公民权利与国家建构之间的关系，必须明确，是人权而非政治权力的集中和使用才是其治理的头等目的。虽然保障人权的方式有

---

〔1〕 参见周圣、张玛：《司法审判中地方性法规适用实证研究——基于上海市 176 件地方性法规裁判文书援引情况的分析》，载《中国应用法学》2018 年第 3 期；李红军、徐瑶：《地方立法的司法态度——基于 18 个较大的市地方性法规判决书引用现状的实证分析》，载《山东大学学报（哲学社会科学版）》2018 年第 2 期；朱最新：《地方执行性立法的路径选择与优化生成》，载《政治与法律》2024 年第 1 期。

〔2〕 习近平：《高举中国特色社会主义伟大旗帜为全面建设社会主义现代化国家而团结奋斗——在中国共产党第二十次全国代表大会上的报告》，载 https://www.12371.cn/2022/10/25ARTI16667050504 7474465.shtml，2024 年 5 月 26 日访问。

〔3〕 参见申树欣：《新时代地方治理的特征、问题与对策》，载《理论学刊》2022 年第 2 期。

〔4〕 参见汪习根等：《中国发展权研究报告——话语体系构建》，人民出版社 2020 年版，第 90 页。

〔5〕 参见刘志强：《论人权治理的三重逻辑及其展开》，载《现代法学》2023 年第 4 期。

很多种，但法治无疑是人权保障的最重要方式。[1]2004年我国通过了《宪法修正案》，在宪法文本中首次明确写入"国家尊重和保障人权"，表明了我国对人权保障的高度重视。"宪法上'人权条款'作为原则与规范，一方面可以作为强化基本权利保障的解释基准，发挥着约束公权力的功能，另一方面为普遍人权观念进入宪法规范体系提供衔接点。"[2]宪法具有两大重要的功能，一是合理配置国家机关的权力，二是保障公民的基本权利，合理划分公权力最终是为了保障公民的人权，人权保障是我国宪法的重要精神。

要贯彻人权保障原则，就应做到：①为公民个人划定一个受保障的私人领域，以确保个人可以在此空间内最大程度地运用自己所掌握的知识和技能去追求自身目标。这个受保障的个人空间将由一系列制度化的基本权利和自由构成，包括政治自由、思想自由、财产性权利等。②必须用这些制度化了的权利来限制一切政府的强制性权力的使用，人权的本质，即规定了公民私人及其基本权利与自由不能作为政府所掌握的资源，不是政府为追求其即时性的政策目标而可随意支配的手段。③为公民权利提供充足的救济方式，任何国家任何阶段都会出现侵犯公民基本权利的现象，客观而言，侵犯公民基本权利的事件只能逐步减少，却无法消弭。因此，有必要未雨绸缪，当公民基本权利受到侵犯时，为其提供充分的救济。如《德国基本法》规定的宪法诉愿制度，《美国宪法》确立的违宪审查制度，确保公民在基本权利受到侵犯时，能够通过"宪法诉愿"或者提起违宪审查的方式获得救济。党的十九大报告强调我国要"推进合宪性审查工作"，党的二十大报告再次明确指明"完善和加强备案审查制度"，上述举措即强化公民权利救济，实现人权保障的重要方式。

（二）平等尊重

法治型治理模式自始即把平等的尊重作为基本原则，以求将组织良好的社会秩序建立在公民互惠互利和互相尊重的基础上。平等尊重同样适用于现实世界和网络空间。[3]仅仅依靠政府的强制手段试图构建平等的社会秩序并

---

〔1〕 马怀德：《法治是人权保障的最重要方式》，载《人权》2024年第1期。
〔2〕 韩大元、肖峻峰：《我国宪法上"人权条款"的规范效力》，载《北方法学》2024年第3期。
〔3〕 参见中共中央党史和文献研究院编：《习近平关于网络强国论述摘编》，中央文献出版社2021年版，第161页。

不牢靠，或者维系此种平等秩序的基础会十分脆弱，行政主导的社会秩序难以从深层次激发公民参与构建社会秩序的热情，良好社会秩序的实现必然依靠法治。法治的核心要义是规则之治，潜藏的含义是平等，如"法律面前人人平等"是所有公民认可的基本准则。确立"法律面前人人平等"作为深化"依法治国"的基本原则，它是建构法治大厦的重要基础。[1]遵循法治则要求公民守法，尊重法律确立的规则，无论是底层民众，还是高官显贵，都应该在法律的规则之内活动，违反法律则应受到对应的惩戒。这种人人平等的价值理念，消弭了主体之间身份、性别、财富、权力等各方面的差异，将社会弱者和强者拉回到同一水平线，真正实现对弱者权利的保障。

要贯彻平等的关切原则，首先就要做到权利平等，在权利的享有上，根据法律面前人人平等的原则，每个人都和他人一样拥有同样的权利，[2]即在设计包括立法在内的治理制度时，应在公民个体中间平等地分配基本权利和自由，具体的治理决策在作出时应将公民作为平等的个人来看待，而不应该任性地考量性别、天赋、财富、家庭出身、民族身份等因素，并把它们作为对公民进行差别对待的理由。其次，平等的关注还应考虑到公民生活方式的多元性，即政府在治理过程中不能任意偏袒某一特殊的道德学说或宗教学说，或者歧视某些完备性的道德、宗教学说以及与之相联系的生活观念，相反，它必须确保公民享有平等的机会去发展、践行那些不与人权价值相冲突的学说。最后，平等的尊重原则并不仅是形式的，它还特别关心人们对于基本权利与自由的充分利用和由此而来的可行能力，因此，它主张在治理过程中政府应当切实地履行公共服务职能，以保障公民之间机会的公平平等，收入和财富的平等分配，尤其是照顾最少受惠者阶层的利益。

（三）责任政府

责任政府"既是现代政治的一种基本理念，又是一种对政府公共行政进行民主控制的制度安排"[3]。一切权力属于人民的政治原则，不仅为政府的

---

〔1〕　吴午东：《论平等原则对地方治理法治化的影响》，载《区域治理》2019年第30期。

〔2〕　胡玉鸿：《尊重·体面·平等：习近平法治思想中有关尊严的论述》，载《东方法学》2022年第4期。

〔3〕　[印度] 阿马蒂亚·森：《贫困与饥荒——论权利与剥夺》，王宇、王文玉译，商务印书馆2011年版，第6页。

正当性提供了依据和基础，回答了权力来源的问题，也为政府设定了责任。[1]当前政府的利益偏好和目标主导了地方治理的逻辑，对于治理活动来说，政府的目标是首要的，人们必须要像度测其他市场主体那样去假定政府具有相对稳定的偏好，并据此调整自己的计划和预期。地方权威主义治理的秩序观是一种建构性社会秩序观，本质特征是国家权力进入社会。[2]然而，责任政府原则却意味着，政府并不是任意凌驾于社会之上的政治机器，相反，它应对人民的公共利益和期待负责。责任政府的理念实际上将政府权力进一步嵌入由人权、平等价值观所规制的国家治理结构当中，它的宗旨是在防止"必要的恶"的前提下小心翼翼地去求证适当的善。构建责任政府亦离不开法治的作用，但凡责任政府必然是法治政府，封建王权难以受到法律制约，故封建社会的政府架构并非现代意义上的责任政府。[3]责任政府的核心价值在于政府权力受到宪法法律的限制，世界各国普遍通过宪法或者宪法性法律来约束限制政府权力，或者通过分权制衡等方式来控制行政权。我国现行宪法通过专门的章节明确规定了行政机关的权力，同时，还要求行政机关积极作为来实现公民各项权利。

责任政府的理念要求政府首先应当约束自身的利益偏好，在治理活动中遏制官僚化和制度寻租的本能，以防止其破坏社会事务中那些通过人们的交往行动而自发演化的秩序和制度。其次，在伦理责任方面，责任政府推崇的并非"信念理论"，而是一种韦伯所谓的"责任伦理"，即要根据治理行动的全面后果来对政府进行评判。这里的治理结果乃是全面的结果，它是在综合运用意识形态表达与政策实践、正式制度和非正式制度、抽象规范与政治决断的基础上追求的优良治理，它尤其注重人民的公共福利，而非仅仅关注抽象的产值最大化或政权稳定。最后，最为关键的，应确保一个合法而又稳定的政治公共领域，使普通公民的声音和诉求能够得到合理而充分的表达，以保证政府能够对人民的利益需求做出有效的回应。广大人民群众是责任政府建设最直接的感受者，同时也是衡量和评判政府提供公共服务效果的重要标

〔1〕 王春英：《人大监督与责任政府构建的地方实践》，载《社会科学战线》2022 年第 2 期。

〔2〕 周庆智：《地方权威主义治理逻辑及其困境》，载《中共中央党校（国家行政学院）学报》2020 年第 5 期。

〔3〕 参见王春英：《人大监督与责任政府构建的地方实践》，载《社会科学战线》2022 年第 2 期。

准之一。[1]有学者认为:"在我国,责任政府的建设关系到服务型政府建设的方方面面,责任政府的出现体现了政府执政理念的转变,服务型政府作为责任政府,应把自己摆在为人民服务的位置上,认真履行应有职能,政府要对自己的施政行为负责,对自己提供的公共服务负责,对人民群众的合法权益负责,当政府出现失职行为时,人民有权对政府提出质询和追究责任。"[2]

(四)　最优成本

包括人权保障、分配正义、制度供给等公共领域的理性协商,都需要付出社会成本。集权治理利用有组织的政府决策取代公民的自我决定,运用权力手段跳过民主协商和自治性的共识而直接决定某些利益的归属,固然在一定程度上能够提高资源配置的效率。但从长远来看,这种治理模式需要支付高昂的社会成本,理由如下:政府直接决定利益归属并非最科学的分配模式,倘若缺乏利益相关主体的积极参与,忽视不同主体利益诉求的差异,则有可能导致利益分配不均,反而折损了政府的权威性。另外,政府直接决定利益归属,实质上是政府中少数领导成员分配利益,客观上会增加权力寻租的空间,加大腐败的风险,与构建廉洁政府、法治政府的目标背道而驰。

法治型治理对交易费用原则的肯认,首先是建立在人权保障、平等的尊重原则得到优先满足的前提上的,这意味着政府并不能以效率和财富最大化的理由去对公民的基本权利加以限制,不能因为一时的政策目标就对公民全体进行区别对待。即便肯定了交易费用原则,法治型治理亦是拒绝公共权力的工具化和资本化的。同时,为了有效节约治理成本,法治型治理还应积极推动治理体系变革,促使其向社会、市场分权,扩大社会主体、市场主体在治理活动中的话语权和参与权,以打造一个包容多主体的开放的治理结构。法治化治理模式既明确了交易费用,又通过扩大交易规模的方式,客观上降低了交易成本。市场经济的根本特征是以法律为基础的自律与他律的统一,最大的风险是行政特权垄断导致整个社会竞争与创新公平机制的缺失。[3]在

---

[1]　盛明科、孟俏俏:《基层治理过程中"责任甩锅"的生成机制与治理策略——基于"制度-行为"的分析框架》,载《社会科学研究》2023年第4期。

[2]　胡仙芝等:《新时代中国特色社会主义行政改革研究》,人民出版社2020年版,第72页。

[3]　范健:《健全市场经济法治是通向共同富裕的基本路径——商业进化规律的法哲学思考》,载《南京大学学报(哲学·人文科学·社会科学)》2022年第3期。

市场经济模式下，通过法律的规范作用，各个主体能够平等地参与市场竞争，有助于构建统一的国内市场，加快商品市场流通的速度，并遏制垄断行为的发生。自改革开放以来，中国经济取得的飞速发展，关键在于确立了市场经济模式，充分激发了商品经济的活力，通过法治的保驾护航，不断优化市场在资源配置中的基础作用，优化了治理成本。

五、法治型治理模式的三个制度性要素

法治型治理模式的建构还呈现出高度制度化的特征，包括基于法律的合法性制度、人大主导的立法体制以及法治权威之下的公共治理。

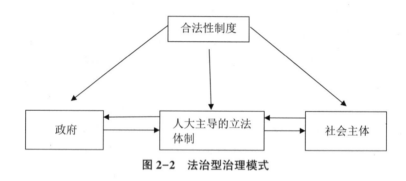

图 2-2　法治型治理模式

（一）基于法律的合法性制度

2020 年 11 月，中央全面依法治国工作会议正式将习近平法治思想确立为全面依法治国的指导思想，习近平法治思想的核心要义包含十一个坚持，"坚持依宪治国、依宪执政"是重要内容。从宪法与法律的关系来看，宪法通过对立法主体、立法权限和立法程序的规定，完成了对立法机关创制一般法律的授权，[1]宪法是其他法律的母法，具有最高的法律位阶。宪法把维护单一制国家结构的职责交给了地方各级权力机关，要求地方各级人民政府作为地方行政机关，在对本级人民代表大会负责的同时，还必须接受国务院的统一领导。[2]因此，法治型治理模式除基于法律的合法性制度之外，还应该是基

---

〔1〕　胡锦光、苏错：《论中国语境下宪法实施和法律实施的关系》，载《法学论坛》2024 年第 1 期。

〔2〕　沈桥林：《我国央地关系的地方立法诠释——以〈宪法〉第三条第四款为中心展开》，载《河南社会科学》2024 年第 6 期。

于宪法的合宪性制度。地方治理模式涉及国家权力的纵向划分，属于重要的国家制度，理应由宪法规定。推进地方政府创新是国家治理体系和治理能力现代化的基础性工程，地方政府创新可持续与否直接影响着地方治理的成效。[1]《宪法》第 3 条第 4 款从宏观层面确立了我国地方制度的基本原则，即"中央和地方的国家机构职权的划分，遵循在中央的统一领导下，充分发挥地方的主动性、积极性的原则"。因此，后续地方治理模式应严格遵守上述宪法条文。[2]另外，《宪法》第 30 条还明确了我国的行政区划，确立了单一制的国家结构形式，为地方制度改革提供了宪法依据。

法律合法性概念即要把治理活动所涉及的权力、权利、关系、政策、制度等因素全盘纳入法治化的轨道，以树立一种非人格性的、正式制度的权威。它意在说明，法治型治理的基础是那些尊重公民基本权利与自由的公共规则。[3]这种法理型的制度权威具有明确性、普遍性、稳定性、可认受性等特点。[4]所谓的明确性，即伴随规范化、程序化、制度化，其合法性根据清晰简明，具有易被社会公众辨识的特点，而不必依赖过多的社会语境、专业技能乃至地方性知识。由此，社会公众很容易依其标准形成公共判断，避免因身份、地域、信息、受益程度而对权力的行使产生合法性争议。所谓的普遍性，是指该合法性概念具有时间较长、范围较广的可适用性，能够涵摄政府所掌控的多种权力资源、所从事的多种交往关系，其具体的合法化标准不会因涉及的关系领域、情势变迁而随意流变，亦不会因族群、地域、财产、天赋等偶然因素而产生排他性的差别对待，以满足人们的规范期待。所谓的稳定性，则是指这一合法性观念建立在公共规范的基础之上，系一种规范的稳定性，它深植于"权利必须得到平等的关注"这一政治道德，而无须参照社会功利（最大化）的理由；如此合法性的标准及具体的道德评判，以及社会公众对公共权威的认受，就不会随着掌权者之政治德性的蜕变、绩效的滑落产生较大

---

〔1〕 谷志军、黄卫平：《"上下联动"：地方政府创新可持续性的影响因素分析》，载《学术研究》2018 年第 10 期。

〔2〕 参见屠凯：《我国〈宪法〉第三条第四款的程序意蕴》，载《政治与法律》2023 年第 2 期。

〔3〕 参见黄各：《自律与公共权威：康德政治证成的伦理向度》，载《伦理学研究》2022 年第 5 期。

〔4〕 参见叶贵仁：《双层治理结构：地方治理中的统筹编制》，载《行政论坛》2024 年第 2 期。

波动。所谓的可认受性，是指以法律为基准的合法化制度能够在价值观念、利益主体多元化的局面下，凭借中立化的规则、程序逐步累积凝聚价值共识，并以此来规范社会公众对权力行使的道德感知和心理判断。因为它是一种基于共识的合法性，所以相较于博弈关系中的实力均衡或利益满足，拥有更为深厚的社会认同基础。

（二）地方人大主导的立法型体制

合法性制度为国家治理提供了基础性的框架平台，要健全治理的合法性基础，应依靠正当的规则体系，以保证权力的运行有法可依，而建构正当行为规则的前提，则是存在一套设计科学、合理的立法体制。法治型治理模式的立法制度明确以人大为中心，通过立法支配合法性资源的生产和再生产，成为制度合法性的主要渊源。中国国家治理过程中地方与基层发挥了巨大作用，是"有效治理"的基础性保障，展现了国家治理体系的整体逻辑。[1]根据宪法的规定，人民代表大会制度是我国的根本政治制度，人民代表大会是我国的权力机关，地方行政机关由地方人民代表大会选举产生，并对其负责。人大主导是法治化地方治理模式的客观要求，人大不仅是我国的权力机关，还是立法机关，通过人大立法的方式，规范权力行使，是确保公权力始终在法治轨道上运行的必要保障。再者，在地方立法领域，根据《立法法》的规定，虽然设区的市以上的地方人大及其常委会和地方政府都享有地方立法权，但是同一层级地方性法规的法律位阶高于地方政府规章。如设区的市制定的地方政府规章，需要向同级人大常委会、省级政府、省级人大常委会和国务院备案，且不得与上位法相冲突、相抵触。地方立法必须首先遵循"不抵触原则"，包括法权、法意与法条三个层级的不抵触。[2]这就意味着，虽然地方政府享有地方立法权，但主要是对地方人大制定的地方性法规的细化执行，并不能超越地方人大的立法权威。地方治理不但要求地方拥有立法权，而且拥有的立法权应相对固定。[3]值得注意的是，"针对同一规制事项存在两个或者两个以上同时有效且相互矛盾的法律规范时，法律不统一实质上就赋予了

---

〔1〕 王若磊：《地方治理的制度模式及其结构性逻辑研究》，载《河南社会科学》2020年第10期。

〔2〕 罗培新：《论地方立法与上位法"不抵触"原则》，载《法学》2024年第6期。

〔3〕 钱大军、赵力：《地方治理视野中的地方立法》，载《湖湘论坛》2020年第6期。

行政或司法机关有限制的法律适用选择权"。[1]在具体判断是否与上位法相抵触时，也面临争议。例如，《福建省城市市容和环境卫生管理办法》是福建省人大常委会制定的地方性法规，自 1994 年 9 月 1 日起施行，至今仍有效，该法第 30 条规定，在市区随地吐痰、乱扔瓜果皮核、纸屑、烟蒂，抛撒各种废弃物的，处以 5 元罚款。而下属设区的市制定的《三明市城市市容和环境卫生管理条例》，于 2017 年 3 月 1 日实施，该法第 43 条规定，违反本条例，随地吐痰，乱扔果皮、纸屑、烟蒂、饮料瓶罐、口香糖、包装袋等废弃物的，责令清理；拒不清理的，处 50 元以上 200 元以下罚款。三明市的该规定明显与福建省的上位法不一致，对此，有学者认为，这虽然不符合形式合法性，但符合实质合法性，[2]"违反上位法的具体性规定，但是符合上位法的立法精神"，[3]或者是"良性违法"。[4]

　　想要确保人大主导的立法体制以及相应的合法性制度的流畅生产，就应具备明确的权限划分、程序保障、技术支持、责任设定以及观念支撑。①就立法权限来说，首先，应明确地方治理主体立法权的来源。中央立法在国家治理中具有统领作用，地方立法在地方治理中也具有不容小觑的功能。[5]其次，厘清地方人大及其常委会与行政机关的立法权限，尤其要对地方自治事务进行区分，以厘清地方性法规与政府规章的权限范围，避免立法重合。[6]②在立法程序方面，应着重完善立法回避、法案委托起草、立法提案主体多元化、人大代表构成以及法案审核制度，以严格、理性的程序机制做到对信息、诉求的合法化过滤，保证立法资源的合理分配和立法结果的科学性、公正性，促使立法真正面向公共利益而非为政府部门、利益集团、地方保护所俘获。③对立法技术来说，一方面当更加倚重专家、学者们的专业理性，对涉及地方治理的全局性、最基本的重大立法项目，应在立法论证、起草等环节，积

　　〔1〕　何江：《为什么环境法需要法典化——基于法律复杂化理论的证成》，载《法制与社会发展》2019 年第 5 期。

　　〔2〕　周林：《论立法合法性审查的结构优化——从形式合法性与实质合法性审查关系的重构出发》，载《华中师范大学学报（人文社会科学版）》2024 年第 1 期。

　　〔3〕　丁祖军、宓雪军：《试论"不抵触"原则》，载《现代法学》1993 年第 1 期。

　　〔4〕　封丽霞：《中央与地方立法关系法治化研究》，北京大学出版社 2008 年版，第 457～478 页。

　　〔5〕　徐娟：《地方立法的治理功能及其有效发挥》，载《学术交流》2019 年第 5 期。

　　〔6〕　参见徐清飞：《我国央地立法权限划分的法律技术及其完善》，载《法学》2024 年第 4 期。

极鼓励专业法律人的参与；另一方面需要尽快促进立法评估的机制化、长效化，特别是立法的技术评估，并配套相应的信息反馈和修改机制，以期借由这种专业化的立法操作，降低立法因某些部门利益影响而片面逐利的非理性冲动。④在立法的责任设定问题上，应当加大对地方立法的合宪性审查制度。[1]通过对地方立法审查权限、监督程序、启动机制、审查标准进行深入论证和解释，做到权力与责任的统一，以保证地方立法本身的合法性。人大主导型立法体制应明确限权控权的法治理念，法律化的治理不仅针对公民，而且也包含政府在内，立法要对地方权力机构的治理活动划出清晰的边界约束。[2]

（三）法治权威下的公共治理

法治型治理并不表现为"垄断权力的层级复制"的金字塔式结构，而是依靠一般性和刚性的法律和公正准则来自我维持，呈现出一种去中心化的、多角色互动的交往结构，包括多层级治理、多中心治理、网络治理等[3]。法治型治理意图通过规则之治，将地方治理整合为一个开放、理性的框架平台，能够包容多元利益主体在其中开展公共交往，强调受规范约束的权力机构与社会主体在合法性制度下的互动与合作。"法治的过程涉及不同制度要素之间的合理衔接和协调，旨在形成一个系统化的制度框架。"[4]依法治国早已成为全民共识，体现在宪法、法律的方方面面，并通过法律确立的规则开展社会治理。正因为法治能够获得全体公民最广泛的认同，故法治权威相较于行政权威具有更高的位阶。[5]相反，法治确立的规则之治，既可以通过柔性协商的方式尽量争取公众的认可，还能够通过国家强制力制裁那些违法行为，以刚柔并济的方式确立权威的治理体系。

---

〔1〕 参见章剑生：《论地方差异性立法及其限定》，载《法学评论》2023 年第 2 期。

〔2〕 参见汪栋：《合宪性审查实证法标准的三维结构：价值、形式与功能》，载《学术界》2024 年第 5 期。

〔3〕 参见蔡劲松等：《科技自立自强与高校科技治理》，人民出版社 2023 年版，第 31 页；陆铭、任声策、尤建新：《基于公共治理的科技创新管理：一个整合框架》，载《科学学与科学技术管理》2010 年第 6 期。

〔4〕 季冬晓：《政党、权威与法治：中国式现代化视域下党的领导法治化探析》，载《理论探讨》2024 年第 2 期。

〔5〕 参见朱未易等：《地方治理法治化的实践与路径研究——以城市管理执法体制改革与地方共建项目运行机制为例》，东南大学出版社 2016 年版，第 320 页。

地方治理走向法理型权威之下的公共治理的首要前提，就是重塑政府的角色，真正打造中立的政府体制。[1]地方政府的中立性主要包括两方面内容：一是面向公共服务职能的履行；二是政府应该将自身的职能限制在对法律规定的执行上，而不能运用行政权力去追求特殊目的，铭记政府决策的依据是一般性的法，而非特定的政策目标。要求政府按照一般性的规则展开治理，运用法治思维和法治方式去处理公共事务的关键，是处理好权力约束与政府行为激励之间的关系，亦即在法治权威下重建政府的激励机制。法治型治理模式应该推崇制度效益。这种收益主要有二：一是如果政治支配合乎法律，那么人民就会认为现行的制度安排是正当的，这种自发的服从和认同有利于降低统治或治理的交易费用；二是在市场社会中，如果存在一个设计良好的产权制度、开放自由的贸易环境、公正透明的政府体系和法治环境，地方往往能够获取比单纯政策优惠更大的竞争优势。

除中立政府之外，公共治理的另一个要求则是公共参与。公众参与体现的是以人民为中心的依法行政理念，[2]对治理的公共参与透露出对法治化治理的民主理解，其坚持的是政府、社会、个人的主体间关系。由此，其一方面强化了政治公共领域对于政府决策的监督、制衡能力，另一方面也扩大了政府的信息来源，在权力系统之外增设行为纠偏机制，切实增强政府在治理中对于公共需求的回应能力。而要保证公共参与成为现实，那就至少要满足如下制度要求：①切实保障并坚决落实公民对本地区治理事务的知情权、表达权、参与权、监督权，以确保不同的个人、族群、利益群体、社会阶层能够通过基本权利的行使，将理性而多元的价值主张、利益诉求、理想观念反映到治理框架中，并经由充分、反复的商谈而形成普遍意志和公共利益。政府透明是提升政府质量、实现政府善治的重要条件之一，也是国家治理现代化的内在要求。[3]②政府应积极通过立法供给一些必要的辅助性机制和公共

---

〔1〕 钟莉：《新时代地方政府治理机制中的服务型创新模式研究》，载《广西社会科学》2019 年第 9 期。

〔2〕 周勇、周敏凯：《公众参与行政决策的法律机制：成效、困境、改进——基于〈法治社会建设实施纲要（2020—2025 年）〉的思考》，载《中国行政管理》2021 年第 9 期。

〔3〕 杨开峰、杜亚斌：《政府透明感知及其影响因素：基于中国地方治理综合调查的实证分析》，载《社会科学研究》2022 年第 2 期。

物品，一方面培训社会公众的参与意识，提升其组织化水平，合理引导其观念、话语、知识、技艺的公共运用，另一方面则是经由这些参与性的程序、方式、渠道的制度化、定型化，使多元的社会主体规范地参与到地方的经济文化事务、社会事务和立法过程中来。③重视社会力量的作用。加强政府公信力建设要充分利用好大众传媒的作用，保障人民行使监督权。[1]这要求注重培养、发掘、引导、规范民间自生自发力量和"非正式制度"因素，把社会领域的自治作为法治型治理秩序的重要组成部分，尊重其自我管理和自我组织功能，把人民群众的实践当作制度创新的源泉，真正提升人民对于公共治理和立法的认受性。此外，构建中国自主知识体系也必须扎根人类文明新形态的中国伟大实践和伟大创造。[2]

六、法治型治理模式的实现目标

地方治理向法治型治理模式的转型属于制度变迁的范畴，法治型治理目标的实现，特别依赖于制度的支持和观念的引导，包括正式的制度安排和非正式的制度安排。当前在两种制度安排层面，法治型治理都获得了相当程度的发展空间。就正式制度安排而言，《宪法》在确立"国家尊重和保障人权"的同时，也把法治当成一种基本的治理方式，"人权作为一种普遍主义的道德观念，构成了民主法治国家的价值内核"[3]。《立法法》授予设区的市以地方性法规和地方政府规章制定权，从而进一步扩大了地方法治的自主行为空间。在非正式制度安排层面，在重申国家治理体系和治理能力现代化目标的同时，特意把社会生活的法律化、制度化作为实现这一目标的基本方略和途径。这些宪法、法律制度、治国理念的变迁，不仅降低了治理的交易成本，而且刻画了治理体系和逻辑变革的条件、路径和价值目标，从而推动地方法治型治理秩序的形成。

治理的最终目标是实现公平正义的良序社会，治理实际上是制度的结果。

---

〔1〕 聂平平、李帅帅：《行政行为、民众满意度与地方治理法治化——基于江西部分区县的问卷调查》，载《上海行政学院学报》2018 年第 4 期。

〔2〕 付子堂等：《法治文明的中国表达》，载《中国社会科学》2022 年第 12 期。

〔3〕 黄兰松、汪全胜：《关于人权的几点法理学思考》，载《中国青年社会科学》2017 年第 4 期。

依法确定中央与地方权力关系，提升权力关系的法治化与稳定性。[1]在变革社会当中建构一种法治型的地方治理秩序，除思想观念和个别制度安排的转变之外，还特别需要总体性的制度结构的变革。调整国家治理结构及其制度逻辑，尤其是在减少治理成本、保持社会稳定的前提下，重新规范政府与市场、国家与社会的关系，逐步扭转全能型政府体制、强国家-弱社会的治理结构、地方工具性自治的局面，或许将是地方建构法治型治理秩序的有效路径。抓住地方治理的重点和关键，合理设置与分配地方各层级的机构与职能，构建简约高效的基层管理体制。[2]中国式现代化视野下的地方治理模式必将是法治化治理模式，在推动地方治理模式转型过程中，需要始终坚持党的领导，牢记党的领导是中国特色社会主义制度的最大优势。"坚持党的领导，最根本的、最主要的是靠党的思想政治领导的正确，靠党的路线、方针、政策的正确。"[3]作为国家治理的基础性部分，地方治理应在各领域各方面各环节全面落实党的领导。[4]另外，还应该积极发挥人大的主导作用，始终强化人大作为权力机关的重要地位，不断加强公众参与，最大程度激发社会公众参与治理的热情和积极性。

第二节　国家能力与地方立法的自主性

当前，关于地方立法自主性的研究，更多被放置在立法权扩张或者"地方分权制度"范畴当中。这些观点往往关注的是地方立法权主体在现行立法体制中的地位、为中央所授予之立法权的权重、对辖区内事务实施立法治理的制度空间等问题。在"国家能力"的视野当中重新审视地方立法的自主性的含义、特点，以及其所面临的主要威胁同样重要。[5]

在新自由主义的"国家退出论"和"最低限度的国家"的强势话语裹挟

〔1〕　葛洪义：《中国的地方治理与法治发展》，载《政法论丛》2019年第2期。
〔2〕　申树欣：《新时代地方治理的特征、问题与对策》，载《理论学刊》2022年第2期。
〔3〕　彭真：《论新时期的社会主义民主与法制建设》，中央文献出版社1989年版，第103页。
〔4〕　吕朝辉：《地方治理现代化的衡量标准——基于体系与能力的关系视角》，载《求索》2020年第3期。
〔5〕　参见梁平：《新时代法治型国家治理的理论阐释》，载《法学论坛》2024年第1期。

下，在 20 世纪兴起的第三波民主化浪潮中，多数国家对全能型政府体制的变革，践行的是"政治自由来源于国家弱小，而非国家本身"这一信条。然而，经验表明，"如果政治家根据一定的观念而首先动摇制度变革赖以进行的制度结构的合法性，国家或决策者也就丧失了基本的行动能力"。[1]这种贸然把放权让利、权力的多中心化与民主过渡捆绑在一起的做法，不仅没能取得预期的经济绩效和实现民主政体的巩固，反而遭遇大面积的"国家失败"。近期历史终结论者弗朗西斯·福山在阐述其政治发展理论时，把"国家建设"问题与"法治""有责政府"相并列，视之为决定政治兴衰的三个制度性要素之一，[2]在某种程度上即可以看作西方思想界对上述转型难题的理论回应。由此，我们将"国家能力"作为地方立法自主性展开的背景性前提。为简明起见，我们拟将建立在国家能力基础上的地方立法自主性分为两个方面：一是地方立法的制度化能力；二是法律体系的统一性。前者与国家的自主性或超脱性概念相关，着重强调的是地方在立法过程中表现出来的相对于各式利益集团的自主性和合法化能力，其意在突出的乃是国家意志在立法领域的统一性。

一、何谓国家能力

国家能力并非一个与公民的基本权利和自由截然敌对的威权主义或国家主义概念。作为对新自由主义所推行的激进民主化、市场化方案的"拨乱反正"，它的初衷是回应由剧烈制度变迁所诱发的秩序紊乱、政治寡头化以及贫富差距拉大等社会失衡问题，其基本确信"公民权利的前提是存在有效的公共权威。一个丧失治理能力的政府是对公民权利的最大威胁"。[3]"没有一个有效的政府，就不可能有稳定的民主制度"这一论断旨在表明，国家能力或有效政府的概念并不意味着国家机器对私人领域的侵夺和控制，而是重在强调国家的有效性对于民主过渡和巩固的前提地位，以及国家机构对社会需求的有效甄别和回应性。

---

〔1〕 杨光斌：《政治变迁中的国家与制度》，中央编译出版社 2011 年版，第 160 页。

〔2〕 参见 ［美］弗朗西斯·福山：《政治秩序的起源：从前人类时代到法国大革命》，毛俊杰译，广西师范大学出版社 2014 年版。

〔3〕 王绍光：《民主四讲》，生活·读书·新知三联书店 2014 年版，第 132 页。

（一）国家能力的定义

从概念上来看，国家能力最初是由比较政治学和国际关系理论提出的。不同时期、不同学者对国家能力的内涵界定相当不同。西达·斯考切波认为，国家能力就是指国家在复杂的社会经济条件下实现其目标的能力。这一定义侧重的是政府作为一个统治机构，面对纷繁复杂的利益集团或是不同阶级、阶层的政治经济竞争而保持的政策、目标自主性。米格代尔将国家能力界定为"国家的中央政权机构调动社会经济资源，协调和约束社会关系及社会组织的能力。国家能力将直接影响国家能否有效实施其政策及目标偏好"。[1] 显而易见，米格代尔更加强调的是国家的社会治理角色和功效。福山认为，国家能力即国家制定并实施政策和执法的能力，特别是干净透明的执法能力。[2] 可以看出，相较于通过掌握社会资源以实现国家目的的观点，福山更偏向于国家能力的规范化含义和公共权威的合法化能力，其国家建构始终是在"法治国家"的背景制度中完成的。

就国内学者而言，王绍光教授认为，国家能力是指国家将自身意志转化为现实的能力，用公式表达即国家能力＝国家实际实现的干预程度/国家希望达到的干预范围。[3] 这一概念具有如下规范特征：其一，明确把国家治理、国家能力和基本制度建设置于优先地位；其二，在央地关系方面，在坚持向地方"放权让利"以对地方发展形成"产权激励"的条件下，肯定中央在市场转型和民主过渡过程中对全国性事务进行有效干预和治理的能力和资格；其三，在国家/社会的二元关系方面，不再从道德上把"国家"预先判定为亟须防范的"必要的恶"，亦不把市民社会想象成自发秩序的渊源或天然的自由民主领域，其对政府意志及职能实现的强调，在意义上更接近于波兰尼所谓的那种政府在自律性市场机制面前对社会的有机保护；其四，其不但在经验层面将政府体制的建设与民主政治转型联系在一起，视一个健全有效的政府

---

〔1〕 参见黄秋菊：《经济转型进程中的国家制度能力演进——中俄转型的比较政治经济学分析》，经济管理出版社 2013 年版，第 14 页。

〔2〕 参见 ［美］ 弗朗西斯·福山：《国家构建：21 世纪的国家治理与世界秩序》，黄胜强、许铭原译，中国社会科学出版社 2007 年版，第 7 页。

〔3〕 参见王绍光：《安邦之道：国家转型的目标与途径》，生活·读书·新知三联书店 2007 年版，第 5 页。

是实现优质民主生活的权威保障，更是从规范层面将民主定义为一种政治体制和政府管理形式的混合物，从而把国家能力或有效政府的观念纳入民主的概念当中，并进一步定义了以满足人民基本需求为核心的"代表型民主"观。[1]除此之外，也有学者将国家能力界定为"国家履行其职能的能力"；[2]"一个国家能够动用的物质和意识形态资源的整合，以及国家控制的强制、汲取和执行的能力"[3]。

表 2-2　国家能力的定义与衡量指标[4]

六大能力	定义	衡量指标
强制能力	对外保卫政权和领土完整，对内维护社会秩序	每 10 万人暴力致死率
汲取能力	建立现代国家公共财政，保证国家各项机制的正常运作	财政收入占 GDP 比重
濡化能力	树立以国家认同与公民平等为特征的核心价值体系	贝塔斯曼国家认同指数
规管能力	对市场和社会中的信息不对称和权力不对称加以规范和限制	每 10 万人交通事故死亡率
统领能力	对国家工作人员和国家机关加以规范和限制，使国家工作人员尽职、廉洁，使整个国家机器统一协调	世界银行腐败控制指数
再分配能力	用再分配降低各类社会风险维护社会稳定	UNDP 人类发展指数

作为一个综合性的概念，国家能力包含多方面的内容。根据政府职能的履行状况，王绍光把国家能力细分为：①对暴力的合法使用实施垄断；②提

[1]　参见王绍光：《中国·政道》，中国人民大学出版社 2014 年版，第 185~195 页。
[2]　郑风田等：《新时代脱贫攻坚的理论与实践》，人民出版社 2022 年版，第 56 页。
[3]　国务院参事室国家治理研究中心、山东大学国家治理研究院组织编写：《国家治理研究论纲》，人民出版社 2021 年版，第 138 页。
[4]　王绍光：《民主四讲》，生活·读书·新知三联书店 2014 年版，第 133~134 页。

取资源；③塑造民族统一性和动员群众；④调控社会和经济；⑤维持政府机构的内部凝聚力；⑥重新分配资源六项关键能力。王绍光认为，合法垄断暴力机器和汲取公共财政资源适用于任何时期、任何形式的政府，而后四项能力则是专属于现代民族国家的特点，亦即"增加了更广泛意义上的'常规化、标准化、合理化机构'，不仅能够对公民而且能够在很大程度上对其管辖区域内发生的所有行为行使职权"。[1]欧阳景根等人则将国家能力划分为公共产品与公共服务能力、资源汲取能力与制度能力，其中制度能力又分为静态制度能力与动态制度能力，前者指国家官僚机器的能力，后者指国家的制度制定（供给）和实施能力。他们特别指出："一个国家在其现代国家的建设与成长过程中，始终必须加强制度能力的建设。因为只有制度能力提升了，其提供公共产品与公共服务的能力以及资源汲取能力，才有了进一步提升的制度基础和保障。"[2]

综上可以看出，国家能力仍旧是一个在政治国家–市民社会的二元关系中得到界定的范畴；国家能力是国家治理效能的集中体现，也是衡量国家治理体系的科学性与适配性的标准，[3]它不但关系国家能否合法垄断暴力、能否在社会集团面前保持政策自主、能否对社会经济领域实施有效治理等技术性问题，而且还涉及国家的意识形态生产和合法化能力。这里的国家不仅指中央，还包括地方政权机关。对于实现地方的优良治理而言，地方政府同样需要相应的国家能力。据此在上述国家能力要素当中，有两项是与立法特别相关的，一是制度化或合法化能力，即立法者通过立法将社会经济政策、政治意志转化为正式法律并付诸实施，进而获取合法性的能力；二是王绍光教授所界定的统领能力，也即保持、更续国家机构的政治意志以及法律体系的统一性的能力。这两个方面内容提供了建构地方立法自主性的基本视野和分析框架。

（二）法治、治理与国家能力

"当前流行的法治观念与国家治理在价值立场和制度层面存在一定程度

---

[1]　参见王绍光：《有效的政府与民主》，载《战略与管理》2002年第6期。

[2]　欧阳景根、张艳肖：《国家能力的质量和转型升级研究》，载《武汉大学学报（哲学社会科学版）》2014年第4期。

[3]　李媛媛：《比较视域下国家能力建设的历史渊源、制度逻辑及中国贡献》，载《深圳大学学报（人文社会科学版）》2022年第2期。

的张力，这来源于理念型法治与国家治理所面临的实践难题之间的裂痕。国家能力是指国家将自身的意志转化为现实的能力，不同于政治权力的集中与使用，它更多表示的是国家对于社会需求的回应性。""国家治理是动态国家能力的典型表述和国家能力的质的规定性。"〔1〕"实现优良治理，国家能力建设可谓至关重要。就与国家能力的兼容性而言，那种嵌入国家治理逻辑之中的治理型法治观念更为可取，其不仅可通过规范政府的行为、塑造国家公职人员的自我认同、增加制度供给来提升国家的制度化能力，而且能够从铸就公共政治文化和法律判断的正当化角度增强国家的合法化能力。"〔2〕

1. 法治与国家治理的张力

在经典社会理论家那里，"法治的意思就是指政府在一切行动中都受到事前规定并宣布的规则的约束——这种规则使得一个人有可能十分肯定地预见到当局在某一情况中会怎样使用它的强制权力，和根据对此的了解计划它自己的个人事务"。〔3〕当前，研究国家治理现代化的论者，多在论证法治与国家治理存在内在或外在的联系。例如在张文显教授那里，现代法治即为国家治理注入了良法的基本价值，提供了善治的创新机制。〔4〕莫纪宏教授亦认为，国家治理体系和治理能力的现代化的重要标准首先是国家治理体系的法治化，因而国家治理体系和治理能力现代化要尊重法治原则。〔5〕当前占支配地位的法治观念虽说与国家治理在理念、价值和制度层面存在正相关性，但也存在一定程度的张力；对该问题的重视，有助于弥补这些裂痕，更好地理解国家治理体系和治理能力现代化的实践本质。

(1) 价值立场的区别

第一，法治是规则之治；国家治理除规范性要素之外，在一定范围内容纳了某些政治性、决断性、人格性的要素。首先，法治坚持的原则是，公民

---

〔1〕 涂小雨：《论全面深化改革背景下的国家能力建设》，载《理论视野》2024 年第 5 期。

〔2〕 黄兰松：《法治、治理与国家能力》，载《法学论坛》2020 年第 3 期。

〔3〕 ［英］弗里德里希·奥古斯特·冯·哈耶克：《通往奴役之路》，王明毅等译，中国社会科学出版社 1997 年版，第 73 页。

〔4〕 参见张文显：《法治与国家治理现代化》，载《中国法学》2014 年第 4 期。

〔5〕 参见莫纪宏：《国家治理体系和治理能力现代化与法治化》，载《法学杂志》2014 年第 4 期。

的基本权利和自由是不可让渡的，是不能根据社会功利、政治交易的理由进行算计和限制的。"在法治制度下，公民私人及其财产并不是政府管理的对象，并不是政府可以为其目的而使用的手段"。[1]国家治理的"政治属性主要体现在两个层面：一是国家政治制度形塑国家治理形态；二是国家治理服务于国家政治制度"[2]。对于国家治理而言，公民基本权利的实现不仅取决于政治体制、物质生产方式、区域发展均衡水平、城乡结构、资源禀赋等要素的发育程度，而且治理需要在多重结构性约束条件、目标之间进行综合权衡。其次，法治所肯定的不仅是人权保障原则，而且是在相互竞争和冲突的诸社会价值中坚持权利优先于德性、正义优先于功利、正当优先于至善，换言之，法治原则中包含着预设的价值排序和优先原则，这些原则应是不分时间、地点和适用对象而得到严格贯彻的。但国家治理却主张，政治秩序当中的价值排序应以特定的时空结构为基础，以本民族的生活经验和历史记忆为参照；不仅如此，用以实现这些价值目标及其排序的制度结构也是因时因地的。最后，现代法治对公共权力的约束，所依赖的是一些理性化的规则和原则，一般性、抽象性是这些规则的典型特征。"一种政府治理的活动乃是依据规则而展开的，而这些规则的主要目的就在于告知个人什么是他们在其间进行活动的责任范围"，[3]法律至上意味着，政府的行动，特别是那些事关公民基本权利与自由的决策，只能从一般性规则出发，而不能出于其他个别的政策目标。而国家治理却意味着，除抽象规则之外，国家还具有自主的意志表达和国家理性，依法治理仅仅是国家治理体系结构中的一个组成部分[4]；此外，统治者还具有相对稳定的政策偏好，某些政权机构还形成了独特的行为模式。

第二，现代法治理念建立在自由主义的哲学学说之上，重视个人权利的保护；国家治理对集体性权利较为关注。自由主义哲学主张，个人而非国家、

---

〔1〕 [英] 弗里德里希·奥古斯特·哈耶克：《自由宪章》，杨玉生等译，中国社会科学出版社2012年版，第339页。

〔2〕 王世谊：《新时代全面从严治党基本理论研究》，人民出版社2022年版，第331页。

〔3〕 [英] 弗里德利希·冯·哈耶克：《个人主义与经济秩序》，邓正来编译，复旦大学出版社2012年版，第16页。

〔4〕 参见应松年：《加快法治建设促进国家治理体系和治理能力现代化》，载《中国法学》2014年第6期。

家庭等人为造物，才构成社会秩序的基石。"一个法律体系是一系列强制性的调整理性人的行为并为社会合作提供某种框架的公开规则。当这些规则是正义时它们就建立了合法期望的基础……如果这些要求的基础不可靠，那么人的自由的领域同样不可靠。"〔1〕因此，法治的原则和制度安排的出发点，是肯定自利的政治价值，鼓励个人运用自己所掌握的知识、技艺和理性去追逐私人目的。也正是从这种方法论的个人主义立场出发，这种法治观念对那些集体主义的思想方式和公共政治文化重视程度不够。相形之下，国家治理对集体性权利较为关注。比如在自律性市场扩张的条件下，国家应对社会提供足够的保护；在跨体系社会的现代变迁中，维护某些生活方式和文化习惯的独特性；在文化、制度、族群、民族、语言、宗教多元的民族国家内部，对少数族群的"承认的政治"做出制度回应。

第三，法治是价值普遍主义的；在国家治理领域，除规则外，经验、"本土资源"等因素发挥着重要作用。如德沃金所言："政府必须不仅仅关心和尊重人民，而且必须平等地关心和尊重人民。它千万不要根据由于某些人值得更多关注从而授予其更多权利这一理由而不平等地分配物品和机会。它千万不要根据某个公民的某一集团良好生活的概念更高尚或高于另一个公民的同样概念而限制自由权。"〔2〕法治的核心价值是维护人的尊严与价值，认可每一个人作为平等的个人而受到平等对待的权利。更为重要的是，在法治社会，"公民有权主张把他们的人格看作独立的，而不能等同于任何特定的善观念。给定他们有形成、修正和理性追求一种善观念的道德能力，他们作为自由人的公共同一性，不会受到他们的善观念历史变化的影响"〔3〕法治开创的是一种将自由赋予所有人的制度，"这样一种社会制度之所以能发挥有效的作用，并不取决于我们是否能找到一些好人来运作这种制度，也不取决于所有的人是否能够变得比他们现在更好；相反，这种社会制度乃是经由多样且复杂的人

---

〔1〕 [美] 约翰·罗尔斯：《正义论》（修订版），何怀宏等译，中国社会科学出版社 2009 年版，第 184 页。

〔2〕 [美] 罗纳德·德沃金：《认真对待权利》，信春鹰、吴玉章译，上海三联书店 2008 年版，第 362 页。

〔3〕 [美] 约翰·罗尔斯：《罗尔斯论文全集》（上册），陈肖生等译，吉林出版集团 2013 年版，第 457 页。

而发挥作用的"。[1]法律上平等的基础是对个人欲求和正当利益的肯认，而非对道德德性或诫命的强调。平等建立在正当而非善的观念之上。但在国家治理领域，其依赖的路径往往是经验主义、渐进性的且高度依赖"本土资源"。这就决定了其在制度设计中对相同的方面作出同等对待的同时，还应对不同而又不可通约的部分给以区别对待，将抽象的形式平等与差异平等结合起来。另外，在保证制度供给的前提下，治理还需要地方性知识和生存性智慧的补充、支持，特别是那些民间自发形成的、非逻格斯主义的、不预设价值立场和意识形态承诺的、尚未被明确阐明的实践性知识，[2]唯其如此，才能保证制度结构、思想观念、政策选择的适应性，降低国家治理的社会成本。

（2）制度层面的张力

第一，对法治来说，权利不仅是国家权力的边界，而且是国家权力的目的；治理通过对社会民主因素的吸纳呈现出多中心的开放结构，更重视公共参与的作用。良序社会的实现依赖的是主体间的自由交往，尤其是国家与社会领域之间的制度性协商与互动。[3]虽然法治与民主同为控制政治权力的制度手段，但两者的立足点是存在差异的。法治对"利维坦"这头怪兽的驯服依靠的是"客观规范"和"主观权利"，它要求权力的运作公开、透明、足够规范。民主则意味着负责制政府，它对统治者的控制，更多依靠的是公共意志及其理性权威，其核心乃在于通过多数公民的广泛竞争与政治参与，对统治者的私人偏好施加约束，以保证政府对人民的信赖和利益负责。在法治看来，"法律的目的不是要废除或限制自由，而是要保护和扩大自由"，[4]而在民主眼中，公民的公共政治生活及其一系列的政治权利，却具有独立的政治价值。更为重要的是，为实现人民当家作主这一宪法原则，无论是对现实中改革的路径选择，还是在立宪体制的解释、政治制度的合法性等问题中，都应该坚持民主的重要地位。

---

〔1〕［英］弗里德利希·冯·哈耶克：《个人主义与经济秩序》，邓正来编译，复旦大学出版社2012年版，第10页。

〔2〕参见邓正来：《"生存性智慧"与中国发展研究论纲》，载《中国农业大学学报（社会科学版）》2010年第4期。

〔3〕参见叶子犀、罗跃军：《国家有机体的双向运动逻辑——基于黑格尔〈法哲学原理〉的辩证考察》，载《求是学刊》2023年第6期。

〔4〕［英］洛克：《政府论》（下篇），叶启芳、瞿菊农译，商务印书馆1964年版，第35页。

第二，法治上的平等侧重机会平等，反对法外特权；治理更重视公平价值，实现分配正义。"法治的理想，要求政府既强制他人遵守法律——而且这是政府唯一有权垄断的事情——又要求自己也依同样的法律行事，从而和任何私人一样受到限制。"[1]现代法律上的平等，其宗旨一方面在于反对歧视待遇和等级特权关系，另一方面在于保证人们对于不可预知的未来享有平等的机会。相反，现代民主更加注重的是政治自由的公平价值，为防止少数人通过对经济资源的垄断而间接控制政治生活，其要求国家对社会资源进行权威性的再分配，以实现分配正义。

法治中的高级法观念、内部秩序、法律先于立法、法治政府、形式理性、平等尊重及人的价值与尊严原则，所提供的皆为一种普遍正当性的标准。比较而言，国家治理推崇的却是有效政府、实践理性、实质正义、绩效标准和目标导向——只有在这一视野下，我们才能理解它对绩效合法性的偏爱。另外，不仅包括抽象的价值与原则，法治原则的正当化功能还体现在正式的法律制度、程序设置上。但正如亨廷顿所说的："各国之间最重要的政治分野，不在于它们政府的形式，而在于它们政府的有效程度。"[2]治理的结果导向即决定了，正当化的标准并非实践的逻辑，其并不假定制度与人的行为之间具有单一、直接或必然的相关性；治理最终所欲的是一个良序社会，而非单纯停留在符合法治原则的社会基本结构或基于法律的公共正义观上面。法治意味着对国家的约束，而治理恰恰需要国家能力，良好的国家秩序和治理是建立在国家能力、法治与民主负责制适当的平衡基础之上的。[3]因而，法治和国家能力对优良治理的实现尤为重要。

2. 实现优良治理需要法治和国家能力

国家治理的精髓乃在于综合运用意识形态表达与政策实践、正式制度和非正式制度资源、抽象规范与政治决断、顶层设计与地方实验，以实现优良

---

[1] [英] 弗里德里希·奥古斯特·哈耶克：《自由宪章》，杨玉生等译，中国社会科学出版社2012年版，第335页。

[2] [美] 塞缪尔·P. 亨廷顿：《变化社会中的政治秩序》，王冠华等译，上海人民出版社2015年版，第1页。

[3] 张成福：《跨越国家治理的历史困境：人民中心的国家治理》，载《中国行政管理》2024年第1期。

治理。治理以"善治"为导向，其核心是规则基础上的多元互动、协调与合作的过程。[1]治理固然不同于统治，但要实现优良治理，除公民、社会等自治性因素外，还需要法治和提升国家能力。[2]

中国古代历史很早就有"奉法者强则国强，奉法者弱则国弱"的思想。法治成为现代社会的普遍追求，是人类几千年来寻求国家治理方式的结果。[3]党的十八大以来，国家高度关注法治和治理问题。习近平总书记在党的十八届三中全会上指出，"推进国家治理体系和治理能力现代化，必须坚持依法治国"。党的十八届四中全会将全面推进依法治国，促进国家治理体系和治理能力现代化作为国家的重要发展目标。党的十九届四中全会通过的《关于坚持和完善中国特色社会主义制度　推进国家治理体系和治理能力现代化若干重大问题的决定》对全面实现国家治理体系和治理能力现代化提出了明确的时间要求。

在"最低限度的国家"的强势话语裹挟下，多数国家在第三波民主化运动中对全能型政府体制的变革，践行的是"政治自由来源于国家弱小，而非国家本身"这一信条。这一道德信念认为，国家作为公共权力的合法垄断者，与公民的个人自由与权利处于对立。国家权力的专断使用乃是公民自由的天然威胁。国家权力的扩张，会限缩公民自由自主的行为空间，并进而阻碍社会秩序的自发演化和调适。要实现变革，扭转这一压制个人自由的趋势，就应动用各种手段削弱国家权力。

接下来的经验事实却证明，这一改革路径是存在问题的。国家治理面临着更为复杂的政治事实，这种事实远远不是国家/社会、公共权力/个人自由之类的二元论所能涵括的。公民基本权利与自由的威胁不仅来自国家权力，如果只是从批判国家这个单一的方向上证成自由，那么有可能放任其他对公民权利造成威胁的因素。全能型国家的权力机器在宰制社会、控制个人的同时，也大大掩盖了民族的、阶层的乃至国家机器内部的矛盾。在这个时候如果单方面地削弱国家权力和正当权威，那附随的结果很可能不是自由与民主，

---

〔1〕　参见魏治勋：《"善治"视野中的国家治理能力及其现代化》，载《法学论坛》2014 年第 2 期。

〔2〕　参见黄兰松：《法治、治理与国家能力》，载《法学论坛》2020 年第 3 期。

〔3〕　张德淼、铁德铭：《中国式国家治理法治评估标准及其实施机制》，载《法学评论》2024 年第 2 期。

而是贫穷、动荡、分裂、战争等一系列人道灾难。人们开始意识到,"如果政治家根据一定的观念而首先动摇制度变革赖以进行的制度结构的合法性,国家或决策者也就丧失了基本的行动能力"。[1]把民主自由简单等同于去国家化的做法,不仅没能取得预期的政治经济绩效,反而遭遇大面积的"国家失败"和"民主危机"。因此,国家能力问题重新受到治理理论的重视。近来历史终结论者弗朗西斯·福山构筑的政治发展理论,即可以看作其中的一个代表。

经典的现代化模式是经济上的自由市场制,再配套政治上的立宪民主制,这一点在冷战结束、历史终结的时代氛围中更显得不证自明。福山的重要转变在于,他把"国家建构"引入自身的问题视域,并与"法治""有责政府"相并列,视其为决定政治兴衰的三个制度性要素之一。福山指出:"最深刻意义上的法治意味着:社会产生共识,其法律是公正和既存的,能够约束其时统治者的行为;享有主权的不是统治者,而是法律;统治者的权力只能来自法律,方才享有合法性。"[2]负责制的政府则意味着,"统治者相信自己应对治下的民众负责,应将民众利益置于自身利益之上"。[3]在福山看来,近代的官僚制国家,解决了政治权力的理性化、集中化问题,保证了基本的社会秩序;有责政府提供了政府的基本伦理和自下而上的反馈机制,有效地制约了统治者的利益偏好;而法治则为国家和政府提供了明确阐明的规范约束,为国家行为的合法性提供了人权与自由这一道德标准。这三个制度性的互相制衡,构成了现代政治发展的关键动力。同时,他认为,国家能力即国家制定并实施政策和执法的能力,特别是干净透明的执法能力,是决定一国走向的第一推动力。[4]

因此,强有力的国家能力是民主稳固的基本前提:国家能力或有效政府的概念并不意味着国家机器对私人领域的侵夺和控制,而是重在强调国家的

---

〔1〕 杨光斌:《政治变迁中的国家与制度》,中央编译出版社 2011 年版,第 160 页。

〔2〕 [美] 弗朗西斯·福山:《政治秩序的起源:从前人类时代到法国大革命》,毛俊杰译,广西师范大学出版社 2014 年版,第 236 页。

〔3〕 [美] 弗朗西斯·福山:《政治秩序的起源:从前人类时代到法国大革命》,毛俊杰译,广西师范大学出版社 2014 年版,第 289 页。

〔4〕 参见 [美] 弗朗西斯·福山:《政治秩序的起源:从前人类时代到法国大革命》,毛俊杰译,广西师范大学出版社 2012 年版,第 7、429 页。

有效性对于民主巩固的前提地位，以及国家对社会需求的有效甄别和回应能力。有学者指出，没有强大的国家能力，法治转型与建设的成功即便是可能的，也是希望渺茫的，国家能力是法治转型的必要条件。[1]

可见，国家能力并非一个与公民的基本权利相敌对的威权主义或国家主义概念。正所谓"公民权利的前提是存在有效的公共权威。一个丧失治理能力的政府是对公民权利的最大威胁"，[2]对于实现优良治理而言，国家能力同样至关重要。

二、国家能力与地方立法自主性的两个向度

"中央与地方的关系，核心是公权在不同层级政府之间的合理配置问题，其中关键，是解决地方政府的适度自治问题。"[3]由于改革开放以来，地方立法分权是与行政分权同步的，所以地方立法的自主性更多是在中央与地方的二元关系中得到阐释的，它指的是地方就辖区内公共事务自主制定地方性法规、规章和其他规范性文件以施行治理的权力。地方立法的自主性不仅在概念上等同于立法分权，而且地方立法权限、范围的大小直接决定了其立法自主性的强度。因此，地方立法的自主性尽可能地与地方立法权扩张、地方法治试验和制度竞争、央地关系法治化、促进地方政权建设特别是治理体系现代化等问题联系了起来。这些论题内含的一个共同判断就是，立法分权是一种政治上的善和现代性的必然，其能够妥善解决国家治理与法治建设所面临的难题。

但如果以国家能力作为参照视野或理论标准，那么地方立法的自主性就极端赖于地方立法能力的强弱。[4]"在国家能力的视野下，地方立法的自主性主要表现为立法的制度化、合法化能力和维护法制统一性的能力两个方面。"[5]由此地方立法的自主性概念呈现出两层内涵，其一，地方政府亦属于国家机

---

〔1〕　参见支振锋：《法治转型与国家能力》，载《中国图书评论》2013 年第 11 期。

〔2〕　王绍光：《民主四讲》，生活·读书·新知三联书店 2014 年版，第 132 页。

〔3〕　党国英：《中央与地方关系的核心》，载《人民论坛》2010 年第 12 期。

〔4〕　Simamba, Bilika H, "Improving Legislative Drafting Capacity", *Commonwealth Law Bulletin*, 28 (2002), 1125~1141.

〔5〕　黄兰松：《国家能力视野下地方立法自主性的问题及出路》，载郑智航主编：《山东大学法律评论（2016）》，山东大学出版社 2017 年版，第 101 页。

关，其性质就决定了其基本职能仍然是实施社会治理。而国家在治理过程中，既要谨慎运用手中的专制权力以避免凌驾于社会之上，又要防止自身的政治决断过程被各式利益集团所垄断。地方立法，毕竟是出自国家的行为，除符合法治之法本身的技术性要求外，它还要服务于社会的公共利益。这就要求，地方立法在通过立法以实践制度创新、进行国家治理或实现权力运作的正当化的过程中，能够对公共利益进行自主的辨别、决断，拒绝为特殊利益主张所俘获。其二，在现代社会中，法律是国家机器行动的准则，维护法制体系的和谐无悖，是国家意志统一性的基本前提。当国家能力的强弱日益与是否按照法治展开治理活动相关时，法律体系的统一性对国家能力的作用可以说是决定性的。我们把前者称作地方立法的制度化或合法化能力，后者称作对法律体系统一性的维护能力。

（一）地方立法的制度化能力

福山认为，国家能力建设说是国家制度能力建设，主要包括组织设计与管理、政治体系设计、合法性基础、文化与结构因素四个方面。[1]根据欧阳景根的分析，制度能力尤其是制度制定的有效性，是其他一切能力发挥作用的基础，其主要包括三个方面，即自主性标准、正确性标准与官僚体系的质量，前两者重在强调法律、法规及政策的制定和实施，后者重在强调公务员的法律意识以及运用法治思维、法治方式处理社会问题的能力。[2]以上述分析为基础，地方立法的制度化能力主要包含两个层面的价值。首先，地方政府通过积极制定地方性法规或政府规章对辖区内的事务进行治理，如根据当地的经济社会发展的需要或公众福利的要求创造新制度。这是国家治理层面的价值。其次，除制度等公共产品的供给等工具性价值外，地方立法的制度化还包括合法化效能。归根结底，一切法律都是针对政府的，地方立法的跟进可以确定地方政府权力范围，[3]地方立法实际上是在将地方的社会经济政

---

〔1〕 参见曹海军：《"国家学派"评析：基于国家自主与国家能力维度的分析》，载《政治学研究》2013年第1期。

〔2〕 欧阳景根：《国家能力理论视野下的政府危机管理能力》，载《中国行政管理》2010年第1期。

〔3〕 申素平、王子渊：《功能论视角下的我国地方教育立法：现状、问题与优化》，载《清华大学教育研究》2022年第3期。

策、发展模式、公众对社会事务的合意法律化，为政府的权力运作提供一套可行的法律标准。

如果我们将地方立法视作包容多元利益主体的意见、实施公共治理的平台，那么立法的制度化能力就体现在一方面严格划定政府在治理中的角色和范围，以约束政府权力的滥用，另一方面则为民众参与立法乃至社会治理敞开便宜的渠道。与法治的"边界约束"相联系，与公众参与的民主价值相联系，地方立法的合法化效能的基础才能更加稳固。[1]但与此同时，我们也要看到其脆性的一面，因为一旦法治成为政府的扩张利益和权力的工具，民意一旦被特殊利益所影响或混充，那么，这种立法的自主性必然受到侵害。当前我国地方立法自主性所面临的挑战，主要就是地方保护主义政策、立法的部门利益化、立法过程为利益集团俘获，这些都导致地方立法的价值偏好与公共利益发生背离。

（二）地方立法与法制体系的统一性

地方立法的自主性表现为一个依附于地方分权（自治）的概念，要准确界定立法自主的概念，首先需要厘清当代"行政分权"的含义。关于中国地方分权或政府体制的描述，有观点认为我国的国家结构采取的是不同于联邦制的单一制，在这一制度条件下，地方政权体系只是中央的延伸，其社会经济政策、立法活动仅仅是中央政治意志的反映。即便存在一定的地方分权，地方政权亦难以享有完全的自治性权力，中央政府不仅可就地方事务进行任意干预，而且地方权力体系是中央对地方进行治理的行政工具，所以这种"自治"充其量只是一种"工具性自治"。[2]

"我国的法律体系，是指我国全部法律或法律规范按照不同的法律部门分类组合而形成的一个呈体系化的有机联系的统一整体，是由各种部门法律体系或部门法组成的有机整体。"[3]也正是由于政制"差序格局"的存在，法律体系的统一性以及在此基础上的国家能力建构才成为一个必要的问题。这就需要我们在国家能力的基础上重新理解法律体系的统一性。地方立法自主

---

〔1〕 参见张琼：《类型化视野下的地方立法能力及其现代化路径》，载《法商研究》2023 年第1 期。

〔2〕 参见秦前红、李少文：《地方立法权扩张的因应之策》，载《法学》2015 年第 7 期。

〔3〕 蔡守秋：《论我国法律体系生态化的正当性》，载《法学论坛》2013 年第 2 期。

固然依赖于地方施行自我治理这一事实，但分权或自主的举措建立在政府有效性的基本政治前提之上。这种立法/法制统一性至少具有三项价值：①维持国家政治意志的统一。地方立法与中央立法的不抵触，[1]在规范秩序安定性的外表下，实则是国家官僚机制的协调一致和高效运作。②发挥权利保障作用。国家能力本就是一个面向公共利益的范畴，尤其在市场社会区域、城乡、族群、阶层之间差距拉大的条件下，其保证了对不同的权利主体施以平等的关注、尊重与保护。③规范当下政府间的竞争与合作关系。其提供了一个合理的制度框架，使得中央与地方之间关系的协调、地方政府之间的竞争与合作都拥有了一个规范基础，这一规范基础将确保各方的合法期待。[2]

三、当前地方立法自主性的阻碍因素

既然国家能力体现在地方立法的自主性之中，那么，对地方立法自主性的侵害，实际上是对国家能力的削弱。据此，在讨论国家能力和地方立法自主性的建构之前，我们应重视当前地方立法中对其合法化能力和维护法制统一的能力造成威胁的因素。[3]"法制统一是良法的内在品质和基本表征，是中央政令和立法统一、权威的保证。"[4]

（一）地方保护

所谓保护主义，就是地方政府为片面维护本行政区的经济利益而运用手中的行政、立法、税收等手段，人为制造地区间的贸易壁垒，妨碍人员、商品、资本的自由流动和公平竞争秩序的行为。它或者是由于市场制度本身的分工和专业化程度不足，或者地方受制于自身在资源、禀赋、产业构造、创新能力方面的比较优势不足而影响其对地区间经济合作与交往的有效参与，但更多是出于地方政府的短视和自利行为。当前的保护主义政策更多存在于

---

〔1〕 参见罗培新：《论地方立法与上位法"不抵触"原则》，载《法学》2024 年第 6 期。

〔2〕 参见沈广明：《地方立法抵触上位法的判定方法及其价值取向》，载《中外法学》2023 年第 1 期。

〔3〕 See Cloe, Lyman H. Marcus, Sumner, "Special and Local Legislation", *Kentucky Law Journal*, 24 (1936), 351~386.

〔4〕 肖金明、王婵：《关于完善地方立法质量保障体系的思考》，载《理论学刊》2022 年第 1 期。

府际间的竞争关系之中，它意味着政府间竞争模式的恶性蜕变。"地方经济竞争力来源于地方的资源、技术和制度，而起决定作用的是制度。"[1]表面上看，保护主义政策的推行能够在短期内培育地方的竞争优势，但实质上，这种行为却是在助长地方政府的逐利和掠夺本性，使其丧失通过制度创新，尤其是公平市场制度、法治环境的创新来吸引优质资源的动力和契机。地方保护对于国家能力，或者是地方立法自主性的侵害是显而易见的：其一，地方保护容易导致立法中的地方利益本位现象。其二，地方立法制度化能力的保证是立法本身的质量，而保护主义恰恰借由立法手段增加了市场制度、政府间竞争的交易费用，降低了法律制度本身的理性化水平。

（二）地方立法的部门利益化

"近年来，部门利益和地方利益影响决策的现象依然存在。特别是一些政府部门的决策表现出不同程度的部门利益倾向，同公共管理服务社会公共利益的要求不符。[2]这些政府部门的决策论证常常带有某种指向性，看似公正公允，实际上隐含着'部门利益优先'的原则，倾向于强化各自的利益，从而导致了在推动立法和政策出台过程中不良政策法规的产生，甚至造成国家的立法和中央政府一些政策法规'难产'或难以落实。在中央与地方、整体与部门的博弈过程中，追求地方和部门最优，使部门和地方的一些政策决策存在着与中央政策偏离的倾向，导致'政府权力部门化，部门权力利益化，部门利益法定化'的怪现象。"[3]地方政府由理性的经济人组成，由于经济人天生的逐利性导致地方政府带有私利性，追求本辖区内利益的最大化。[4]地方立法的部门利益化"主要表现在有的政府部门通过起草法规草案，在法规中不适当地强调本部门的权力和利益，力图通过地方立法来维护、巩固甚至扩大本部门的各种职权。另一方面则是尽可能减轻和弱化本部门应当承担

---

〔1〕 周业安、赵晓男：《地方政府竞争模式研究——构建地方政府间良性竞争秩序的理论和政策分析》，载《管理世界》2002 年第 12 期。

〔2〕 参见曹旭东、刘训东：《职权交叉点避责：地方立法中的部门利益博弈》，载《地方立法研究》2022 年第 1 期。

〔3〕 吴大兵：《发展中国特色社会主义民主政治研究》，人民出版社 2019 年版，第 185 页。

〔4〕 韩业斌：《我国区域协同立法的动力困境与优化路径》，载《兰州学刊》2023 年第 8 期。

的职责和义务，明显表现出行政部门重管理、轻服务，权力责任不对应"。[1]
正如陈公雨所尖锐指出的："当前地方立法存在的一个重要问题就是过分依
靠政府部门。不仅立项靠部门，而且起草、组织调研、会签，乃至向政府
和人大报告，也都是由部门负责。"[2]政府及其部门实质性地主导和垄断了
地方立法进程，无异于为部门利益法治化打开了方便之门。有学者将"不
同部门之间甚至同一部门内部关于同质或同类权力的竞争"视为"制度性
权力竞争"，即"以制度为基础、以权力为内容、以竞争为形式的横向分权
关系"。[3]

这种局面对地方立法自主性的伤害是可以预见的："一种政府治理的活动
乃是依据规则而展开的，而这些规则的主要目的就在于告知个人什么是他必
须在其间进行活动的责任范围；另一种政府治理的活动则是依据那些旨在强
行设定具体义务的命令而展开的。"[4]"由于地方政府本身构成参与的一个重
要主体，同时其行为通过影响要素流动及相关的市场主体的行为来介入市场
活动，所以，地方政府的竞争行为特征必然构成市场秩序的一部分。"[5]

（三）破坏法制体系的统一性

"允许地方自治或在治理上有一定的自主权，实际上具有一种激励制度创
新的功能和制度竞争的功能。"[6]地方立法的自主性本就是一个由国家能力证
成的范畴，而国家能力最初所要回应的重点问题之一是遏制中央对地方调控
失灵。所以说，对于破坏法律体系的完整性和统一性、消解法治的宪法基础
的疑虑是不无道理的。[7]倘若在国家治理现代化的过程中，在顶层设计中，
制度结构过于松散和脆弱，且低估了央地关系的多面性与复杂性，那么地方

---

〔1〕 阮荣祥主编：《地方立法的理论与实践》，社会科学文献出版社 2008 年版，第 8 页。

〔2〕 陈公雨：《地方立法十三讲》，中国法制出版社 2015 年版，第 42 页。

〔3〕 参见王理万：《制度性权力竞争：以立法统一审议制度为例》，载《浙江社会科学》2023 年
第 6 期。

〔4〕 [英] 弗里德利希·冯·哈耶克：《个人主义与经济秩序》，邓正来编译，复旦大学出版社
2012 年版，第 16 页。

〔5〕 周业安、冯兴元、赵坚毅：《地方政府竞争与市场秩序的重构》，载《中国社会科学》2004
年第 1 期。

〔6〕 苏力：《当代中国的中央与地方分权——重读毛泽东〈论十大关系〉第五节》，载《中国社
会科学》2004 年第 2 期。

〔7〕 李燕霞：《地方法治概念辨析》，载《社会科学战线》2006 年第 6 期。

法治对于国家能力的危害就会是现实性的。鉴于地方开展法治试验的动机多出自财政驱动和经济利益刺激的状况，有学者将"养育公民""激活社会""重塑政府"三个角度作为地方法治改革的"制度红线"和目标检视标准，[1]但除此之外，还要坚持国家能力这一政治标准。

四、维护国家能力与地方立法自主性的建议

对于中国而言，作为一个以礼治闻名的共同体，自由宪制和法治并非其自生自发的本土资源。这就决定了其从传统秩序向近代法治转化的过程中，拥有独特的历史经历和文明记忆。这种现代化既有基于传统的再创造，也有对西方法治文明，包括其观念、价值和制度的大规模移植。对异域法律文明的引进有可能受到本土保守势力的抵触，而对传统文明的复兴又有可能遭到现代视角的批判。因而，中国的现代化过程，是各种思想、各种传统交流碰撞和汇聚的过程。法治中国的理念，是对各种文明传统的包容与综合。[2]

（一）国家能力的法律提升：走向治理型法治

黄宝玖认为，国家能力是一个综合的能力系统，由众多功能性能力所组成，具有复杂的结构，包括维护国家主权与保障国家安全能力、民主法治能力、资源汲取与配置能力、宏观调控能力、公共产品供应能力、社会关系整合与规范能力、危机应对能力、学习创新能力、自律能力、国际交往能力等要素。[3]米格代尔认为，国家能力主要由深入社会、调节社会关系、提取资源和以特定方式配置或运用资源四部分构成。[4]这提醒我们，国家能力作为一个综合性的概念，如要准确评估其强弱，并以之为基础采取针对性的增强措施，最好的方式莫过于从它的构成要素入手。

---

〔1〕　参见周尚君：《地方法治试验的动力机制与制度前景》，载《中国法学》2014 年第 2 期。

〔2〕　参见黄兰松：《法治、治理与国家能力》，载《法学论坛》2020 年第 3 期。

〔3〕　参见黄宝玖：《国家能力：涵义、特征与结构分析》，载《政治学研究》2004 年第 4 期。

〔4〕　参见［美］乔尔·S. 米格代尔：《强社会与弱国家：第三世界的国家社会关系及国家能力》，张长东等译，江苏人民出版社 2009 年版，第 5 页。

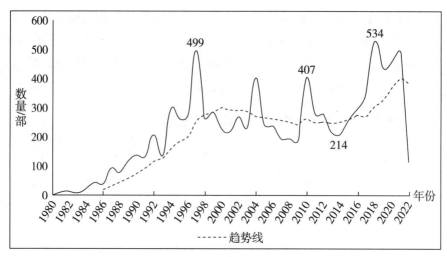

图 2-3　地方国家安全立法年度数量及趋势线（截至 2022 年 6 月）[1]

我们探索的法治是一种有利于国家能力提升的治理型法治，这种治理型法治是嵌入国家治理的结构与脉络之中的，其将分别从制度化能力和合法化能力两方面推动国家能力的增长。

1. 法治对国家制度化能力的提升

欧阳景根等人认为，一国的制度能力可区分为动态与静态两种形态。前者指国家的制度制定（供给）和实施能力，后者与制度的制定和实施相关，指国家官僚机器的能力。他们特别指出："一个国家在其现代国家的建设与成长过程中，始终必须加强制度能力的建设。因为只有制度能力提升了，其提供公共产品与公共服务的能力以及资源汲取能力，才有了进一步提升的制度基础和保障。"[2]治理型法治将从规范政府行动、塑造国家公职人员的自我认同、解决制度短缺三个层面提升制度化能力。

（1）设置统一的行为准则。法治政府建设是全面依法治国总工程中的重

---

〔1〕 肖君拥：《地方国家安全立法四十年：质效评价与发展前瞻》，载《河北法学》2024 年第3 期。

〔2〕 欧阳景根、张艳肖：《国家能力的质量和转型升级研究》，载《武汉大学学报（哲学社会科学版）》2014 年第 4 期。

中之重，首先要完善制度体系，在制度层面提供基本保障。[1]法治政府通过职权法定、监督法定、行为法定、程序法定、责任法定，[2]可以有效地克制权力任意和权力失约问题，纠正政府"经济利益最大化"的偏好。另外，法律作为一种约束竞争的合约安排，可以为央地关系、地方政府间的竞争与合作关系提供稳定的制度框架，减少任意性权力的行使，促进央地关系和地方竞争关系的法治化。

（2）塑造价值认同。传统中国的治理中，官方推崇的儒家学说为其提供一套整全性的价值体系，而儒生阶层作为这套价值观念的负载者，既能够据此而形成对自身社会地位的自我理解，也能够对国家的制度与礼仪实践产生稳固的认同。同样，现代法治不仅规范政府的行为，而且也在塑造其价值观念，并以此维系后者的凝聚力，确证其与社会的关系、自身的行为方式和责任意识。显而易见，现代法律的形式理性性格，恰好与政府依据规则行政、反对因事而异的行为方式的特点相适应。"一旦政府所拥有的价值和象征在整个社会中成为广泛认可、毫无异议的价值和象征，那么政府就可以轻而易举地用这些价值和象征把自己的权力行为包装起来。这样一来，公民就会感到有义务遵守政府的政策。"[3]

（3）解决制度短缺问题。制度为提高人的价值而设，一旦特定的制度安排无法适应变动的环境，或者不能与相关的制度安排相兼容，那么制度短缺问题也就随之而来。在此，法治首先解决了制度需求的确认问题。所谓"改革要于法有据"，所指的恐怕不单是制度变革要与现成的规范严丝合缝，关键是要看是否依据法治的原则、价值，是否运用法治的思维和方式去确认立法需求。其次，法治为制度供给提供了一幅可欲理想图景，其能对具体的制度安排进行评价、指引。具体而言，法治当中所蕴含的产权保护原则、公平正义原则、秩序机制、人权观念，既能够保证国家主导的制度变迁是在合法、正当的前提下进行的，又能够保证这种制度选择是在技术条件给定的情况下，

---

〔1〕　江必新、黄明慧：《习近平法治思想中的法治政府建设理论研究》，载《行政法学研究》2021 年第 4 期。

〔2〕　参见杨小军：《论法治政府新要求》，载《行政法学研究》2014 年第 1 期。

〔3〕　王绍光：《安邦之道：国家转型的目标与途径》，生活·读书·新知三联书店 2007 年版，第64 页。

能够最大限度地降低交易费用的安排。[1]

2. 法治对国家合法化能力的稳固

从现代性之自我确证的立场出发，马克斯·韦伯精心阐述了区别于传统型和超凡魅力型支配的合法统治概念。韦伯写道："在此制度下，当根据规则所'委任'的人要求服从时，服从乃是服从于具有一般性约束力的规范。在此场合里，每个命令权力的担纲者，都由上述具有合理规则的制度赋予正当性，只要符合规则运作，他的权力即为正当的。因此，服从乃是针对规则，而非对人。"[2]合法性问题不仅牵涉政治秩序的稳定性问题，而且也深刻影响政治社会的自我认同，因而其对国家治理和国家能力的履行而言至为关键。大体来说，法治将从公共政治文化和法律判断的正当化功能两个方向上提振国家能力。

第一，对于国家建构而言，政治共同体的构成问题应当逻辑地先于政府形式问题，它是一切宪法权力安排的前提。在现代性除魅的条件下，传统形式的习俗、宗教、伦理逐渐地退缩到私人领域，取而代之的法治成为政治与社会生活的新伦理。于此，"法治中国"等概念的提出说明，法治能够超越宗教性、地域性、家族性的伦理，为中国人的政治认同和文化身份提供一套普遍、公共的基准。作为一种公共政治文化，法治所提倡的以平等、权利为核心的现代价值观，屏蔽了传统世界观中的形而上学成分，撤除了"文明冲突"的基本条件，因而能够在多元主义的语境中塑造一种统一而又合乎理性的公民道德和民族文化。

第二，"任何支配的持续运作，都有通过诉诸其正当性之原则的、最强烈的自我辩护之必要"。[3]当前治理模式所倚重的政绩合法性观念，已面临内在的不稳定性和可持续性难题。而在一个组织良好的社会，政治合法性的观念在一定程度上也是一个基于特定正义观的道德观念。在此，法治给出了一种

---

[1] 参见胡玉鸿:《论全过程人民民主制度化的法治保障》，载《北京大学学报（哲学社会科学版）》2022年第6期。

[2] ［德］马克斯·韦伯:《支配社会学》，康乐、简惠美译，广西师范大学出版社2010年版，第19页。

[3] 王绍光:《安邦之道：国家转型的目标与途径》，生活·读书·新知三联书店2007年版，第64页。

道德世界观，人们能够基于其所蕴含的原则、价值、理想达成稳定的社会共识。由此在政治领域，自由而平等的理性公民可以运用这些共享的观念来对政治支配结构进行合法性评价，并形成对制度的道德忠诚，换而言之，合法性判断不需要再去参照即时性的利益均衡、卡理斯玛禀赋或强制权力的集中程度。[1]另外，把法律作为一种合法性标准，不仅可以保证制度结构的正当性，而且能够实现政治决断的正当化。法治的观念、原则和理想铸造了国民的公共道德观念和价值体系，公民以此对统治者的人格、偏好是否符合这种道德期待进行考察。因此，基于法律的合法性具有高度的可认受性，其合法性效果取决于社会公众对权力行使的道德感知、心理判断和理性推理。

党的十九届四中全会《关于坚持和完善中国特色社会主义制度 推进国家治理体系和治理能力现代化若干重大问题的决定》指出："中国特色社会主义制度是党和人民在长期实践探索中形成的科学制度体系，我国国家治理一切工作和活动都依照中国特色社会主义制度展开，我国国家治理体系和治理能力是中国特色社会主义制度及其执行能力的集中体现。"国家治理体系是静态的制度体系，国家治理能力则是动态的制度运用。[2]国家提出治理问题的本意，就是要继续摆脱威权/民主、中国模式/普世价值的政体和意识形态争论，以使治理问题面向"实质的历史关系"，而非"形式主义的理论"。国家治理坚持的是目标导向、绩效标准、结果推理、实践理性，并以责任伦理为其原则。这意味着国家治理并非不讲求现代法治、民主、人权等价值和理想，毋宁说，它更加讲求原则与实践、抽象规范与具体目的、政治正义与社会功利、合法性与政治经济绩效、道德认同与利益满足的平衡与结合。当前国家治理面临的不仅是政治支配状态或社会基本结构的正当性问题，而且是遍布政治、经济、社会、文化、生态环境等领域的复杂发展问题，国家治理体系和治理能力的现代化，最终也是为能够解决这些问题而设。这些存在于国家治理体系及治理过程当中的实践性难题，既表现为私有产权与公共利益、交易自由与生存权、一代人的正义与多代人的正义等权利和利益的矛盾，也表现为政府与市场、国家与社会、中央与地方、多数人的统治与少数人的权利尊重的

---

〔1〕　参见梁平：《新时代法治型国家治理的理论阐释》，载《法学论坛》2024年第1期。
〔2〕　马怀德：《法治与国家治理》，载《社会科学》2022年第8期。

结构性冲突。法治与国家能力作为这些内在冲突的一种形式，其调和对于国家治理体系和治理能力的现代化完善而言是不可或缺的一个环节。

在这一背景下，国家治理亦应积极突破法治/人治、民主/专制、人权/国家等意识形态框定，努力将自身嵌入国家治理体系和过程当中，因为无论如何，国家治理都不可能建立在一种保守主义的法治理念之上。现代法治以"正当（权利）优先于善"为根本的逻辑支点，因而法治、人权保障的主要目的，就在于防止"必要的恶"，而非寻求所需的善。法治强调运用平等的法律去限制强制性权力，是为了防止国家对个人自由的干涉；保障信仰自由的权利，是为了防止某些教派通过社会制度而对其他公民、全体的生活方式实行公开压制。[1]国家治理体系和能力面向的是社会经济基础、政治上层建筑与生活方式的整体变革与发展，这就决定了它的正当化基本逻辑很大程度上不是"在合理有利条件下"才能贯彻的"权利优先于善"，而是一种发展伦理学。嵌入国家治理过程之中的法治，并不意味着将法制（治）仅仅当作社会控制的工具，它同样注重法律的价值属性，只不过其更加强调法治的基本价值与其他价值的协调，如形式合理性与实质合理性的融合，规则范式与决断论思维的协调。提升国家能力的法治眼中也不是只有实用、功利和权宜，相反，它主张的是原则与实践、规则正义与结果正义的协调。[2]例如现代法治的重要原则是平等，而在跨体系社会，国家治理实践中所面临的平等问题却是多重的，这就需要将为法治所坚持的"作为公民个人而得到平等对待"的形式平等与能力平等、资源平等、福利平等、差异平等、机会的公平平等等结合起来，一起为国家治理实践提供整全性的原则图景。总而言之，治理型法治主张，一种面向变革社会中的政治秩序的法治观念是可能的。

（二）地方立法自主性的塑造

国家能力与行政分权、地方立法自主始终处在一种辩证关系之中。王绍光和胡鞍钢认为，在现实世界，没有纯粹的地方分权体制，各国经济体制不同，只是中央集权和地方分权的程度不同，这一体制的基本原则是统一性与

---

〔1〕 参见王鸿铭：《国家治理能力：现代国家建设的理论分析范式》，载《学海》2024 年第 3 期。

〔2〕 参见高晟、徐明：《新时代中国特色社会主义法治的价值内涵与实现进路》，载《学习与实践》2024 年第 4 期。

多样性相结合。[1]基于此，笔者的基本观点是在坚持国家能力的基本前提下建构地方立法的自主性。要协调二者之间的关系，在加强中央的治理能力的同时深化地方立法的自主性，关键还得依靠制度建设。一方面，需要仔细辨明法治、治理与国家能力之间的规范关系，积极把国家能力纳入制度化的轨道，以在社会基本结构中取得明确的"分位"，而基于"法律型统治"的制度语境，国家能力的制度化也意味着法治化。另一方面，则应将地方立法的自主性扎根于新型的地方治理秩序当中，使这种立法权力嵌入治理体系当中。这一切都指向了一种法治型治理秩序。[2]这种法治型的治理基于法律的合法性制度，与其相伴随的是一套以人大为中心的地方立法体制，在此基础上，其坚持一种权力资源分散化的、多中心的公共治理机制。这三重制度性因素既能够夯实国家的制度化能力，又能够补救地方立法的自主性有关问题。

第一，实现法治型治理秩序的前提，是要确立一种稳定而又公共的合法性观念，其一方面能够独立于政府的专断意志和价值偏好，另一方面又能保证公共权力行使的正当性和权威。这种观念即基于法律的合法性。"在此制度下，当根据规则所'委任'的人要求服从时，服从乃是服从于具有一般性约束力的规范。在此场合里，每个命令权力的担纲者，都由上述具有合理规则的制度赋予正当性，只要符合规则运作，他的权力即为正当的。"[3]正当的公共权威的证成，应依赖那些一般的、确定的、公开可见的规则。在正当化判断领域，合法性标准优先：建立在对法律的遵守、对权力的制度约束基础上的合法性不仅要独立于政治/经济绩效，而且要在道德判断上优先于社会效应，在合法化效能上强于"政绩"。这种合法化基础决定了法治型治理的规范逻辑，即治理体系、方式、经验、理念的法治化，以树立一种非人格性的、正式制度的权威。

按照制度经济学家们的观点，意识形态作为一种非正式的制度安排，其能够影响到人们对于现存制度结构是否合乎道德的判断，从而克服"磨洋工"

---

〔1〕　王绍光、胡鞍钢：《中国国家能力报告》，辽宁人民出版社 1993 年版，第 159、163 页。

〔2〕　See Walther, Ben, "Bylaw Governance", *Fordham Journal of Corporate and Financial Law*, 20 (2015), 399~460.

〔3〕　［德］马克斯·韦伯：《支配社会学》，康乐、简惠美译，广西师范大学出版社 2010 年版，第 19 页。

和"搭便车"等问题。在现代性条件下,法治就是政治正当性的标准。如果政治支配合乎法律,那么人民就会认为现行的制度安排是正当的,这种自发的服从和认同明显有利于降低治理的交易费用。"一旦政府所拥有的价值和象征在整个社会中成为广泛认可、毫无异议的价值和象征,那么政府就可以轻而易举地用这些价值和象征把自己的权力行为包装起来。这样一来,公民就会感到有义务遵守政府的政策。"[1]

第二,合法性制度为国家治理提供了基础性的框架平台,很大程度上,治理方式的法治化及其关键性的合法性概念可以用洛克的观点来概括:"政府治理之下人们所享有的自由意味着生活中有一种长期性的规则可以遵循,而这种规则对该社会中的每一个成员来说都是一样的,而且也是由该社会所设立的立法机关指定的。"[2]要健全治理的合法性基础,应有一个适当的法律制度,以保证权力的运行有法可依,而要建构适当的法律,前提是存在一套设计合理、运转有效的立法体制。由此,法治型的治理模式的另一个特点在于,[3]其立法制度明确是以人大为中心,而非政府主导。谁占有合法性,谁就占据国家治理的中心位置。通过立法而支配合法性资源的生产和再生产,这套立法体制成为合法性产生的主要渊源。法治型治理模式所欲发挥的一个制度效果,就是希望通过理性化的合法性制度和人大主导的立法体制,来强化地方立法的制度化、合法化能力。"立法机关通过统一审议制度,强化了立法主导权,实现对'部门立法'的审查和控制。"[4]

第三,"法律型统治"之下的国家治理,其运动方向不再是单一的"自上而下"的,也不再依赖单一的行动主体来作为决策、组织、动员的中心和动力来源,因此,其全然不同于强力控制之下所生的层级结构,它在结构上并不表现为"垄断权力的层级复制"的金字塔式结构,而是"依靠一般性和刚性的法律和公正准则来自我维持",其治理呈现出的是一种去中心化,或者是

---

〔1〕 王绍光:《安邦之道:国家转型的目标与途径》,生活·读书·新知三联书店2007年版,第64页。

〔2〕 [英]洛克:《政府论》(下篇),叶启芳、瞿菊农译,商务印书馆1964年版,第14页。

〔3〕 See Ben, Walther, "Bylaw Governance", *Fordham Journal of Corporate and Financial Law*, Vol. 20, Issue 2 (2015), 399~460.

〔4〕 王理万:《制度性权力竞争:以立法统一审议制度为例》,载《浙江社会科学》2023年第6期。

分散的、多中心互动的扁平结构。法治型治理意图通过规则之治,将治理建构为一个开放、理性的框架平台,[1]其能够包容多样的主体在其中展开公共交往,其强调的是受规范约束的政府权力与多元化社会主体在合法性制度之下的互动与合作。

实现公共治理的前提是存在一个制度化的公共交往空间。在法治型治理眼中,地方政府所应扮演的角色是政治治理者,而非经济理性人。这就要求政府从发展型体制转型为公共服务型体制,从营利性政府转变为法治政府,将政府的精力从抽象的经济增长转移到公民权利的平等保护、调控社会与经济、实现分配正义、满足人民基本需求上来。这种政府干预的退出并不意味着会留下权力真空,而是意味着市民社会的激活。实践证明,一个充满活力的市民社会,恰恰能够提高政府的管理水平。另外,市民社会和政治公共领域的存在,使得人民与立法机构之间的规范对话和沟通成为可能,它能够把社会各阶层、群体的需求及时反映给立法者,从而增强其对公共利益的立法判断和表达能力。

第三节　国家治理视野下地方人大与政府的立法权配置

自党的十八届三中全会以来,"国家治理"问题日渐成为现代化建设中的重要内容。国家治理的现代化,根据其标准定义,即指国家治理体系与治理能力的现代化。法治作为建构正当社会秩序的基本方式,也是治理体系现代化的重要标志,实现国家治理的法治化乃是治理现代化的必由路径。"现代法治的核心要义是良法善治。正是现代法治为国家治理注入了良法的基本价值,提供了善治的创新机制。"[2]有专家对良法应具备程序正当、具有合理性、自治而具回应性、内在和谐一致、为公众所知晓、普遍适用、可预期、可审查八要素。[3]当前中国的国家建构任务已基本完成,政治权力已经得到相当程度的集中,接下来应该思考的问题是如何运用法治的权威来对国家及其政府

---

〔1〕　See Walther, Ben, "Bylaw Governance", *Fordham Journal of Corporate and Financial Law*, 20 (2015), 399~460.

〔2〕　参见张文显:《法治与国家治理现代化》,载《中国法学》2014年第4期。

〔3〕　参见陈斯喜:《论我国良法的生长》,中国民主法制出版社2023年版,第69~81页。

的行为加以约束。可以说，法治是实现优良治理的价值渊源和规范保证。国家治理结构的法治化，所确保的不仅是执政党在新时代的领导地位和执政能力问题，更关系国家的支配方式、制度逻辑、合法化基础等系统化的变革，换言之，其寓意了一个整体性的社会制度变迁的过程。地方治理是国家治理这一系统工程的一个重要环节。我国幅员辽阔、地域特色突出，地方治理资源与法治的面相错综复杂，既要增强地方治理的有效性，还要确保治理资源的合法性。[1]应充分挖掘地方政权建设和治理改革的基本政治意义，实现地方治理的法治化转型。

第一，坚持法治权威之下的公共治理。"在此制度下，当根据规则所'委任'的人要求服从时，服从乃是服从于具有一般性约束力的规范。在此场合里，每个命令权力的担纲者，都由上述具有合理规则的制度赋予正当性，只要符合规则运作，他的权力即为正当的。"[2]这种基于法律的合法性意味着，只有一般性的法律才是合法性的渊源和标准；正当公共权威的证成，要依据那些普遍而抽象的正当行为规则，否则，即便政府取得局部、短期的实效，获得某一层次的最大化收益，那也很难为自身逾越规则的行为进行辩护。这一合法化基础决定了法治化治理的制度品格。它的制度逻辑乃在于"所有拥有国家立法权或者最高权力的人都有义务，依照确定并长期有效的、向人民公布并让人民了解的法律而不是遵照一时的决议来治理国家"[3]。我国的国家立法权是"立法机关以国家名义制定法律的权力，是独立、完整和最高的国家权力，它集中体现了全体人民的共同意志和整体利益，是维护国家法制统一的关键所在"[4]。

第二，合法性制度为国家治理提供了基础性的框架平台，很大程度上，治理方式的法治化及其合法性概念可以用洛克的观点来概括："政府治理之下人们所享有的自由意味着生活中有一种长期性的规则可以遵循，而这种规则对该社会中的每一个成员来说都是一样的，而且也是由该社会所设立的立法

〔1〕 梁平：《新时代法治型国家治理的理论阐释》，载《法学论坛》2024年第1期。
〔2〕 ［德］马克斯·韦伯：《支配社会学》，康乐、简惠美译，广西师范大学出版社2010年版，第19页。
〔3〕 ［英］洛克：《政府论》（下篇），叶启芳、瞿菊农译，商务印书馆1964年版，第80页。
〔4〕 张春生主编：《中华人民共和国立法法释义》，法律出版社2000年版，第18页。

机关指定的。"[1]要健全治理的合法性基础，那应有一套正当的规则体系，以保证权力的运行有法可依，而建构正当行为规则的前提，则是存在一套设计科学、合理的立法体制。法治型的治理模式的立法制度明确是以人大为中心。通过立法而支配合法性资源的生产和再生产，这套立法体制成为合法性产生的主要渊源。

第三，立基于法治基础上的治理秩序将呈现出平等、多元、公共的特征。在组织结构上，法治型治理并不表现为那种"垄断权力的层级复制"的金字塔式结构，而是"依靠一般性和刚性的法律和公正准则来自我维持"，呈现出的是一种去中心化的、多角色互动的交往结构。法治型治理意图通过规则之治，将地方治理整合为一个开放、理性的框架平台，其能够包容多元利益主体在其中开展公共交往；其强调的是受规范约束的权力机构与社会主体在合法性制度之下的互动与合作。这种法治化的地方治理秩序将为我们审视当前立法的主要问题，以及重新安排立法权力提供崭新的视野。[2]

一、嵌入地方治理体系中的立法权

地方立法权是国家权力体系的重要组成部分，是有立法权的地方国家机关，按照宪法、法律的规定或授权，根据本地政治、经济、文化生活的特点，制定、修改、废止效力不超出本行政区域范围内的规范性法律文本的权力。[3]立法是地方自治与居民自治的理性平台，它为地方治理活动的展开提供了合法性依据，依靠它，人们可以对政府行为做出合理的判断和预期，并以之为基础安排自身的生活计划。立法是地方制度创新和法治试验的主要手段，通过立法，地方政府能够有效供给公共产品和服务，以保证在实现地方政治、经济、文化生活组织有序化的同时，获得较大的制度绩效，从而维持地方在府际竞争之间的优势。地方立法还是表达多元诉求、凝聚社会共识的重要机制，民主的立法程序能够吸收政府机关、社会团体专家学者的共同参与，确保最终权利、义务的法律界定符合各方的利益期待。立法权自始就深嵌地方

---

〔1〕 ［英］洛克:《政府论》（下篇），叶启芳、瞿菊农译，商务印书馆1964年版，第14页。

〔2〕 See Noah, Lars, "Governance by the Backdoor: Administrative Law（lessness）at the FDA", *Nebraska Law Review*, 93（2014），89~138.

〔3〕 杨凤春主编:《中国地方政府》，中央广播电视大学出版社2007年版，第85页。

治理结构当中。[1]

一般而言，"是以政治制度为基础的制度结构决定或影响了制度安排；在可以不计制度结构的条件下，即在制度结构基本成熟或不变的条件下，制度安排决定了制度绩效；而在必须考量制度结构的条件下，即制度结构尚不成熟或制度的变迁，主要是制度结构的变迁的条件下，不但制度安排决定着制度绩效，制度结构本身也决定着制度绩效"。[2]地方治理结构决定着具体的治理制度安排。地方治理的法治化旨在拆解权威主义秩序所导致的那种严密的层级结构，从而在国家与社会之间建立一种更具包容性的秩序。这一切最终都得仰赖于合法性制度的权威和支持。其中，人大主导的立法体制，[3]包括其立法行为，与其说是在直接创造一种法律秩序，毋宁说是提供一些使自由、平等、开放、良序的社会得以建构的条件和运作机制。在这个意义上，地方治理结构的法治化决定了立法权是地方治理的最高权力，人大主导的立法体制是其一项基本的制度安排。

《中国共产党第十八届中央委员会第四次全体会议公报》指出要完善由人大主导立法工作的体制机制，健全立法机关主导、社会各方有序参与立法的途径和方式。《关于全面推进依法治国若干重大问题的决定》不仅指出要健全有立法权的人大主导立法工作的体制机制，发挥人大及其常委会在立法工作中的主导作用，还提出建立由全国人大相关专门委员会、全国人大常委会法制工作委员会组织有关部门参与起草综合性、全局性、基础性等重要法律草案制度。[4]党的十九大报告指出："发挥人大及其常委会在立法工作中的主导作用，健全人大组织制度和工作制度，支持和保证人大依法行使立法权、监督权、决定权、任免权，更好发挥人大代表作用。"[5]根据相关解释，人大主导

---

〔1〕 See Hualing, Fu, "Embedded Socio-Legal Activism in China: The Case of Yirenping", *Hong Kong Law Journal*, 42（2012），245~274.

〔2〕 杨光斌：《政治变迁中的国家与制度》，中央编译出版社 2011 年版，第 95 页。

〔3〕 张升忠、黄兰松：《关于设区市人大立法主导能力的思考与研究》，载《人大研究》2022 年第 5 期。

〔4〕 中共中央文献研究室编：《十八大以来重要文献选编》（中），中央文献出版社 2016 年版，第 161 页。

〔5〕 习近平：《决胜全面建成小康社会 夺取新时代中国特色社会主义伟大胜利——在中国共产党第十九次全国代表大会上的报告》，载 https://www.12371.cn/2017/10/27/ARTI1509103656574313.shtml，2024 年 5 月 21 日访问。

的立法体制"就是在我国立法过程中，应由人大把握立法方向，决定并引导立法项目、立法节奏、立法进程和立法内容、原则与基本价值取向"，人大主导立法既是一项立法原则，也是一种立法体制和立法机制，它统摄我国全部立法活动。[1]但另外，由于我国独特的立法体制，地方政府不仅享有制定地方政府规章的权力，还是地方性法规的主要参与主体。因此可以想见，在国家治理法治化的视野之下，处理好地方人大及其常务委员会与地方政府及其部门之间的立法关系，进而真正从制度层面确立人大主导的立法体制，将是地方立法权力配置的核心问题。

二、地方人大与政府立法权力配置的主要问题

结合当前地方治理的制度结构及其逻辑，人大主导型立法体制想要建立，就应重新平衡地方权力机关与政府在立法活动中的权力关系。在此，以地方治理法治化的图景为参照，地方立法权力配置呈现出如下三重问题：

（一）地方性法规与政府规章的权限界分不够明晰

我国地方立法包括地方性法规和行政规章，立法主体分别为地方立法机关和地方行政机关。虽然《立法法》《地方组织法》《行政许可法》《行政处罚法》对地方性法规与政府规章的权限进行了一定程度的区分，但总体来说并不明确。在省级与设区的市这两级地方政权体系当中，同层级的地方性法规与政府规章的制定权限总体上是一致的，即省级的地方性法规与政府规章的制定范围均未在总体上予以规定，而设区的市的地方性法规和政府规章的制定权限限制在城乡建设与管理、环境保护与历史文化保护等事项上。地方性法规与地方政府规章之间的权限界分不清，"容易导致权力机关与行政机关的职权错位，不利于人大常委会在地方立法中发挥主导作用，且容易损害公民权利，滋生部门保护"。[2]在地方政府具有较高积极性的情况下，若不明确法规和规章的制定权限范围，将会不可避免地造成地方政府对地方立法权的僭越，且会加剧地方保护和地方利益问题。[3]

---

〔1〕 李克杰：《"人大主导立法"的时代意蕴与法治价值》，载《长白学刊》2016 年第 5 期。
〔2〕 刘松山：《中国立法问题研究》，知识产权出版社 2016 年版，第 189~190 页。
〔3〕 参见马英娟：《地方立法主体扩容：现实需求与面临挑战》，载《上海师范大学学报（哲学社会科学版）》2015 年第 3 期。

表 2-3　地方人大及其常委会与地方政府的立法权限

	权限范围	法条性质
地方人大及其常委会	省级人大及常委会在不同宪法、法律、行政法规相抵触的前提下；设区的市人大及常委会在不同宪法、法律、行政法规和本省、自治区的地方性法规相抵触的前提下，可以对城乡建设与管理、生态文明建设、历史文化保护、基层治理等方面的事项制定地方性法规	（1）为执行法律、行政法规的规定，需要根据本行政区域的实际情况作具体规定的事项；（2）属于地方性事务需要制定地方性法规的事项；（3）先行性立法除法律保留事项外，其他事项国家尚未制定法律或者行政法规的，省、自治区、直辖市和设区的市、自治州根据本地方的具体情况和实际需要，可以先制定地方性法规
地方人民政府	省级人民政府可以根据法律、行政法规和本省、自治区、直辖市的地方性法规，制定规章；设区的市政府有权制定地方政府规章，限于城乡建设与管理、生态文明建设、历史文化保护、基层治理等方面的事项	（1）为执行法律、行政法规、地方性法规的规定需要制定规章的事项；（2）属于本行政区域的具体行政管理事项

　　首先，"地方性事务"与"行政区域具体行政管理事项"的范围不清。根据《立法法》的规定，地方性法规可以就属于地方性事务需要制定地方性法规的事项作出规定；地方政府规章可以就属于本行政区域的具体行政管理事项作出规定。一方面，地方性事务，从字面理解只要发生或存在于本地区的事项均属于本地方性的事务，其内容多种多样，范围也较大，具体内容尚难以界定。另一方面，行政权是一种具有扩张性的权力，其职权和职责范围非常广泛，属于本行政区域的具体行政管理事项因而也呈现出多样性。[1]根据我国《宪法》的规定，县级以上地方各级人民政府依照法律规定的权限，管理本行政区域内的经济、教育、科学、文化、卫生、体育事业、城乡建设事业和财政、民政、公安、民族事务、司法行政、监察、计划生育等行政工作，发布决定和命令，任免、培训、考核和奖惩行政工作人员。由此我们看出，"地方性事务"与"行政区域具体行政管理事项"的具体范围难以确定，

────────

〔1〕 参见徐清飞：《我国央地立法权限划分的法律技术及其完善》，载《法学》2024 年第 4 期。

且有诸多重叠之处。

表 2-4　地方性法规与政府规章的权限范围

制定法规事项	可以先行制定规章事项	共享事项	规章禁止事项
(1) 除限制人身自由、吊销企业营业执照以外的行政处罚。 (2) 尚未制定法律、行政法规，且属于地方性事务的，地方性法规可以设定查封场所、设施或者财物、扣押财物方面的行政强制措施。 (3)《行政许可法》规定的可以设定行政许可的事项，尚未制定法律、行政法规的，地方性法规可以设定行政许可	(1) 应当制定地方性法规但条件尚不成熟的，因行政管理迫切需要，可以先制定地方政府规章。规章实施满两年需要继续实施规章所规定的行政措施的，应当提请本级人民代表大会或者其常务委员会制定地方性法规。 (2) 尚未制定法律、法规的，政府制定的规章对违反行政管理秩序的行为，可以设定警告或者一定数量罚款的行政处罚。 (3)《行政许可法》规定的可以设定行政许可的事项，尚未制定法律、行政法规和地方性法规的，因行政管理的需要，确需立即实施行政许可的，省、自治区、直辖市人民政府规章可以设定临时性的行政许可。临时性的行政许可实施满一年需要继续实施的，应当提请本级人民代表大会及其常务委员会制定地方性法规	(1) 为执行法律、行政法规的规定，需要根据本行政区域的实际情况作具体规定。 (2) 属于本行政区域的具体事务	(1) 没有法律、行政法规、地方性法规的依据，地方政府规章不得设定减损公民、法人和其他组织权利或者增加其义务的规范。 (2) 不得设定行政强制措施

其次，地方性法规和地方政府规章的一个非常重要的功能是执行上位法。如 2021 年至 2022 年间，北京市、上海市和广东省三地的地方立法情况如下：北京市地方法规中，执行性立法占 61%，地方政府规章占 78%；上海市地方法规中，执行性立法占 56%，地方政府规章占 72%；广东省地方法规中，执行性立法占 64%，地方政府规章占 92%。[1]对于地方性法规来说是执行法律、行政法规，对于政府规章来说是执行法律、行政法规和地方性法规，二者在执行法律和行政法规方面具有一致性。至于具体执行哪些法律、法规时应当制定地方性法规，执行哪些法律、行政法规时可以制定地方政府规章，相关规定并不明确。由此，地方在进行执行性立法时，难以对法规和规章的制定

---

〔1〕　朱最新：《地方执行性立法的路径选择与优化生成》，载《政治与法律》2024 年第 1 期。

范围予以界分，二者的权限范围也较为模糊。

最后，虽然《行政处罚法》《行政强制法》《行政许可法》对地方性法规和规章的具体制定权限作出了一定程度上的界分，如尚未制定法律、行政法规的，地方性法规可以设定行政许可，地方政府规章不得设定行政强制措施；尚未制定法律、行政法规，且属于地方性事务的，地方性法规可以设定查封场所、设施或者财物、扣押财物方面的行政强制措施。然而，这都是为行政处罚、行政强制、行政许可方面的具体事项而设，而在其他事项方面，地方性法规与地方政府规章的立法权限范围仍未予明确界定。

（二）地方政府在地方立法中处优势地位

"现行立法体制下，政府是重要的立法参与主体。"[1]与地方治理法治化相背离的另一个实践问题就是，地方立法过程表现出浓厚的行政主导性而非人大主导的特点。"当前地方立法存在的一个重要问题就是过分依靠政府部门。不仅立项靠部门，而且起草、组织调研、会签，乃至向政府和人大报告，也都是由部门负责。"[2]立法本应是地方治理的公共政策平台，政府及其职能部门垄断地方立法，容易造成立法的工具化和官僚化，使本应面向公共利益和居民意志的立法变成政府偏好的单方面宣示，由此带来权威体制的巩固。

首先，地方政府部门在立法规划和立法计划的制定中处优势地位。"政府主导立法规划，立什么法规，什么时候立法，原动力和需求主要来自政府部门及其所属执法机构的动议，而非社会公众的诉求和表达，人大自身通过调查研究组织起草法案的比例很低。"[3]在地方立法项目的征集和提出过程中，立法项目的来源较为单一，主要以政府部门上报为主，对立法的立项起到了垄断性的作用，项目提出主体不够广泛。这不仅限制了项目来源的广泛性和多元化，降低了人大代表参与立法的积极性，而且也增加了地方立法规划对政府部门的依赖性。

---

〔1〕 黄兰松、汪全胜：《规范政府参与立法的边界》，载《湖北社会科学》2017年第8期。

〔2〕 陈公雨：《地方立法十三讲》，中国法制出版社2015年版，第42页。

〔3〕 秦前红、徐志森：《论地方人大在地方立法过程中的主导作用——以法规立项和起草的过程为中心》，载《荆楚学刊》2015年第3期。

表 2-5　珠海市人大常委会 2016 年立法工作计划中提请初次审议的 8 个项目[1]

序号	法规名称	起草单位	提请审议主体	初审专委
1	珠海经济特区公共安全技术防范管理条例	市公安局	市政府	内司委
2	珠海经济特区物业管理条例；废止《珠海市物业管理条例》	市住房和城乡规划建设局	市政府	城建环资委
3	珠海经济特区安全生产条例；废止《珠海市安全生产条例》	市安监局	市政府	财经委
4	珠海市人民代表大会常务委员会关于珠海经济特区横琴廉洁岛建设的决定	市监察局、横琴新区管委会	市政府	财经委
5	珠海经济特区企业绿色排放条例	市环保局	市政府	城建环资委
6	珠海经济特区环境保护条例；废止《珠海市环境保护条例》	市环保局	市政府	城建环资委
7	珠海经济特区建筑物外立面管理条例	市住房和城乡规划建设局	市政府	城建环资委
8	珠海经济特区市容和环境卫生管理条例（修改）	市市政和林业局	市政府	城建环资委

其次，地方政府及其部门主导相关法案的起草。现实中，不仅立法计划中多数的立法项目是由政府部门提出，而且地方法规的起草一般也坚持"谁主管，谁负责；谁立项，谁起草"的办法，所以，地方立法中形成了"政府起草，人大通过"的单一机制。政府部门起草法规草案时，较为容易将自身的利益偏好输入立法当中，通过法规起草来扩大本部门的权力和利益，减轻和弱化本部门应承担的责任和义务，造成法规的权责不对等。[2]

最后，地方政府及部门人员以人大代表或常委会组成人员的身份参与地方立法。除参与地方立法规划、立法计划、法规起草等方式之外，地方政府左右地方性法规创设的另一方式，就是"通过向立法机关推荐领导干部和候

〔1〕　表中资料来源于中国法律信息总库。
〔2〕　参见阮荣祥主编：《地方立法的理论与实践》，社会科学文献出版社 2008 年版，第 8 页。

选人，实现其对立法的影响力和对立法权的合法支配"。[1]地方性法规的立法主体原本只能是省人大及其常务委员会、设区的市的人大及其常务委员会，但行政机关却借此成为"运行中的立法权主体"。

（三）地方权力机关通过立法参与社会治理的能力有待增强

其一，政府在地方治理中处于优势地位。在地方治理事务中，政府体制本身就拥有较强的技术优势和专业能力，因此，其权力基础以及治理过程中的话语权较强。其二，在地方立法中，政府制定的规章占据重要地位。作为我国法律体系有机组成部分，地方政府通过的规章数量较大。据相关资料统计，截至2024年4月25日，我国现行有效的地方性法规达14 370件，其中省级地方性法规有6835件，设区的市地方性法规达6000件，经济特区法规460件，自治条例145件，单行条例910件，海南自由贸易港法规20件。而与之相比，现行有效的地方政府规章8149件，其中省级地方政府规章3763件，设区的市地方政府规章3884件。[2]"地方性政府规章处在法治的前沿，面对的是具体的社会关系，是行政执法中最直接的依据。"[3]地方政府规章对地方经济政治生活的"干预"具有优势。其三，地方人大代表构成形式影响了其独立的立法职能的发挥。正如论者所指出的，人大代表的兼职身份影响了其作为代表的自觉性、主动性，且会期过短，履行职责深受时间限制。[4]

三、地方立法中人大与政府关系的协调

在地方治理法治化的视野当中，地方立法权力的配置，实际上就表现为一个权力资源的制度化、法律化过程，这一过程始终是围绕着地方政府与人大的关系而展开的。法治型治理模式恰恰决定了这一制度安排所应有的规则。[5]

---

〔1〕 王爱声：《立法过程：制度选择的进路》，中国人民大学出版社2009年版，第101页。

〔2〕 数据来源于"国家法律法规数据库"，https://flk.npc.gov.cn。

〔3〕 沈荣华：《地方政府规章的法律效力》，载《政法论坛》1999年第6期。

〔4〕 参见刘淑华、郭颖：《论人大代表的专职化与我国人民代表大会制度的完善》，载《法学杂志》2008年第4期。

〔5〕 See McKean, Ashley, "Corporate Governance Law in Spain: A Vibrant Transition Fueled by the Recent Reforms of Aldama", *Georgetown Journal of International Law*, 35（2003），105~148.

（一）优化地方人大的人员结构

在现代社会，立法首先取决于立法者本身的世界观、身份立场、立法能力和技术。人民代表大会作为一个正式的立法机关，始终是由其具体组成人员来运作的，因此，想要切实提升地方人民代表大会及其常务委员会的立法自主性和立法能力，首先就应从人大代表的资质及构成入手。

第一，优化地方人大常委会的组成人员结构，提升全职代表比例。众多的兼职委员由于时间和精力有限、履职的动力不足，在地方人大常委会的日常事务中不能有效发挥作用。地方人大常委会各类工作事项的展开主要还是依赖专职委员，专职人员的缺乏不利于地方立法工作的深入开展，影响了常委会的工作成效。因此，地方人大常委会作为人大的常设机构，只有优化组成人员结构、提升整体素质，并充分发挥人大常委会专职委员作用，[1]才能履行好其职责。

第二，改善地方立法机关构成结构，增强地方人大代表的代表性。当前，我国对于代表名额在具体职业中的分配并没有具体规定，职业仅仅是名额划分时的辅助和参照标准，这导致了各阶层之间的代表名额分配比例有待进一步完善。因而，应当进一步细化地方代表的分配办法，优化地方人大及其常委会的代表结构，使有限的代表名额在各行各业和各阶层之间合理配置。

（二）强化人大在地方性法规制定中的主导地位

党的十八届四中全会《关于全面推进依法治国若干重大问题的决定》指出，应通过健全体制机制的方式来发挥人大及其常委会的主导性和主动性。我们应当从以下三个方面强化人大在地方性法规制定中的主导地位：

第一，地方立法机关应当重视在立法规划、立法计划中作用的发挥。在立法规划和年度立法计划制定的过程中，不仅人大常委会及人大有关专门委员会、工作部门应当积极提出立法项目，还应当充分调动人大代表的积极性，改善立法项目实质单一的问题。在必要的情况下，可以建立专门的立法起草委员会，统一负责立法规划、立法计划及立法的起草工作。在地方人大及常委会发挥主导作用的前提下，进一步推进立法起草主体的多元化，分情况综

---

〔1〕　杨鹏鸣等：《关于充分发挥人大常委会专职委员作用的对策建议》，载《人大研究》2019年第7期。

合采用多样化的法规起草模式，如委托政府部门起草、专家学者起草和科研机构起草；不仅要善于发挥立法工作者、实际工作者和理论工作者的作用，还要积极探索三者相结合的法规起草模式。[1]

第二，针对"行政机关通过行使立法提案权和拟定法规草案主导了地方立法"的局面，在地方性法规起草的过程中，应当逐步确立和强化地方立法机关的主导作用，完善和细化地方人民代表大会有关专门委员会、常务委员会对非立法机关起草法规的"提前介入"制度，对本地区重要的法规草案应尽量由立法机关牵头起草，政府部门予以配合；对授权行政机关起草的法规，在起草过程中应当重点予以指导和监督。

第三，地方人大及常委会应当充分发挥在法规草案审议过程中的作用。完善立法起草机制固然能够抑制地方政府及其职能部门对立法的垄断，"但由于问题的根本并不在于法律法规草案是由谁起草的，而在于谁能够最终决定其'命运'，因此，根本之策是强化正式立法程序，尤其是审议和表决程序的作用"。[2]由于地方立法中长期存在"重起草、轻审议"的问题，所以地方性法规草案在审议的过程中不予通过的情况，以及通过审议要求对法规草案进行重要修改的情况，都是少的。因此，应当健全地方立法的审议制度，对法规草案本身的合法性、合理性、科学性、可操作性等予以审查；地方人大及常委会在组织对法规进行审议时，应当特别明确审议重点、提供较为充分的时间、规范审议程序。

（三）完善对地方政府规章的备案审查制度

在法治化的地方治理秩序当中，施行立法备案审查制度，实质上贯彻的就是人大立法高于政府立法的理念。党的十九大报告要求"加强宪法实施和监督，推进合宪性审查工作，维护宪法权威"。[3]党的二十大报告指出："完善以宪法为核心的中国特色社会主义法律体系……加强宪法实施和监督。""就2023年新修改之后的《立法法》建立的'法律案合宪性双说明'制度而

---

[1] 参见顾萍：《关于改进法规起草工作的思考》，载《上海人大月刊》2003年第1期。

[2] 易有禄、吴畏：《人大在立法中的主导地位及实现机制》，载《甘肃政法学院学报》2016年第2期。

[3] 习近平：《决胜全面建成小康社会 夺取新时代中国特色社会主义伟大胜利》，载《人民日报》2017年10月28日。

言，如何确保法律草案既落实了宪法内容设定性规范，亦不违反宪法边界控制性规范，是该制度实施的关键。"[1]《法规、司法解释备案审查工作办法》要求全国人大常委会工作机构与中央办公厅、司法部、中央军委办公厅加强联系协作，建立完善备案审查衔接联动机制。[2]对政府规章的备案审查是宪法监督的重要方式，[3]也是规范地方政府制定规章的必要手段。要确立以人大为中心的立法体制，还需从以下几方面来完善该制度：

第一，增强对规章备案审查的主动性。我国目前对地方政府规章备案审查采取的是主动审查与被动审查相结合的方式，审查行为本身不具有强制性，如《立法法》规定，全国人民代表大会专门委员会和常务委员会工作机构可以对报送备案的行政法规、地方性法规、自治条例和单行条例进行主动审查。同时，按照《立法法》，地方政府规章的制定无须经过同级人大常委会批准，在经过政府常务会议或全体会议决定后，由省长、自治区主席、市长或者自治州州长签署命令予以公布。地方立法机关对地方政府规章最重要的合法性审查方式就是备案审查。因此，备案机关对地方政府规章的审查应当减少被动性，更加主动地对地方政府规章予以审查，以确保其合法性和合理性。[4]有学者在合法性审查问题上认为，形式合法性审查和实质合法性审查之间呈现出"并行"状态，两者功能相似、地位相等、相互关联，导致实质合法性审查存在冗余，影响了立法合法性审查工作；优化结构需要重新构建两者关系，优先考虑形式合法性审查，实质合法性审查应作为例外；通过完善标准、技术和技巧，减少实质审查的适用，增强规范性，使两者关系由"并行"转向"补充"。[5]

---

〔1〕 程雪阳：《"宪法是国家的根本法"的规范内涵及其立法落实》，载《法学评论》2023年第4期。

〔2〕 参见冯玉军：《〈立法法〉修改：理念原则、机制创新与完善建议》，载《交大法学》2023年第2期。

〔3〕 参见刘小妹：《法律体系形式结构的立法法规范》，载《法学杂志》2022年第6期。

〔4〕 参见王理万：《备案审查的国家治理功能》，载《法学研究》2024年第3期。

〔5〕 参见周林：《论立法合法性审查的结构优化——从形式合法性与实质合法性审查关系的重构出发》，载《华中师范大学学报（人文社会科学版）》2024年第1期。

表2-6 2018—2019年四个省级人大常委会实质合法性审查的情况〔1〕 （单位：次）

	作为地方立法主体		作为立法监督主体	
	实质合法性审查次数	实质合法性审查占比	实质合法性审查次数	实质合法性审查占比
北京市人大常委会	2	11%		
吉林省人大常委会	0	0	0	0
福建省人大常委会	2	6%	0	0
四川省人大常委会	3	2.6%	2	4.3%

　　第二，充分发挥省级地方人大专门委员会、人大常委会及政府在备案审查中的作用。根据《立法法》的规定，地方政府规章应当报本级人大常委会、全国人大常委会、国务院备案；设区的市、自治州的人民政府规章应当同时报省、自治区的人大常委会和人民政府备案。对于备案审查实践来说，人大专门委员会在备案审查中也可发挥重要作用，对于一些较为专业的地方政府规章，有关的专门委员会能够进行较为专业的审查，提高审查效率。同时，由于中央层面的备案审查机关即全国人大常委会和国务院精力有限，难以对数量庞大的地方政府规章一一进行审查。〔2〕相对来说，省级备案审查机关对于本地区的法规、规章制定情况较为了解，如果将相关备案审查工作分配到地方，则较容易完成。"地方政府规章主要是执行法律、行政法规、地方性法规而制定规章的事项和属于本行政区域的具体行政管理事项，条文一般不多，内容也相对简单，完全可以做到主动审查。"〔3〕发挥省级人大专门委员会、人大常委会及政府在备案审查中的作用，把备案的主要工作分散在地方上一级人大及其常委会当中，既可避免地方备案机关被动推诿，片面依赖中央的备案审查，导致大量未得到审查的地方政府规章往中央堆积的局面，又可方便地方上一级备案机关在发现问题后同下一级政府进行沟通、纠正。

　　第三，对依法提出审查的主体应当及时予以反馈审查结果信息。我国目

---

　　〔1〕 周林：《论立法合法性审查的结构优化——从形式合法性与实质合法性审查关系的重构出发》，载《华中师范大学学报（人文社会科学版）》2024年第1期。
　　〔2〕 参见王理万：《备案审查的国家治理功能》，载《法学研究》2024年第3期。
　　〔3〕 阮荣祥主编：《地方立法的理论与实践》，社会科学文献出版社2008年版，第198页。

前尚未对备案审查的过程予以具体规定，工作程序也一般不予公开，这样就限制了申请主体对备案审查的跟进及结果的知晓，享有备案审查建议权的广大公民是最为活跃的申请主体，但因审查程序的限制和审查能力的不足而无法一一得到回应，[1]同时也不能对备案审查行为进行有效的监督。为了进一步增强备案审查机关的责任感和积极性，应当明确备案审查机关审查结果的反馈时限。备案审查机关在确定开始备案审查的一段时间之内应向申请人书面提供审查结果的告知通知，对于驳回申请主体审查要求的，也应当在一定期限内书面通知相对人并说明不予展开备案审查的理由。

第四，进一步细化地方政府规章备案审查的标准。根据我国《立法法》《法规规章备案条例》（已失效）等法律法规的有关规定，备案审查的标准主要包括：①地方政府规章的制定是否超越了立法权限；②是否违反了上位法的规定；③条文之间对同一事项规定的一致性；④规定事项是否适当；⑤是否违背法定程序。然而，上述审查的标准仍然不够细化，为了提升审查的效率和客观性，应当细化对地方政府规章的形式与实质审查标准，以便顺利参照执行。

---

〔1〕　宋智敏、区慧霞：《论构建以公民建议为支点的备案审查制度》，载《湘潭大学学报（哲学社会科学版）》2022年第4期。

第三章

地方立法的经济动力

　　邓小平同志提出："社会主义的本质是解放生产力，发展生产力，消灭剥削，消除两极分化，最终实现共同富裕。"[1]党的二十大报告提出："中国式现代化是全体人民共同富裕的现代化。"[2]"规模巨大的人口要实现全体共同富裕、物质文明与精神文明相协调、人与自然和谐共生、走和平发展道路，离不开坚实的物质技术基础，必须以经济高质量发展作为支撑。"[3]不可否认，改革开放以来中国的经济变迁已经改变了人们的生活方式，它改变的不仅是所有制关系、生产力水平和科技，而且改变了政府的权力运作和合法化方式、社会的利益结构、公众持有的道德观念和判断方式。可以说，中国的经济改革是一种全方位的变迁，它构成一种新的秩序形态。中国的经济模式日益受到人们的关注。经济不是一个简单的效率和收益的概念，而是代表一种复杂的社会关系包裹在制度结构、习俗惯例、生产生活当中。它所释放的动能遍及社会各个领域，地方立法当然也不例外。在本章中，我们将取当今三个重要的经济事实，考察其是如何影响地方立法的。这三种动力分别是地方政府间竞争、地方发展型政府以及财政分权与有限问题机制，它们是中国经济模式的重要构成要素。它们分别塑造了地方立法的实验和工具特征、政

---

〔1〕　韩振峰：《中国共产党探索共同富裕的历程及经验启示》，载《光明日报》2022年3月2日。

〔2〕　习近平：《高举中国特色社会主义伟大旗帜　为全面建设社会主义现代化国家而团结奋斗——在中国共产党第二十次全国代表大会上的报告》，人民出版社2022年版，第22页。

〔3〕　何德旭、张雪兰：《从金融视角看中国式现代化道路》，载《中国社会科学》2023年第5期。

策选择，以及地方利益本位趋向。

第一节　政府竞争视野下地方立法模式的特点及风险防范

"地方政府间的竞争本质上是以地方政府为主体的经济竞争，它带来了一系列制度化的效果。"[1]本节试图将地方立法放置到政府间竞争这一动态视野当中，从地方竞争的政治经济学的动力、基础出发勾勒出地方立法的规范形态、特征和发展潜能，从绩效竞争、制度竞争所导致的地方治理模式和权力配置格局的角度评估地方立法有可能存在的背离国家法治框架的弊端和风险，并给出相应的制度防范措施，以求在节约立法成本、增加制度收益的基础上，[2]提升地方立法的民主化和科学化水平。

一、地方立法的经济动力：政府间竞争

经济领域中竞争是一种理所当然的现象，是创造社会福利的重要源泉。在政治领域中，公共部门具有竞争性这一现象在许多国家中逐渐变得普遍。[3]当前，地方政府间竞争已发展成为"府际关系中的新趋势"。在经济领域发挥竞争动力学的优势之余，它还进一步地释放了政制效能，在地方层面推动了竞争性的政府体系的成型，并进而左右了地方立法的一系列特点。在社会变迁和法治建设过程中如何看待政府竞争与地方立法的建构/被建构关系，这种竞争关系对于完善地方法治究竟会产生何种效能和风险，又应当采取怎样的制度措施加以制衡和矫正，就成为我们应予以正视的问题。制度竞争就是不同的组织之间以何种方式来形成政治目标和建构权力而竞争，而不同的方式当然对这些组织的地位、角色和权力产生不同的影响。

（一）政府间竞争的内涵

中国经济模式的一个重要特点，就是地方政府在经济发展过程中扮演了

---

[1]　黄兰松：《地方政府间竞争与地方立法的关系之理论透析》，载《江汉学术》2017年第4期。

[2]　汪全胜、黄兰松：《论立法的正当性——以立法成本效益评估制度的建立为视角》，载《山东社会科学》2016年第1期。

[3]　[英]斯蒂芬·贝利：《地方政府经济学：理论与实践》，左昌盛等译，北京大学出版社2006年版，第338页。

能动主体地位，并逐渐在"改革的国家体制"内部形成了以"县际竞争"为代表形式的政府间的竞争格局。[1]这一现象的形成原因大致包括：①改革中的旧体制向地方推行行政分权、财政分权，并将这一放权行为与市场化过程结合起来；②以经济绩效或者是扩展 GDP（国内生产总值）为主要标准的政绩考核机制和官员晋升制度催生了竞争格局；③享有一定事权、财权的地方政府获得了"佃农分成"的产权激励，形成"地方发展主义"；④在自上而下的压力性体制下，地方政府为维护本地方的利益而积极完成上级任务。"地方政府竞争机制的运行依托于我国政治治理机制，在政治治理机制共同作用下产生制度耦合效应。"[2]政府间竞争不仅是计划经济体制向市场社会过渡的结果，而且也构成当前中国制度变迁的"多重逻辑"的一个环节。有学者认为："中国经济进入新常态后，面临着区域塌陷问题的重大挑战。政府竞争显著缓解了区域塌陷，同时有利于促进劳动力流动、资本流动和技术流动。"[3]

竞争理论是政府效率研究中的一个重要方面，政府间的良性竞争关系能促进地方公共部门效率的提高及公共资源的合理配置。[4]周业安等人认为，政府间的竞争"即市场经济各区域经济体中的政府吸引具有流动性的要素展开竞争，以增强各区域经济体自己的竞争优势"。[5]类似地，汪伟全教授也认为，地方政府竞争即各个层级的地方政府围绕着投资环境、政府管理、法律制度以及政治行动而展开的竞争，目的是争夺各种有形或无形资源。[6]据此，从内容上看，政府间的竞争主要由这样两方面要素构成：

第一，竞争的主体是各个层级的地方政府。从中国地方政府的设置结构

---

〔1〕 参见张五常著译：《中国的经济制度》，中信出版社 2009 年版；黄宗智：《改革中的国家体制：经济奇迹和社会危机的同一根源》，载《开放时代》2009 年第 4 期。

〔2〕 汪彤：《中国式税收分成制下政府间竞争的运行逻辑——理论机制和解释框架》，载《经济体制改革》2022 年第 2 期。

〔3〕 王家庭、袁春来、马宁：《政府竞争、要素流动与区域塌陷》，载《西安交通大学学报（社会科学版）》2022 年第 2 期。

〔4〕 钟海、刘卓轩：《地方政府间横向税收竞争的策略互动、集聚效应与空间收敛性》，载《暨南学报（哲学社会科学版）》2022 年第 8 期。

〔5〕 参见周业安、冯兴元、赵坚毅：《地方政府竞争与市场秩序的重构》，载《中国社会科学》2004 年第 1 期。

〔6〕 参见汪伟全：《地方政府竞争秩序的治理：基于消极竞争行为的研究》，上海人民出版社 2009 年版，第 16 页。

来看，政府间的竞争更多存在于同级的省、市、县之间，加之在"今天的中国，主要的经济权力不在村，不在镇，不在市，不在省，也不在北京，而是在县的手上"，[1]所以这种横向竞争关系更多会下沉到"县"。更为关键的是，中央政府向地方的不断分权，尤其是分税制改革的实施，使得地方政府不仅成为"政府职能的实际履行者"，获得了地方经济决策权以及制度变迁与安排方面的自主支配权，更与竞争机制等因素相结合，发展出了独特的利益偏好和行为模式。[2]

第二，政府间竞争的核心是经济竞争。地方政府之间的标尺竞争，激发了它们发展经济、提高获取经济资源能力的积极性。[3]"在计划经济条件下，中国地方政府之间很少存在经济方面的竞争"，[4]而在市场经济背景下，地方政府主导的竞争关系已经告别了过去的"兄弟之争"，而演化为不同经济主体之间的"利益之争"。[5]当代政府间的竞争关系主要表现在：①改善地方公共物品；②争夺生产要素；③支持和鼓励企业；④市场封锁与保护；⑤获取优惠政策和制度方面的试点权。[6]有学者认为改革试点推动立法是一种重要的立法模式，其具有从形式合理性到实质合理性，从逻辑立法到经验立法，从自治型法到回应型法的特性。[7]而无论是地方政府由发展型政府向服务型政府的职能转变，还是竞争的焦点由注重基础设施建设、技术引进、政策优惠的"技术竞争"转向"制度竞争"，其目的是在市场竞争和资源稀缺的条件下增强本地区的竞争优势，以吸引更多优质资源流入。地方政府间的竞争关系反映出了由国家创建的市场机制的显著特点，"由于地方政府本身构成参

---

〔1〕 张五常著译：《中国的经济制度》，中信出版社 2009 年版，第 144 页。

〔2〕 See Montinola Gabriella, Qian Yingyi and Barry Weingast, "Federalism, Chinese style: the Political Basis for Economic Success in China", *World Politics*, 48 (1995), 1.

〔3〕 周波、孔欣悦、张超：《墙内开花墙外香吗——地方政府间标尺竞争策略研究》，载《华东师范大学学报（哲学社会科学版）》2023 年第 4 期。

〔4〕 洪名勇、施国庆：《地区竞争与地方政府制度创新竞争》，载《学海》2005 年第 5 期。

〔5〕 参见刘亚平：《当代中国地方政府间竞争》，社会科学文献出版社 2007 年版，第 32~51 页；周业安、赵晓男：《地方政府竞争模式研究——构建地方政府间良性竞争秩序的理论和政策分析》，载《管理世界》2002 年第 12 期。

〔6〕 参见汪伟全：《中国地方政府竞争：从产品、要素转向制度环境》，载《南京社会科学》2004 年第 7 期。

〔7〕 顾永忠、李作：《论"改革试点推动立法"模式——以刑事诉讼法的修改为视角》，载《河北学刊》2023 年第 8 期。

与的一个重要主体，同时其行为通过影响要素流动及相关的市场主体的行为来介入市场活动，所以，地方政府的竞争行为特征必然构成市场秩序的一部分"。[1]"在某种意义上讲，政府是一个超级企业。"[2]这一特性必将深刻影响与市场活动相关的法律制度的创设和立法政策的选择。

此外，地方政府部门间也存在竞争，例如，"在地方政府以'若干措施'等方式向多部门下达任务时，各部门在响应的过程中存在着以凸显各自的中心位置为策略特征的政策发布行为，其本质是'条条'间的竞争关系。结合政府职责、压力型体制等相关理论，可以构建由'部门职责——政策工具储备'构成的分析框架，形成四种典型的 C 位策略，具体表现为基于时效策略的'先行发布'、基于亮点策略的'创新发布'、基于强化策略的'高调发布'和基于程度维度的'加码发布'四种形式。形成 C 位策略的主要原因包括对上竞争'注意力'、横向竞争'话语权'和对下竞争'指挥权'三个方面，总体目的是在有限的组织资源竞争中取得优势。"[3]

（二）地方政府间竞争的制度化后果

在《中国的经济制度》当中，张五常将"交易费用"范式扩展运用到政府间竞争关系的解释上，亦即掌握经济权力的"县"之间的激烈竞争不但是创造经济奇迹的基本动力，而且在竞争过程中通过"承包合约"的层层串联，逐步形成了独特且难以拆分的"县制度及其权力结构"。[4]在一个宏观的"中国式分权"的逻辑框架下，通过经济分权与集中的政治管理相结合，形成政治和经济双重激励下的地方政府竞争机制的解释框架。[5]可见，政府间的竞争秩序不仅涉及一个经济问题，它还导致了一系列的政治和制度变迁，因而具有重大的政治意义。

---

〔1〕 周业安、冯兴元、赵坚毅：《地方政府竞争与市场秩序的重构》，载《中国社会科学》2004年第 1 期。

〔2〕 [美] 罗纳德·H. 科斯：《企业、市场与法律》，盛洪、陈郁译校，格致出版社、上海三联书店、上海人民出版社 2014 年版，第 93 页。

〔3〕 翟磊：《C 位策略：地方政府部门间竞争的政策发布逻辑》，载《中国行政管理》2023 年第 4 期。

〔4〕 参见张五常著译：《中国的经济制度》，中信出版社 2009 年版。

〔5〕 汪彤：《中国式税收分成制下政府间竞争的运行逻辑——理论机制和解释框架》，载《经济体制改革》2022 年第 2 期。

　　第一，政府间竞争在市场化条件下固化了政府主导的地方治理和发展模式，强化了行政体制的权威。相对于代议制机关"反复协商和相互妥协"的运作方式、司法机关的形式理性的消极特质，地方政府在地方治理和经济发展过程中皆表现出了明显的强势地位。无论是公共物品的有效供给，还是在与市场相关的经济政策、法律法规的制定过程中，地方政府所扮演的都不仅是一个"守夜人"或"道德中立者"的角色，而是一个权威的参与者。例如，在新自由主义所支配的全球化进程中，地方政府依赖其权威，能够更高效率地利用手中掌握的土地资源、发挥劳动力的比较优势、进行招商引资、培育创业人才、引进并整合科学技术，[1]从而成为推动中国经济发展模式成型的能动主体。政府间的竞争，特别是其中的过度竞争、恶性竞争行为，很大程度上受到利益最大化的驱动，如此在欠缺有效的权力约束机制以及充分竞争、开放、自由、统一的市场秩序尚未完全建立的条件下，对经济生活的干预会不断强化官僚制逻辑，释放其追求垄断租金的冲动。有学者指出，"当代中国的地方政府既不完全是中央政府的代理人，也不完全是地方民众的代理人，还应该是政府主要官员利益的代表者"。[2]政府间的竞争行为、模式、特征本来是由"地方发展型政府"的行为方式推动并塑造的，现在它却发展出"路径依赖"的品格，反过来深化了地方发展型政府体制相对自主的利益偏好和合法化模式，即"发展中国家在向现代工业社会转变的过程中，以推动经济发展为主要目标，以长期担当经济发展的主体力量为主要方式，以经济增长作为政治合法性主要来源的政府模式"。[3]

　　第二，地方政府间经济竞争的焦点逐渐由资源、要素的争夺转变为制度创新的竞争。在探究一个国家的经济增长及其背后推动力时，该国的基本经济制度无疑扮演着至关重要的角色；它不仅定义了经济活动的组织方式，也是解释该国经济进程和转型的核心；而了解和分析特定国家的基本经济制度，

　　[1]　参见黄宗智：《中国经济是怎样如此快速发展的？——五种巧合的交汇》，载《开放时代》2015年第3期。

　　[2]　张紧跟：《当代中国地方政府间关系：研究与反思》，载《武汉大学学报（哲学社会科学版）》2009年第4期。

　　[3]　郁建兴、徐越倩：《从发展型政府到公共服务型政府——以浙江省为个案》，载《马克思主义与现实》2004年第5期。

是揭示其经济发展动态和驱动因素的"钥匙"。[1]对地方亦是如此,"地方立法是不同地方之间开展差异化治理的方式,贯彻差异逻辑,有利于加强地方的竞争性治理机制。为更好地适应地方治理的现实情况和具体需求,地方立法可以采取差异性方案,并与其他地方开展一定程度的制度竞争。这就是地方立法所具有的差异化优势。在差异化治理的前提下,地方立法可以成为地方制度竞争的一种表现"。[2]

地方竞争的目的是希望通过提供公共产品和公共服务来吸引各种资源和生产要素流入自己的辖区,实现区域的经济增长。改革开放初期,政府间竞争更多表现为产品、要素的竞争,但在"全球化、知识经济的今天,经济发展来源于劳动力、自然资源、金融资本、技术等物质禀赋投入的作用已日益减少,一国或一地的竞争力不是由所拥有的物质禀赋来决定的,而是由该政府能不能创造一个良好的经营环境和支持性制度,确保投入的要素能高效使用"。[3]"财政自由度的提高增强了地方政府的竞争能力和动机,进而对地方产业发展质量产生了直接的负面作用,但是,又通过弱化财政激励间接缓和地方政府竞争对地方产业高质量发展的不利影响。"[4]社会情势的改变和经济增长的压力,促使地方政府调整、改变竞争策略,将重心从基础设施建设、个别性政策扶持转移到打造贸易环境和制度环境上来,以期凭借以"维护产品、劳务、人员和资本的流通自由"为主体内容的制度创新或变迁来减少交易成本,实现生产力的提高。"地方经济的竞争力来源于地方的资源、技术和制度,而起决定性作用的则是制度",[5]制度竞争才是政府间竞争的核心。[6]以浙江省"市场服务型法治"、湖北省"文化资源型法治"、湖南省

---

〔1〕 参见高帆:《中国基本经济制度的演变逻辑与实践特征》,载《上海经济研究》2024年第2期。

〔2〕 李少文:《中央和地方关系视角下地方立法权扩容的治理效能》,载《法学论坛》2024年第2期。

〔3〕 汪伟全:《中国地方政府竞争:从产品、要素转向制度环境》,载《南京社会科学》2004年第7期。

〔4〕 刘振、曾津:《地方政府竞争、财政分权与产业高质量发展》,载《经济问题探索》2023年第7期。

〔5〕 周业安、赵晓男:《地方政府竞争模式研究——构建地方政府间良性竞争秩序的理论和政策分析》,载《管理世界》2002年第12期。

〔6〕 汪伟全:《中国地方政府竞争:从产品、要素转向制度环境》,载《南京社会科学》2004年第7期。

"程序推动型法治"为代表的地方法治实验方兴未艾，而这些法治实验区别于传统竞争方式的一个重要特征，就在于它们更加注重与市场机制相符的竞争性规则的建设，以及以高效政府、公正司法、良好治安为指标的"软环境"的维护。[1]"正如市场竞争在市场上产生了一种'发现程序'那样，通过地方竞争，有关各种制度的秩序框架也被创造、发现和利用"，[2]正是在这种发现、学习、反馈、矫正、模仿、扩散和创造制度的过程中，地方政府逐渐掌握了制度创新、法治实验的行动权乃至主动权。

第三，政府间的竞争在形塑地方与地方之间的横向竞争关系的同时，也间接地塑造了中央政府与地方政府之间的纵向关系。伴随市场化改革的深入和中国经济发展模式的成型，地方政府之间的经济竞争已经深刻地嵌入国家体制和市场社会内部，从而分享了"改革的国家体制"的矛盾性质：它充当了经济奇迹与社会危机的同一根源。一方面，其发挥了行政体制优势，推动面向全球化的市场改革和经济发展；另一方面，它也带来了腐败、环境问题、社会不公等弊端。[3]在政治体制改革与经济体制改革配套不足、政府与市场的关系尚待进一步厘清的背景下，地方间的竞争关系不但不能规范政府间的竞争秩序，实现区域经济的协调发展和公共事务的共同治理，反而加剧了地区间的不均衡发展。政府财政收益最大化的目标驱动，使地方政府发展出背离地方公共利益的政府部门牟利化特点。[4]有研究指出，当前参与经济竞争的地方政府的行为模式已产生显著分化，除依靠制度和技术创新的进取型地方政府之外，还存在依赖保护主义的保护型地方政府，以及只能通过对当地居民和企业进行掠夺来维持刚性的财政开支的掠夺型地方政府。[5]此外，"改革的国家体制其实既是一个分权的体制，也是一个中央集权的体制；它是两

---

〔1〕 参见周尚君：《地方法治试验的动力机制与制度前景》，载《中国法学》2014年第2期。

〔2〕 周尚君：《地方法治试验的动力机制与制度前景》，载《中国法学》2014年第2期。

〔3〕 参见黄宗智：《改革中的国家体制：经济奇迹和社会危机的同一根源》，载《开放时代》2009年第4期。

〔4〕 See Sentell, R. Perry Jr., "Local Government", *Mercer Law Review*, 17（1965），126~159.

〔5〕 参见周业安、赵晓男：《地方政府竞争模式研究——构建地方政府间良性竞争秩序的理论和政策分析》，载《管理世界》2002年第12期。

者微妙结合的体制",〔1〕在这种条件下,应防止政府间竞争走向一种新形态,即中央权威下的各级地方单位因其共同利益而共同对付中央的组织政策和立法精神,形成地方政府上下层间的"共谋现象",扩大中央与地方、国家与公民之间的距离。〔2〕

二、以政府竞争为动力的地方立法模式及其特点

一般来说,立法模式属于立法形式的范畴,对立法内容、立法价值导向、立法技术等有相当大程度的决定性作用,具有历时性和共时性等特点,政治、经济、文化等客观因素和立法者的价值期许、民众的立法诉求等主观因素对立法模式的选择和变迁起着至关重要的作用。〔3〕

(一) 政府间竞争条件下地方立法模式的类型

立法模式根据不同的标准,分类也不同。概括来说,当前中国的立法模式主要存在变革性立法和自治性立法两类。

1. 变革性立法模式

变革性立法的本质是法律工具主义在立法效力层面的集中表现,立法在一定意义上成为政府政策和政党路线获取公信度和合法性的工具,行政机关在启动立法方面具有支配性优势,大部分立法结果往往是行政机关管理意志的产物。在社会的转型、改革期,变革性立法最受重视。例如,"中国自贸区现以变革性立法模式为主导"〔4〕。其中,政府在整个转型或改革的过程中起到至关重要的作用,其在法律、地方性法规的实施过程中,通过各种行政手段和规章等政策的制定,能够保证法律、法规的顺利实施,加快转型进程。变革性立法模式主要具有以下特点:

(1) 变革性立法主要以自上而下的方式推进,重在发挥顶层设计的作用,

---

〔1〕 黄宗智:《改革中的国家体制:经济奇迹和社会危机的同一根源》,载《开放时代》2009 年第 4 期。

〔2〕 参见黄宗智:《改革中的国家体制:经济奇迹和社会危机的同一根源》,载《开放时代》2009 年第 4 期。

〔3〕 参见吴汉东、汪锋、张忠民:《"先行先试"立法模式及其实践——以"武汉城市圈""两型"社会建设立法为中心》,载《法商研究》2009 年第 1 期。

〔4〕 李猛:《中国自贸区法律制度建立与完善研究》,人民出版社 2017 年版,第 68 页。

权力机关和行政机关在此过程中起着主导作用，立法出台的多为精英政策。改革开放以来，中国的变革性立法居多，其目的在于发挥立法和制度对社会经济的引领作用，进而产生"构建秩序"。

（2）推崇前瞻性立法。这种立法模式多采取"探索性"的立法方式，通过立法，以制度化的形式确定社会、经济等的发展方向，变革性立法模式会提前设定立法目标，在社会的转型时期，变革性立法较多。

（3）鼓励实验性立法，以"先行立法"和"授权立法"为最典型的立法形式。重视立法的超前性和引领性，在制度的转型过程中起着推动和促进作用，在此种立法模式下，制度推进改革的过程也是"试验"的过程。

2. 自治性立法模式

自治不变的共性成分是自我管理、治理而不受他者的约束、干预。[1]"自治性立法"是从立法内容到立法形式都体现立法本身规律性和审美艺术性的，自然发生过程是某一已趋于稳定、和谐的社会系统，在自发孕育其制度要素时，形成的一种社会内发力量自发地推动有效规则产生，进而解决社会发展过程中制度性矛盾的良性状态。有学者认为："民主自治性立法较变革性立法更为民主、科学、公正合理，具有更强的实效性、权威性与可操作性，是更为市场化、现代化、国际化的立法模式，拥有变革性立法所无法比拟的优势特性。"[2]其主要具有以下特点：

（1）自治性立法把社会的需求作为立法的标准，反对"将立法变为政策的'签章行为'"，且对立法提出了更高的理性要求，要求尊重法治演进规律，"尊重和体现客观规律"，[3]反对个人主观臆断行为。

（2）自治性立法建立在充分的社会内化基础之上，社会认同度较高，社会阻力小，风险也比较低。其是"自发秩序"产生的重要方式，同时也是社会内发力量推动的结果。

（3）自治性立法在立法价值和立法规范上具有自治性。在立法价值的自治性方面要求重视人的生存价值和基本尊严，且立法应当反映人民的意志。

---

〔1〕 沈岿：《自治、国家强制与软法——软法的形式和边界再探》，载《法学家》2023年第4期。

〔2〕 李猛：《中国自贸区法律制度建立与完善研究》，人民出版社2017年版，第68页。

〔3〕 参见《〈中共中央关于全面推进依法治国若干重大问题的决定〉辅导读本》，人民出版社2014年版，第54页。

另外，自治性立法需要厘清人大与政府之间的权力关系，强调立法行为的程序化、公开化和制度化。

此外，值得注意的是，有学者专门把"小快灵"立法作为一种独立的立法模式，[1]这种立法模式遵循"'不抵触、不放水、不重复、有特色、可操作、真管用'的原则和要求"，[2]是一种"以问题为导向，围绕着问题的解决来架构法律的体系结构，侧重以多元化手段来提升法律实效的专项立法形式"[3]。

（二）政府间竞争条件下地方立法模式的特点

历史法学家有言："法律并无什么可得自我圆融自洽的存在，相反，其本质乃为人类生活本身。"[4]地方政府之间的经济竞争，以及由此而来的制度竞争，已经成为地方立法和制度变迁的一个重要动力。确切来说，地方发展过程中的权力配置格局、制度竞争在政府间竞争关系中的核心地位、地方政府体制表达与实践的背离以及共谋现象，体制性地决定了地方立法的技术性——工具特质、先行先试的实验路径和策略、政府强势推动立法过程三个突出特点：

表 3-1　"2.0 时代"的先行地区变通立法格局[5]

序号	先行地区	文件名称	发布主体	关于变通立法的表述	发布年份
1	深圳	《关于支持深圳建设中国特色社会主义先行示范区的意见》	中共中央、国务院	用足用好经济特区立法权	2019

---

〔1〕　参见朱最新：《地方执行性立法的路径选择与优化生成》，载《政治与法律》2024 年第 1 期。

〔2〕　《"小快灵"法规　保障"十五分钟健身圈"》，载《贵阳日报》2022 年 4 月 29 日。

〔3〕　杨铜铜：《地方小切口立法的形式主义困境及其破解》，载《学术界》2022 年第 10 期。

〔4〕　［德］弗里德里希·卡尔·冯·萨维尼：《论立法与法学的当代使命》，许章润译，中国法制出版社 2001 年版，第 87 页。

〔5〕　王江淮：《论先行地区变通立法的逻辑、风险与对策》，载《政治与法律》2023 年第 12 期。

序号	先行地区	文件名称	发布主体	关于变通立法的表述	发布年份
2	浦东新区	《关于支持浦东新区高水平改革开放打造社会主义现代化建设引领区的意见》	中共中央、国务院	比照经济特区法规，授权上海市人民代表大会及其常务委员会立足浦东改革创新实践需要，遵循宪法规定以及法律和行政法规基本原则，制定法规，可以对法律、行政法规、部门规章等作变通规定	2021
		《关于授权上海市人民代表大会及其常务委员会制定浦东新区法规的决定》	全国人大常委会	授权上海市人民代表大会及其常务委员会根据浦东改革创新实践需要，遵循宪法规定以及法律和行政法规基本原则，制定浦东新区法规，在浦东新区实施	2021
3	海南自由贸易港	《海南自由贸易港建设总体方案》	中共中央、国务院	支持海南充分行使经济特区立法权，立足自由贸易港建设实际，制定经济特区法规	2021
		《海南自由贸易港法》	全国人大常委会	就贸易，投资及相关管理活动制定法规，在海南自由贸易港范围内实施	2021
4	横琴	《横琴粤澳深度合作区建设总体方案》	中共中央、国务院	用足用好珠海经济特区立法权	2021
5	前海	《全面深化前海深港现代服务业合作区改革开放方案》	中共中央、国务院	用好深圳经济特区立法权	2021

　　第一，地方立法功利取向容易催生立法的失衡问题。按照经济史家诺斯的观点："制度提供人类在其中相互影响的框架，使协作和竞争的关系得以确定，从而构成一个社会特别是构成了一种经济秩序。"[1]简言之，制度首先表

---

〔1〕　〔美〕道格拉斯·C. 诺思：《经济史上的结构和变革》，厉以平译，商务印书馆1992年版，第227页。

现为一种个人主义的、以产值最大化为目的的经济秩序，一种供资本等要素自由流动的框架结构。在以经济建设为中心的国家目标导向和"市场经济就是法治经济"的意识形态氛围中，既然确立一个稳定的产权结构和交易框架能够提高资源的配置效率、降低人际交往的成本，那么立法作为地方政府所能应用的最便捷、高效的制度创新和变迁手段，就成为提升辖区经济活力的不二选择。财政分权使得地方政府逐渐发展出独立的利益偏好。实践表明，在传统的基础设施建设、低成本的土地和劳动力供应等竞争策略的效能耗尽之后，那些富于创新性的"企业家精神"的地方更愿意把精力投入制度竞争乃至法治实验竞争当中，以图通过制度创新能力的提升来增强区域的竞争优势。[1]研究表明，地方政府横向竞争会对地方创业活跃度造成正向影响。[2]可以说，在竞争框架下，受"经济人"利益的驱使，地方政府把立法及其相关的制度创新当成了谋求自身利益最大化的一个政策工具，将其广泛地用于吸引优质资源，拓展本地市场，获取财政收益当中。

　　追求立法的经济效能，确实能实现法律的"形式合理性"，即通过一般化的规则体系来确保参与者的经济预期功能得到重视，但却可能忽略立法所应具有的对日益分层的社会利益、多元性的价值目标进行平衡的功能，从而引发立法的数量和价值关注度的失衡问题。当前的制度条件下，处在竞争环境中的地方政府更多倾向于对上级负责，而非对本地的市场主体和公民负责，由于信息不对称、纵向问题机制的有限性等因素，财政收益最大化往往成为支配地方政府行为的目标，[3]从而也是地方通过立法进行制度创新的目标。由此，制度竞争或法治实验中的立法尽可能地会与地方政府的"招商引资"有关，与改善"贸易环境和市场秩序"有关，而社会保障、公共服务、环境保护方面的法规、规章则遭到不同程度的忽视。这一趋势反映在地方立法的数量上，就是经济性立法呈现出所占比重畸高的状态。

---

　　〔1〕　参见王威、喻新安：《中国式现代化区域实践的内在逻辑与路径选择》，载《河南社会科学》2023年第6期。

　　〔2〕　徐海东、黄徐亮、郭靖：《财政纵向失衡、地方政府横向竞争与城市创业活跃度》，载《山西财经大学学报》2024年第6期。

　　〔3〕　参见郁建兴、高翔：《地方发展型政府的行为逻辑及制度基础》，载《中国社会科学》2012年第5期。

这一情况随着我国地方立法主体与立法权限的变化得到改观，2015 年《立法法》修改，赋予设区的市立法权，地方立法主体进一步扩大，同时，在立法权限方面进行了限制，设区的市只能在城乡建设与管理、环境保护、历史文化保护方面享有立法权，2023 年《立法法》进一步修改，将地方立法权限范围扩至城乡建设与管理、生态文明、历史文化保护、基层治理四个方面。目前我国市一级的地方立法主体共 322 个，享有立法权将近十年，基于数量的优势，我国的市一级的立法数量也是相当多的，截至 2024 年 4 月 25 日，设区的市一级现行有效的地方性法规共 6000 部，设区的市现行有效的地方政府规章共 3884 部。[1]

第二，在国家主导的法治现代化进程中，出现了以地方为主体，立法/法治的"先行先试"局面和实验的方法、进路、特征。有学者指出，先行地区变通立法可能面临超出变通限度导致违法违宪、破坏法制统一沦为立法放水、有悖平等原则造成一市两法、法律位阶不明致使司法适用困难等风险。[2]就此，另有学者进一步阐述了先行地区变通立法的法理："先行地区变通立法产生的法理逻辑在于它是我国法律演进的重要路径，制度逻辑在于它是协调中央和地方关系的重要制度，实践逻辑在于它是调和法律供需矛盾的重要手段。"[3]落实法治实验的关键前提有二：一是在治理理念上坚持实践优于理论，以渐进试验的实验实践为主要方法路径；二是治理领域的各基层主体具有充分的实践自主性和实践能力，以此形成差异化的实验。而根据相关研究者的观察，这两方面的因素当前中国都已具备。[4]就前一方面而言，"实践是检验真理的唯一标准""摸着石头过河""允许看，但要大胆地试"等命题和改革话语的提出表明，因地制宜、由点到面的实验不仅进入官方的意识形态之中，而且上升为一种"反定型化"的宪法策略，即根据自身参差多态、差序格局的宪制基础和国情，允许并鼓励地方进行差异化的制度和经验的创造、

---

〔1〕 数据来源于"国家法律法规数据库"，https://flk.npc.gov.cn，2024 年 3 月 2 日访问。

〔2〕 参见姚建龙、俞海涛：《论浦东新区法规：以变通权为中心》，载《华东政法大学学报》2023 年第 3 期。

〔3〕 王江淮：《论先行地区变通立法的逻辑、风险与对策》，载《政治与法律》2023 年第 12 期。

〔4〕 参见钱弘道、杜维超：《论实验主义法治——中国法治实践学派的一种方法论进路》，载《浙江大学学报（人文社会科学版）》2016 年第 6 期。

竞争、学习。就后一方面来说，虽然地方没有完全独立的立法权和财政权，但在行政和财政分权程度不断扩大，并且中央进一步将自身的职能定位在制定宏观性、总体性发展目标，不再直接干预地方微观事务和具体职能履行的条件下，地方政府逐步发展出了独特的利益偏好和自主的行为逻辑。在这方面正如苏力所论述的："允许地方自治或在治理上有一定的自主权，实际上具有一种激励制度创新的功能和制度竞争的功能。"[1]受这种财政收益最大化和以经济发展为主要标准的官员晋升考核机制的激励，政府间竞争在实践中增强了地方行动的能动性、自主性，拓宽了制度性的试错—实验空间，丰富了可供评议、比较、借鉴、推广的发展模式的多样性。周尚君教授在一项关于地方法治实验的研究中，就明确把政府间的竞争作为地方政府推动法治发展的动力，并进而指出："当前改革已进入攻坚期和深水区，鼓励地方、基层和群众大胆探索，加强重大改革试点工作，更需要激活地方竞争的持续动力和原创力。"[2]

哈耶克认为："地方政府之间的竞争或一个允许迁徙自由的地方政府内部较大单位间的竞争，在很大程度上能够提供对各种替代方法进行试验的机会，而这能确保自由发展所具有的大多数优点。"[3]政府间竞争形成制度竞争压力和法治实验，使得地方能够在市场化进程中更加清醒地认识到规范化的市场环境对于降低要素流动成本、增加经济收益的重要性，能够在更为充分地掌握本地区的资源禀赋、区位优势、人才资源、资本等信息和知识的基础上决定适宜的竞争战略和制度创新手段，以保证其所制定的地方性法规、政府规章、规范性文件具有较强的适用性和灵活性。因此，地方立法的实验可以有效减少制度生成、创新、试错、推广适用的成本，[4]避免那种自上而下的强制性制度变迁所可能带来的政治法律框架与社会实际生活相脱节。除证成法律秩序的自生自发性质外，地方立法的实验还体现出一种实用的策略和趋向。

---

〔1〕 苏力：《当代中国的中央与地方分权——重读毛泽东〈论十大关系〉第五节》，载《中国社会科学》2004 年第 2 期。

〔2〕 周尚君：《地方法治试验的动力机制与制度前景》，载《中国法学》2014 年第 2 期。

〔3〕 ［英］弗里德利希·冯·哈耶克：《自由秩序原理》（下册），邓正来译，生活·读书·新知三联书店 1997 年版，第 16~18 页。

〔4〕 参见段礼乐：《新经济法律治理中的地方实验》，载《华东师范大学学报（哲学社会科学版）》2024 年第 1 期。

这种实用主义表现在，地方在立法创制的过程中更多突出立法的政治经济绩效，以充分突出立法的制度创制和对社会关系的建构功能。[1]

第三，就地方政府与人民代表大会的立法关系而言，地方政府在立法当中更多是居于能动地位，无论是人民代表的构成，还是在地方立法的提案使用率方面，其都占有较大优势。此外，政府机关还可以"通过向立法机关推荐领导干部和候选人，实现其对立法的影响力和对立法权的合法支配"。[2]在地方立法提案主体的分布方面，据相关调查统计，政府部门的提案率平均在80%以上，有的地区甚至占到90%以上。地方人民代表大会可以说是公众表达多元的利益诉求，约束政府行为的自利趋向，将公共意志集中反映到立法制度和政策中的基本途径。

三、经济竞争条件下地方立法的效益与风险

根据公共行政理论，政府行为皆会产生不同程度的外部性，所谓"政府行为外部性是政府规制、发挥其职能以弥补市场缺陷所呈现的一种状态。政府规制与政府行为外部性具有一定相关性，通过改变交易规则或者产权控制从而影响市场外部性，导致相应的成本与收益组合的改变"。[3]按照其影响效果，外部性可以分为正外部性（positive externality）和负外部性（negative externality），正外部性就是所受的有益影响，即没有花费成本的情况下纯受益的情形；负外部性是指由于其他地区政府的行为导致本地区政府无辜受损的情形。政府间的竞争既可以促使地方政府通过制度创新，完善交易规则、产权保护来提升资源配置的效率，也有可能对地方政府施加过度的竞争压力，导致其为防止要素外流而实施一些市场割据、掠夺性征收税赋的保守行为。这种正外部性与负外部性集中表现在政治、经济与环境三个方面。因此可以说，政府间竞争所导致的地方政府体制对于地方立法的影响，亦是收益与风险共存的。

显然，政府间竞争能够对地方立法产生积极影响，这主要包括三个方面：其一，政府间竞争的一个体制性前提是中央向地方分权，尤其是要授予地方

---

〔1〕 参见宋才发：《我国地方立法的能力构成与质量提升》，载《河北法学》2024 年第 4 期。

〔2〕 王爱声：《立法过程：制度选择的进路》，中国人民大学出版社 2009 年版，第 101 页。

〔3〕 何立胜：《政府规制与政府行为外部性研究》，载《经济评论》2005 年第 6 期。

政府一定的财政和经济自主权。从突破传统计划经济体制的角度来说，中央向地方的分权实际上就等同于政府向市场的放权。[1]政府间的广泛竞争不仅使权利得到清楚界定，降低了交易成本，而且形成了独特的以县为主体的经济制度。[2]地方政府以立法为政策工具，助益了市场制度的形成。其二，地方立法是中国特色法律体系的重要组成部分。受"县际竞争"及"佃农分成"的激励，地方政府积极通过立法制度的完善、法治环境的改善来提升自身的公共行政品质，维护本地方的公共利益。这种出于理性的行为客观上促进了地方法律的完善，推动了其法治化进程。其三，政府间的竞争在强化地方的经济主体地位，促进其行为模式形成的同时，也扩大了地方立法的自主权和积极性。政府间的竞争不仅规范了地方与地方的收益分配关系，实际上也在整个国家体制内部调整了中央与地方之间的权力关系。由此，地方立法权的配置及行使，不但从经济方面增加了地方的财政收益，而且构成地方自治权力的一个积极要素，在释放地方立法的能动性的同时，促进了一个高效、健全的地方治理体系的初步成型。

但同样不容否认和回避的是，政府间的竞争在促使地方政府通过制度创新、法治竞争来提升资源配置的效率的同时，也有可能对地方政府施加过度的竞争压力，导致其为防止要素外流而实施一些市场割据、掠夺性征收税赋的保守行为。"地方政府更倾向于将现有资源投入到生产周期短、投入产出率高且税收占比高的产业领域以期获取短期经济收益，由此扩张产业规模成为地方竞争考量的重要因素。"[3]因此可以想见，政府间竞争所导致的地方政府体制对于地方立法的消极影响，主要存在以下四个方面：

（一）工具性立法的价值缺位

政府间竞争对地方立法的消极影响，包括：作为政府间竞争的一个重要要素，地方立法权力以其工具性的价值，在创制市场制度、方便地方吸引优质资源、增加政府财政收益的同时，亦增大了其制度风险。这主要表现在地

---

〔1〕 See Montinola Gabriella, Qian Yingyi and Barry Weingast, "Federalism, Chinese style: the Political Basis for Economic Success in China", *World Politics*, 48（1995）.

〔2〕 参见张五常著译：《中国的经济制度》，中信出版社 2009 年版，第 158~160 页。

〔3〕 杨振、李泽浩：《地方政府竞争的生产率效应研究：理论机制与经验证据》，载《经济体制改革》2024 年第 1 期。

方容易忽略法治之法所应有的价值维度。政府与市场关系是经济学的永恒主题，也是中国特色社会主义政治经济学的核心范畴，[1]因此，针对性的改革措施应是"在法律上明确相关主体的职权和权利，明确政府与市场的边界，从而有效定分止争，同时，要通过简政放权，减少过多的政府禁锢，并在法律上予以确认和保障"。[2]功利性的地方立法虽说能够在一定程度上弥补"市场失灵"和公共产品供给不足的缺陷，但亦如科斯所论证的，"政府有能力以低于私人组织的成本进行某些活动。但政府行政机制本身并非不要成本。实际上，有时它的成本大得惊人"。[3]况且，就像人们普遍担忧的那样，这种地方立法在市场化条件下也确实很难厘清政府干预与市场调节这两大资源配置系统之间的关系，从而难以对政府的权力形成实质性的约束。地方立法离韦伯意义上的"形式理性法"和科斯的"权利必须清楚界定"原则还有一定的差距。政府在政治问责和监督机制欠缺的条件下，很容易利用手中的立法权力，片面追逐部门利益和地方利益，从而诱发地方保护主义和全国统一市场的行政分割。显而易见，地方政府间竞争所采用的保护性策略和掠夺性策略容易降低市场的流通性，产生区域贸易壁垒和地方保护，地方政府的不当干预会在更大程度上扭曲市场配置效率，不利于市场机制发挥，挫伤市场主体创新活力，[4]而使应当开放、生产要素自由流动的市场变为被封锁的市场，妨碍统一的市场体系的建设，最终影响到市场配置资源的基础性地位。这种无序的竞争势必会增加交易费用。[5]

就政府和社会的关系而言，虽然从中央和地方关系视角来看是加入了实验的相关要素，但中国的立法模式从本质上来看仍然是高度国家主义的，以致有学者论道："过去三十年所进行的经济体制、法律制度以及政府管理体制

〔1〕马涛、李卫：《中国传统经济思想中政府与市场关系的探讨与启示》，载《社会科学战线》2024年第2期。

〔2〕张守文：《政府与市场关系的法律调整》，载《中国法学》2014年第5期。

〔3〕[美]罗纳德·H.科斯：《企业、市场与法律》，盛洪、陈郁译校，格致出版社、上海三联书店、上海人民出版社2014年版，第93~94页。

〔4〕唐天伟、朱凯文、刘远辉：《地方政府竞争、"双碳"目标压力与绿色技术创新效率》，载《经济经纬》2023年第5期。

〔5〕参见王翔：《全国统一大市场背景下营商环境地方立法的检视与优化——以省级地方性法规为核心》，载《青海社会科学》2023年第1期。

变革，基本上都是以政府主导、自上而下的方式进行的。"[1]国家始终掌握着法治实践的话语权，而原本应作为民主参与、个人权利、契约观念渊源的公民社会却未完全发育成熟。

（二）地方立法权力配置失衡

地方政府在掌握法治实验或制度创新的主动权的同时，亦强化了自身在地方法规和规章的制定、修改、执行过程中的影响力，造成了地方权力配置的畸轻畸重局面。由地方政府负责制定的地方政府规章和地方行政规范性文件两者相加数量较大。至少从数量上看，参与要素、产品和制度创新竞赛的地方政府与地方权力机关在立法主动性方面已显失均衡。并且，这种失衡不仅反映在数量上。在崔卓兰教授看来，当前的地方政府不仅享有行政立法权，同时还拥有地方立法参与权。此外，地方行政机构还可以通过行使地方立法规划权、地方立法提案权、地方立法起草权等来参与地方立法过程中的某些环节。因此，政府机构在地方立法中发挥着重要作用。[2]

确实，在合理有利的条件下，地方通过制度供给能力的提升以彰显区域竞争优势，能够达到吸引产品、资本向本行政区域集聚的目的。然而，当前政府间的关系很大程度上还隐含着这样一层逻辑，即地方政府是地方官员阶层利益而非公共利益的代表者，地方之间的竞争关系"实际上是一种在压力型体制下如何完成上级政府任务的绩效竞赛"，或者"转换为地方政府主要官员之间的竞争"。[3]由此，作为理性经济人的地方政府会自觉或不自觉地将自身的利益偏好投射到地方立法当中。同时，由于在立法实践中地方人大及其常委会发挥的主导作用不足，其职能的履行多依赖于地方党政领导一把手的支持力度，这样就导致了其在权力运行中，多会策略性地选择"嵌入"地方政府之中并与之展开合作。[4]

---

〔1〕 王锡锌：《公众参与和中国法治变革的动力模式》，载《法学家》2008年第6期。

〔2〕 参见崔卓兰等：《地方立法实证研究》，知识产权出版社2007年版，第330~333页。

〔3〕 参见张紧跟：《当代中国地方政府间关系：研究与反思》，载《武汉大学学报（哲学社会科学版）》2009年第4期。

〔4〕 参见郁建兴、高翔：《地方发展型政府的行为逻辑及制度基础》，载《中国社会科学》2012年第5期。

（三）　立法的民主合法化基础缺失

实践中存在的"政府主导型"的立法模式，不仅在一定程度上限制了地方人大立法、议政、监督职能的发挥，而且在一定程度上抑制了社会公众对立法过程的民主参与、监督，造成了地方立法在民主程序及民意基础等方面的欠缺和薄弱。根据王锡锌教授的概括，这种政府主导的法治模式的主要特征包括：①推动主体的单一化，主要是地方政府，而不包括社会主体；②改革议程的设定权、决策权和主导权集中于地方政府；③改革方案与措施的落实由政府通过国家动员、自上而下的方式推进。这种模式在社会参与机制不完善、利益主体发育不平衡的条件下，往往会显现出面向法治政府的放权、限权改革动力匮乏的局限。[1]"地方立法程序的民主性运作机制常常面临形式主义的问题，部分地方立法机关从立法政绩的考量出发过度关注立法成果产出，而忽视立法程序中的民主参与和理性协商的本体性价值。"[2]除尚缺乏将社会公众、利益群体及职业法律人吸纳进立法进程的有效机制之外，地方立法民主程度偏低的另一个集中表现，是缺少对社会公众需求的切实关注和回应。从制度供给这一结果层面来看，处在经济竞争环境中的地方政府，时常将自身政策判断和价值偏好写入法规当中。[3]

（四）　规范体系的统一性问题

"维护法制的统一，关系到与国家的意志、党的方针保持一致的政治原则；维护法制的统一，也关系到社会主义市场经济的统一形成和发展。"[4]受制于竞争性的政府体系的地方立法，在维护地方的自主权，进行法治试错实验的同时，亦有可能造成中央与地方关系的紧张，在立法实践中违背中央的统一领导和地方一定程度的分权相结合的立法权配置原则。法治实验在改革时期虽然发挥了突破旧制度的框架限定的作用，以政治经济创新的方式缓解了社会急剧变迁所面临的制度短缺问题，且通过调整中央与地方的博弈关系

---

〔1〕　参见王锡锌：《公众参与和中国法治变革的动力模式》，载《法学家》2008 年第 6 期。

〔2〕　魏治勋、刘一泽：《论地方立法程序运作机制及其保障》，载《河南大学学报（社会科学版）》2024 年第 2 期。

〔3〕　参见孙龙、秦博文：《基层立法联系点制度的起源与历史演进》，载《甘肃政法大学学报》2024 年第 1 期。

〔4〕　张世诚：《立法法的基本原则及立法权限的划分》，载《中国行政管理》2000 年第 4 期。

降低了法律制度安排的成本。"地方立法权扩大并不意味着权力越多越好、权力越大越好，而是要充分发挥地方立法权的自主性，以权力行使适应经济发展和增进社会福利为标准。"〔1〕无论是中央立法，还是地方执行中央政策或者自主治理都要依法进行、规范治理，而非只追求结果，忽略基本规则与程序的乱作为或不作为。〔2〕经验同样告诉我们，政府如果在制度变迁中拥有过大的不受制约的权力，就可能导致制度寻租现象的产生；〔3〕而旧体制和新市场经济的结合，有可能在原有官僚化倾向的基础上平添部门和官员的自我谋利意识。〔4〕事实上，地方的法治实验一旦被地方逐利的行为动机所钳制，那其所谓的"制度创新"就有可能偏离法治的轨道、思维和方法。如果参与市场竞争的地方政府的目标在于财政收益的最大化，地方立法的动机在于片面维护本地方的部门利益和地方利益，那么立法就很容易走向地方利益本位，违背中央的立法精神和政策。如此，在社会主义法律体系已基本完成的情况下，地方会超出自身固有的立法权限，越权立法、越级立法，造成法律的规范层级和效力冲突，破坏社会主义法律体系的统一性和完整性，还可能与中央的立法精神以及更高层级的法律基本原则产生冲突，更为严重的是违背地方立法的合宪性原则，〔5〕引发地方立法的违宪问题，造成宪法规范秩序的内部裂痕。

四、正式与非正式的制度防范与矫正机制

地方性立法在明确产权结构、奠定市场机制、完善社会主义法律体系、推动地方治理的法治化、调整中央与地方以及国家与社会之间的关系的同时，亦在经济制度建设、社会治理结构、法律规范体系、合法化基础等方面存在诸多不足。一个良好的制度或公共规范体系，不仅能够为人们的交往活动确

〔1〕 崔卓兰、赵静波：《中央与地方立法权力关系的变迁》，载《吉林大学社会科学学报》2007年第2期。

〔2〕 徐清飞：《我国央地立法权限划分的法律技术及其完善》，载《法学》2024年第4期。

〔3〕 参见陈天祥：《论中国制度变迁的方式》，载《中山大学学报（社会科学版）》2001年第3期。

〔4〕 参见黄宗智：《改革中的国家体制：经济奇迹和社会危机的同一根源》，载《开放时代》2009年第4期。

〔5〕 参见汤唯等：《地方立法的民主化与科学化构想》，北京大学出版社2002年版，第61~72页。

立稳定的行为预期，凝聚多元社会群体的普遍认同和共识，而且能够以其边界约束和明确的价值标准有效规范人们的行为。对于政府间竞争框架下的地方立法，可采取必要的制度防范和矫正措施，来对政府间竞争和地方立法作出适当、合理的规范。

首先，应当从立法的政治经济根源着手，亦即努力规范地方政府的竞争行为，构建一个良性且能带来较高社会效益的"地方政府竞争秩序"。"'地方政府竞争秩序'是地方政府行为中有关一致性、连续性和确定性的某种状态程度，也是地方政府在竞争过程中遵守有关规则的某种状态程度，它蕴含着地方政府竞争的基本价值。"[1]针对这一问题，周业安教授提出了一个以"制度创新"为核心的政策思路，其具体包括：（1）在地方实行以资源为基础的经济区划，通过经济区的整合来推动行政区的整合；（2）实施干部异地实习和培训制度，促进人才、知识在地方之间的流动；（3）改革政府间的转移支付制度和地方税的征收制度，使转移支付以公平为取向。[2]任勇教授主张：首先，应加快政治体制改革，积极推进地方政府的职能转变；其次，改革地方官员的考核和任免机制；再次，改革外在约束，促进各种要素的合理、有序流动；最后，建立地方之间的协商制度，增强其信任关系，提高府际治理的社会资本水平。[3]除此之外，张紧跟教授以"理顺当代中国地方政府间关系"为着眼点，在批评既有的关于政府间关系的研究成果存在单纯关注地方间治理制度层面上的问题之外，从交易费用经济学的角度出发，指出当前更需要注重的是制度环境建设和交易中的行为主体的规范问题，建立法治下规范管理的地方政府。[4]

就产品、要素的流动而言，要发挥市场机制在资源配置中的基础性作用，注重通过相应的法律规则、政府管理体系、政治制度创新来促进科技、资本、土地、人才等生产要素的效益整合。

---

〔1〕　汪伟全：《地方政府竞争秩序的治理：基于消极竞争行为的研究》，上海人民出版社 2009 年版，第 21 页。

〔2〕　参见周业安、赵晓男：《地方政府竞争模式研究——构建地方政府间良性竞争秩序的理论和政策分析》，载《管理世界》2002 年第 12 期。

〔3〕　参见任勇：《地方政府竞争：中国府际关系中的新趋势》，载《人文杂志》2005 年第 3 期。

〔4〕　参见张紧跟：《当代中国地方政府间关系：研究与反思》，载《武汉大学学报（哲学社会科学版）》2009 年第 4 期。

（一）完善地方治理体系

首先，我们不应忽略行政权力对政府竞争关系异化的影响，以及政治体制及其利益偏好、判断对于立法的作用。应该全面深化以实现治理能力现代化为核心的政府体制改革，打造由"有限政府""有责政府"以及独立客观的法治评估机制构成的"三位一体"的地方治理体系。[1]所谓"有限政府"，即意味着政府应当还权于社会、放权于市场，不但要在治理中学会与社会群体理性沟通，秉持民主协商的精神、思维和方法处理公共事务，培育公民社会的自我治理能力和立法参与、表达意识，以实现社会治理的多中心化和法治化，而且还要主动简政放权、放权让利，切实保障市场经济主体的经济自由权利。"有限"不仅表明政府在面向市场、社会时必应有所界限，而且也是强调政府之所作所为应有所限度，而非"全能的专制管理者"。[2]"有责政府"的关键首先要切实贯彻法治原则，强调政府权力与责任的统一，克服"权力缺席和权力失约"现象；[3]其次，要全面落实政府"全部收支预算应当接受人民监督"的原则，强化以提升地方财政能力为目标的人大财政监督问责。建立法治评估机制的用意在于保证地方在经济竞争中的制度创新和法治实验的规范效果能够得到及时的反馈，[4]真实检验其是否符合法治的形式和实质要求，何处需要进一步修正适用，哪些制度创制可能在竞争中胜出。因而，应建立一个可靠的评估指标体系以保证其能够反映国家法治的"框架性目标"，一个相对独立而多方参与的评估主体以保证信息需求以及评估的制度客观性。[5]

（二）走向"地方立法联合"：开展区域协同立法

从立法本身的作用来看，"协调各种利益是立法的核心问题，利益的分化

---

[1]　参见陈远星、陈明明：《有限政府与有效政府：权力、责任与逻辑》，载《学海》2021年第5期。

[2]　刘赫喆：《行政容忍之界定》，载《山东社会科学》2022年第1期。

[3]　参见谢晖：《权力缺席与权力失约——当代中国的公法漏洞及其救济》，载《求是学刊》2001年第1期。

[4]　汪全胜、黄兰松：《我国法治指数设立的规范化考察》，载《理论学刊》2015年第5期。

[5]　参见钱弘道、杜维超：《论实验主义法治——中国法治实践学派的一种方法论进路》，载《浙江大学学报（人文社会科学版）》2015年第6期。

和发展决定着法的产生和发展，法也促进或阻碍着利益的形成和发展，且是调节和实现利益的有效手段"。[1]规范政府间的竞争不外乎就是政治与经济利益之争。因此，在市场化条件下走向地方立法联合，建立健全区域立法协调机制，未尝不是消除行政壁垒、克服地方政府间竞争的负外部性效应，抑制地方立法的部门利益倾向、地方保护主义弊端，消解人为制造的制度对立、立法保护、法治割据状态，进而实现多方共赢和利益最大化的理性选择。在制度功能上，长效性的立法协调机制能够起到促进地区间的社会资本培育和共享，扩大制度创制和法治实验的规模收益，从而促进区域经济一体化的整合，推动区域性公共事务的共同治理，破解行政区经济发展迷局的作用。根据叶必丰教授的研究，我国当前区域经济一体化的法律治理机制主要包括区域行政协议、区域性组织、区域协作立法、区域行政规划和区域行政指导五种。其中，"区域行政协议最为普遍，即使是区域协作立法，在机制上也是通过区域行政协议加以实现的；即使是已有区域行政规划和区域行政指导，基于不同行政区政府机关都有裁量实施权，又往往需要缔结共同的裁量基准协议"。[2]国家提出要深化区域立法合作，推动区域间利益协调的良性互动与优势互补。[3]区域立法联合的重中之重是协调各主体之间的利益关系，这就需要构建长效化的利益沟通和磋商机制，确立稳定而可行的联合策略，以及立法的实施监督体系。虽说我国的立法协调机制经过多年的实践与探索已经有了一定的进展，但总体而言，尚处于起步和探索阶段，还没有建立统一的完善的实施体系。考虑到我国的地域特色比较显著，不同经济体所面临的实际情况和问题也存在较大差异，因而不宜作出某种单一的协调立法实施规定，而毋宁应当发挥地方的"先行先试"的自主性与积极性，倡导多种形式的法律治理机制，在实践检验成熟的基础之上再制定统一、细化的立法协调实施方案。比如，国家鼓励经济特区通过立法先行实验，为全国改革提供经验。在《公司法》颁布前，深圳就已经制定了相关的条例，为国家立法提供了参考。深圳的《个人破产条例》为建立国家个人破产体系积累了经验。媒体报道，深圳建立了一个包括法院、政府、管理人和公众监督在内的个人破产处

---

〔1〕　参见朱力宇、张曙光主编：《立法学》，中国人民大学出版社 2001 年版，第 82~84 页。

〔2〕　参见叶必丰：《区域经济一体化的法律治理》，载《中国社会科学》2012 年第 8 期。

〔3〕　温泽彬、周大然：《论区域协同立法功能定位及其实现》，载《求是学刊》2023 年第 2 期。

理体系，并在防止滥用制度方面进行了探索。[1]

在我国法律明确规定协同立法之前，协同立法并没有统一的称谓。2022年《地方组织法》修正后，"协同立法"才成为正式的法律概念。[2]2023年《立法法》修改增设了区域协同立法制度，这是对我国立法工作实践经验的总结与国家区域协调发展战略的贯彻，有助于发挥立法在国家治理体系和治理能力现代化中的积极作用。[3]当下我国已形成了多样化的区域协同立法实践，但从国家法的层面，依法享有协同立法权的主体仅限于省、自治区、直辖市和设区的市、自治州的人民代表大会及其常委会。"根据立法合作的紧密程度不同，可以将区域协同立法模式分为紧密型协同立法和松散型协同立法。"[4]对于区域协同立法主体的数量要求及可否跨级协同立法等，我国未作明确规定，同时，对区域协同立法权的行使、区域协同立法协调机制、区域协同立法程序等也未作规定。区域协同立法制度的完善，应当重点从区域协同立法主体、立法权、立法协调机制及立法程序四个方面展开，适当扩大区域协同立法主体的范围，对跨级的区域协同立法行为不可一概否认，对区域协同立法主体的数量做必要的限制；对区域协同立法权的行使做必要的规制；充分发挥上级人大及其常委会、人民政府在区域协同立法中的协调作用；进一步拓展沟通交流渠道并从立法规划和计划、起草、提案审议、公布、批准、实施、监督等方面完善区域协同立法程序。[5]也有学者认为，从谋求更高效、更集约型发展的视角看，[6]区域协同立法实际操作中仍面临许多问题，如法律规范不足、协作主体不明确、权限划分模糊、法律效力不清晰以及缺乏明确底线等；应当加强法律规范的完善，明确享有立法权的地方政府在合作中的角色与权限，鼓励立法形式的创新，并确保立法文本具有更高的法律效力，同

---

〔1〕 参见俞祺：《授权立法范围的合理界定》，载《法学》2024年第2期；秦新安：《想破产吗？七部门发文推广的个人破产"深圳模式"了解一下》，载 https://www.yicai.com/news/101910849.html，2024年6月1日访问。

〔2〕 程庆栋：《区域协同立法层级关系困境的疏解》，载《法学》2022年第10期。

〔3〕 参见黄兰松：《区域协同立法的实践路径与规范建构》，载《地方立法研究》2023年第2期。

〔4〕 韩业斌：《紧密型协同立法的理论特征与实践逻辑》，载《哈尔滨工业大学学报（社会科学版）》2024年第2期。

〔5〕 参见黄兰松：《区域协同立法的实践路径与规范建构》，载《地方立法研究》2023年第2期。

〔6〕 参见金梦：《立法者心智：区域协同立法机制构建的动因》，载《法学》2021年第1期。

时避免新的地区保护主义出现。[1]此外，"加强全国人大常委会对区域协同立法的指导，有助于在区域协同立法过程中坚持中央统筹原则、维护法制统一原则和贯彻科学立法原则，对于优化区域利益的协调保障、确保地方立法的'不抵触'和提高区域协同立法的质量都有重要作用"，[2]并可"对区域协同立法进行主动干预，以中央权威推动特定区域或事项的区域协同立法"[3]。

（三）提高地方立法的民主化水平

民主性原则是地方立法的基本原则，汤唯教授认为："地方立法民主的实现要真正发挥人民代表大会在地方立法中的主导作用，实行民主的立法程序，形成开放型的公开立法过程，发挥利害关系人参与制度的作用，强化人民群众对地方立法的民主监督。"[4]民主所包含的程序性、参与性价值能够保证立法的公共性，表达多元社会全体的利益诉求；民主的公平价值能够引导立法更多面向社会公共利益，而非向个别利益和短期利益倾斜。应当拓宽公众对于地方立法的参与渠道，鼓励社会公众以各种方式、途径参与到地方立法中来，把人民的经济、社会和文化诉求反映到立法当中，以保证地方立法充分反映本地区人民的公共意志和普遍利益。尤其是要增进民众对于地方立法程序的参与性权利，包括知情权、参与权、表达权。"公众的民主参与实际上构成了现代立法正当性的真正基础。"[5]

根据《宪法》的规定，人民享有一切国家权力，并通过全国人民代表大会和各级地方人民代表大会来行使这种权力。人民有权根据法律的规定参与到国家、经济、社会等事务的管理中来。人民的意志是地方立法合法性的基石，应当在"立法主体、立法内容、立法程序等方面贯彻民主原则，使地方立法真正反映人民的最大利益和共同意志"。[6]我国践行的是一种实质性而非

〔1〕 参见王敬文：《论区域协同立法制度实施的法律规范供给》，载《法学》2024年第2期；宋保振、陈金钊：《区域协同立法模式探究——以长三角为例》，载《江海学刊》2019年第6期。

〔2〕 孟磊：《全国人大常委会的区域协同立法指导析论》，载《法学》2024年第2期。

〔3〕 温泽彬：《区域协同立法的宪法规制》，载《法学》2023年第8期。

〔4〕 汤唯等：《地方立法的民主化与科学化构想》，北京大学出版社2002年版，第73~83页。

〔5〕 朱力宇主编：《地方立法的民主化与科学化问题研究——以北京市为主要例证》，中国人民大学出版社2011年版，第23页。

〔6〕 参见曾粤兴主编：《立法学》，清华大学出版社2014年版，第41页。

形式的民主，即人民当家作主。[1]"我国是人民当家作主的社会主义国家，国家的一切权力属于人民。全国人大及其常委会是代表人民行使国家立法权的机关，确定全国人大及其常委会的专属立法权必须有利于直接和充分地反映人民的意愿，保护人民的权利。"[2]在这种制度条件下，最能够体现人民意志的国家机构，毫无疑问就是人民代表大会。具体到地方来说，"地方人民代表大会承担了代表、立法、监督和维持统治等职能，是促进人民表达诉求、保障公民权益、协调多元利益的重要机制"。[3]由此，提升地方立法的民主化水平的一个较为可行的制度性措施，就是以协调、规范地方人民代表大会与政府的法律关系为主轴。针对人大构成的"官员主导与代表的精英化"现象，优化地方人大的人员结构，包括行业、基层、阶级、民族、区域结构，保证人大的代表性及其立法权的独立、充分行使，使人大代表更能够代表各方的利益、反映利益各方的诉求，增强地方立法的回应性。

正如古德诺所言："政府体制的特点不仅是由法律制度决定的，同样也是由法外制度决定的。"[4]地方政府间竞争关涉地方权力配置、治理逻辑、政策选择等因素，这些因素成为地方立法的结构性约束条件：它们不仅影响了立法政策的选择，而且影响到立法的交易成本的评估与判断。我们不拟对地方立法者做出某种行为假定，因为立法者的效应偏好本就可以是多元的，他既可能倾向于经济效率、社会功利、实用理性，也可能偏爱公共利益、产权保护、政治声誉。这些利益偏好往往能够对立法产生影响。但不容否认的事实仍然是，一定的制度结构会产生一定的政策安排，立法者的效应偏好往往是由那些制度性因素塑造而成的，其很大程度上只是后者的内在化。因此，如要对立法行为进行分析并希望借此提升其社会收益，仍必须把正式与非正式的制度安排作为一个基本的变量。

但在按照上述方法确信对地方政府间的竞争关系与地方立法的特点进行

---

〔1〕 王绍光：《代表型民主与代议型民主》，载《开放时代》2014 年第 2 期。

〔2〕 张春生主编：《中华人民共和国立法法释义》，法律出版社 2000 年版，第 31 页。

〔3〕 郁建兴、高翔：《地方发展型政府的行为逻辑及制度基础》，载《中国社会科学》2012 年第 5 期。

〔4〕 ［美］弗兰克·古德诺：《政治与行政——政府之研究》，丰俊功译，北京大学出版社 2012 年版，第 3 页。

分析时，还不应忽略以下几个基本的事实：其一，社会中的各种制度安排往往是相互关联的，无论是要降低社会成本还是获得政治合法性问题，如果不对相关的制度要素进行参考，就无法对特定的制度安排进行准确评估。地方政府间的竞争固然对立法具有"竞争动力学"的推动作用，立法首先应该从规范竞争秩序入手。其二，在强调法外制度作用的同时，我们也不应忽略立法体制本身的变革。党的十八届四中全会提出："要健全有立法权的人大主导立法工作的体制机制，发挥人大及其常委会在立法工作中的主导作用。"2015年《立法法》将地方立法权的主体从原先较大的市统一扩展到所有设区的市，赋予设区的市的人大及其常委会地方性法规制定权，同级人民政府规章制定权，并将其立法权限明确限定在城乡建设与管理、环境保护与历史文化保护三个方面。这清楚地显示出地方立法改革的方向，即民主化、自治性和制度化：①地方立法作为地方公共政策诞生的理性平台，应该反映地方居民的意志而非政府及其部门的利益。②地方立法是地方政府开展自主治理活动的行为依据和公共标准。③政府的职能应从经济发展转移到提供公共服务方面，而公共产品与服务的供给又必须尽快实现法治化、制度化。这三重因素皆在助力地方法治软环境的打造，提升的是其制度竞争能力。无疑，地方立法权的扩张必将使地方政府竞争与地方立法的关系进入良性发展的轨道。

第二节　地方发展型政府与地方立法政策的转型

新制度经济学的崛起，尤其是其中的制度变迁理论，为国家、制度的研究范式提供新视角。制度变迁理论把国家看作理解经济增长、推动经济史中的制度变革的重要变量，是联系分立的私人产权和意识形态的关键因素。国家不仅具有了相应的制度性含义，而且具有了一系列积极的功能，包括界定和实施产权，推动制度的变革和创新。"在诺斯看来，正是由于国家界定了产权结构，国家最终要对造成经济增长、停滞和衰退的产权结构的效率负责。简而言之，国家决定产权结构，产权影响经济绩效，经济绩效又影响国家兴衰。"[1]国家不再是传统上那种凌驾于社会之上的监护者，也不是单纯地回归

---

[1]　杨光斌：《政治变迁中的国家与制度》，中央编译出版社 2011 年版，第 6 页。

古典自由主义的守夜人，而是成为某种承担发展责任的制度性存在，由于制度结构、历史传统、统治者的偏好以及意识形态等方面的原因，其具有相当程度的稳定性。

制度经济学的视角无疑在启迪我们，在现代化过程中需要重新审视国家的历史地位和角色。所谓法律，无外乎就是社会制度的一种形式，虽然它的运作逻辑、价值观念以及对人们行为的规范和评价方式与其他制度存在不同。以法律为基础，法治精髓不仅是竭力剔除偶然、专断的因素对于人们生活计划的影响，而且至关重要的是，它为人们提供了一种平等的观念，用以反对任何不平等的等级制即差别待遇。"法治的理想，要求政府既强制他人遵守法律——而且这应是政府唯一有权垄断的事——又要自己也依同样的法律行事，从而和任何人一样受到限制。"[1]与之相关，所谓立法，在现代民族国家的制度框架内，已经成为制度供给的最主要手段。法治现代化的建设，不仅是思想观念的普及、灌输和启蒙，最重要的是社会结构、生活方式以及人们行为模式的变迁。既然国家与制度变迁相关，那其也与法治现代化息息相关。要理解法治和立法过程，就离不开对国家行为及其利益偏好的解释。[2]

另一种思维误区则是，即便那些认可政府地位和作用的观点，也多从法律文本规定的职权、权限角度去解释政府的体制。换言之，其过度地从法律形式的角度去看待政府的性质，把法律的逻辑要求等同于政府的实际功能和运作。显然，这种解释模式存在很大的局限性。概言之，这些观点关注的只是公共权力的分配、约束与制衡，把立法的地方利益本位化约成一个技术问题，审视这种权力所依托的政治母体的不足；[3]它们重视制度在现代社会所发挥的规制人们行为、塑造国家认同、降低交易费用的功能，并有针对性地提出了"制度化和法治化"的要求，但却没有检视特定"制度化和法治化"方案本身的正当化品格，更未认识到制度化的政治均衡并非一劳永逸，而始终需要支付高昂的社会成本。

---

〔1〕 ［英］弗里德里希·奥古斯特·哈耶克：《自由宪章》，杨玉生等译，中国社会科学出版社2012年版，第335页。

〔2〕 参见赵志远：《"偏离"假设视角下中国政府的体制机制创新——兼论政府职责体系的优化》，载《南开学报（哲学社会科学版）》2024年第2期。

〔3〕 参见强世功：《立法者的法理学》，生活·读书·新知三联书店2007年版，第122页。

正如古德诺所言："政府体制的特点不仅是由法律制度决定的，同样也是由法外制度决定的……与仅能够提供法律框架的法律形式相比，法外因素对政治体制产生的影响更大。"[1]我们在此即打算重点从政府实际运作（包括地方政府在经济活动中所扮演的角色）的角度去把握地方政府的体制及其制度化特点，以挖掘立法或制度背后更为深刻的政治经济学根源和影响。立法原本就不是一个单纯的技术问题，是诞生于现代的学术分工体制，才将其予以窄化的。只有将立法与政治的、经济的乃至哲学的问题结合起来，才能显示其应有的知识深度和实践相关性。对立法的实际运作关系的关注，使得政治经济学视角下的立法问题在内涵上远超出了法律"表达"层面的权力、程序、规则、技术。在这一方法论视野之下，国家、市场、地方政府、立法机关、财政体制不再只代表规范概念，其必得表现出自身的历史性质、演进形式及内在矛盾；立法涉及的利益问题不再意味着抽象的类型区分或衡量，更不会限于制定法对其的实证定义，相反，它会切实地关注社会变迁过程中多元利益主体的博弈关系，不同阶层之间利益结构的演化、重组，以及由此释放的推动立法模式形成的社会动因；指导立法的价值目标及其优先序列不再被视为当然，而是要充分展露出立法决策过程中不同价值取向之间的分歧、紧张和冲突——立法的客观性、中立性论题也不再专属于哲学领域，立法者的世界观及其变动、制约因素，尤其是价值偏好照样会进入我们的视野。[2]

因此，这里所谓的政治经济学视角，即要在一种政治经济学的"总体性视野"当中来看待、审视地方立法的品格，从而突破政治科学、经济科学和法律科学的狭隘学科视野。

一、地方发展型政府体制的构成

关于当代中国政府体制的政治经济学论辩，重点之一是围绕"何谓现代化，如何实现现代化"以及如何解释中国经济的"增长奇迹"的总体性问题

---

〔1〕 ［美］弗兰克·古德诺：《政治与行政——政府之研究》，丰俊功译，北京大学出版社 2012 年版，第 3 页。

〔2〕 参见汪晖：《去政治化的政治：短 20 世纪的终结与 90 年代》，生活·读书·新知三联书店 2008 年版，第 37 页。

框架内展开的，对地方政府的研究当然也不例外。"中央政府的职能主要是借助经济杠杆和法律制度体系，实行经济调节、统一市场、统一规则。"[1]

（一）当代政府体制的政治经济学论辩

在对地方政府体制的解释当中，当前较有影响力的观点包括"行政发包制"[2]"中性政府""地方发展型政府"等。

第一种有影响力的观点，是行政发包制。这种解释模式针对的是国家治理机制。[3]在周黎安看来，这种行政发包制将从三个重要维度上与传统的科层制和外包制存在不同，其分别为行政权的分配，经济激励，以及外部考核的控制。这三个维度刻画了行政发包制的理想类型。[4]值得注意的是，在一种制度框架的可能范围内，降低统治风险与降低治理费用两项目标之间往往是不相容的，这不仅是相对政府的偏好而言的，而且也是相对于这种制度的能力及其所掌控的资源而言的。[5]概言之，一种制度体系所能满足的目标往往是有限的，在不断变化的历史情境中，其资源和制度供给能力往往并不能实现所有目标的要求。因而这些目标就会显得不太和谐，甚至在极端情况下，成为争议和矛盾的根源，其冲突可能会冲破既有的制度架构，导致秩序失范。

第二种有影响力的观点则是中性政府。这种解释模式的目的即要对改革开放以来中国持续的经济增长提出一个政治经济学解释，以探明背后的政治基础及逻辑。在《中性政府：对转型期中国经济的一个解释》《社会平等、中性政府与中国经济增长》《平等与中性政府：对中国三十年经济增长的一个解释》等一系列文献中，姚洋等人认为，相对于传统将中国经济增长的原因归结为高储蓄率、优秀的人力资本、技术进步和自由贸易等观点，一个中性的政府体制才是中国成功的真正原因。所谓中性政府（disinterested government），"指的是不长期偏向某个（些）社会群体的政府。中性政府采取中性的态度，

---

〔1〕徐晨光、王海峰：《中央与地方关系视阈下地方政府治理模式重塑的政治逻辑》，载《政治学研究》2013 年第 4 期。

〔2〕参见周黎安：《行政发包制》，载《社会》2014 年第 6 期。

〔3〕参见曹正汉：《统治风险与地方分权　关于中国国家治理的三种理论及其比较》，载《社会》2014 年第 6 期。

〔4〕参见周黎安：《行政发包制》，载《社会》2014 年第 6 期。

〔5〕参见赵凌云：《国家制度和治理体系的深刻变革——从制度视角看全面深化改革》，载《中南财经政法大学学报》2024 年第 3 期。

是它的策略选择的结果。由于它的中性选择，政府在制定政策的时候才可以不受社会利益集团的限制，放开手脚把资源分配给那些最具生产力的群体，从而促进经济增长"。[1]中性政府主要具有以下政制特征：①就消极方面来说，是不与任何利益集团结盟、不为任何利益集团的特殊利益所影响的政府。政府机构并不为社会精英所控制，社会政策也不会专断地向任何群体倾斜。就是说，在社会利益结构呈现多元分化的转型期，中性政府是一个能够保持高度自主性的政府。因此，中性政府往往更能够关注社会的长远目标和社会成员的根本利益，而非暂时、局部和短期的欲望满足。这也是中国政府体制优于绝大多数发展中国家的原因，因为后者建立的往往是一个俘获型或掠夺型政府。②就积极方面来说，中性政府能够不偏不倚地对待各社会利益集团，社会政策在制定时会平等地考虑各利益集团的利益诉求。这种平等是除自主性以外，中性政府的又一个核心要素。受制于政府的自利本性，其选择往往会摇摆于社会整体收益（经济增长）和垄断租金最大化这两个目标之间，并且多数时候会选择后者。平等的意义在于，中性政府的行为目标能够在最大程度上面向社会整体利益，"一个中性政府更可能成为奥尔森所说的泛利性组织，这种组织的利益和政府社会的利益的重合度较高。就是说，中性政府更可能追求整个社会的经济增长而不是增进它所代表或与之相结合的特定集团的利益"。[2]③除自主性、平等性之外，中性政府的另一个核心要素是务实性的意识形态。④中性政府之所以能够成立，是因为存在一个平等的社会结构。这种平等的社会结构构成了中性政府存在的社会基础。

第三种有影响力的解释，就是地方发展型政府理论。"所谓发展型政府，是指发展中国家在向现代工业社会转变的过程中，以推动经济发展为主要目标，以长期担当经济发展的主体力量为主要方式，以经济增长作为政治合法性主要来源的政府模式。"[3]中国庞大的治理规模在很大程度上决定了中国发展模式的采纳必须依靠地方政府，突显了地方政府在"上下分治"治理

---

〔1〕 贺大兴、姚洋：《社会平等、中性政府与中国经济增长》，载《经济研究》2011 年第 1 期。

〔2〕 贺大兴、姚洋：《平等与中性政府：对中国三十年经济增长的一个解释》，载《世界经济文汇》2009 年第 1 期。

〔3〕 郁建兴、徐越倩：《从发展型政府到公共服务型政府——以浙江省为个案》，载《马克思主义与现实》2004 年第 5 期。

架构中的重要地位。[1]"中央通过放权改革与激励设计塑造了地方发展型政府。"[2]地方政府是推动中国经济快速发展的重要因素。可以看出，地方发展型政府无论在行为方式、利益偏好、制度基础，还是在意识形态和合法性领域，皆具有鲜明的特征。地方发展型的解释，相较于中性政府、行政发包制、市场联邦主义，能够更好地还原出地方政府的性质和政治经济学特征。[3]它不仅意味着政治制度、政府行为模式与目标、中央与地方的权力关系、政府与市场关系的制度变迁，而且还包含了意识形态承诺、合法性资源和模式的内在转变。地方发展型政府的理论也为地方政府的转型提供了明确的道路，即从发展型政府转型为公共服务型政府与法治政府。[4]本着有责政府、有限政府、有效政府的精神，向社会提供私人不愿意或无法足额提供的公共产品。

（二）地方发展型政府的要素构成

对于地方发展型政府的要素构成，郁建兴教授等学者用财政收益最大化的行为目标和"问责有限的分权"来表述。[5]发展型政府可包括四项因素，分别为：①政府是经济增长或发展的引擎；②在很长的一段时间里，经济增长是政府最为重要的目标；③经济增长强化着治理的合法性基础；④它是一个过程，在这个过程中政府承担着从经济增长到经济发展的责任。[6]有学者将发展型政府定义为实现并贯彻发展型国家发展意志的一系列政府组织机构、体制及其人员活动所组成的政府组织综合体。其基本要素特征可以概括为三方面：一是在政府的组织力量方面表现为"强政府"的要素特征；二是在政府的组织目标方面表现为"优先发展经济"的要素特征，该要素特征具体又表现为政府为贯彻国家经济发展的目标必须秉持"官僚机构内在一致性的组

---

〔1〕 丁照攀、孔繁斌：《寻找中国发展模式的公共行政学视角：基于地方发展型政府的述论》，载《中南大学学报（社会科学版）》2022年第3期。

〔2〕 丁照攀、孔繁斌：《寻找中国发展模式的公共行政学视角：基于地方发展型政府的述论》，载《中南大学学报（社会科学版）》2022年第3期。

〔3〕 参见郁建兴、高翔：《地方发展型政府的行为逻辑及制度基础》，载《中国社会科学》2012年第5期。

〔4〕 参见王青斌：《民法典时代的法治政府建设转型》，载《中国法学》2022年第6期。

〔5〕 参见郁建兴、高翔：《地方发展型政府的行为逻辑及制度基础》，载《中国社会科学》2012年第5期。

〔6〕 章荣君：《论发展型政府的困境及其转型路径》，载《云南行政学院学报》2014年第1期。

织原则"和"关注国家长期利益";三是在组织行为方面表现为"自主英明地制定产业政策"的要素特征,具体而言就是要求政府为实现国家经济的发展目标必须要自主而且能英明地制定产业政策。[1]地方政府引导经济增长的重要途径是通过理性的计划和特殊的产业政策。

很显然,上述这些概括,从不同侧面深刻揭示了地方发展型政府的政治经济学特征及其在国家治理中所扮演的角色、发挥的组织功能和地位的独特性。在此基础上,我们在此将地方发展型政府的构成要素总结为制度空间、行为目标、激励机制以及合法性方式等方面,以图全面地勾勒出地方发展型政府的制度特征。

1. 制度空间:行政分权

地方发展型政府的形成,明显是政府有意识地推动制度变迁的结果。制度变迁分为渐进性变迁与革命性变迁,前者指的是个别制度或制度结构的局部的变化,而后者涉及的则是制度结构的转变。发展型政府是国家制度结构转变,而非单一规则和制度安排变迁的结果。这种制度结构的改变指的是由计划体制向市场体制的转型,地方因之开始具有某种自主性,虽然受制于单一制的国家结构,其自治性仍然是有限的。地方发展型政府在既存的制度框架内存在深厚的制度基础。[2]按照制度经济学家的说法,制度分为正式约束与非正式约束。正式约束指的是正式的政治制度、法律规则,非正式约束则包括意识形态、传统习惯、道德观念等。地方发展型政府作为一个综合性的体系,它的制度空间是由正式约束和非正式约束共同构成的,而法律明文上的规定只是一个方面。进而言之,行政分权或地方的自主性不仅是规则意义上的,还是行为和事实层面的,正如黄宗智所说的,"改革的国家体制其实既是一个分权的体制,也仍然是一个中央集权的体制;它是两者微妙结合的体制"。[3]

---

〔1〕 夏能礼、许焰妮:《"发展型政府"的理论批判:基于东亚历史的经验》,载《理论探讨》2012 年第 2 期。

〔2〕 参见周黎安:《行政发包制》,载《社会》2014 年第 6 期。

〔3〕 黄宗智:《改革中的国家体制:经济奇迹和社会危机的同一根源》,载《开放时代》2009 年第 4 期。

"分权是讨论改革开放后地方发展型政府行为模式的起点。"[1]行政分权造成的结果是明显的，不仅如此，这种分权结构还深深地嵌入改革创立的市场体制当中，从而分权所产生的格局又不可避免地受到市场逻辑的支配。由此一方面，地方政府成为政府职能的实际承担者。张五常也认为，"今天的中国，主要的经济权力不在村，不在镇，不在市，不在省，也不在北京，而是在县的手上"。[2]另一方面，地方政府与市场相结合，成为推动经济发展的主体性力量之一。[3]"由于地方政府本身构成参与市场的一个重要主体，同时其行为通过影响要素流动及相关的市场主体的行为来介入市场活动，所以，地方政府的竞争行为特征必然构成市场秩序的一部分。"[4]

2. 财政收益最大化的行为目标

分权是发展型政府产生的制度条件，但在分权的基础上，人们对发展型政府的具体行为方式却产生分歧。一种观点认为，由于分权赋予了地方政府辖区内经济、文化和政治事务的自主管理权，故而能够提升其治理的积极性，提高行政效率。例如，自负盈亏的财政体制为地方政府创造了一个强有力的逐利动机；在财政收益最大化目标的指引下，地方政府愿意而且积极参与到有利于推进经济发展、增加地方财政盈余的活动中。在一些研究者看来，分权不仅与经济效率存在正相关，而且能够督促地方政府对本地区的居民意志负责，从而在"用脚投票"的压力下，努力供给公共产品，提升公共服务的质量。另一种观点则认为，虽然存在一定程度的分权，但中国仍然保持着单一制的国家结构，中央仍然具有不受限制的政治组织和裁量权力。与之相比，由于最终决策权、人事任免权等机制的存在，地方政府的自治性也是工具性而非本源性的。本质上，地方政府仍然是中央的治理工具和意志延伸。这种作为权宜、策略而非原则的分权，使地方政府的行为时刻受制于中央政府，

---

〔1〕 郁建兴、高翔：《地方发展型政府的行为逻辑及制度基础》，载《中国社会科学》2012年第5期。

〔2〕 张五常著译：《中国的经济制度》，中信出版社2009年版，第144页。

〔3〕 参见张汉：《"地方发展型政府"抑或"地方企业家型政府"？——对中国地方政企关系与地方政府行为模式的研究述评》，载《公共行政评论》2014年第3期。

〔4〕 周业安、冯兴元、赵坚毅：《地方政府竞争与市场秩序的重构》，载《中国社会科学》2004年第1期。

所谓"独立的利益偏好"也具有相当程度的依附性。[1]发展型政府的行为逻辑也是地方政府致力于地方经济发展的重要动力。[2]

3. 激励机制

按照诺斯的观点，制度作为人们设计的、塑造人们交往关系的约束，能够为政治、社会或经济领域的交往提供激励。[3]地方发展型政府的运作，同样离不开一套行之有效的激励机制，这种激励机制，就是地方官员晋升机制。由于地方政府间的相互竞争、地方政府对本地区重要发展资源（行政审批、政府土地征用、贷款担保、各项政策优惠）的掌控以及以经济增长为指标的政绩考核机制的推行，晋升竞争对地方政府的行为产生了巨大的激励，[4]包括产业政策的选择、经济效率和环境保护等方面。从职务晋升路径来说，地方官员从最低的行政职位一步一步提拔，进入一个典型的逐级淘汰的竞争结构。它的最大特征是，进入下一轮者必须是上一轮的优胜者，每一轮被淘汰出局者就自动失去下一轮参赛的资格。如此，晋升竞争还进一步强化了地方官员与地方利益的关联。

这种晋升机制导致两个直接后果。一是在竞争所产生的巨大的政治利益的冲动下，地方官员会将资源投入那些更有利于自身的政治升迁的领域，这样，不可避免地导致资源配备的倾斜；二是权力和资源向政治精英集中的同时，地方的经济发展和其他治理事务越来越依赖于地方政府的意志，如此强政府则不可避免地产生。有学者认为，在一定的"政府强度"的基础上，能够有效地发动经济增长和减缓由此产生的各种社会经济压力。[5]

---

〔1〕 参见陈谭等：《治理的秩序——乡土中国的政治生态与实践逻辑》，人民出版社2012年版，第109页；黄兰松：《国家能力视野下地方立法自主性的问题及出路》，载郑智航主编：《山东大学法律评论（2016）》，山东大学出版社2017年版，第107页。

〔2〕 参见郁建兴、高翔：《地方发展型政府的行为逻辑及制度基础》，载《中国社会科学》2012年第5期。

〔3〕 参见〔美〕道格拉斯·C.诺思：《制度、制度变迁与经济绩效》，杭行译，格致出版社、上海三联书店、上海人民出版社2008年版，第3页。

〔4〕 参见刘振、曾津：《地方政府竞争、财政分权与产业高质量发展》，载《经济问题探索》2023年第7期。

〔5〕 参见夏能礼、许焰妮：《"发展型政府"的理论批判：基于东亚历史的经验》，载《理论探讨》2012年第2期。

4. 合法化模式：经济的增长

除制度基础、行为模式、激励机制之外，地方发展型政府还拥有一套自我合法化的机制。确实，地方发展型政府存在为自身的行为机制和权力运用进行辩护的需求和本能。依照社会学家韦伯的理论，人类历史上的支配合法性类型有传统型、超凡魅力（卡里斯玛）型和法律型。所谓的合法性，本质上就是人们对政府及其统治的认可程度。人们对政府及其治理的认可度越高，说明其合法性也越高。而在现代化条件下，一种治理制度能够被人们接受，最关键的是满足两项指标：其一，集体安全与福利，政府存在的目的，是为各种不同利益的实现提供途径，创设和保护一个开放性的公共领域，提供包括集体安全和各种福利在内的多种多样的公共产品，[1]即执政者对外能够为国家提供安全保障，对内能够维持良性的秩序、发展经济、提供公正、保护社会和个人等；其二，政府是否拥有实施治理的道德和法理权威，"因为它所代表的政治体制既体现了一个国家内部普遍追求的价值与利益，也反映了治理所依赖的社会成员共同遵守的法律秩序"。[2]发展型政府的合法化模式与上述两种标准皆有所区别，但其又与第一种标准存在一定的亲缘性。

准确来说，地方发展型政府所依赖的合法性标准是一种绩效合法化模式。这种绩效合法化标准的关键，是看政府的治理结构、单个的制度安排以及一项具体的治理活动，是否能够取得足够的社会利益，是否能够满足人们的利益诉求，是否能够获得社会、经济事业的发展。地方发展型政府的合法化基础，不完全具有法理型的制度权威所具有的明确性、普遍性、稳定性、可认受性等优点。有些时候表现的可能是不可持续性、不稳定性、不可复制性和单方面性。原因很简单，因为绩效合法化很多时候依赖于单个的事实，这些事实是散状分布、瞬息易变而又无穷无尽的。

发展主义以经济增长为中心，认为经济发展是社会进步与政治发展的先决条件，经济增长是发展的动力，而经济的持续增长"最终会带来社会和政治的积极变化、社会的更加富裕、中产阶级的壮大、民主化的实现"。[3]这种发展主义的首要特征和基本内涵是经济发展主义。对此，阿里夫·德里克深

---

〔1〕 张波、李群群：《乡村文化治理的行动逻辑与机制创新》，载《山东社会科学》2022 年第 3 期。

〔2〕 杨光斌：《政治变迁中的国家与制度》，中央编译出版社 2011 年版，第 108 页。

〔3〕 郁建兴：《发展主义意识形态的反思与批判》，载《马克思主义研究》2008 年第 11 期。

刻指出：“所谓发展主义是与发展不同的一种意识形态取向，其特征是对发展的拜物教化，或将发展归属为一种自然（或甚至神）的力量，人类对这一力量的任何抗拒或质疑都将面临这样的风险：注定的停滞和贫穷。意识形态呈现为不透明的历史力量，塑造了发展的思路。它也掩盖了曾经并且继续发挥作用的社会和政治力量，这些力量是赋予其权力主宰人类意识的关键部分。”[1]

二、地方立法政策：立法者对于对立目标的平衡

第一，政策虽然不同于原则，但却能够反映出原则，政府或立法者的政策选择，无时无刻不在体现其所信奉的价值观念。我们即要通过对立法政策分析，探明地方发展型政府的利益偏好及其背后的价值选择。[2]

那么，何为立法政策呢？有学者认为，法律作为一种行为规范，只能针对人们的行为发生作用。基于此，立法政策可以看作针对人们的行为所作出的一种判断与取舍。通过分析法律规范可知，法律中所体现的立法政策可以更详细地划分为五种，分别为“强制”“鼓励”“允许”“限制”“禁止”。[3]在此，我们所欲讨论的是地方立法背后的政治经济学动因，尤其是地方发展型政府这一政治经济学事实与其立法政策的关系，因而立法政策触及的就不仅是一些抽象的行为，而是广阔的政治经济学因素。这里的立法政策的把握，不仅应当从规范的角度，而且更应当从规范外部入手，换言之，从法律规范所能够作用的社会利益、社会关系以及这些关系所涵盖的政治经济事实入手。从这种观点出发，我们将立法政策定义为立法者通过立法所欲实现的具体的目标，这些目标是由立法者的意志、利益偏好、制度条件、意识形态观念、现实的经济因素等事实决定的。虽然如此，立法政策仍然能反映出立法者的价值取向。

“立法者之所以对不同的行为采取不同的立法政策，核心原因还是对各种

---

〔1〕　［美］阿里夫·德里克：《发展主义：一种批判》，赵雷译，载《马克思主义与现实》2014年第 2 期。

〔2〕　See Teller, James H. , "The Development of Popular Government", *Dicta*, 9（1932）, 333～336.

〔3〕　参见汤唯、雷振斌：《论立法政策取向与利益衡量》，载《法学论坛》2006 年第 3 期。

社会利益进行取舍的结果。"[1]立法政策反映出地方立法者对于不同的社会利益、社会关系的态度和价值取向。庞德亦指出:"利益可以看作人们——不管是单独地还是在群体或社团中或其关联中——寻求满足的需求、欲望和期望。因此,在借助政治组织机构调整人们的关系或规范人们的行为时,必须考虑到这些需求、欲望和期望。"[2]立法政策是立法者通过立法手段所欲达成的目标,这种目标归根结底就是利益的实现。从理性人角度去看,人们都在努力实现利益的最大化,即便是地方政府,也存在独特的利益偏好。利益的实现从政府的角度来看是目标,而从民众的角度来看,则是期待。一定时期,社会的资源总量是既定的,而人们的需求又是无限的。加之在现代社会人们的利益分化日益多元,任何社会制度所能满足的利益需求都是一定的,因此,就存在对不同的利益满足进行权重赋值和优先排序的问题。我们可以看到,地方立法政策摇摆于两项相互冲突的目标之间。

其一,经济增长与公共服务。现如今"市场经济就是法治经济"的信条已经深入人心。地方立法及其伴随的制度创新,首要目标就是用来推动地方政府间的竞争,或发展地方经济。公共服务则是地方政府所应承担的另一项重要职能。作为一项立法政策,其要求就是地方政权机关积极运用立法这种制度化的手段提供公共产品,满足社会需求。在地方发展型政府的选择中,经济增长明显处于优先地位。

其二,部门利益与公共利益。在市场化条件下,政府也有自身的利益偏好。部门利益指的就是地方政府及相关部门凭借其在立法过程中的优势地位,将"独立的利益偏好"投射到地方法规的制定当中。公共利益,顾名思义就是全社会的普遍利益,尤其涉及社会成员的福利条件、社会赖以存在的制度和环境条件。本来,立法作为一项公共权力,当然应当努力提升全社会成员的普遍利益。但立法实践中仍存在着立法的部门利益化问题,仍应警惕这种授权专业机关立法而携带的部门利益。[3]

其三,地方利益与国家利益。所谓地方利益,即指地方政府管理行政区

---

[1] 汤唯、雷振斌:《论立法政策取向与利益衡量》,载《法学论坛》2006年第3期。

[2] [美]罗斯科·庞德:《法理学》(第3卷),廖德宇译,法律出版社2007年版,第14页。

[3] 叶金育:《税法备案条款的规制定位与体系优化》,载《政法论丛》2024年第3期。

事务所获得的利益。而国家利益，则是超出单一地方、区域的利益。当地方利益与国家利益发生冲突和竞争时，地方立法的选择倾向背后的运作逻辑是值得注意的。

值得注意的是，公共利益在一定程度上面临着的正当化问题。其一，权利本位的法律观深刻显露了现代政治的经济主义取向，首先表现为一种市场经济的法律观。[1]从其产生的渊源来看，权利本位的法律观诞生于国家为克服自身的合法化问题而面向全球化的资本主义进行市场化改革这一过程当中，"市场经济就是法制（治）经济"这一宣称，标示了经济基础领域的市场化改革正是推动其产生的动力；当然，在此过程中，权利本位的法律观亦通过"法治现代化""现代法精神"等对市场机制进行了持续的正当性论证。从地方政府在市场社会的创建过程中所扮演的角色来看，权利本位的法律观几乎原封不动地接受了舒尔茨的观点，即立法及其所引导的相关制度变迁应该被看作对经济增长的动态需求的回应，是为适用人的经济价值提高而生的滞后调整。[2]立法为市场经济服务的主张不仅表明一种态度，而且明确把效率奉为立法的第一原则和优先政策取向，"即使立法自身同样要注重效率的原则，遵循效应最大化的标准"。[3]这就意味着，法律制度的创设不仅要遵循、契合市场经济的运作原理，而且国家机关的立法活动，要像经济行为那样能够放进成本—收益的框架中进行经济分析，充分考虑"社会成本问题"。[4]借此，经济、市场、资本、产权、合约遂成为改革时期不同层级立法的重要语汇。立法在完善市场交易的制度框架和资源配置系统的同时，日益地经济功能化；而与之相应的法律文化精神，也是合理化的和技术中立的。暂且不去追问

〔1〕　参见高志宏：《公共利益：基于概念厘定的立法导向与制度优化》，载《江西社会科学》2021年第10期。

〔2〕　参见［美］西奥多·W.舒尔茨：《制度与人的经济价值的不断提高》，载［美］罗纳德·H.科斯等：《财产权利与制度变迁：产权学派与新制度学派译文集》，刘守英等译，格致出版社、上海三联书店、上海人民出版社2014年版，第175～184页。

〔3〕　苏力：《法治及其本土资源》（第3版），北京大学出版社2015年版，第103页。

〔4〕　参见苏力：《法治及其本土资源》（第3版），北京大学出版社2015年版，第96～97页。当然，立法作为国家的活动，无论进行市场制度的创设，还是作为交易主体进行资源配置或权利调整，同样存在"交易费用"的观点，可以追溯到科斯的经济理论，详情参见［美］罗纳德·H.科斯：《社会成本问题》，载［美］罗纳德·H.科斯等：《财产权利与制度变迁：产权学派与新制度学派译文集》，刘守英等译，格致出版社、上海三联书店、上海人民出版社2014年版，特别是第15～18页。

"抽象市场"是否真实存在,[1]问题在于,这种市场经济的法律观,更多支持的只能是市场、私产、私法自治等观念及其相应的制度安排,而断非公共利益观念以及与之相关的制度保障。不仅如此,事实上,这种片面注重立法对经济制度的创制功能,对法律的工具性定位,恰好为"代表性断裂"条件下权力与资本的结合,以及公共利益的碎化营造了观念和制度空间。受发展主义意识形态和"县际竞争""租佃分成"的激励,立法实际上成为"地方发展型政府"提供优惠待遇和制度环境,吸引优质服务、资本、人才,实现本地方的经济增长。这样,也可能会影响政府对公共产品的供给和向服务型体制的转型。

第二,功利主义的基本内涵,实质上是福利、效应、幸福或其他形式的最大化原则。它对幸福和快乐对人们行为支配的设定,[2]是从"不偏不倚的观察者"的角度对单一欲望体系的归纳,[3]换言之,对社群福利的最大化定义和追逐,与发展主义、市场自由主义论者对发展、进步的定义方式是一致的,[4]它们都倾向于把社会的变革和转型看作一个抽象增长和普遍得益的过程,对内在的不平衡性乃至由此产生的社会隔离、等级制的再生产考虑不足。这样一种社会功利思想,在原有的行政体制与市场体系相结合,[5]对公共利益的捍卫不足。早在《巨变:当代政治与经济的起源》一书当中,波兰尼就已经揭示了市场社会的抽象化组织方式——把人从社会关系中抽离出来视作可在自由劳动力市场流动的劳动力、社会经济组织直面国家金融市场、整体的自然被抽象化为可供买卖的土地(私有财产)——对人本身、社

---

〔1〕 对新古典主义经济学"自由市场"模型的质疑和批判,请参见汪晖的《中国"新自由主义"的历史根源》《是经济史,还是政治经济学?》《"科学主义"与社会理论的几个问题》《去政治化的政治、霸权的多重构成与 60 年代的消逝》等文章,以上文章俱载于汪晖:《去政治化的政治:短 20 世纪的终结与 90 年代》,生活·读书·新知三联书店 2008 年版。另请参见 〔英〕卡尔·波兰尼:《巨变:当代政治与经济的起源》,黄树民译,社会科学文献出版社 2013 年版。

〔2〕 参见 〔英〕边沁:《道德与立法原理导论》,时殷弘译,商务印书馆 2000 年版,第 58、61 页。

〔3〕 正如罗尔斯所说的,"功利主义没有认真对待人与人之间的差别"。参见 〔美〕约翰·罗尔斯:《正义论》(修订版),何怀宏等译,中国社会科学出版社 2009 年版,第 22 页。

〔4〕 关于对市场扩与进步信念的历史批评,请参见 〔英〕卡尔·波兰尼:《巨变:当代政治与经济的起源》,黄树民译,社会科学文献出版社 2013 年版。

〔5〕 参见黄宗智:《改革中的国家体制:经济奇迹和社会危机的同一根源》,载《开放时代》2009 年第 4 期。

会经济组织、自然环境的破坏。[1]因此，公共利益应当被放置入重建社会与人的主题当中，或者，它属于社会保护的范畴，而非单纯受市场法则支配。因而就社会关系而言，公共利益应当表现为对"原子式、个体式的组织形态"的再平衡机制，把因受市场制度冲击而导致自身劳动和其他生活部分区隔开来的人，重新推置入由制度、文化（意义世界）、不同层次的社群所构成的社会关系网络当中，[2]以"使人的世界即各种关系回归于人自身"。[3]在市场的抽象扩张所导致的问题中，公共权力成为社会各阶层的联结点，"对利益作太多狭窄的解释会歪曲社会史和经济史的见解，没有任何纯粹以金钱为依归的利益团体，能达成保护社会生存这一重大的需要。社会生存之需要的代表，通常就是照顾社会之一般利益的机构——在现代的情况下，就是现今的政府"。[4]此外，功利主义在解释个人行为的时候简单、清晰并且符合人们的直觉。当个人在抉择行动或计算自己利益的时候，通常都会根据自己的所得来衡量所失。[5]因此，功利原理本质上仍是一种个人主义的道德哲学，尽管强调了共同体利益和总和最大化的诸种形式，但其仍然对公共利益采取一种怀疑主义的态度。这集中体现在其对共同利益的定义方式当中。边沁认为："共同体的利益是道德术语中所能有的最笼统的用语之一，因而它往往失去意义。在它确有意义时，它有如下表述，共同体是个虚构体，由那些被认为可以说构成其成员的个人组成。"[6]在这一视野当中，共同体利益或者是公共利益，只被看作以机械总和形式存续的个人利益。从理论上看，这一定义会进一步地把所有公共机制理解为实现个人目的的手段和工具，从而引出了"公共的政治事务本质上服务于私人事务"的实践教条。[7]

第三，与古典城邦制下的直接民主和 20 世纪流行一时的大众民主不同，

---

〔1〕　参见［英］卡尔·波兰尼：《巨变：当代政治与经济的起源》，黄树民译，社会科学文献出版社 2013 年版。

〔2〕　参见［英］卡尔·波兰尼：《巨变：当代政治与经济的起源》，黄树民译，社会科学文献出版社 2013 年版，第 275~284、287 页。

〔3〕　《马克思恩格斯文集》（第 1 卷），人民出版社 2009 年版，第 46 页。

〔4〕　［英］卡尔·波兰尼：《巨变：当代政治与经济的起源》，黄树民译，社会科学文献出版社 2013 年版，第 273~274 页。

〔5〕　王立：《罗尔斯对功利主义的三重批判》，载《社会科学辑刊》2024 年第 1 期。

〔6〕　［英］边沁：《道德与立法原理导论》，时殷弘译，商务印书馆 2000 年版，第 59 页。

〔7〕　参见《马克思恩格斯文集》（第 1 卷），人民出版社 2009 年版，第 40~45 页。

当代获得广泛辩护的民主形式是立宪民主，其在制度设计上注重的是宪法中的基本权利条款对于民主控制的立法机构的价值约束。除对主权性的"普遍意志"也可能犯错的忧虑之外，这一司法复审制度所反映的理念，更多乃是良心自由、思想自由等基本自由权项相较于"参与原则"的优先地位。[1] 既然个人权利、自由的优先性适用性地构成了民主社会之正义原则的首要内容，且只有自由的优先性才赋予、维护了宪法的高级法、根本法地位[2]，那么，立宪民主蕴含的"自由优先性"的正义观念是否可以为公共利益提供足够的正当性支持呢？托克维尔的多数民主观和以此发展的自由民主模式，在中国语境中到底又意味着什么？于此，我们应明确这种以立宪为前提的政制观念所包含的对民主的理解，将民主明确视作一种"多数决规则"。据此，处在政治社会内部之自由与民主、私人身份与公共身份对立两端的，一方是作为根本政治价值的自然权利或人权，另一方则是作为政治运作过程的民主。[3] 同时，立宪民主观修正了公共利益的政治内涵或定义方式。"在当代语境中，以自由反对民主、以个人权利批判平等不能简单地视为对于自由主义理论问题的探讨，它与正在进行的不平等的市场扩张过程密切相关。"[4] 在"不平等的市场扩张过程"中，自由、法治相对于民主的优先性，其目的乃在于确证一种"自生自发秩序"观念，亦即"自由市场"脱离于社会政治结构及其他社会关系网络的自我运动的特性，而非要解释公共利益与民主所具有的平等主义内涵的关系。[5] 如果说民主问题与社会公正和平等问题休戚相关，那么，民主价值的消退，也即意味着平等价值及其相关实践的合法化

〔1〕 参见［美］罗尔斯：《正义论》（修订版），何怀宏等译，中国社会科学出版社 2009 年版，第 179~184 页。

〔2〕 参见姚大志：《罗尔斯与自由的优先性》，载邓正来、郝雨凡主编：《转型中国的社会正义问题》，广西师范大学出版社 2013 年版，第 278~279 页。

〔3〕 关于民主只是服务于个人自由的手段，它决定人民主权的主体，而无关乎其内容的观点，请参见［英］弗里德利希·冯·哈耶克：《自由秩序原理》，邓正来译，生活·读书·新知三联书店 1997 年版。

〔4〕 汪晖：《去政治化的政治：短 20 世纪的终结与 90 年代》，生活·读书·新知三联书店 2008 年版，第 155 页。

〔5〕 汪晖指出："新自由主义或新古典主义经济学所鼓吹的'国家退出论'就是一个典型的'去政治化的政治命题'。"汪晖：《去政治化的政治：短 20 世纪的终结与 90 年代》，生活·读书·新知三联书店 2008 年版，第 53 页。

问题。[1]

三、地方发展型政府对地方立法政策的影响

人们已经注意到，地方发展型政府会诱发一些问题。如有学者就总结出地方发展型政府行为异化的三个表现，分别为①重经济建设，轻社会建设。②多遵循财政收益最大化的逻辑，乃至把社会建设作为促进财政收益最大化的工具。③片面重视流动性强的要素，形成资本偏好型政策，不重视流动性弱的主体。[2]当然，这里最关键的问题是对于地方立法政策的影响，即相对于公共利益和公共服务，地方发展型政府会优先选择经济增长和部门利益。[3]地方发展型政府对地方立法政策选择的影响与下列因素有关。

（一）财政分权背景下"问责有限的分权"

地方发展型政府的形成，背后涉及一套"问责有限的分权"体制。这种"问责有限的分权"体制（中央与地方之间存在信息不对称、政策实践的权力掌握在地方手中），削弱了中央对地方的干预、引导、调控及法治纠偏能力；由此，地方选择性、适用性地执行中央的立法和政策精神，挑战上位法及基本法的权威地位，[4]破坏法律体系的协调性、完整性乃至冲击整体的法治秩序和框架，也就具备了一定的纵向制度空间。分权体制上产生的地方发展型政府，在所谓"县际竞争"以及由此导致的"权力结构""产权保护"的激励下，追求资本利益，以国家合作的形式积极参与市场创收；在"承包合约扩张和租佃层级分成"的驱动下，[5]地方违背中央的调控政策、社会整体利益和法秩序，在资本竞逐中谋求市场分割、利益垄断、地方保护主义，立法

---

〔1〕　汪晖在讨论民主转型国家所表现出的政治体制与社会形式脱节的问题时指出："如果民主化变成对原有的社会主义分配制度和平等遗产的彻底否定，议会多党制和两党制也就随之变成了新的寡头关系的政治框架，多党民主与寡头性的财产分配制度相互连接。"汪晖：《齐物平等与跨体系社会》，载邓正来、郝雨凡主编：《转型中国的社会正义问题》，广西师范大学出版社2013年版，第394页。

〔2〕　参见王清：《超越地方发展型政府：理论框架与经验分析》，载《四川大学学报（哲学社会科学版）》2014年第6期。

〔3〕　参见丁照攀、孔繁斌：《寻找中国发展模式的公共行政学视角：基于地方发展型政府的述论》，载《中南大学学报（社会科学版）》2022年第3期。

〔4〕　参见韩业斌：《论我国地方立法监督的困境与出路——基于备案审查制度为中心的考察》，载《法学》2022年第8期。

〔5〕　参见张五常著译：《中国的经济制度》，中信出版社2009年版。

也因而往往屈从这一取向，甚至社会政策、法律制度的创新，也受到了经济增长这一目标的影响；[1]可见，地方发展型政府及其财政收益最大化的优先目标，为立法的地方利益提供了动力机制。

（二）发展主义意识形态对立法政策的正当化证成

发展主义的理论核心，是在现代化问题上构造了资源配置效率与社会公正、经济增长和政治民主化、法治与民主、个人自由和政治参与权的路径对立或优先次序，并从前一范畴出发强势定义了"发展""改革"的标准和道路。它对立法的地方利益本位的影响无疑是渗透性的：

第一，"这种发展主义的首要特征和基本内涵是经济发展主义"，[2]由此，经济、市场、资本、产权、合约成为改革时期不同层级立法的中心语汇，立法及其所引导的相关制度变迁只是对经济增长动态需求的回应，只是为适应人的经济价值提高而生的滞后调整。[3]对法律的工具性定位，片面注重立法对经济制度的创制功能，恰恰为"分权让利"的条件下，政府与资本关系的非理性结合拓展了观念空间。

第二，发展主义的意识形态在"大规模立法时代"成为催生部门利益、地方利益的观念土壤，加深了政府部门牟利化的取向，从而规制了其立法政策的选择。地方政府间的"共谋"现象，"改革的国家体制"内部表达与实践的背离，政治与资本之间既合作结盟又竞争冲突的关系，都脱离不开发展主义所塑造的"重叠共识"。发展主义意识形态对"发展型政府"的行为动机、制度结果的合法证成，使国家机器内部的权力配置关系、合宪与否的界限，都变得含糊不清。由此，地方可以在自身"独特的利益偏好"与中央的宏观调控和立法精神之间进退自如，并竭力凭借立法的正当化手段来使地方利益（格局）稳固化，以致反映到宪法框架当中。[4]

---

[1] 参见郁建兴、高翔：《地方发展型政府的行为逻辑及制度基础》，载《中国社会科学》2012年第5期。

[2] 郁建兴：《发展主义意识形态的反思与批判》，载《马克思主义研究》2008年第11期。

[3] 参见［美］西奥多·W. 舒尔茨：《制度与人的经济价值的不断提高》，载［美］R. 科斯等：《财产权利与制度变迁：产权学派与新制度学派译文集》，上海三联书店、上海人民出版社1994年版，第251～265页。

[4] 参见张五常著译：《中国的经济制度》，中信出版社2009年版，第164页。

第三，即便在社会重新发生阶级分化的背景下，发展主义意识形态也往往把发展等同于抽象的经济增长，并以之作为衡量国家能力强弱的标准，而全然忽略了"效率"这一目标与其他价值的调和。因此，发展主义不仅强固了人们对立法的完善资源配置系统的功利定位，而且封闭了其价值目标的审慎权衡和再选择。倘若没有这种预先的价值框定，地方发展型政府容易忽略公共服务的供给，选择性地履行职能以片面追求分权、市场利益。[1]

（三）"国家能力"的弱化

国家能力包含两层政治经济学视角。[2]其一，国家能力要求国家作为公共权力的持有者，能够及时、有效地回应社会的正当需求，在社会变迁的历史环境中保持对社会、经济、政治发展的宏观引导和调控能力，妥当维持不同地区之间，各个阶级、阶层之间动态利益平衡。同时，国家面对市场和资本关系，能够保有对公共利益的辨别、判断能力，避免为短期且狭隘的个别资本利益、集团利益所俘获。其二，通过统一的行为标准、价值准则，将各个层级的官僚机器凝聚起来，以减少自身行动的矛盾性，防止局部单位的功能体化及发展出独特的利益偏好。更为关键的是，将充斥于官僚机器内部的政治竞争、博弈、分化、重组关系，以制度化的方式最大限度地控制在社会可承受的范围之内，降低政治行为所诱发的"租值消散"，从而为社会领域提供足够的保护。

无论是地方发展型政府的独特行为模式的形成，基层政府在政策执行过程中的"共谋现象"，还是立法的地方利益本位，皆影响中央对地方行为的控制能力的下降，只不过这种控制问题从之前的经济管理、财政汲取方面逐渐蔓延到了立法领域。相对而言，位阶较低的"其他法规"，其制定过程中的社会参与程度和过程透明性往往相对低一些，更易受到部门或地方利益的影

〔1〕　参见郁建兴、高翔：《地方发展型政府的行为逻辑及制度基础》，载《中国社会科学》2012年第5期。

〔2〕　关于"国家能力"问题，请参见王绍光：《安邦之道：国家转型的目标与途径》，生活·读书·新知三联书店2007年版。这里需强调的是，王绍光的"国家能力"与福山近期提出的"国家建构"命题，虽然都强调了国家的作用，但二者在理论立场上却存在根本的区别：国家建构关系到官僚机器的设置问题，其关注的是权力及其有效性，而无关乎民主问题本身；与之相对，国家能力则牵涉民主的规范内涵、实质内容的理解，它内含了一种正当化的概念。

响。[1]按照罗尔斯的观点，政治参与原则的规范意义，就在于保证社会公众平等地参与政治进程，其诉求和意愿能够适时、全面地体现在公共决策和立法成果当中。[2]

四、政府体制转型与立法政策取向的调整

1978 年后，我国把注意力转变为以经济发展为重心，伴随的是中央在行政和财政方面的分权，地方被赋予了更多权力。地方在享有更大程度的经济决策权的同时，也相应地拥有了自己的财权。市场经济的发展难免会出现盲目性和贫富差距的扩大，这需要有为的政府对其进行适度的干预。但我们也应当考虑到政府也是会出现错误的，在干预过度、干预不及时的情况下都会出现问题。例如，市场经济的私有制和分散决策是产生差距的重要原因，同样，我国现行的收入分配也是造成城乡差距扩大的重要原因，并且过度的经济干预容易加剧收入差距的问题。因而，应当在坚持市场经济的前提下，通过高效的问责机制来确保政府作为的正确性，进而更好地发挥捍卫市场的作用。

（一）横向问责机制的深化

第一，细化地方立法的程序和要求，统一把地方立法纳入法治化、规范化道路。"许多官员不把自己放在为'法'所'治'的地位上，却高踞于法律之上，甚至把法律、法令、口头文件，乃至'口头指示'看作自己手中寻租的工具，拒不遵循法治关于公正透明等要求，枉法谋私。"[3]国家通过规划、调节等方式对市场经济进行宏观调控，保证经济的稳定增长是必要的，但是以过多的命令成分来干预微观的经济环境，易导致市场经济的主体为了创造和维护自己的利益，频繁地和政府取得沟通和联系，诱发权力寻租的现象，进而滋生腐败。同时，"立法机关是利益集团的天然栖息地，'院外活动是与立法同时产生的'。利益集团经常企图通过建立政策或破坏、阻止政策达

---

〔1〕 马超、于晓虹：《行政审判中比例原则的适用——基于公开裁判文书的实证研究》，载《山东大学学报（哲学社会科学版）》2022 年第 4 期。

〔2〕 参见 [美] 约翰·罗尔斯：《正义论》（修订版），何怀宏等译，中国社会科学出版社 2009 年版，第 178 页。

〔3〕 吴敬琏、马国川：《从"吴市场"到"吴法治"》（下），载《读书》2008 年第 10 期。

到自己的额外目的，利益集团时刻关注着立法机关的每一个行动，关注与自己利益相关的每一个立法部门"。[1]因此，就应采取措施，将地方政策纳入法治化的轨道，真正做到依法行政。

第二，充分发挥地方人大及其常委会的立法、监督职能。因而，要继续树立人大的主导地位，充分发挥地方人大的监督职能。[2]①应当建立健全人大专门委员会，明确各部门的职能权限，充分发挥地方各专门委员会的职能，提高地方立法质量。②应当保持地方人大及常委会在地方的相对独立性，充分发挥其作为地方最高权力机关的职责，"正确处理人大与党委、'一府两院'的关系"。[3]③进一步提升地方人大及其常委会在实践中的地位，充分发挥其作为地方最高权力机关的作用。④加强对地方各级人大代表的综合素质培养，注重立法专业技能的提升，建设高素质的地方人大立法队伍。⑤对地方人大及常委会的工作，地方财政应予以支持和配合，并应当列地方专项财政预算支出，从财力上保障地方人大工作的正常开展，提高地方人大代表工作的积极性。

（二）纵向问责机制的加强

我国的政权体制从中央到地方，由涉及不同利益倾向的各层部门组成，而协调各部门利益的结果就是国家决策的出台和推行。按照科层制理论，"下管一级"制是为了进一步调动地方的积极性而实施，中央主要负责管理属于中央一级的人员，省级机关主要负责管理厅、局级公职人员，市和州主要负责管理县级的干部。此种制度，赋予了地方更多人事管理权力。地方人事的任用、考核、管理等方面的权力交由地方来管理，基本确立了国家级、省级、市级、县级层层向上负责制。这种在人事方面的分权制度，不但提高了行政的运行效率、降低了政治成本，而且赋予了地方更多自由，并由此形成了地方国家的行为自主空间。但有个悖论是，通过人事制度对地方进行控制和管理，也是中央对地方控制的一种重要方式。从这个角度来说，现在人事管理权的下放，很大程度上就存在削弱中央对地方的渗透能力和宏观调控能力，

---

[1] 周旺生主编：《立法研究》（第4卷），法律出版社2003年版，第123页。

[2] 参见周刚志、罗炳良：《论地方人大的管制性立法及其监督》，载《江苏行政学院学报》2022年第6期。

[3] 刘小力、程胜伟：《坚持和完善人民代表大会制度》，载《学习月刊》2022年第3期。

进而出现中央和地方的利益相互对抗的风险。由此在贯彻中央决策时就易引发二者利益相冲突的情形。中央政府很难单方面将自己的意志强加于省并改变各级政府之间的权力分配。与之相应，各级政府之间的行政分权已制度化。[1]因此，要完善地方权力的问责机制，需要做到以下几点：

第一，改善以人事权为核心的纵向问责机制。"人事权为核心的纵向问责机制具有显著的局限性，由于信息不对称等因素，中央政府较少具备塑造地方政府行为模式的渗透性权力。"[2]中国的科层制采取的是向上级负责，并且上级的行政机关享有对下级官员的考核、晋升、淘汰等权力。[3]这种激励机制使得下级官员不得不应对来自上级多方面的政策要求和指示、指令。但是对地方官员来说，来自上一级的指示要求和来自上两级甚至上几级的政策要求有时并不一致，甚至和来自中央的政策要求是对立的。这给地方执行来自上级的多方任务造成了一定的困难。当然，地方政府往往是无法逃脱这种复杂的任务环境的，在被迫应对各种不同的任务时，地方就会权衡利弊执行一种最能够给本地方带来收益，最有利于自己晋升或者不被淘汰的方式来执行自己的任务。

第二，加强对基层领导干部的法治知识及工作能力的培养。目前中央也意识到了县级政府在国家治理中的重要地位，习近平同志指出："从整体与局部的关系看，县一级工作好坏，关系国家的兴衰安危。"[4]为了加强"基层一线指挥部"对中央政策的理解，避免"为落实而落实"，国家从 2015 年开始对县区一把手有组织地进行培训，通过上研修班的形式，一方面，促使县、区级干部更加全面地学习法律知识和其他领域新知识，意识到依法治国、依法治县、生态文明建设、新型城镇化建设等方面的重要性，使领导干部通过观念的转变带动其行为的改变；另一方面，针对全球化和我国改革开放的深入，加强县、区级干部对党性、国际形势、廉政、突发事件应

---

〔1〕 郁建兴、高翔：《地方发展型政府的行为逻辑及制度基础》，载《中国社会科学》2012 年第 5 期。

〔2〕 郁建兴、高翔：《地方发展型政府的行为逻辑及制度基础》，载《中国社会科学》2012 年第 5 期。

〔3〕 See Wang, Alex L. , "The Search for Sustainable Legitimacy: Environmental Law and Bureaucracy in China", *Harvard Environmental Law Review*, 37 (2013), 365~440.

〔4〕 习近平：《摆脱贫困》，福建人民出版社 1992 年版。

急处理及危机公关等方面的认识，并在此基础上进一步提升地区领导干部的执政能力。

第三节　财政分权、权力问责与地方立法的利益本位

地方利益本位倾向是我国立法实践中存在的问题之一。具体表现在：首先，地方行政权力不断扩张，并通过干预地方立法的形式对其扩张结果予以确认。同时，地方立法中普遍存在对适用对象权利、义务规定的不对等性问题。这种权利和义务的不对等性包括多种方面，从政府和公民、法人、其他组织的关系来讲，体现在重视政府及各部门利益，违反上位法加重相对人的义务负担。立法中的地方利益本位倾向的一个重要原因就是政府推动。"公共选择学派认为，政府也是经济人，存在自利性，也会追逐自身利益的最大化。"[1]中央虽通过人事权掌握地方，但是由于对地方信息掌握的不全面性和非客观性等信息不对称的客观情况，中央对地方的监督受到影响。在地方的横向监督方面，地方人民代表大会是地方横向问责机制的核心，近年来在立法、监督以及约束公权力行使方面发挥了重要作用。但是，作为地方权力机关，其现实中发挥的作用相比较其职权来讲仍然不够，受地方党政机关的影响较大，且缺乏对地方政府行为的实质约束能力。

一、立法中地方利益本位现象的本质及风险

立法中的地方利益本位现象可区分为两类，即政府部门利益的法制化和行政区利益的法制化。政府部门利益法制化即指地方政府及相关部门凭借其在立法过程中的强势地位，将"独立的利益偏好"投射到地方法规的制定当中，从而以"合法"的方式强化其"政治的支配状态"的行为。这些"独立的利益偏好"即与国家创制并主导的市场经济模式和发展主义意识形态、地方发展型政府体制"财政收益最大化"的目标指向、地方政府竞争机制等方面有关。[2]

---

〔1〕　涂晓芳：《政府利益对政府行为的影响》，载《中国行政管理》2002 年第 10 期。

〔2〕　黄兰松、汪全胜：《立法中地方利益本位的政治经济学解释》，载《青海社会科学》2017 年第 5 期。

（一）立法中地方利益本位现象的本质

行政区利益的法制化即地方保护主义的法制化，是指地方立法主体把因管理本辖区的公共事务而产生的"政治奖赏"反映到地方性法规、政府规章及规范性文件当中。例如，经济学中所谓的"行政区经济"，即作为"有限理性经济人"的地方政府，在市场化进程中为追求辖区利益和自身利益的最大化，人为地以行政辖区为界设置贸易和关税壁垒，使本应按照市场法则自由流动的商品、技术、资本等资源要素束缚在行政区划的刚性界限之内的结果。[1]相关论者已经注意到此间一个耐人寻味的现象，即"地方政府竞争往往以地方法规形式出现，许多部门法规也可以被地方政府用于地方保护"。[2]

马克斯·韦伯曾在讨论政治支配的正当性问题时指出："就一个支配而言，这样的正当性基础，并非理论性和哲学思辨的问题，它实际上构成经验性之支配结构的、最为实际之差异的基础。之所以如此，乃是因为任何权力——甚至生活中的任何好运道——一般都有为自己之正当性辩护的必要。"[3]在一种"法律型支配"的制度环境中，正当性即合法性，因此，立法中的地方利益本位实质上是价值选择和利益偏好"合法性"的过程。地方立法本应成为地方政权提供公共产品和服务的最优途径，地方政府和社会主体开展理性协作的政策平台，对地方国家机关进行立法控制和监督的正式机制。[4]但在一个由政府主导的制度变革过程中，地方利益很大程度上可以被推定、还原为公司化了的政府意志和利益，辖区的公共利益往往可被视为政府机构向社会领域渗透和部门利益扩张的正当化理由。

（二）立法中地方利益本位的三重风险

正如古德诺所言："政府体制的特点不仅是由法律制度决定的，同样也是由法外制度决定的……与仅能够提供法律框架的法律形式相比，法外因素对

---

〔1〕 参见陈敏、阎小培：《1990 年代以来中国行政区经济研究的进展》，载《学术研究》2005 年第 6 期。

〔2〕 周业安、冯兴元、赵坚毅：《地方政府竞争与市场秩序的重构》，载《中国社会科学》2004 年第 1 期。

〔3〕 参见〔德〕马克斯·韦伯：《支配社会学》，康乐、简惠美译，广西师范大学出版社 2010 年版，第 18 页。

〔4〕 参见秦前红、李少文：《地方立法权扩张的因应之策》，载《法学》2015 年第 7 期。

政治体制产生的影响更大。"[1]在政府及其部门主导地方立法的情势下，地方立法权的扩张伴随立法权力异化的风险。这主要涉及社会交易费用、法治价值和地方立法的民主合法性基础三个层面。

1. 增加政府间竞争的"交易费用"

制度经济学家有言："在技术条件给定的前提下，交易费用是社会竞争性制度安排选择中的核心。"[2]改革开放以来，中国发展模式的一个显著特点，就是地方政府围绕着劳动力、资本、技术、土地等资源展开竞争。但正如科斯所担心的，"政府有能力以低于私人组织的成本进行某些活动。但政府行政机制本身并非不要成本。实际上，有时它的成本大得惊人。而且，没有任何理由认为，屈从于政治压力的且不受任何竞争机制制约的、易犯错误的行政机构制定的限制性和区域性的管制，将必然提高经济制度运行的效率"[3]。地方政府若加入"企业家队伍"，在此情境中如果纵向的政治问责机制不健全，本地区的市场主体和民主控制机制又发育不充分，那么，政府及其部门的行为和"旨趣"就有可能受到官员绩效竞赛和晋升博弈的诱引，为"经济人"追求自身利益最大化的偏好所宰制，被各色利益集团"俘获"。有研究已经指出，当前地方政府的竞争模式已呈现明显分化，除依靠制度创新的进取型政府之外，还存在依赖保护主义的保护型地方政府，以及只能对当地居民和企业进行掠夺的掠夺型地方政府。[4]这样，地区间交易费用的增加几乎是必然的。

立法的地方利益本位现象恰恰助长了这一趋势：

第一，如果说立法对特定的利益结构和政策偏好具有某种合法性或正当化功能，那么，政府部门利益或地区利益的法制化，就直接为地方政府过度

---

〔1〕　[美] 弗兰克·古德诺：《政治与行政——政府之研究》，丰俊功译，北京大学出版社2012年版，第3页。

〔2〕　林毅夫：《关于制度变迁的经济学理论：诱致性变迁与强制性变迁》，载 [美] 罗纳德·H.科斯等：《财产权利与制度变迁：产权学派与新制度学派译文集》，刘守英等译，格致出版社、上海三联书店、上海人民出版社2014年版，第262页。

〔3〕　[英] 罗纳德·H.科斯：《企业、市场与法律》，盛洪、陈郁译校，格致出版社、上海三联书店、上海人民出版社2014年版，第115~116页。

〔4〕　参见周业安、赵晓男：《地方政府竞争模式研究——构建地方政府间良性竞争秩序的理论和政策分析》，载《管理世界》2002年第12期。

干预市场体系打开了合法性之门。

第二，政府间竞争的一个新趋势即从产品、要素的竞争转向制度环境的建设，制度竞争成为政府间竞争的核心，[1]并以此带动了相应的地方制度创新和法治实验。但是，"即使立法自身同样要注重效率的原则，遵循效率最大化的标准"，[2]市场经济条件下的法律创设活动像私人之间的经济交往一样，也是要耗费大量社会成本的，因而政府引出的制度变化并不必然符合市场经济的需要。受制于竞争压力，若地方政府及其部门主导地方立法，在利益衡量上有可能追逐短期利益，从而违背地区公共利益；在立法内容上易更侧重经济增长，轻视公共服务，偏重部门利益的巩固，疏于简政放权和对公民权利的平等关注，突出政府干预，贬抑市场机制的自律性质。

2. 违背法治的基本价值

近代法治的一个基本价值，就是限制公共权力，保护私人权利。对此，博登海默曾明确指出："法律的基本作用之一乃是约束和限制权力，而不论这种权力是私人权力还是政府权力。在法律统治的地方，权力的自由行使受到了规则的阻碍，这些规则迫使掌权者按一定的行为方式行事。"[3]近年来随着地方法治实验的兴起，地方立法/法治及其制度前景开始受到人们重视，有论者甚至概括出一种"地方在法治格局当中处于中心位置"。[4]然而，此间一个不容回避的问题就是体现地方利益本位的立法，其或许会违背限权、控权和权利保护的基本价值。

第一，如果发展出"独特的利益偏好"的地方政府不主动回归有限政府，不正当行使立法权，容易使部门利益"影响"地方立法政策的选择。加之政府既实质性地参与立法，又是法律法规的执行者，这样就很容易造成具体法律条款中政府的权责配置失衡或失诸明确，最终导致地方立法和法律陷入控权对象缺失、权力制约的规范依据阙如的"权力缺席与权力失约"状

---

〔1〕 汪伟全：《中国地方政府竞争：从产品、要素转向制度环境》，载《南京社会科学》2004 年第 7 期。

〔2〕 苏力：《法治及其本土资源》（第 3 版），北京大学出版社 2015 年版，第 103 页。

〔3〕 ［美］E. 博登海默：《法理学：法律哲学与法律方法》，邓正来译，中国政法大学出版社 1999 年版，第 358 页。

〔4〕 参见黄文艺：《认真对待地方法治》，载《法学研究》2012 年第 6 期。

况。[1]

第二，"权利保证法律不会引导或者允许政府去做它的道德身份之外的事情；权利保证法律能够使政府对其行为负道德责任，正如权利也保证法律能够使个人对其行为负道德责任一样"。[2]从权利的角度来说，体现地方利益本位的立法是在对人格平等的公民进行区别对待，将人们之间的某些差异制度化。这里的关键是，政府对人们的差别对待所依据的并非社会普遍接受的道德事实，而是像地域、身份、天赋这样一些偶然的因素。把这些偶然、专断的区别视为公民基本权利和义务的基础，显然违背了权利的平等关注与尊重原则。"在法治制度下，公民私人及其财产并不是政府管理的对象，并不是政府可以为其目的而使用的手段"，[3]很显然，立法者并未把公民当作独立、平等的道德主体来看待。

第三，地方法治实验进程中存在着一些潜在问题，如"误造"法治的单元体、破坏法律体系的完整性和统一性、导致法治观念的错位、消解法治的宪法基础。[4]被部门利益和保护主义政策所影响的地方立法，无疑加剧了这些潜在风险。概言之，立法一旦走向地方利益本位，单纯讲求规则的工具性价值，放任地方部门根据"产值最大化"的逐利动机采取市场分割策略，对行政区外的企业和公民施以法律上的歧视待遇，那就有可能产生"法治的行政区划化"现象，如此对地方立法之不抵触原则和法制统一的违背几乎就是必然的。

3. 弱化地方立法的民主化基础

由政府主导的立法模式，其面临的一个基本问题就是自身民主化程度不高，而地方立法的部门利益本位倾向无疑进一步加剧了其"合法化危机"。民主的一个题中之义，就是存在一个合法的政治公共领域，其能够将社会各方意志传递到政治上层建筑之中，国家因之能对社会需求做出有效的回应。所

---

[1]　参见谢晖：《权力缺席与权力失约——当代中国的公法漏洞及其救济》，载《求是学刊》2001年第1期。

[2]　[美]罗纳德·德沃金：《认真对待权利》，信春鹰、吴玉章译，上海三联书店2008年版，"中文版序言"第21页。

[3]　[英]弗里德里希·奥古斯特·哈耶克：《自由宪章》，杨玉生等译，中国社会科学出版社2012年版，第339页。

[4]　参见李燕霞：《地方法治概念辨析》，载《社会科学战线》2006年第6期。

以民主不仅具有程序性的价值，它还包含着对公共利益的平等解释。这种公共利益的平等解释具体到立法领域，即"要求与法律有利益相关的人都能参与立法，法律的内容要体现多方经过博弈后的利益平衡"。[1]从这个角度来看，地方立法民主薄弱的一个重要方面，即其缺乏对公共需求和权利的认真对待。

有学者把地方立法中的部门保护倾向分为两类：一是通过立法保护和扩大本机关、本部门的职权；二是以保护和扩大部门职权为名，由此获取本部门、本集团的各种利益特别是经济利益。[2]地方政府及其部门利益的法制化，催使政府把财政收益最大化奉为支配性的目标，而对公共服务职能的履行不足。

二、财政体制对立法中地方利益本位倾向的推动

党的十九届四中全会指出，应当"健全以税收、社会保障、转移支付等为主要手段的再分配调节机制，强化税收调节，完善直接税制度并逐步提高其比重"。[3]党的十九届五中全会进一步指出，"健全地方税、直接税体系，优化税制结构，适当提高直接税比重，深化税收征管制度改革"。[4]党的二十大提出了"优化税制结构"的要求和战略部署。[5]"建立现代税收制度实质是实现现代税收体系及其所支撑的现代税收职能的统一。"[6]财力是一个国家的支撑，是国家进行一切活动的基础，也是国家活动的中心环节。在我国，自负盈亏的财政体制是地方政府积极推动地方经济发展、增加地方财政盈余的强有力的逐利动机。[7]财政制度的演变及地方立法的支配性的影响，集中体

〔1〕 杨涛：《"立法回避"是立法民主化的纵深推进》，载《人大建设》2007年第9期。

〔2〕 刘松山：《国家立法三十年的回顾与展望》，载《中国法学》2009年第1期。

〔3〕《中共中央关于坚持和完善中国特色社会主义制度 推进国家治理体系和治理能力现代化若干重大问题的决定》，人民出版社2019年版，第20页。

〔4〕《中共中央关于制定国民经济和社会发展第十四个五年规划和二〇三五年远景目标的建议》，载《人民日报》2020年11月4日。

〔5〕 参见习近平：《高举中国特色社会主义伟大旗帜 为全面建设社会主义现代化国家而团结奋斗——在中国共产党第二十次全国代表大会上的报告》，人民出版社2022年版，第29页。

〔6〕 高培勇：《从结构失衡到结构优化——建立现代税收制度的理论分析》，载《中国社会科学》2023年第3期。

〔7〕 参见郁建兴、高翔：《地方发展型政府的行为逻辑及制度基础》，载《中国社会科学》2012年第5期。

现在对地方政府行为模式的规定和塑造上。

　　改革开放以后，为了调动地方发展的积极性，逐步向地方放权，我国于1980年开始正式实施财政包干制。具体就是，中央负责核定地方的预算收支指标，具体指标的实施过程由地方负责完成，如实施结果超过中央批准的预算支出，由地方自己负责，中央不予补贴；如果有结余，中央也不予收取，留作地方自己用。1994年以后，针对财政包干制的弊端，我国又开始对财政包干制予以改革，实施分税制，把国家整个税收分为不同的税种，即中央税、地方税、中央与地方共享税。总体来说，我国财政制度这一复杂的变迁是和调动地方发展的积极性的目标密不可分的。在国家"统收统支"的第一阶段，地方不享有财权，制约了地方经济发展的活力。而在第二阶段，我国在财政上采取"分权让利"的政策，并于1985年和1988年进一步向地方分权，这种政策"在很大程度上刺激了地方政府发展地方企业尤其是乡镇企业的积极性"[1]。同时，也导致了一定的问题产生，其中最为明显的后果就是中央财政收入在国内生产总值中所占的比重呈下降趋势，国家的宏观调控能力逐步降低。第三阶段的财政政策就是现在实施的分税制，保证了中央税收的来源，且随着经济的发展而不断提高。

　　就其对地方政府行为和立法的影响而言，在这种自负盈亏的财政体制下，政府的功利性特点表现得较为突出。分税制改革影响了地方政府的行为模式，其重点转移到了预算外、非预算和"城市化"。[2]然而通过1998年至2008年近十年的数据分析，我国的建成区园林面积、城市道路、日供水综合生产能力等全国城市公共事业的进步比较缓慢，而城市人口密度增长较快。另外，郁建兴也指出："在发展型国家，紧密的政商合作与经济国家主义导致了政治精英的结构性腐败以及政商勾结的垄断经济结构。在这种体制下，国家二次分配的主要部分都流向了高收入阶层，大部分人民并没有分享到经济增长的果实。"[3]由此可见，在分权的财政体制及"发展主义"意识形态的共同作用下，地方政府更多关注那些能够增收、创收，给自身带来直接财政收益的经济领域。"随着社会利益结构的分化，在政府的行政权力控制下的利益结构

〔1〕　周飞舟：《分税制十年：制度及其影响》，载《中国社会科学》2006年第6期。
〔2〕　参见周飞舟：《分税制十年：制度及其影响》，载《中国社会科学》2006年第6期。
〔3〕　郁建兴：《发展主义意识形态的反思与批判》，载《马克思主义研究》2008年第11期。

被打破，其他利益群体纷纷崛起，导致地方政府必然去寻求利益补偿。当地方政府在制定政策过程中为自身谋取利益的动机膨胀而又不能被制度所约束的话，就很可能使政策主体或政策过程失范，从而违背公共性原则，使公共政策在很大程度上偏离公共利益"〔1〕。这种发展主义的逻辑反映到立法政策上，就是对社会福利、全国范围内的公共利益及公平取向缺乏应有的关注。

三、"问责有限的分权"助长立法中地方利益本位倾向

立法是各种利益进行博弈的一个过程。立法承担着分配社会权利、义务的重要功能，它是国家制度中前提性和基础性的组成部分，是执法和司法的前提。因而立法作为一种对利益的权衡、调节、配置的过程，历来也是"兵家必争"之地。所谓的"立法政治"，就是代表不同利益的各方为了维护本群体的利益进行争斗的政治。围绕着立法而产生的博弈现象，在我国的地方立法中的表现较为明显。立法地方利益本位的产生和我国地方分权制度，更确切来说与分权条件下的权力问责机制的不健全存在着很大干系。〔2〕可以想见，这种地方政府机关为了地方利益而干涉立法的行为，既会影响到法律的中立性，也可能损及法律的权威性和适用效果。

（一）横向问责机制的弊端

根据我国宪法的规定，我国地方人民代表大会享有以下权力：其一，享有立法权，在不同上位法相冲突的情况下可以制定地方性法规。其二，保证宪法、法律等在本地方的遵守和实施。其三，依照法律规定的权限，通过和发布决议，审查和决定地方的经济建设、文化建设和公共事业建设的计划。县级以上的地方各级人民代表大会审查和批准本行政区域内的国民经济和社会发展计划、预算以及它们的执行情况的报告；有权改变或者撤销本级人民代表大会常务委员会不适当的决定。其四，地方人民代表大会享有选举权和被选举权。地方各级人民代表大会分别选举并且有权罢免本级人民政府的省

---

〔1〕 李延辉：《中国社会利益结构的变化及其对公共政策的影响》，载《科学社会主义》2007年第5期。

〔2〕 就将权利问责机制分为纵向问责机制和横向问责机制理论框架而言，本部分论述在一定程度上受到郁建兴教授的问题意识的启发。关于郁建兴教授的详细观点，请参见郁建兴、高翔：《地方发展型政府的行为逻辑及制度基础》，载《中国社会科学》2012年第5期。

长和副省长、市长和副市长、县长和副县长、区长和副区长、乡长和副乡长、镇长和副镇长。县级以上的地方各级人民代表大会选举并且有权罢免本级人民法院院长和本级人民检察院检察长。选出或者罢免人民检察院检察长，须报上级人民检察院检察长提请该级人民代表大会常务委员会批准。

地方人民代表大会除享有人事任免、监督，保障法律实施权外，还享有决定本地区的重大经济、文化、社会建设等方面的权力，是我国地方横向问责体系的重要组成部分，是我国政治参与的重要力量。随着我国法律体系的建成和逐步完善，人民代表大会的职能也逐渐得到强化，这在一定程度上改变了人民代表大会的"橡皮图章"形象，使其发挥了一定的参政议政的作用，法治政府的建设也取得了一些成效。[1]当然，在取得进步的同时还存在诸多需要改进的方面。"地方人民代表大会承担了代表、立法、监督和维持统治等职能，是促进人民表达诉求、保障公民权益、协调多元利益的重要机制。但在实践中，由于其处于相对弱势地位，地方人大的职能履行高度依赖于地方党政领导一把手的支持力度，从而缺乏对地方政府行为的实质影响力。高层政府仍然对候选人提名及其选举结果有着严格的控制。为了谋求发展，地方人大选择'嵌入'地方政府之中并与之开展合作的策略。"[2]此外，"当前人大对重大行政决策的监督比较薄弱，其监督地位趋于边缘、监督措施缺乏约束、监督程序存在漏洞"[3]。在此种情况下，人大监督职能的发挥受到了一定的影响。

在立法权高度收归中央的时期，只有全国人民代表大会享有立法权，随后增加了全国人大常委会也享有立法权，但是地方并无法律法规等的制定权，这样立法权由中央统一行使。在这种情况下，立法主体比较单一，国家利益具有至高性，因而并不存在地方利益本位的问题。随着省级权力机关立法权的享有，并且地方立法主体随之也呈扩大趋势，尤其伴随改革开放和社会主义市场经济的深入，我国的社会多元利益格局已经形成，尤其是各地方有了自己独立的利益。在地方立法的过程中应妥善地处理好各类主体利益的表达。

---

〔1〕　See Cooper, Frank E, "The Executive Department of Government and the Rule of Law", *Michigan Law Review*, 59（1961），515~530.

〔2〕　郁建兴、高翔:《地方发展型政府的行为逻辑及制度基础》，载《中国社会科学》2012 年第 5 期。

〔3〕　秦前红:《论人大监督重大行政决策的强化》，载《东方法学》2022 年第 4 期。

（二）纵向的问责机制的局限性

就地方政府的地位而言，其具有双重角色和职能，一方面其是中央政府的代理者，另一方面其又是本地方利益的守护者。由此对于地方政府而言，最重要的是维护中央的利益，还是自己独立的利益？"从政府纵向治理层级间权责配置关系的视角出发明确地方政府的职能定位，是理解地方治理中权责分立结构的起点。"[1]由于这种多重角色，地方政府执行中央政策时具有一定的弹性，可以结合本地区的实际情况而决定具体采取的措施。当面临执行中央政策和发展本地区相冲突时，地方政府就会考虑自身损失最小的行为，这时中央对地方的控制也是受局限的。当然，在中央政府和地方政府利益相一致时，不会出现相冲突的情形，在此种情形下地方政府更像是中央政府的代理者。重点在于，当中央和地方利益相矛盾时，地方政府的做法。[2]

通过对干部的人事权对干部进行监督是中央政府对地方进行干预和引导的一个非常重要的途径。实践证明，这种纵向的人事管理制度是比较行之有效的。但上下级之间信息不对称性容易导致基层官员以"资源密集型"工程发出有关自己政绩的信号，这些行为又由于同级政府官员之间的竞争而强化和延续；在中央政策和直接上级部门指令之间，后者对基层政府有着更为有效的约束；在组织制度中，政府官员的考察、提拔、去留和待遇都取决于直接上级部门的决策。[3]上级的决策往往是对中央政策的解释和细化，具有具体可操作性，且具有强制性。而由于每个地区的具体情况不一，中央颁布的决策大多是指导性的，不具有强制执行力。此外，总体来讲，中央对地方意见的执行需要通过逐级监督实施。由此，无论从哪个角度上看，来自直接上级的决策、指令、意见都是最为重要的。这种"向上负责"制度在一定意义上限制了来自中央的制度约束性。我国的干部晋升机制本身就会产生强大的逐利激励力量，由于社会服务、城市文明建设等政绩指标难以具体的量化评估，官员在

---

[1] 田玉麒：《纵向职责体系视域下的基层政府：权责分立与关系重构》，载《理论学刊》2024年第3期。

[2] 参见马雪松、程凯：《国家纵向治理体系建设的责任意蕴、制度优势及治理效能》，载《探索》2022年第6期。

[3] 参见周雪光：《"逆向软预算约束"：一个政府行为的组织分析》，载《中国社会科学》2005年第2期。

考核的过程中最重要的依据就是可以实际测量的指标。面对这一套竞争标准，地方官员会力图通过展示自己发展这些指标的优秀程度来证明自己的执政能力，以获取升迁的机会。而中央掌控地方的重要途径是通过人事任免制度，这也是一个非常行之有效的办法，但地方官员最关注的方面之一是自己能否得到升迁，然而由于政府掌握的各地方的信息有限，从而降低了这张"王牌"的作用。

四、利益博弈关系对立法地方利益本位倾向的影响

关于利益博弈关系对地方立法的影响，我们可以从地方与中央之间，以及地方与地方之间两个层面分析。"法律的主要作用之一就是调整和调和种种相互冲突的利益，无论是个人的利益还是社会的利益。"[1]在中央统一领导体制下，地方是中央一体化统治下的主体，有服从中央统一领导的义务。与此同时，地方又是一个具有相对独立利益诉求的主体，且这种相对独立的利益诉求并不一定都与中央一致。[2]我国实施分税制以后，中央和地方有了相对独立的利益。在利益最大化的指引下，地方在立法过程中很容易出现保护本地区利益的倾向。很明显，以法律的形式对本地区的利益予以保护是一种行之有效、便捷的途径。由此，这导致了中央与地方之间的博弈。这主要包括以下三种模式[3]：

第一，中央和地方立法利益一致型。在这种情况下，中央与地方之间不存在矛盾，因而也很容易在博弈的过程中达成共识。此时，地方在立法的过程中可以高呼"和中央政策保持一致"。

第二，中央和地方立法利益不一致型。我国的现行的自负盈亏的财政体制，以及现行分税制的实施，导致中央和地方分别具有了相对独立的利益。正是由于二者的相对独立性，才出现二者利益相冲突的情况。此时，地方政府通常会通过各种方式来最大化地争取自己的利益，而地方立法就是维护自己权益的有力工具。由此，当地自己制定法规就容易出现地方利益倾向。比如，现行的分税制同时采取了税收返还和转移支付制度，但是这种过渡期转移支付办法并非依据地方净上缴的数额返还地方，而是由中央综合考量相关

---

[1]　[美] E. 博登海默：《法理学：法律哲学与法律方法》，邓正来译，中国政法大学出版社1999年版，第398页。

[2]　章剑生：《论地方差异性立法及其限定》，载《法学评论》2023年第2期。

[3]　下述关于中央和地方立法利益关系模式的分析，受到王绍光观点的启发。

政策性因素和地方努力程度等因素来具体确定转移支付补助额。分税制实施以后，地方财权资源层层向上级转移，地方上的财力资源很大部分转移到中央。中央的财政能力大大增强的同时也造成了地方的财力匮乏，不得不依靠上级的转移支付来维持运行。但是，中央转移支付具有一定的政策倾向性，地方单靠此常常不能够满足财政支出的需要，此时，地方就不得不想方设法增加自己的预算外财政收入，就是我们通常所讲的"软预算"约束。这时，地方在立法的过程中就会努力维护本地区的利益，使本地方少受损失。

第三，地方和地方利益不一致型。我国地区之间的竞争已经达到了异常激烈的程度，究其原因主要与我国的财税制度和地方官员晋升制度直接相关。正如张五常所指出的，"中国县的竞争制度从八十年代后期开始，到了1994年开始固定下来。这个竞争制度，就是经济的奇迹所在。经济的奇迹就是在邓小平南下以后，1992年的春天、1993年开始发展，那个时候显得竞争制度开始形成，到了1994年，增值税开始全国统一化"。[1]可以说，自市场经济体制改革以来，地方政府未改变以经济建设为中心的思路。然而，另外的问题却是，资源稀缺是各地普遍存在的现象。在此种情形之下，招商引资成了最佳的发展经济的方略，各个地方在引进外资方面，尽情施展自己的"才华"：便捷的交通、廉价的劳动力、良好的政府政策环境、丰富的物产资源、优厚的土地使用政策等。政府的重要任务是为本地经济发展保驾护航。在地区发展的过程中地区之间利益相冲突的情况无法避免，而地方立法本身就是各个地方之间展开竞争的有效工具。因而本地区在负责自己管辖范围内的地方法规的制定时，如若缺乏本地区外有力的监督，地方立法就容易出现维护本地利益的倾向。

五、立法中地方利益本位倾向的思路转变

民主集中制即为协调中央和地方关系的组织原则。[2]地方在立法的过程中需正确处理好中央和地方以及地方和地方之间的利益关系，只有这样，立法的公正性、中立性才能够最大程度地得到发挥。然而，由于我国财政制度、

---

〔1〕 张五常等：《国家与市场》，译林出版社 2013 年版，第 8 页。

〔2〕 参见李少文：《地方立法权扩张的合宪性与宪法发展》，载《华东政法大学学报》2016 年第 2 期。

权力监督机制、官员晋升制度等方面的问题，地方利益本位一直在地方立法中难以消除。这在实践上已经影响了法律的权威和实施效果。更为重要的是，利益配置的合理程度决定了社会的满意度和社会和谐程度。追求利益的最大化既是理性人的行为选择模式，也是理性社会的价值追求。如何在利益多元化的主体追求自身利益的博弈当中，选择一种合理的利益衡量和配置模式，是值得我们深入反思的问题。因而，我们应针对地方立法中存在的上述弊端，采取适当的措施，克服地方利益本位这一缺点，以图厘清各种利益关系，兼顾中央、地方、组织、个人诸方面的利益，并进一步地提高立法的科学性和合理性，使地方立法发挥最大功效。

财政是国家机器的命脉。要通过财政体制方面的变革，来引导地方发展型政府的行为逻辑的逐步变革，那就应进一步地加强制度建设，实现财政体制的法治化。具体包括两方面：其一，在"财"的方面要进一步完善我国的财税制度，同时要在财力资源的收入、分配和支出方面实现法治化建设；其二，在"政"的方面要进一步规范和控制政府行为，减少政府对当地立法的影响。

"党的十八届三中全会以来，财税体制改革业已成为我国整体社会体制改革的突破口，被提升到'完善和发展中国特色社会主义制度，推进国家治理体系和治理能力现代化'的战略高度，并被赋予了'国家治理的基础和重要支柱'的特殊地位。"[1]我国的财税体制在运行的过程中，行政手段干预较多，这种缺乏法律手段的状况增加了体制的不稳定性预期，为地方机会主义提供了行为空间。通过严格法律的形式将我国的财税制度确定下来，有利于减轻"人治"的色彩，增强其科学性与稳定性。如一些学者所指出的，"税收收入经人大批准才能征收，政府预算透明，无疑就会形成遏制一些政府官员腐败寻租的可能"。[2]我国在实施分税制以后，产生了"权上收"的效应，提高了中央占国内生产总值的比重，增强了中央的宏观调控能力。中央通过这种财税政策的实施掌握了大量的地方收入，地方对中央转移支付补助的依赖性增强，具体占地方支出的 20%~30%。随着我国增值税改革的进一步实施，企业所得税改为中央和地方共享税，60%的企业所得要上缴中央，地方

---

〔1〕　沈斌：《中国央地财政关系的二元困境与破解之道》，载《经济法论坛》2018 年第 1 期。

〔2〕　张五常等：《国家与市场》，译林出版社 2013 年版，第 129 页。

对中央的依赖愈来愈强，在事权没有改变的情况下，地方财政收支之间的缺口越来越大，相应地也加剧了"软预算"约束问题，进而也会降低效率，加剧腐败的问题。因此，税制改革的关键是把征税权收归人大，全国人大才有对税种推陈出新和提高税率的权力。[1]有学者指出："合理划分中央和地方事权与支出责任，逐步推进转移支付制度改革，形成以均衡地区间基本财力、由地方政府统筹安排使用的一般性转移支付为主体，一般性转移支付和专项转移支付相结合的转移支付制度。属于中央事权的，由中央全额承担支出责任，原则上应通过中央本级支出安排，由中央直接实施；随着中央委托事权和支出责任的上收，应提高中央直接履行事权安排支出的比重，相应减少委托地方实施的专项转移支付。属于中央地方共同事权的，由中央和地方共同分担支出责任，中央分担部分通过专项转移支付委托地方实施。属于地方事权的，由地方承担支出责任，中央主要通过一般性转移支付给予支持，少量的引导类、救济类、应急类事务通过专项转移支付予以支持，以实现特定政策目标。"[2]

表 3-2　2009—2013 年中央对地方的社会保障转移支付情况表[3]

单位：亿元

项目名称			2009 年	2010 年	2011 年	2012 年	2013 年
一般性转移支付		总额	11317.20	13235.66	18311.34	21471.18	24538.35
	其中	社会保障和就业	1201.83	1429.22	——	——	——
		基本养老金和低保等	——	——	2750.98	3762.94	4342.51
		新农合等			779.81	1063.30	1662.31
		合计	1201.83	1429.22	3530.79	4826.24	6004.82
	所占比重		10.62%	10.80%	19.28%	22.48%	24.47%

---

〔1〕 参见张五常等：《国家与市场》，译林出版社 2013 年版，第 88 页。
〔2〕 马海涛等：《新时代中国财税体制改革与展望》，人民出版社 2022 年版，第 66 页。
〔3〕 柯卉兵：《中国社会保障转移支付制度研究》，人民出版社 2014 年版，第 116~117 页。

项目名称			2009 年	2010 年	2011 年	2012 年	2013 年
专项转移支付		总额	12359.89	14112.06	16569.99	18791.52	19265.86
	其中	社会保障和就业	1640.47	1927.52	1462.31	1405.11	1581.69
		医疗保障	—	758.54	157.73	163.54	56.77
		合计	1640.47	2686.06	1620.04	1568.65	1638.46
	所占比重		13.27%	19.03%	9.78%	8.35%	8.50%
全部转移支付		总额	23677.09	27347.72	34881.33	40262.70	43804.21
	其中	社会保障	2842.3	4115.28	5150.83	6394.89	7643.28
	所占比重		12.00%	15.05%	14.77%	15.88%	17.45%

　　此外，还应当严格审核政府工作报告及财政收支计划。就政府对地方的干预而言，地方政府和中央相比具有更为优越的条件，因为自负盈亏的财政体制不但可以提高地方政府对本地区经济生活的干预兴趣，而且也可提升地方的干预能力。由于增值税对地方财政收益的贡献日渐式微，地方政府藏富于企业的动力不复存在。相应地，由于营业税（主要来自建筑业和第三产业）对地方税收收入的贡献不断增加，加上土地财政对于地方财政的重要性日益突出，地方政府行为出现了从"经营企业"向"经营城市"的转变。[1]这种现象出现的原因就是通过非法治化的途径，维护本地方的利益。因此，只有建立健全法治化透明化的财税体制，才能使地方发展走向健康的发展之路，才能够兼顾眼前利益和长远利益，才有可能更好地维护国家整体利益。

---

　　[1]　参见郁建兴、高翔：《地方发展型政府的行为逻辑及制度基础》，载《中国社会科学》2012年第 5 期。

第四章

地方立法的社会动力

在中国的现代化过程中，社会建设一直处于重中之重的地位。新中国成立后的前三十年的社会改革，改变了原有的社会利益格局，为中国经济改革的成功奠定了基础。对立法而言，社会同样是一种举足轻重的动力。因此，我们将从社会的角度来探讨地方立法。社会是一个相对于国家的领域，这里的社会事实包括市民社会、公共参与和良序社会建设。市民社会建设能够推动地方立法的法治化，保证其向着扩展个人自由、约束政府权力、维护权利平等、健全制度安排等法治的方向发展。公民对于公共事务的公共参与，提高了地方立法的民主化水平，夯实了其民主合法性基础。而良序社会建设，则蕴含着公平公正的社会主义价值，督促地方立法向着公平正义的价值转型。"公平公正是历史悠久的法律原则，法律所追求的价值目标。"[1]

第一节　市民社会与地方立法法治化

一、市民社会的兴起及其特征

我国的市民社会研究与社会主义市场经济的建设紧密相关。[2]始于1978年的中国改革开放，是一场面向全球化的"全方位"变革。其内容囊括了经

---

〔1〕　张春生、李飞主编：《中华人民共和国行政许可法释义》，法律出版社2003年版，第25页。

〔2〕　窦梓绮：《市民社会批判与现代社会理论的生成——论马克思对黑格尔的双重超越》，载《学术界》2023年第12期。

济基础与上层建筑的各个方面，不仅推动了市场机制创设，而且转变了国家支配与治理的制度逻辑和合法化方式、共同体的组织形式、人们的公共价值观念，以及对历史图景的想象等。其中，最为突出的一个现象，就是中国市民社会的蓬勃兴起。

所谓市民社会，按照邓正来等人的界定，就是"社会成员按照契约性规则，以自愿为前提和以自治为基础进行经济活动、社会活动的私域，以及进行议政参政活动的非官方的公域"。[1]从这一定义中可以看出，市民社会具有非政治的属性、非官方的背景，它能动地与政治国家构成二元对立关系。无论对于民主化（转型），抑或法治社会和法治国家的构建而言，市民社会机制的精髓和秘密就存在于其与政治国家的关系结构当中，而不论这种关系表现为良性互动还是紧张敌对。如果我们观察一下近代资产阶级革命的历史，就可以看出，市民社会的产生需要具备非常深厚的文化、经济渊源和良性的政治支配条件。由于各国的资源条件、政治支配结构、文化传统、经济生产方式不同，其市民社会诞生的原因或建构的路径就会不同，其所涵盖的内容也不同。[2]

（一）市民社会兴起的原因

要理解中国市民社会的兴起，就应明晰以下三重背景，它们互相交织，共同影响了中国市民社会兴起、性质和发展潜力的结构性条件。

1. 全能型国家的改革

首先，中国市民社会的兴起，始于自上而下的对政府体制和管理模式的变革。全能型政治体制的核心特征，是在国家与社会的关系上，取消社会领域的独立存在，运用国家掌握的行政手段去强制性地组织经济、社会和资源分配活动，从而形成国家机器吞没私人领域的局面。所谓对全权型体制的变革，就是要重新调整国家与社会的关系，规范国家调控社会的边界和手段，尊重社会的自我组织和自我维护能力，以求最终在两者之间形成一种充满活力的良性结构。截至 2023 年 12 月 25 日，我国已经颁布了 11 项旨在促进发展

---

〔1〕　邓正来、景跃进：《建构中国的市民社会》，载《中国社会科学季刊》1992 年创刊号。

〔2〕　参见窦梓绮：《市民社会批判与现代社会理论的生成——论马克思对黑格尔的双重超越》，载《学术界》2023 年第 12 期。

的国家法律，并制定了 958 项地方性的促进法规。[1]从这些数量上可以观察出，促进型的法规已逐步成为我国法律体系中的一个关键类别。这类法律立法的目的在于增强社会自我管理的能力，并促进不同社会主体的协同参与；同时，它们着重实现社会利益的共享，以及确保法律主体间的平等。[2]

在中国漫长的封建社会历史中，一直实行的是一种大一统的集权政治体制。在这种支配结构当中，王权至上就有无可辩驳的正当性，一切的个人、私人关系都依附于王权政治，自主、自治、分权、平等等观念和关系都未得到充分发展。就社会机制而言，其又表现为一种强力控制的"超稳定结构"，社会治理的"治乱循环"并未让中国社会走向一种多元主义和权力与权利相互制衡的道路，反而是社会秩序每经过一次周期性的动荡和崩溃，就会在原有基础上重建、巩固、强化控制结构，而始终未给自由、独立的社会留下足够的发展空间，因此，也就不存在市民社会独立成长的文化和社会土壤。到了近代，由于民族革命、东西方冷战、大规模工业化等多种因素和目标的影响，随着时间的推移，在国际性的制度竞争的环境中，这套庞大的政治机器越来越显得不合时宜，阻碍了社会进行自我调适和扩展秩序。据此，对全能型政治的变革就表现在：①简化国家机器，在中央与地方层面引入分权的因素，在权力的行使上引入制度和规范的因素；②国家权力逐步退出社会经济领域，培育市场机制，尝试着重新划定国家干预的界限；③破除对立法万能及纯理性建构论的迷信，鼓励市场的、传统的、民间的、自发的、实验的、非正式制度的、本土资源的因素的成长，肯定制度变革的多元路径和多方博弈作用；④在治理领域，打破过往的自上而下的单向度运动路线，强调自上而下与自下而上相结合，变过去的运动式治理为法制型治理；⑤肯定人们自利的政治价值，鼓励人们自主探索、追求自身的目的和合法利益，尊重私域；⑥建立一种具有开放性、包容性的意识形态体系，在坚持马克思主义、列宁主义、毛泽东思想等的基础上，将市场、权利、私产等范畴纳入新时期的话语体系当中。这一切，都将改革引向了一个独立的市民社会。

---

〔1〕 数据来源于"国家法律法规数据库"，https://flk.npc.gov.cn，2024 年 3 月 2 日访问。

〔2〕 参见胡元聪、廖娟：《人工智能的负外部性及其经济法规制》，载《大连理工大学学报（社会科学版）》2020 年第 3 期；阿力木·沙塔尔、林星君：《市域社会治理地方立法：功能定位、模式选择与实现路径》，载《新疆大学学报（哲学社会科学版）》2024 年第 2 期。

2. 全球化过程的示范激励

20世纪80、90年代，与中国的市场化改革同步，第三波民主化运动正在非洲、拉丁美洲、东欧等地区蔓延。这些民主转型运动所透露出的一个重要特征，就是市民社会或公民社会的蓬勃兴起。这种市民社会成为民主政治崛起的基础。在其含义方面，"不仅包括了不受国家干预的负面自由，而且包括了参与国家政治事务的正面自由。这样定义的市民社会不许国家公共权威涉足，却有权过问国家事务……它不再是与自然状态相对的'文明社会'，也不是消极保护私域免遭国家权力染指的'市民社会'……因为每一个人作为公民都享有国家无权侵犯的基本人权和影响国家政策过程的参与权"。[1] 在全球化的条件下，这种市民社会的内涵及其展现出的斗争过程和社会运动前景，提供了示范性激励作用。

尤其是，当大规模的革命逐渐退去，国家开始通过有意识地创制市场社会来发展生产力、释放社会活力、凝聚政治共识、解决合法性问题的时候，市民社会能够在社会变迁过程中防止普遍失范，维护社会稳定，培育公民的平等、自主意识和公共精神，发挥民间的、非正式制度资源的作用，重视制度在国家政治生活和经济生活中的权威性地位。

（二）市民社会的内在结构

中国的市民社会事实上由市场经济、私人领域、中产阶级、多元利益、公共领域五个关键性要素构成。

1. 市场经济

对全能型国家体制变革的一个重要途径就是创制一个高效、健全的市场体系。"市场经济领域不仅是市民社会主体活动的主要场所，也是市民社会赖以生存和发展的基础。没有市场经济就不可能有市民社会"，[2] 自律性市场就是市民社会的经济基础。这种自律性市场要求消解一切等级的、特权的、身份的依附关系，把人视作平等、理性而独立的个体来看待；它要求个体之间交往关系的互利互惠性质，即不仅仅把人当作手段，还要当作目的本身；它

---

〔1〕 王绍光：《关于"市民社会"的几点思考》，载《二十一世纪》1991年第8期。
〔2〕 邓正来：《学术自主与中国深度研究——邓正来自选集》，上海文艺出版社2012年版，第140页。

要求个体利益与公共利益和社会整体福利的自然和谐，因此其鼓励个人实现自身利益最大化的行为，而反对强制性的分配正义；它要求权利应清楚界定，因而其支持一个能够降低交易费用的制度环境；它要求多种经济资源、成分、要素自发地参与经济活动当中，为其提供持续的激励。我国市场机制的建设包括对多种所有制成分的强调、对身份关系的松绑、土地使用制度的改革、对私人合法权利的承认、商业环境和合同规则的确立。如，截至 2024 年 4 月，地方共出台"优化营商环境条例"81 部，包括《天津市优化营商环境条例》（2019 年）、《山东省优化营商环境条例》（2020 年）、《江苏省优化营商环境条例》（2020 年）、《广州市优化营商环境条例》（2021 年）、《青岛市优化营商环境条例》（2021 年）、《济宁市优化营商环境条例》（2023 年）、《东莞市优化营商环境条例》（2024 年）等。此外，地方还出台了诸多种类促进市场积极发展的法规，涉及促进民营经济发展、自由贸易试验区建设与发展、促进中小企业发展、城市国际化等。[1]

表 4-1 我国宪法、法律、法规对市场经济的确立和维护

宪法、法律、法规名称	内容
《宪法》（2018 年修正）	国家实行社会主义市场经济；发展社会主义市场经济
《刑法修正案（十二）》	破坏社会主义市场经济秩序罪
《反不正当竞争法》（2019 年修正）	为了促进社会主义市场经济健康发展，鼓励和保护公平竞争，制止不正当竞争行为，保护经营者和消费者的合法权益，制定本法
《仲裁法》（2017 年修正）	为保证公正、及时地仲裁经济纠纷，保护当事人的合法权益，保障社会主义市场经济健康发展，制定本法

---

〔1〕 有关地方性法规：《营口市促进民营经济发展条例》（2023 年）、《河南省保障税收服务发展条例》（2023 年）、《贵州省反不正当竞争条例》（2023 年修订）、《海南自由贸易港三亚中央商务区条例》（2023 年）、《巴音郭楞蒙古自治州库尔勒香梨产业高质量发展促进条例》（2023 年修正）、《保定国家高新技术产业开发区条例》（2023 年）、《山西省反不正当竞争条例》（2022 年修订）、《中国（安徽）自由贸易试验区条例》（2022 年）、《海南自由贸易港反消费欺诈规定》（2021 年）、《甘肃省促进中小企业发展条例》（2021 年修订）、《威海市城市国际化促进条例》（2021 年）。

宪法、法律、法规名称	内容
《国家安全法》	国家维护国家基本经济制度和社会主义市场经济秩序，健全预防和化解经济安全风险的制度机制
《消费者权益保护法》（2013年修正）	为保护消费者的合法权益，维护社会经济秩序，促进社会主义市场经济健康发展，制定本法
《融水苗族自治县自治条例》（2017年修订）	自治机关按照市场经济发展规律，加快和促进商品流通，加强城乡商业网点建设和管理
《湖北省专利条例》	查处假冒专利、重复侵权等违法行为，维护市场经济秩序
《深圳经济特区质量条例》（2019年修正）	深化大部制改革，建立适应经济社会发展和市场经济体制要求的政府运行体制
《江苏省价格条例》（2021年修正）	应当遵循市场经济规律，兼顾消费者和经营者的利益
《山东省计量条例》（2020年修正）	保障国家计量单位制的统一和量值准确，保护消费者和经营者的合法权益，维护市场经济秩序
《河南省地方铁路管理条例》（2016年修正）	地方铁路运输企业，必须按市场经济规律办事，不断提高运输服务质量
《辽宁省反走私综合治理条例》	为了维护社会主义市场经济秩序，根据有关法律、行政法规，结合本省实际，制定本条例

2. 私人领域

健全的市民社会不仅要求发达的经济交往关系，还要求一个确定、正当的私人领域。这一私人领域又是任何个人和组织所不能随意干预和侵犯的，国家要对其加以承认和保障，并能在其受到侵害的情况下为其提供救济手段。该私人领域由宪法、法律所明文规定的一系列权利、自由、救济手段、资格构成，包括基本的财产权、住宅安全、人身自由、隐私权、生命权、言论自由、思想自由，以及其他程序性的权利。正如美国学者罗伯特·诺奇克所说的"个人拥有权利，他们是如此重要，以至于国家以任何理由都不能逾越"。在现代发达的国家权力面前，私人领域提供了个人可在其中自由活动、按照个人意愿（而非屈从他人意志）安排自身计划的受保障的空间或领地。

3. 中产阶级

组织良好的市民社会还特别依赖一个成熟、理性而富于现代文明精神的中产阶级队伍。改革开放在社会领域的一个重要表现，就是社会阶层开始发生分化，原先的工人、农民在外延上变得模糊。新工人、新农民涌现以及企业家阶层崛起。在这个过程中，中产阶级不仅是社会结构的稳定、缓冲机制，而且也构成市民社会的主体力量。当前的城市中产阶级主要是由受过良好教育、具备较强的职业能力的各行业的专业和技术精英、人员构成，包括企业家阶层、知识分子群体等。他们不仅是社会财富、科技、知识的主要创造者，也是维护社会稳定的中坚力量，是市民文化、消费文化的主要创造者。另外，城市中产阶级具有强烈的公民意识、权利意识、法治意识、公共意识，能够超越阶级、种族、地域、性别、宗教等多方面的歧见，促进市民社会形成共同的身份认同和公共责任意识，能够通过权利的维护、言论自由权利的行使、社会运动等途径对国家行为进行监督和制衡，因此，他们是公共理性的主要运用者，是公共政治文化的主要承担者。

4. 多元利益

在确定的私人领域、发达的中产阶级的基础上，市民社会会出现各种形式的利益集团。所谓利益集团，主要是指市民社会成员围绕着特定的目的而自愿结成的一种组织或利益共同体。它首先是一种目的论的共同体，此处的共同目的成为其成员相互联结的纽带，而不管这种目的的性质是文化的、娱乐的、宗教信仰的、经济盈利的还是政治游说的。市民社会的利益集团建立在公民意思愿的基础上，其大多数属于自由结社的范畴，只要其在自身目的和法律规定的范围内活动，国家都不会予以干预；正是由于这种自愿的本质，才决定了公民可以自由成立、选择或退出，而这种退出或变更身份的行为不会对公民的基本权利和自由造成贬损。利益集团的出现，充分反映了市民社会的多元化特征，也反映了市民社会的组织化力量，它说明市民社会的成员能够自发地组织起来，自我管理和共同行动，维护公共利益。

5. 公共领域

所谓公共领域，其实是市民社会的成员们通过自由表达、讨论、交流、批判，并在此基础上达成意见共识，以此影响国家的政治安排和立法决策的非官方的公共活动空间。在性质上，它是独立于官方制度安排之外的自主活动空间，因此其不是由政府操控的。作为一个公共意见和理性的平台，公共领域由一系列的正式或临时的机制和渠道构成，包括电视、广播、报纸、刊物、书籍、沙龙、讨论会、集会。公共领域的主体活动内容是自由平等的公民可以在其中公开表达意见、交流观点、发表评论，以此对国家政策产生实质性的影响。如果我们把民主看作一种意见的统治，那么，一个有责政府的标准，就是其是否能够对公众在公共领域当中所表达的普遍意见负责，是否能够倾听、检视经讨论而表达的意见以及及时对其做出回应。

（三）市民社会的现代特征

市民社会的构成内容决定了其具有自治性、平等性、多元主义、公共性、制度需求等特征。

1. 自治性

市民社会的自治性是相对于政治国家而言的，市民社会是与政治国家分离的、具有一定自治性的区域，[1]是市场经济和私人领域的要求。市民社会的自治性具有多重含义，包括：①自治的内涵中包括自由，即公民享有免受政治权威任意干涉的权利。公民所享有的一系列法律权利，为这种自由提供了支撑，因为它们为国家强制性权力的行使设置了明确的"边界约束"；②公民可以自由地运用自己掌握的知识、技能去追求自身的目的和善观念，按照自己的意愿合理安排自身的生活计划；③市民社会的成员们可以自由选择与他人的交往关系，可以通过自身的意思合意来为自身设定义务、转让权利、承受利益、分担损失等；④市民社会的成员享有独立的人格，在其享有人权并且其权利受到法律平等保护的意义上，他不依附于任何他人或组织，不是其他权利主体所支配的资源或手段。准确来说，他为目的本身，而非仅仅是

---

〔1〕 张钦昱：《元宇宙治理的法治特点与边界》，载《新疆师范大学学报（哲学社会科学版）》2023 年第 5 期。

手段。当然，市民社会的自治性是相对的，毕竟，市民社会的独立性自始至终都需要国家的制度和法律保障。更重要的是，当公民的权利受到侵犯而需要救济时，或市民社会本身陷入难以调和的矛盾当中时，就需要国家的权威性介入，以维持其良性发展。

2. 平等性

平等原则是市民社会的核心特征和核心价值。市民社会成员的主要关系形式不是传统的宗法关系或行政支配关系，而是一种契约型关系，它竭力反对任何封建的、等级的、特权的因素，因此它是平等的。市民成员之间的社会合作建立在自愿原则的基础上，任何人都不得将自身的意志、信仰和价值观强加于人，在此意义上它是平等的。市民社会的成员虽然存在出身、财产、家庭背景、宗教信仰、地域、语言、生活习惯、自然禀赋的差异，但这种差异却并不构成政府对他们采取区别对待的理由，相反，法律应对他们一视同仁，视他们为平等的权利主体，给予他们平等的基本权利与自由，对其权利施加同等的保护——在反对差别待遇的意义上，它是平等的。市民社会的成员的社会合作是建立在相互尊重的基础上的，它要求在自由而平等的人们中间平等地分配社会合作产生的利益、负担、责任，反对任何人凭借"优位之势"而对他人进行剥削和宰制，以谋取不正当利益。因此，市民社会主张一种广泛的平等。平等刻画了市民社会的基本特征。不平等是专制权力和依附关系的温床，而正是有了平等的价值观，市民社会才成为遏制特权关系、抵御专制权力的土壤。

3. 多元主义

"多元主义"是西方"市民社会"的理论基础，[1]市民社会的多元主义包括利益格局的多元化和价值多元主义。利益格局的多元化是指随着社会阶层的分化、多种经济成分的兴起、地区资源的差异，市民社会内部逐渐发育出不同的利益主体、利益诉求和利益对象。这种格局的多元化无疑增加了市民社会的活力。市民社会的价值多元主义，是指由于大一统的意识形态话语体系的解体，人们可以自由选择、发展其所偏好的价值观念，选择、体验不

---

〔1〕 何平香、龚正伟：《中国体育伦理的国际叙事：问题、原因与策略》，载《成都体育学院学报》2023 年第 4 期。

同的生活方式；在法律允许的范围内，每一种价值观、善观念或生活方式都有存在的价值，任何一种生活方式或价值观与其他生活方式或价值观相比，都不具有天然的优越性。这种价值观层面的多元主义大多数强化了公民的私人领域。

4. 公共性

市民社会的生活方式是一种较为理性化的生活方式，它是个人主义的，但亦存在公共性。首先，公共领域，尤其是政治公共领域的存在，为人们表达自己的意愿和利益诉求提供了一个理性的平台，这个平台是公共的，因为它能忽略市民社会成员多方面的身份差别而包容多元、差异的声音。其次，与公共平台相联系，市民社会充当了理性公共运用的场域，人们可以在此间就正义根本问题和宪法要素问题进行广泛的讨论、评判和民主协商，而只有充分尊重这种公共理性，国家才能够保有合法性。最后，市民社会的生活方式虽说是多元主义的，但这不影响其共享共同的、普遍主义的价值观念。这种共享的价值观表现为一种公共政治文化，包括民主、法治、权利、自由、平等等价值观念。这种公共政治文化就潜藏在市民社会当中，交叠于多元主义的价值观和生活方式当中。

5. 制度需求

市场经济、私人领域、公共领域等构成要素，共同决定了市民社会具有强烈的制度需求。对于人们的交易活动，它特别需要一个权利能够得到清楚界定的、能够防止社会租值消散的制度结构；面对公民的私人领域，它特别需要一些确定的、普遍的一般性原则、规则来限制和规范国家强制权力的使用；面对人们价值观和生活方式日益多元化的现实，它需要一套制度体系来给予公民个人以平等的关注，以保障公民所持有的这些价值观和生活方式享有平等的发展机会；面对人们之间的自愿合作和经济交往，它要求一个公平正义的制度框架，来公正地分配社会合作所产生的利益和负担；面对人们的意见表达，它还需要一个制度框架能够在保障人们的基本参与权利的同时，保障人们能够有平等的机会影响政治决策过程，为其参与提供有效的程序和规范。是制度将公民联结、组织起来，从而凝聚成一个充满多样性的社会共同体。

市民社会能够为公民个人之间的交往活动确立一个独立的、受保护的私域，一个免受政府任意干预的经济机制；市民社会是自由公民和多元利益集团自我组织，表达不同利益诉求，影响国家政治决策的有效场域。[1]市民社会能够对国家权力形成有力的制衡机制，制约国家专断权力的过度膨胀。原有的等级制衡被打破，社会结构开始出现横向化的发展趋势，市民社会以现代法治国家的存在为前提得到了进一步推广。[2]因此，市民社会是现代法治的渊源之一。

二、地方立法的法治化难题

由于 2015 年《立法法》修改以来地方立法权的大规模扩张，党的十八届四中全会以来对法治、"改革需于法有据"的强调，加之地方政府间制度竞争的推动，地方立法正在如火如荼地展开。但立法作为一种制度创制和供给的专门性活动，对它的评价不能仅限于外在形式的完备与否，更要关注其是否与当前社会民主法治的主流价值相符、在多大程度上反映并实现改革者的框架性目标、是否与国家治理体系和能力的现代化相兼容、能否与社会经济的变迁相调适。[3]在此，如果我们以市民社会的蓬勃兴起为参照，那地方立法在规范性文件完备的同时，就存在诸多尚需解决的问题，这些问题包括立法指导思想和具体的立法过程两方面。

（一）意识形态因素对于地方立法的制约

所谓立法的指导思想，实质上是由塑造立法者的世界观、指引立法活动的一系列观念、原则、价值、目标、理论等构成的一套体系。"法律是意识形态是否具有合法性的标尺，统治阶级的权力需要法律规范，法律的运行需要政治保驾护航，二者不应当被割裂。"[4]观诸人类的法制史，但凡重大而有影响的立法活动（包括法典编纂活动），都伴随深刻悠远的思想运动，包括思想和文化价值层面创新。特定时期的思想观念或意识形态对立法活动的规制是渗透性的。如果一种意识形态能够反映社会进步的需求，那其就能够推进立

〔1〕　See Tushnet, Mark, "The Constitution of Civil Society", *Chicago-Kent Law Review*, 75（2000），379~416.

〔2〕　劳凯声：《教育法的部门法定位与教育法法典化》，载《教育研究》2022 年第 7 期。

〔3〕　参见关保英：《地方立法推动行政法发展的法治评价》，载《法学》2022 年第 12 期。

〔4〕　杨云霞：《以法治手段维护主流意识形态安全研究》，载《湖湘论坛》2024 年第 1 期。

法的制度变革以及对生活方式、社会关系的调整；反之，其对立法的伤害是巨大的。概括来说，在当前的地方立法中，对地方立法产生消极影响的思潮，主要有国家主义、工具主义、经济主义、技术主义。

1. 国家主义对于法治约束的弱化

由于我国独特的历史经验，以及改革开放以来独特的政治支配和治理方式（政府在经济发展、市场化改革、立法活动中扮演主体角色，占据主导地位），立法和制度建设中存在着不同程度的国家主义思潮，地方立法也不例外。国家主义的基本信条是："人作为社会性动物，势必生活在国家之类的政治体中，国家作为自足自治的存在，国家利益和意志以及国家目的相较个人抑或非国家性组织，被视作更高级的'善'，呈现出毋庸置疑的优越性。"[1] 与自由主义、权利本位的立法或法治观不同，国家主义肯定了国家在治理和制度变迁中的主体地位，它强调的是政治权力的集中和使用，与之相比，个人的、社会的、自治组织的、平等自治的因素，在立法过程中都是次要的，都得依附或能够服从于国家的组织规定。国家主义把国家、主权者的意志带入立法过程中，并将其奉为立法和法治的最高或唯一渊源，统治者的偏好、决断顺理成章地进入立法过程当中，并且是立法首先值得考量的因素，而法治的规则、原则以及人权等价值观念则被专断地后置。用组织规定代替自发秩序、用掌权者的偏好、意志代替一般性、正当性的规则和原则，国家主义实际上为地方政府对地方立法的支配提供了合法性的证明，为其权力对立法的介入打开了方便之门。

2. 工具主义对于立法效能的限定

在法治看来，立法或法律构成了自由平等的个人的理性生活方式的重要部分。立法为个体公民的交往活动确立了理性的制度框架，以充分保障各方的预期；立法界定了社会合作的基本条件，对社会合作的利益、义务、负担进行公平分配，以维持基本的社会秩序与公平正义；立法为公民们供给了一系列的权利和自由，以保证其能够充分运用自己所掌握的知识和技能去实现人生的目的和生活规划，培养自身的道德能力。因此，对于自由公民独立人格的健全完善而言，制度至关重要。立法是治理的重要方式，在制度完善的

---

〔1〕　于浩：《共和国法治建构中的国家主义立场》，载《法制与社会发展》2014年第5期。

意义上它本身就是目标，是现代生活方式的理性表征。但在地方立法中，国家或政府在成为地方立法的支配主体的同时，容易把立法进行工具化。立法首先是一种创设有效费用的工具，如果地方立法者感到对治理事务的立法能够减少治理成本，降低治理风险，其容易产生立法的冲动，而不去仔细评估立法的背后是否存在足够的制度需求、具体的立法是否与社会主义法律体系相协调、立法究竟是保护了公民和权利以及推进了公共利益还是只能扩大某一利益集团和行政部门的利益、立法是否尊重市民社会成员的意识和自治精神。此外，考虑到"当代中国的地方政府既不完全是中央政府的代理人，也不完全是地方民众的代理人，还应该是地方政府主要官员利益的代表者"，[1] 工具性的地方立法有可能被诸多地方发展型政府去追求财政收益最大化的目标，在政绩考核机制下被地方官员当作其晋升博弈的砝码，为地方政府及其部门利益的扩张提供便利手段。

3. 经济主义对于立法目标的窄化

正如美国法学家博登海默所说的，法律是秩序与正义的综合体。理想的立法，应该在法律的变化与安定性、经济效率与社会公正、社会权利与部门利益等多元价值目标之间保持"反思平衡"，而不应该在价值多元化的背景中去单向度地维护某一价值、目标。地方立法容易受到经济主义的影响。这种市场经济的立法观反映在"市场经济就是法治经济"的政策中，反映在经济学家舒尔茨所主张的立法及其所引导的相关制度变迁应该被看作对经济增长的动态需求的回应，是为适用人的经济价值提高而生的滞后调整的观点当中，[2] 体现在以改善市场、贸易与投资环境为主体内容的地方政府间的制度竞争当中。在经济主义看来，既然立法本质上属于一种制度供给，为经济秩序提供一种降低交易费用的制度安排，那么，立法活动同样要考虑科斯所阐述的这一信条："合法权利的初始界定会对经济制度运行的效率产生影响。权利的一

---

〔1〕 张紧跟：《当代中国地方政府间关系：研究与反思》，载《武汉大学学报（哲学社会科学版）》2009 年第 4 期。

〔2〕 参见［美］西奥多·W. 舒尔茨：《制度与人的经济价值的不断提高》，载［美］罗纳德·H. 科斯等：《财产权利与制度变迁：产权学派与新制度学派译文集》，刘守英等译，格致出版社、上海三联书店、上海人民出版社 2014 年版，第 175~184 页。

种安排会比其他安排产生更多产值。"〔1〕或者如苏力教授所指出的，"即使立法自身同样要注重效率的原则，遵循效应最大化的标准"。〔2〕由此，效率被奉为地方立法的第一原则和优先政策取向，经济、市场、资本、产权、合约遂成为地方立法的中心语汇。经济主义对地方立法的规训结果是，一方面，立法者对经济效率的关注影响对人们基本权利和自由的尊重，而根据正义的原则，市民社会平等公民的权利是不能根据效应最大化的理由受到限制的。另一方面，地方立法的过度经济化只会反过来强化地方支配及治理体系的卡里斯玛特质。

4. 技术主义对于立法价值的虚化

正如哈耶克所指出的，法治的真正含义是一种关于法律应是什么的学说，它表达了一种有待实现的政治理想，一种多元社会的共识。〔3〕从这一观点出发，作为法治基础的立法，不是技术中立的，它包含着立法者和人们对于社会共同体究竟应当选择何种生活方式、何种价值的深刻思考。然而，当前的地方立法却在很大程度上倾向于一种技术主义的态度，而对法治背后的诸多重大问题弃之不顾。他们把立法及其制度建设当成地方治理的技术性手段，这种技术手段主要为处理经济、社会事务而设，多关乎地方立法、行政、司法的功能运作组织，较少涉及自由平等公民的制度认同、合法性确信和居民意志。法治的一个基本前提就是在一般性规则与命令和政府的即时性目的、法律原则与政治政策之间进行区分。政策是政府为进行社会治理而制定的一系列即时性的目标，出于自身的偏好和实用的考量，政府往往可以对其进行单方面的调整和变通，而法治则要求政府应按照规则行事，法外的权力即为非法。法治之法要求其具体规则具有平等性、一般性和可期待性，而政府为实现其一时的目的，往往会采取诸多权宜措施，对公民的平等权利作出裁剪。技术主义路线有其无法克服的局限性，只能是在目前不可能发生大的立法变动的前提下的权宜之计。〔4〕因此，若把地方立法问题简单化为一种技术手段，

〔1〕 ［美］罗纳德·H. 科斯：《企业、市场与法律》，盛洪、陈郁译校，格致出版社、上海三联书店、上海人民出版社 2014 年版，第 113 页。

〔2〕 苏力：《法治及其本土资源》（第 3 版），北京大学出版社 2015 年版，第 103 页。

〔3〕 参见 ［英］弗里德里希·奥古斯特·哈耶克：《自由宪章》，杨玉生等译，中国社会科学出版社 2012 年版，第 324~326 页。

〔4〕 魏晓娜：《以审判为中心改革的技术主义进路：镜鉴与期待》，载《法商研究》2022 年第 4 期。

就容易混淆一般性法律与个别命令的本质性区分。立法技术主义还容易对立法持一种听之任之、放任无所谓的态度，对权力机关权力运作的制度约束不足，欠缺对市民社会成员权利的有效保护。

（二）制度结构层面

地方立法法治化的困境不仅体现在指导思想和意识形态方面，而且还存在于其制度结构当中。这既包括了地方保护主义和部门利益的法制化，也包括了地方立法中的权力失约问题。

1. 地方保护主义法律化

地方保护主义的法律化，是指地方立法主体把因管理本辖区的公共事务而产生的"政治奖赏"反映到地方性法规、政府规章及规范性文件当中，以期凭借对"合法性""法制化"概念的占有攫取超额的"政治剩余价值"。例如，经济学中所谓的"行政区经济"，即由于作为"有限理性经济人"的地方政府，在市场化进程中为追求辖区利益和自身利益的最大化，人为地在本行政辖区的边界设置贸易和关税壁垒，使本应按照市场法则自由流动的商品、技术、资本等资源要素束缚在行政区划的刚性界限之内。[1]对于地方保护主义的法律化，相关论者已经注意到此间一个耐人寻味的现象，即"地方政府竞争往往以地方法规形式出现，许多部门法规也可以被地方政府用于地方保护"。[2]

当前普遍存在的立法中的地方利益本位问题，很大程度上为地方保护主义法律化的结果。在实践中，由于在市场化进程中地方之间的资源禀赋、区域优势存在先天差异，某些地方政府的制度创新能力不足，[3]加之受短期绩效的激励，参与经济竞争的地方为取得竞争优势，往往会利用其对地方性法规、政府规章、规范性文件创设的主导地位，推行保护性、掠夺性的竞争策略，设置贸易和关税壁垒以阻止生产要素的跨区域自由流动，妨害市场在资

〔1〕参见陈敏、阎小培：《1990年代以来中国行政区经济研究的进展》，载《学术研究》2005年第6期。

〔2〕周业安、冯兴元、赵坚毅：《地方政府竞争与市场秩序的重构》，载《中国社会科学》2004年第1期。

〔3〕参见王刚、唐曼：《"被动的自主"：地方政府创新的阻滞现象及其机制解释》，载《中国行政管理》2024年第3期。

源配置中的基础性地位。很明显，地方保护主义的法律化会阻碍经济体交易成本的降低，导致巨额的社会"租值消散"。

2. 部门利益法制化

政府部门利益法制化即指地方政府及相关部门凭借其在立法过程中的强势地位，将"独立的利益偏好"反映和投射到地方法规的制定当中，从而以"合法"的方式强化其"政治的支配状态"的行为。现实中，这些"独立的利益偏好"与国家创制并主导的市场经济模式和发展主义意识形态、地方发展型政府体制"财政收益最大化"的目标指向、地方政府竞争机制有关。值得注意的是，近来由于国家相应法律法规的出台及完善，地方立法中部门利益扩张的方式已悄然发生转变，即从通过立法设立收费项目、不当处罚转向了扩张部门权力、简化行政责任。

表4-2　立法规划中重庆市政府提请审议机关统计[1]

立法规划类别			提请审议机关
条件比较成熟、本届内拟提请审议的立法项目	制定项目（16件）	财政经济（3件）	市政府
		内务司法（5件）	市政府（4件）/市人大内司委（1件）
		农业农村（2件）	市政府
		城乡建设环境保护（2件）	市政府
		教育科学文化卫生（4件）	市政府
	修订项目（28件）	综合类（2件）	市人大常委会主任会议
		财政经济（4件）	市政府
		内务司法（8件）	市政府
		农业农村（3件）	市政府
		城乡建设环境保护（8件）	市政府
		教育科学文化卫生（3件）	市政府（2件）、另外一件未列明

---

〔1〕　数据来源：《重庆市第四届人大及其常委会立法规划》，发布日期为2013年12月30日。

续表

立法规划类别			提请审议机关
调研起草、成熟时提请审议的立法项目（61件）	制定项目（29件）	综合类（1件）	市政府
		财政经济（7件）	市政府
		内务司法（4件）	市政府（3件）、市人大内司委（1件）
		农业农村（3件）	市政府
		城乡建设与环境保护（7件）	市政府
		教育科学文化卫生（7件）	市政府
	修订项目（32件）	综合类（4件）	常委会主任会议（3件）、市政府1件
		财政经济（5件）	市政府
		内务司法（7件）	市人大内司委（2件）、市政府（5件）
		农业农村（3件）	市政府
		城乡建设环境保护（5件）	市政府
		教育科学文化卫生（7件）	市政府（6件）、市人大教科文卫委（1件）
		民族宗教侨台外事（1件）	市人大民宗侨外委

地方立法的部门利益化倾向，与地方政府及其部门对立法过程的支配程度是一致的。如陈公雨先生指出的："当前地方立法存在的一个重要问题就是过分依靠政府部门。不仅立项靠部门，而且……起草、组织调研、会签，直到向政府和人大报告，也都是由部门负责。"〔1〕可以说，地方立法中的部门利益法制化，主要是具有"牟利化"特点的政府部门主导地方立法过程的结果。

---

〔1〕 陈公雨：《地方立法十三讲》，中国法制出版社2015年版，第42页。

表4-3　上海市地方性法规组织/起草部门情况统计（2012—2016年）[1]

单位：部

年份	起草法规总数	起草部门	起草数量	政府部门占比
2016年	29	政府及部门	20	68.97%
		人大/常委会组成机构	9	
2015年	23	政府及部门	19	82.61%
		人大/常委会组成机构	4	
2014年	28	政府及部门	24	85.71%
		人大/常委会组成机构	4	
2013年	25	政府及部门	1	92.00%
		人大/常委会组成机构	23（另有一部待定）	
2012年	28	政府及部门	23	82.14%
		人大/常委会组成机构	5	

3. 权力失约

"法律的基本作用之一乃是约束和限制权力，而不论这种权力是私人权力还是政府权力。在法律统治的地方，权力的自由行使受到了规则的阻碍，这些规则迫使掌权者按一定的行为方式行事。"[2]然而，在地方的治理实践中，地方立法仍面临"权力失约"的风险。首先，受部门利益和官本位影响，地方立法有可能已经背离约束政府的规范旨意，从公共产品降格为地方谋求政治经济绩效的工具。在这种情况下，发展出"独特的利益偏好"的地方政府难以主动开放权力资源，回归有限政府，可能通过立法权的不正当行使，使部门利益"影响"地方立法政策的选择。加之政府既是地方性法规制定过程中的参与者，又是法规的执行者，这样容易造成具体条款中政府的权责配置失衡或失诸明确，使地方立法陷入控权对象缺失、权力制约的规范依

---

〔1〕　数据来源：上海市人大常委会2012—2016年的立法工作计划。

〔2〕　[美] E. 博登海默：《法理学：法律哲学与法律方法》，邓正来译，中国政法大学出版社1999年版，第358页。

据阙如、面对权力放任的局面却束手无策的"权力缺席与权力失约"状况。[1]如德沃金所言:"权利保证法律不会引导或者允许政府去做它的道德身份之外的事情;权利保证法律能够使政府对其行为负道德责任,正如权利也保证法律能够使个人对其行为负道德责任一样。"[2]在权力失约的情况下,地方行政机关有可能把立法当作追求效用最大化的政策工具,大大强化了地方治理所依赖的、传统的绩效合法化模式,"卡理斯玛权威需要不断创造政绩来证实和延续其超凡禀赋。卡理斯玛权威与民众的密切关系也反映在一系列提高人民群众生活水平和社会地位的努力之中"。[3]

三、良法之治:走向法治化的地方立法

地方立法法治化是对发生在地方社会场域内的社会治理行为及其过程的"法治化",不仅是加强地方法治建设的重要目标,也是推进基层治理体系和治理能力现代化的重要保障。[4]哈耶克认为:"法治的意思就是指政府在一切行动中都受到事前规定并宣布的规则的约束——这种规则使得一个人有可能十分肯定地预见到当局在某一情况中会怎样使用它的强制权力,和根据对此的了解计划它自己的个人事务。"[5]莫纪宏教授亦认为,国家治理体系和治理能力的现代化的重要标准首先是国家治理体系的法治化,因而国家治理体系和治理能力现代化必须要尊重法治原则。[6]地方立法既是用来维护个人自由、保障人权的,又是嵌入国家治理体系之中的,其具有人权保障和治理方式现代化的双重意义。而要实现这双重目的,地方立法就应尊重法治的原则,而不能仅仅停留在简单复制规章法令或合法化治理权力的层次。市民社会是法治的渊源之一,它拥有使出自国家的实在法变得法治化的规范潜能,同时,

---

[1] 参见谢晖:《权力缺席与权力失约——当代中国的公法漏洞及其救济》,载《求是学刊》2001年第1期。

[2] [美]罗纳德·德沃金:《认真对待权利》,信春鹰、吴玉章译,上海三联书店2008年版,"中文版序言"第21页。

[3] 周雪光:《国家治理逻辑与中国官僚体制:一个韦伯理论视角》,载《开放时代》2013年第3期。

[4] 杨林:《基层社会治理法治化的学理探究与推进路径》,载《江苏社会科学》2024年第3期。

[5] [英]弗里德里希·奥古斯特·冯·哈耶克:《通往奴役之路》,王明毅等译,中国社会科学出版社1997年版,第73页。

[6] 参见莫纪宏:《国家治理体系和治理能力现代化与法治化》,载《法学杂志》2014年第4期。

其一系列构成内容特征正好能够补济地方立法在法治化程度方面的不足。市民社会即地方立法法治化发展的动力。

当然，市民社会并不是一套硬性的制度结构。虽然其具有一些机制，能够对国家权力发生制约，但这种制衡不是"权力制约权力"，其更多是道义性的而非强制性的，凭借的是社会运动而非制度压力。市民社会可以从社会运动和规范目标两个层面对地方立法产生能动性影响。具体来说，它将从扩展自由、约束权力、实践平等、健全制度安排、扩大参与渠道、平衡多元价值六个方面来对地方立法进行目标规制。

（一）扩展自由

正如洛克所言："法律的目的不是要废除或限制自由，而是要保护和扩大自由。"[1]个人自由是市民社会的核心原则之一，也是现代法治的核心价值。可以说，无自由则无法治。具体到地方立法，个人自由意味着公民在其个人的活动空间内免受政府权力和立法权力的专断干涉。应明确，立法权并不是一种万能的权力，可以不受限制地对公民的基本自由和权力进行支配，因为在立法权力之上还悬有原则的权威，个人自由就是这样一条使地方立法权的行使变得克制的原则。公民的私人领域，包括其财产权、契约自由、迁徙自由、择业自由，并不是政府和立法机关可以随意支配的资源，不是其为实现特定的治理目标和政策目标而可任意支配、限制的手段，它有其自在的目的。在实证法律当中，公民的基本自由变现为一系列的权利和程序性保障，衡量地方立法的法治化水平，就是要看其对这些个人权利的贯彻程度。

具体到地方立法当中：公民的自由有赖于法的确定性、规范体系的无矛盾性。地方性法规不仅应当保持其自身内部的和谐一致，同时应当与其他的法律、行政法规和地方性法规的内容相协调一致，只有这样才能避免法律适用的冲突和矛盾，提升法律、行政法规和地方性法规的适用效率和效果。

根据我国《立法法》的规定，地方立法从其享有的立法权限范围来说，可以分为三类：

第一，执行性立法。即为了执行上位法的需要，结合本行政区域的实际情况，对法律、行政法规，设区的市还包括对上一级的省或直辖市的地方性

---

〔1〕　[英] 洛克：《政府论》（下篇），叶启芳、瞿菊农译，商务印书馆1964年版，第35页。

法规作出进一步的细化规定，以增强上位法在本地区的实施效果。这类立法"所规定的内容是中央立法已经涉及的事项，不能对上位法没有涉及的事项先行立法"。〔1〕例如，《广东省高危险性体育项目经营活动管理规定》的制定是依据《全民健身条例》的第 34 条，并对其进行了具体化和扩充；而《黑龙江省反窃电条例》则是基于《电力法》第 71 条的详细发展而成立的；这些地方性法规的扩充、详细化和补充都旨在有效执行和落实上级法律法规。〔2〕

第二，自主性立法。在不与上位法相冲突及法律授权的范围内的条件下，属于本地方性事务且有必要制定地方性法规的情况下，地方立法机关可以对此行使立法权，制定相应的地方性法规予以规制。例如，依据《北京市安全生产条例》（2016 年修正）第 94 条之规定，若矿业、交通运输、建筑工程、危险化学物品生产和烟火制造等行业的企业未遵守第 70 条的规定，即未按规定缴纳安全生产风险担保金或未加入安全生产责任险，应责成其在限定时间内纠正。违规单位可面临一笔不少于 1 万元而不超过 10 万元的罚款；由于《安全生产法》中此类规定仅为建议性质并未明确罚则，该条例的制定虽代表了一项创新，但属于地方自主性的立法。〔3〕

第三，先行先试性立法。除《立法法》第 11 条规定的专属性立法，在依法享有的立法权限范围内和国家尚未制定法律或行政法规的情况下，根据本地方的具体情况和实际需要，可以先制定地方性法规，"先行先试，为中央立法提供经验和样本，成为中央立法的试验田"。〔4〕后两种从立法性质上来说，又属于创制性立法。如"2021 年制定的《深圳经济特区生态环境保护条例》，根据先行示范区有关改革试点授权，对环境影响评价制度作出了创新性规定，增加了区域空间生态环境评价的分类管理制度、重点排污单位环境信用评价制度等"。〔5〕2021 年，第十三届全国人民代表大会常务委员会第二十九次会议批准了《海南自由贸易港法》，该法允许海南地方立法机关在贸易、投资等

〔1〕 武增主编：《中华人民共和国立法法解读》，中国法制出版社 2015 年版，第 269~271 页。
〔2〕 参见朱最新：《地方执行性立法的路径选择与优化生成》，载《政治与法律》2024 年第 1 期。
〔3〕 也有学者认为这是一种创制性立法，参见俞祺：《重复、细化还是创制：中国地方立法与上位法关系考察》，载《政治与法律》2017 年第 9 期。
〔4〕 许安标：《我国地方法的新时代使命——把握地方立法规律 提高地方立法质量》，载《中国法律评论》2021 年第 1 期。
〔5〕 梁鹰：《地方生态环境立法的特点、成效与启示》，载《地方立法研究》2024 年第 1 期。

领域制定特殊法规，可以对现行法律和行政法规作出适当调整。会议同时授权上海市制定适用于浦东新区的特定法规。这两项法规创新体现了我国在立法领域的新尝试和进展。[1]值得注意的是，立法在国家层面上往往显示出一种成熟和稳定性，但这也意味着它们不一定都能及时应对制度和事物的不断变化和发展。《海南自由贸易港法》的制定，正体现了立法上"宜宏观不宜微观"的原则，旨在仅提供一个海南自由贸易港建设的基本框架，其具体内容的缺口预留给后续的海南自由贸易港的法规来补充和完善。[2]

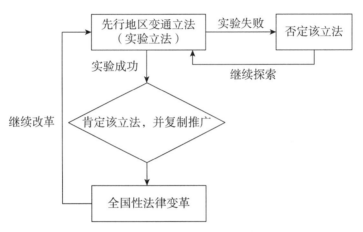

图 4-1　先行地区变通立法演进示意图[3]

一方面，地方立法机关在制定有关法律、行政法规的实施细则时，由于对法律法规条文理解的差异导致地方性法规对统一事项的规定有所不同；另一方面，地方在行使创制性立法权时，由于地方利益的驱动使地方立法容易造成冲突或不协调的情况。[4]具体来说，地方性法规的冲突主要体现在层级

---

[1]　参见周宇骏：《〈立法法〉试点立法条款的分离设置及其权力逻辑》，载《政治与法律》2024年第1期。

[2]　参见王建学、张明：《海南自贸港法规的规范属性、基本功能与制度发展——以〈宪法〉和〈立法法〉为分析视角》，载《经贸法律评论》2021年第4期；王建学、张明：《共同富裕示范区授权立法的方案与路径》，载《中南大学学报（社会科学版）》2023年第6期。

[3]　王江淮：《论先行地区变通立法的逻辑、风险与对策》，载《政治与法律》2023年第12期。

[4]　参见王春业：《区域合作背景下地方联合立法研究》，中国经济出版社2014年版，第140~141页。

冲突和平级冲突或横向冲突两个方面，前者指地方性法规与上位法或下位法的冲突，具体包括地方性法规与法律冲突、地方性法规与行政法规冲突、地方性法规与部门规章冲突，后者指地方性法规之间的冲突。地方性法规之间的冲突不仅仅包括本地区的地方性法规之间的冲突，还包括区际冲突，即不同的行政区域之间的地方性法规之间的冲突。法规与法律、行政法规和其他地方性法规的冲突容易造成执行难。大量的法规冲突的存在影响了法规的适用成效。例如，武汉市城市权圈域就存在政策法规相冲突的情况，具体体现在税收政策、关于投资项目土地出让金优惠、节约资源和生态保护等方面。[1]

不仅如此，地方立法还存在权限不清和管辖权相冲突的问题。以违法建筑拆迁的法律法规规范为例，我国对此没有专门的法律、行政法规、地方性法规予以规范，对此的规定散见于《行政强制法》《城乡规划法》《防洪法》《电力法》《港口法》《国有土地上房屋征收与补偿条例》以及国务院《关于印发"十三五"生态环境保护规划的通知》、《关于进一步推进相对集中行政处罚权工作的决定》、《关于印发水污染防治行动计划的通知》、《江西省建筑管理条例》（2024 年修正）、《商洛市住宅物业管理条例》（2024 年修正）、《楚雄彝族自治州违法建筑处置办法》等。然而，上述有关的法律、行政法规、地方性法规与规章仅仅以某一法条的形式予以提及，虽然对违法建设范围、种类、认定、处理处置等作了一些规定，但规定较为模糊，权责设计也不明确，往往还出现管辖空白或管辖权相冲突的情况，执行起来较为困难，不少行政机关在强制拆除违法建筑的过程中，存在程序不规范、标准不统一，甚至简单粗暴野蛮执法的问题，引发社会矛盾和纠纷。

公民的私有财产权利是其人格独立发展的基础，衡量地方立法的法治化水平，一个重要指标就是看其对私产的尊重程度，在征收征用时是否给予补偿。例如，《厦门经济特区城市房屋拆迁管理规定》（2016 年修正）就专门针对拆迁问题制定了地方性法规，较为充分地体现了保护私人财产、维护公平正义的价值。该规定共分为五章，分别为总则、拆迁管理、拆迁补偿与安置、法律责任和附则。在拆迁管理一章中明确了拆迁人在拆迁过程中应尽的义务，

---

〔1〕 王成宇主编：《法学前沿：武汉法学文集 2008 年卷》，武汉出版社 2009 年版，第 237~238 页。

包括做好宣传和解释工作、制定补偿安置方案、办理证据保全、订立房屋拆迁补偿安置协议等；拆迁补偿与安置是该规定重点规范的内容，使用大量的篇幅予以细致地规范，包括被拆迁房屋的建筑面积和用途确定标准、拆迁补偿方式、补偿金额计算标准、对评估结果有异议处理、中低收入经济困难家庭的认定办法与保障措施等；法律责任部分对拆迁人隐瞒真实情况、出具虚假证明材料、收受贿赂、敲诈勒索、玩忽职守、滥用职权、徇私舞弊等过错行为规定了相应的法律责任。

除此之外，其他一些享有地方立法权的设区的市也专门针对拆迁和补偿问题制定了相应的地方性法规，现行有效的共计约 11 部，包括《宁波市征收集体所有土地房屋拆迁条例》《吉林市城市房屋拆迁管理条例》（2005 年修改）、《广东省城镇华侨房屋征收补偿规定》（2021 年修正）、《长春市城市房屋拆迁管理条例》（2011 年修正）、《西安市城市房屋拆迁管理办法》（2003 年修正）、《南昌市城市房屋拆迁管理办法》、《河南省城市房屋拆迁管理条例》、《长春市城市房屋拆迁安置管理办法》（1997 年修改）、《厦门市城市房屋拆迁管理规定》（2003 年修订）、《包头市城市建设拆迁管理条例》、《宁波市城市建设房屋拆迁暂行办法》（1985 年修订）、《成都市城镇基本建设拆迁管理条例》、《上海市拆迁房屋管理办法》（1987 年修正）对拆迁补偿问题都做了不同程度的规定，对公民的个人财产权给予了较为充分的保护，下表列举其中部分法规及条文予以说明：

表 4-4　地方性法规关于拆迁补偿安置的规定

法规名称	补偿安置一般规定	拆迁者的责任与义务
《宁波市征收集体所有土地房屋拆迁条例》	拆迁人应当根据被拆迁房屋的用途对被拆迁人按照本条例的规定给予补偿安置。拆迁非住宅房屋造成被拆迁人停产、停业以及搬迁、过渡的，拆迁人应当根据被拆迁房屋的建筑面积，结合被拆迁房屋的用途、地段、经营状况等因素支付一次性经济补贴费。拆迁人应当支付被拆迁人搬家补贴费；实行调产安置或迁建安置且需要临时过渡的，拆迁人应当支付双倍的搬家	拆迁人违反本条例规定，有下列情形之一的，由土地行政管理部门责令改正，对直接负责的主管人员和其他直接责任人员，由有关部门依法给予行政处分；造成被拆迁人损失的，依法承担赔偿责任；构成犯罪的，依法追究刑事责任：（一）未按时将拆迁补偿安置资金及其他补偿资金交付被拆迁人的；（二）将拆迁补偿安置资金挪作他

法规名称	补偿安置一般规定	拆迁者的责任与义务
	补贴费。 拆迁人应当对被拆迁住宅用房的装饰费用予以补偿。 对利用自有合法住宅用房从事生产经营活动并持有工商营业执照的，拆迁人除按照本章的规定予以补偿安置外，还应当适当补偿停产、停业的经济损失。具体补偿标准由市和县（市）、区人民政府另行制定。 拆迁人提供的安置用房和安置过渡用房应当符合国家和省规定的有关设计规范要求和工程质量标准，并按有关规定验收合格	用的； （三）提供的安置用房和安置过渡用房不符合国家和省规定的设计规范要求和工程质量标准，或者未按有关规定验收合格的； （四）提供的安置用房因拆迁人的原因不能按期办理房屋所有权证和土地使用权证的； （五）提供的迁建用地未取得合法批准文件的； （六）伪造、涂改或者不向被拆迁人提供规定的拆迁补偿安置协议文本的
《吉林市城市房屋拆迁管理条例》（2005 年修改）	拆迁人以及有关单位在协议约定或者裁决的搬迁期限内，不得对未搬迁的被拆迁人、房屋承租人停止供水、供电、供气、供热，不得拆除未搬迁的被拆迁人、房屋承租人的房屋，不得影响未搬迁的被拆迁人、房屋承租人的正常生产、生活。 拆迁人应当按拆迁补偿安置协议规定的时间，支付各项补助费	房屋拆迁一方当事人胁迫、侮辱、殴打另一方当事人，非法强行拆迁或严重扰乱拆迁秩序的，由公安机关依照《中华人民共和国治安管理处罚条例》予以处罚；构成犯罪的，依法追究刑事责任。 未按房屋拆迁许可证确定的拆迁范围实施拆迁、擅自延长拆迁期限和委托不具备拆迁资格的单位实施拆迁的，责令其停止拆迁，给予警告，并可处以拆迁补偿安置资金3%以下的罚款；情节严重的，吊销房屋拆迁许可证
《广东省城镇华侨房屋征收补偿规定》（2021 年修正）	房屋征收部门应当与被征收人共同协商，签订补偿安置协议。双方未能达成补偿安置协议的，由房屋征收部门报请作出房屋征收决定的市、县级人民政府依照有关规定，按照征收补偿方案作出补偿决定，并在房屋征收范围内予以公告。 被征收人对补偿决定不服的，可以依法申请行政复议，也可以依法提起行政诉讼	征收华侨房屋附属设施（包括天井、庭院、花园等）不作产权调换，但应当予以货币补偿。补偿金额按照房地产市场评估价格确定。 征收属落实侨房政策而未发还产权的华侨房屋，由房屋行政主管部门会同所在地同级侨务部门与房屋征收部门签订补偿安置协议，补偿金额按照本规定第十条第四款的规定确定。补偿安置协议应当公证，并对被征收人房屋做勘查记录，房屋

法规名称	补偿安置一般规定	拆迁者的责任与义务
		征收部门应当依法向公证机关办理证据保全
《长春市城市房屋拆迁管理条例》（2011年修正）	房屋拆迁公告发布后，拆迁人应当对拆迁区域进行调查摸底；办理被拆除房屋的成新鉴定和产权灭失登记手续；在规定的期限内，与被拆迁人签订拆迁补偿安置协议。 拆迁补偿安置协议应当规定补偿的形式和金额、安置用房的面积和地点、搬迁过渡方式和过渡期限、增加面积安置费、安置货币金额和支付期限、违约责任以及当事人认为需要订立的其他事项。 拆迁人不得擅自改变批准的拆迁范围和拆迁期限、扩大或者缩小安置面积、提高或者降低补偿标准、货币安置标准。 拆迁补偿实行产权调换、作价补偿或者产权调换与作价补偿相结合的形式。 拆除住宅房屋，由拆迁人一次性付给被拆除房屋使用人搬家补助费；采用房屋安置的，还应当按照拆除房屋使用面积，在过渡期限内付给临时安置补助费。 拆迁住宅兼营业用房，除发给搬家补助费、临时安置补助费外，另付给一次性停产、停业补助费	有下列行为之一的，由市房屋拆迁行政主管部门责令其限期改正。给被拆迁人造成经济损失的，由拆迁人承担赔偿责任。 （一）擅自改变批准的拆迁范围，处以拆除房屋建筑面积的建设成本2倍的罚款； （二）擅自扩大或者缩小安置面积的，处以扩大或者缩小安置面积的建设成本2倍的罚款； （三）擅自改变拆迁期限，提高或者降低补偿标准、货币安置标准，处以30000元以上50000元以下的罚款。 违反本条例第十六条第二款规定的，由市房屋拆迁行政主管部门责令其限期恢复。 对辱骂、殴打房屋拆迁主管部门工作人员，或者阻碍房屋拆迁主管部门工作人员执行公务的，由公安部门依照《中华人民共和国治安管理处罚条例》的规定予以处罚；情节严重构成犯罪的，由司法机关依法追究刑事责任

公民的自由是对权利的享有和义务的承担，地方立法公平设置公民的权利和义务。

一方面，我国没有明文规定地方性法规不得设定减损公民、法人和其他组织权利或者增加其义务的规范，不得增加本部门的权力或者减少本部门的法定职责。部门规章和地方政府规章均予以明文禁止，如《立法法》规定的，没有法律或者国务院的行政法规、决定、命令的依据，部门规章不得设定减损公民、法人和其他组织权利或者增加其义务的规范，不得增加本部门的权力或者减少本部门的法定职责；没有法律、行政法规、地方性法规的依据，地方政府规章不得设定减损公民、法人和其他组织权利或者增加其义务的规范。此外，党的十八届四中全会《关于全面推进依法治国若干重大问题的决定》提出："行政机关不得法外设定权力，没有法律法规依据不得作出减损公民、法人和其他组织合法权益或者增加其义务的决定。"另一方面，《立法法》《行政处罚法》《行政许可法》《行政强制法》等法律对地方立法中涉及限制公民权利与自由等的惩罚性条款的设置范围作了一定的规范，如表4-5所示，地方性法规不得规定的事项包括：①对公民政治权利的剥夺、限制人身自由的强制措施和处罚；②对非国有财产的征收、征用；③民事基本制度；④诉讼和仲裁制度；⑤限制人身自由、吊销企业营业执照以外的行政处罚；⑥应当由国家统一确定的公民、法人或者其他组织的资格、资质的行政许可，以及企业或者其他组织的设立登记及其前置性行政许可；等等。对于法律明文规定的地方性法规和规章禁止规定事项，地方立法违反规定的较少，但在地方立法中任意增加相对人义务和责任、减少相对人权利、减少地方主管部门的义务和责任、增加收费权项的情况却时而有之。例如，《成都市市容和环境卫生管理条例》（2018年修正）第50条规定："本市生活垃圾、粪便等废弃物的收集、清运和处置，按照'谁产生，谁付费'原则，实行服务收费制度。本市市容和环境卫生服务性收费标准由市城市管理部门拟定，报价格主管部门批准后执行。"又如，《景德镇市市容和环境卫生管理条例》第45条规定："产生生活垃圾的单位和个人，应当按照生活垃圾处理费收费标准缴纳生活垃圾处理费。"二者对于收费标准的制定情况并未作出说明，公开透明度欠缺，不利于相对人权利的保护。

"一部法律的立法目的能否实现或者在多大程度上实现，主要看该法所调整的权力与责任、权利与义务的设定是否科学合理或其所达到的科学合理程度。"[1]由此我们可以看出，地方立法应当科学、合理地分配多元利益主体的权利和义务。

---

〔1〕 汪全胜等：《法的结构规范化研究》，中国政法大学出版社2015年版，第358页。

表4-5　法律、行政法规、地方性法规与规章对公民权利义务的设定权

类别范围	只能制定法律的事项	可以制定行政法规的事项	可以制定地方性法规的事项	可以制定规章的事项
公民权利义务的设定权	涉及犯罪和刑罚，对公民政治权利的剥夺、限制人身自由的强制措施和处罚，对非国有财产的征收、征用，民事基本制度，诉讼制度和仲裁基本制度等事项只能制定法律。冻结存款、汇款的强制措施	尚未制定法律，且属于国务院行政管理职权事项的，行政法规可以设定查封场所、设施或者财物、扣押财物等强制措施。尚未制定法律的，行政法规可以设定行政许可。必要时，国务院可以采用发布决定的方式设定行政许可。实施后，除临时性行政许可事项外，国务院应当及时提请全国人民代表大会及其常务委员会制定法律，或者自行制定行政法规。行政法规可以在法律设定的行政许可事项范围内，对实施该行政许可作出具体规定。行政法规可以设定除限制人身自由以外的行政处罚	尚未制定法律、行政法规，且属于地方性事务的，地方性法规可以设定查封场所、设施或者财物、扣押财物的强制措施。尚未制定法律、行政法规的，地方性法规可以设定行政许可。地方性法规可以在法律、行政法规设定的行政许可事项范围内，对实施该行政许可作出具体规定。地方性法规可以设定除限制人身自由、吊销企业营业执照以外的行政处罚。法律、行政法规对违法行为已经作出行政处罚规定，地方性法规需要作出具体规定的，必须在法律、行政法规规定的给予行政处罚的行为、种类和幅度的范围内规定	法律、法规以外的其他规范性文件不得设定行政强制措施。尚未制定法律、行政法规和地方性法规的，因行政管理的需要，确需立即实施行政许可的，省、自治区、直辖市人民政府规章可以设定临时性的行政许可。临时性的行政许可实施满一年需要继续实施的，应当提请本级人民代表大会及其常务委员会制定地方性法规。规章可以在上位法设定的行政许可事项范围内，对实施该行政许可作出具体规定。省、自治区、直辖市人民政府和省、自治区人民政府所在地的市人民政府以及经国务院批准的较大的市人民政府制定的规章可以在法律、法规规定的给予行政处罚的行为、种类和幅度的范围内作出具体规定。尚未制定法律、法规的，前款规定的人民政府制定的规章对违反行政管理秩序的行为，可以设定警告或者一定数量罚款的行政处罚

续表

类别范围	只能制定法律的事项	可以制定行政法规的事项	可以制定地方性法规的事项	可以制定规章的事项
公民权利义务的设定要求		法律对行政强制措施的对象、条件、种类作了规定的，行政法规、地方性法规不得作出扩大规定。法律中未设定行政强制措施的，行政法规、地方性法规不得设定行政强制措施。但是，法律规定特定事项由行政法规规定具体管理措施的，行政法规可以设定除本法第9条第1项、第4项和应当由法律规定的行政强制措施以外的其他行政强制措施。 地方性法规和省、自治区、直辖市人民政府规章，不得设定应当由国家统一确定的公民、法人或者其他组织的资格、资质的行政许可；不得设定企业或者其他组织的设立登记及其前置性行政许可。其设定的行政许可，不得限制其他地区的个人或者企业到本地区从事生产经营和提供服务，不得限制其他地区的商品进入本地区市场。 法规、规章对实施上位法设定的行政许可作出的具体规定，不得增设行政许可；对行政许可条件作出的具体规定，不得增设违反上位法的其他条件		

注：根据《立法法》《行政处罚法》《行政许可法》《行政强制法》等梳理。

（二）约束权力

法治作为一种现代的治理方式，其不仅要治理人民，更要治理政府。近代维护市民社会的基本原则和理性化的生活方式，倡导法治原则的那些伟大的自由主义政治家、哲学家、法学家，无不把约束、限制、控制政府权力作为法治的核心任务、功能和价值之一。法治就是要控制公权力，保护私权利，这一论断实是道出了法治的精髓。法治对政治权力的约束，一方面，表现为法律至上的信念，即法律在政治和社会生活中具有高于政治的权威，政府所掌握的一切权力，只有按照法律的规定去行使，才能获得合法性。另一方面，法治约束权力意味着一切权力都应出自法律，需于法有据，而非"法自君出"。英国著名法学家拉兹认为："法治意味着政府的全部权力应有法律依据，必须有法律授权。"[1] 一切权力需于法有据，争取做到法外无权。

（三）实践平等

德沃金认为："政府必须不仅仅关心和尊重人民，而且必须平等地关心和

----

[1] 张文显：《二十世纪西方法哲学思潮研究》，法律出版社1996年版，第61页。

尊重人民。它千万不要根据由于某些人值得更多关注从而授予其更多权利这一理由而不平等地分配物品和机会。它千万不要根据某一公民或某一集团的良好生活的概念更高尚或高于另一个公民的概念而限制自由权。"〔1〕如同个人自由，现代法治的另一个核心价值，就是对公民个人施以平等的关注，不仅把公民作为平等的人去关注，而且在权利、机会等社会利益的分配中给其以平等的对待。"法律适用中的平等是指当事人在法律适用面前，是一种非人格化的抽象主体，而不是具有个人历史、不同能力、不同社会状况的个人。"〔2〕当然，这种抽象的法治平等观可以具体化为多层内涵，包括：①人们享有权利的资格平等，而因性别、信仰、天赋、族群等偶然的因素而对其作出法律上的差别规定；②人们享有的权利这一基本善的份额平等，除非这种不平等会有利于社会最不利阶层的利益；③任何人的权利受到侵犯时，其都拥有获得救济的权利；④"法治的理想，要求政府既强制他人遵守法律——而且这是政府唯一有权垄断的事情——又要求自己也依同样的法律行事，从而和任何私人一样受到限制。"〔3〕地方在立法的过程中也应当遵循该平等理念，具体来说：

第一，反歧视待遇的地方立法观。如《黑龙江省老年人权益保障条例》中规定了禁止歧视、侮辱、虐待或者遗弃老年人，《宁夏回族自治区旅游条例》（2020 年修正）规定了禁止民族、宗教歧视等内容的旅游项目，《河北省律师执业保障和规范条例》禁止对律师进行歧视性安全检查，《广东省人口与计划生育条例》（2021 年修正）禁止歧视、虐待生育女婴的妇女和不育的妇女，《青岛市残疾人保障条例》规定任何组织和个人不得歧视残疾人，等等。

第二，反保护主义的地方立法观。如《甘肃省技术市场条例》（2021 年修订）、《江西省道路运输条例》（2017 年修订）、《甘肃省招标投标条例》（2017 年修订）、《宁夏回族自治区旅游条例》（2020 年修正）、《深圳经济特区人才工作条例》（2023 年修订）、《郑州市户外广告和招牌设置管理条例》、

---

〔1〕　[美] 罗纳德·德沃金：《认真对待权利》，信春鹰、吴玉章译，上海三联书店 2008 年版，第 362 页。

〔2〕　骆意中：《法律面前人人平等：谁的面前？何种平等？》，载《浙江社会科学》2023 年第 2 期。

〔3〕　[英] 弗里德里希·奥古斯特·哈耶克：《自由宪章》，杨玉生等译，中国社会科学出版社 2012 年版，第 335 页。

《贵州省文明行为促进条例》（2021年修正）、《广东省旅游条例》（2020年修正）、《宁夏回族自治区价格条例》（2017年修订）等900多部地方性法规都明文规定了公平竞争行为、公平竞争秩序、公平竞争程序和公平竞争环境的要求。

第三，反权利义务不对等的立法观。如《南京市促进技术转移条例》（2017年修正）规定了，鼓励技术转移的供给方和需求方采取技术作价入股等多种对价方式开展技术转移，明确双方的权利义务，建立利益共享、风险共担的合作机制；《石家庄市肉品管理条例》（2021年修正）指出，肉品批发市场主办者应当与入场肉品销售者签订肉品质量安全协议，明确双方肉品质量安全权利义务，并纳入质量安全追溯管理。不仅如此，很多享有地方立法权的地方在制定地方立法条例或者法规制定条例时也明确了权利义务条款规定的对等性，如《萍乡市立法条例》规定，起草法规草案一般应当对法规草案制定的目的、依据、适用范围、主管部门、权利义务、法律责任、施行日期等作出规定；再如《石家庄市制定地方性法规条例》（2024年修正）规定，法规案应当包括法规名称、制定目的、立法依据、适用范围、权利义务、法律责任、生效时间等基本内容。

第四，排除特权和身份制因素。如《河南省实施〈中华人民共和国招标投标法〉办法》规定：不得在资格预审文件中违反已设置的预审条件、标准、淘汰方法设定特权条款；《甘孜藏族自治州藏传佛教事务条例》（2023年修订）规定，寺院内部实行民主管理，任何组织和个人不得恢复或者变相恢复已被废除的封建宗教特权。

（四）健全制度安排

市民社会具有消极的功能，即免于国家干预。其崇尚个体自治、团体自治，主张自愿、放任的组织原则，而对一切强制的、干预的、支配的外在因素都持有强烈的怀疑甚至恐惧的态度。这种对外部条件的敏感性，就决定了其具有格外强烈的制度需求：它需要一套制度把自身与国家的关系确定下来；它需要一套制度来确定政府的行为边界、行为方式及干预范围、政府的公权力对于市民社会关系进行调整与介入的事由；它需要一套制度来稳定社会成员的合法预期；它需要一套制度来清晰界定公民的权利。总之，市民社会不需要能够插手一切事情的权威，而是一个法治政府，其基本的要求是职权法定、监督法定、行为法定、程序法定、责任法定。[1]

以立法程序为例，西宁市、六安市、陇南市、定西市、宿州市、马鞍山市等专门颁布了《人民代表大会及其常务委员会立法程序规则》对立法过程中应当遵循的程序作了较为全面的规定，包括编制立法规划和制定年度立法计划程序、法规草案的提出程序及要求、法规解释的提出程序、法规解释草案表决程序、法规的修改和废止程序、法规草案的表决程序等。有些地方也将地方立法程序进行了类型化规定，将地方立法程序分为立法准备、市人民代表大会制定地方性法规程序、市人民代表大会常务委员会制定地方性法规程序、地方性法规的解释、规章的备案与审查等，以地方性法规的行使规范市人民代表大会及其常务委员会立法程序。同时，宿迁市、韶关市、广元市、河源市、吉安市、盘锦市、南通市、三明市、贺州市、北海市、嘉峪关市等二百多个市都制定了《人民政府规章制定程序规定》对地方政府规章的制定程序做了较为细致的规定，包括立项、起草、审查、决定和公布、解释和备案、清理、评估、修改和废止等。其中，针对法规清理，《法治中国建设规划（2020—2025年）》指出："针对法律规定之间不一致、不协调、不适应问题，及时组织清理。"此外，还包括地方立法的职权法定、监督法定、行为法定，具体立法案例见表4-6。

表4-6　地方性法规有关条文内容

职权法定	《河南省行政执法条例》："行政执法机关应当严格规范公正文明执法，遵循职权法定、公平公正、程序合法、高效便民、权责统一的原则"；《南宁市人民代表大会常务委员会讨论决定重大事项规定》（2015年修订）："市人大常委会讨论、决定重大事项，应当坚持……职权法定原则……"；《上海市职工代表大会条例》（2017年修正）："企事业单位应当保障职工代表大会依法行使职权"；《浙江省台湾同胞投资保障条例》（2021年修订）："国家机关及其工作人员违法行使职权，造成台湾同胞投资者损失的，台湾同胞投资者可以依照《中华人民共和国国家赔偿法》的规定要求赔偿"；《河北省消费者权益保护条例》（2017年修订）："有关行政部门在依法履行保护消费者合法权益职责时，可以行使下列职权：……"

---

〔1〕　参见杨小军：《论法治政府新要求》，载《行政法学研究》2014年第1期。

续表

监督法定	《邯郸市市政设施条例》："市政设施行政主管部门负责对养护和维修工程的质量进行监督、检查"；《淮安市文物保护条例》："文物行政部门具体负责本行政区域内文物保护的监督管理工作"；《连云港市滨海湿地保护条例》："市、县（区）人民政府林业主管部门负责本行政区域内滨海湿地保护工作的组织、协调、指导和监督"；《苏州国家历史文化名城保护条例》："市文化（文物）主管部门负责文物、古建筑、古城墙和非物质文化遗产保护等的监督管理"；《山西省农村扶贫开发条例》："省人民政府负责农村扶贫开发的目标确定、资金投放、组织动员、检查指导、监督考核等工作。"
行为法定	《石家庄市城市供水用水管理条例》："在安全保护范围内，禁止下列行为：（一）建造建筑物、构筑物，堆放土方、杂物；（二）开沟挖渠、挖砂取土、水产养殖；……"；《江苏省邮政条例》（2017 年修正）："邮政企业及其从业人员不得有下列行为：（一）私拆、隐匿、毁弃、扣留、盗窃邮件，撕揭邮票，贪污、冒领用户款物；（二）故意延误投递邮件；……"；《淮安市文物保护条例》："任何单位和个人都有依法保护文物的义务，并有权制止、检举和控告破坏文物的行为。"
程序法定	《昆明市人民代表大会代表议案处理程序的规定》（2017 年）对代表议案的范围、代表议案书写和提交、审议决定、议案撤回、审议结果报告、实施方案、搁置审议、终止审议等作了规范；《宿迁市住宅物业管理条例》（2021 年修正）："符合成立业主大会条件的，应当按照有关法律、法规规定的程序筹备成立业主大会"；《镇江市长江岸线资源保护条例》："市长江岸线保护规划应当严格执行。确需修改的，应当按照法定程序报市人民政府批准"；《安徽省档案条例》（2017 年修正）："销毁档案必须按国家规定的程序和办法进行。禁止擅自销毁档案。"

（五）扩大参与渠道

习近平总书记关于全过程人民民主的重要论述是理论承继、实践承接、历史激活和现实呼唤综合作用的结果。同时，"'全过程人民民主'是'新质民主'的重要标志"[1]。在地方立法的过程中，应当贯彻实行全过程人民民主。[2]"立法回应人民群众的新期待是立法目的之所向，研究谋划和解决突出问题须依靠立法手段联系人民群众。"[3]提升地方立法的民主性应开放参与渠道，讨论地方立法中的立法听证、论证、评估，关于专家、社会团体的参与

---

〔1〕 莫纪宏：《论新质生产力基础上的"新质民主"与"新质法治"的辩证统一》，载《政治与法律》2024 年第 6 期。

〔2〕 郑敬斌、陈艺璇：《习近平关于全过程人民民主重要论述的多维解读》，载《理论探索》2023 年第 1 期。

〔3〕 张琼：《类型化视野下的地方立法能力及其现代化路径》，载《法商研究》2023 年第 1 期。

机制，法案起草过程的民主化、提案主体的多元化等。[1]具体来说，我们应当从以下方面，拓宽社会各方主体参与地方立法的渠道：

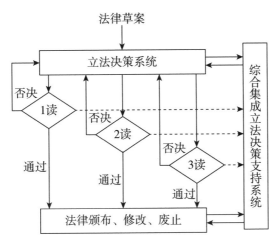

图 4-2　立法决策系统与支持系统互补结构[2]

第一，培育社会主体，保障社会团体的有序参与。伴随市民社会与国家的分离，国家合法垄断了暴力的使用，而市民社会对国家权力制衡的一个主要手段，就是自由平等的公民积极参与到普遍意志的形成过程当中，以保证具体的立法决策能够对公民的利益负责。改革开放以来随着国家对社会的"松绑"，自治性的社会团体甚或利益集团逐渐从一个被抵触的范畴转变为一个中性化的存在。保障社会主体对重大利益论证咨询机制的参与，一方面，要克服立法中的官僚主义和形式主义，强化其权利、义务与责任，明确其参与的制度地位。正如有学者所指出的，现阶段其发展仍然呈现出政府对利益集团的主导性、发展不平衡性、组织结构和角色功能不成熟性等特点，[3]这就决定了其立法参与特别依赖于制度的支持和保障。在立法听证、论证、评

〔1〕　参见江必新、刘诗豪：《习近平法治思想中的行政法治重要论述研究》，载《行政法学研究》2024 年第 4 期。

〔2〕　熊继宁：《关于建立综合集成立法决策支持系统的设想》，载《系统工程理论与实践》2006 年第 2 期。

〔3〕　高华云：《经济学视野下的利益集团理论研究》，华中师范大学出版社 2013 年版，第 198~202 页。

估环节，社会团体的参与范围应该扩大，参与权利变得常规化，特别是与立法存在利害关系的利益团体的意见要得到平等尊重。例如，在立法听证的过程中，社会团体有权申请参加听证，获准参加听证后有权在法定时间内获得有关听证的通知，并享有立法听证参与人所享有的一切权利，包括聘请律师、申请回避、陈述意见、要求举证、获得听证报告等。另一方面，需要在不同利益团体之间合理地分配资源，针对其参与立法的"可行能力"赋予不同的权重。我国现存的利益集团中以经济团体居多，职业协会、慈善机构、公共利益团体和特别人群协会相对不足，各类利益团体所掌握的资源和话语效能也不均等，利益立场又区别甚大。考虑到这一发展失衡的局面，具体的机制设计应谨慎处理参与论证咨询机制的利益集团的力量的对等性，防止利益集团操纵论证咨询机制。

第二，重视专业理性，推进专家学者参与立法的规范化。专家参与立法一直是中央和地方权力机关所倡导的，《全国人大常委会 2016 年立法工作计划》把健全专家学者参与立法工作机制作为一项重要任务；各地的《地方性法规制定条例》和《立法条例》大多也对专家参与立法做了不同程度的规定。当前专家学者参与立法仍需改进的地方包括：首先，应当设立涉及重大利益调整论证咨询机制的立法参与专家库，通过科学合理的专家评价机制，使各方面的专家学者入库，在需要时，采用一定的方法选择不同的专家参与该论证咨询机制。其次，应当健全专家意见反馈机制，专家在立法公开、立法论证、立法听证时提出的咨询意见，应按照省人大常委会的相关规定进行反馈，并对未采纳原因作出一定的说明，以便于专家学者更好地为以后的论证咨询工作服务，更有针对性地解决涉及重大利益立法面对的诸多问题。最后，还应当加强对专家咨询工作情况的记录和统计，内容包括专家咨询的次数、方式等，于每年年底将咨询意见的采纳情况综合后向专家通报，并将专家咨询工作情况作为考核评价专家咨询工作成效和专家库调整的参考依据。

第三，深化立法听证的制度。有些地方很早就对立法听证进行了专门的立法，如上海市 1996 年 8 月 26 日就公布了《上海市行政处罚听证程序试行规定》，于 1996 年 10 月 1 日开始实施，至今仍然有效。2015 年《立法法》修改时新增加一款，即法律案有关问题存在重大意见分歧或者涉及利益关系重大调整，需要进行听证的，应当召开听证会，听取有关基层和群体代表、部门、人民团体、专家、全国人民代表大会代表和社会有关方面的意见。听证情况应当向常务委员会报告。立法听证是立法主体均衡各种利益关系最恰当的方式，能够使所立之法为利益冲突的各方接受，并得以实行。[1]重大利益调整立法应当将立法听证作为立法的必经程序，并且在制度上予以进一步完善。一些地方也专门制定了立法听证方面的地方性法规，如《宁夏回族自治区人民代表大会常务委员会立法听证条例》（2021 年修正）、《山东省人民代表大会常务委员会制定地方性法规听证规定》（2019 年修正）、《深圳市人民代表大会常务委员会听证条例》（2019 年修正）、《天津市制定地方性法规听证办法》（2014 年修正）、《广东省人民代表大会常务委员会立法听证规则》、《长沙市人民代表大会常务委员会立法听证办法》（2010 年修正）、《哈尔滨市立法听证规定》、《甘肃省人民代表大会常务委员会立法听证规则》、《汕头市人民代表大会常务委员会立法听证条例》、《福州市人民代表大会常务委员会立法听证办法》、《青海省人大常委会立法听证试行规则》。

（1）在涉及重大利益调整立法时应举行听证，这包括起草阶段的听证和审议阶段的听证。起草阶段的听证主要由法案的起草部门负责组织，有助于通过听证的方式获取重要的信息并协调各类相互冲突的社会利益，进而促进立法利益的合理调整。而审议阶段的立法听证主要由人大常委会或法制工作委员会负责组织，法律或法规的起草主体只是作为立法听证的参加者之一，其参与立法的陈述，回答其他出席立法听证代表的提问，这有助于防止立法利益的部门化等利益分配不公平的问题。

（2）规范立法听证程序，增强听证的公开性和透明性。一方面，立法听证的组织机关在确定立法听证参加人时应当注意选取人员的代表性和力量对比的均衡性，尤其是在确定立法听证当事人时应当注意确定利益的直接相关性、代表的广泛性和力量对比的均衡性。因为这里的立法听证当事人往往代表着不同的利益集团和利益群体，其力量对比往往差异较大，能力较为强势的立法听证当事人就较为容易影响立法听证的结果。只有参与立法听证的各方当事人的力量能够达到基本的平衡，才能够有效地进行立法利益博弈，促进听证结果的客观性。另一方面，应当规范立法听证的技术性安排，听证的

---

[1] 汪全胜：《立法听证研究》，北京大学出版社 2003 年版，第 149 页。

场所应当宽敞明亮，区分听证主持人、书记员、听证陈述人、一般听证人、旁听人和媒体记者等各自所在的区域，安排专门的计时人员，以计时器为主要提醒方式，辅助以计时人员提醒，严格规范发言时间，不得超过时间。此外，除非涉及有关秘密事项，立法听证的整个过程应当公开，鼓励群众的旁听与媒体的关注和报道。常委会组成人员、市人民代表大会代表、专家学者、有关的利益集团和利益群体还可以申请召开立法听证会。对于专家在立法公开、立法论证、立法听证时提出的咨询意见，应按照省人大常委会的相关规定进行反馈。

（3）立法机关应当对听证结果作出一定的回应。立法听证报告应当受到立法机关的重视。我国一些地方的立法听证实践已经为促进立法听证结果的应用积累了有益的经验。如《广东省人民代表大会常务委员会立法听证规则》、《山东省人民代表大会常务委员会制定地方性法规听证规定》（2019 年修正）、《长沙市人民代表大会常务委员会立法听证办法》（2010 年修正）、《天津市制定地方性法规听证办法》（2014 年修正）等规定，听证报告作为起草、审议地方性法规草案或者提出修改意见的重要参考，印发常务委员会组成人员和相关部门。不仅如此，有些地方在此基础上进一步作出细化规定，如《宁夏回族自治区人民代表大会常务委员会立法听证条例》（2021 年修正）规定常委会应当对立法听证会上公众提出的主要意见的采纳情况予以说明；《甘肃省人民代表大会常务委员会立法听证规则》规定，省人大法制委员会在审议法规时，应当对听证会提出的意见进行审议，并在审议结果报告中对听证会提出的意见采纳情况予以说明；《汕头市人民代表大会常务委员会立法听证条例》指出，专门委员会、工作委员会应当将听证报告作为立法工作的重要依据，对没有采纳的重要意见应当予以说明。

（六）平衡多元价值

地方立法中的国家主义、经济主义、技术主义、工具主义的意识形态，实际上都不利于市民社会多元主义的发展。国家主义的立法及法律观专注于国家权力的集中与巩固，其不仅有可能压制个人权利、缩减市民社会的自治空间，而且与社会利益格局的多元化和多元价值观相背离，从而深化了地方治理中权力体系一元化和利益格局多元化之间的矛盾。经济主义把立法的价值目标锁定为经济发展，而非社会正义，一旦效率优先的价值在制度层面确定下来，那其就有可能对公民的基本权利与自由形成侵害。立法技术主义忽略了对市民社会多元价值观的协调，否定了其多元利益诉求、生活方式的价值。工具主义的立法观则把立法作为一个政策工具，方便某些地方政府去追求垄断租金的最大化，方便其进行权力的巩固。可见，这些立法意识形态本质上都是高度一元化的，其所指导的立法可能会锁闭而非开放多元化的生活目标。地方立法要改变这种局面，就要立足于市民社会的基本价值观和原则，推进地方立法意识形态的转型，将立法的功能由经济发展逐步调整为提供公共产品和服务，以充分保障人们生活方式的多元化，并在此基础上推动地方治理的法治化转型。

第一，环境保护立法的发展。伴随经济的发展，我国环境面临的问题越来越突出，近些年国家也越来越重视环境保护问题，从中央到地方都对环境保护法律法规体系的建立和健全付出了巨大的努力。一方面，从中央层面来说，2014 年修订了《环境保护法》，将法律条文由原来的 47 条增加到 70 条，首次将"保障公众健康"写入总则第 1 条，加强环境保护和对举报人的保护、加大环境违法责任、完善行政强制措施、扩大公益诉讼主体、完善排污许可管理制度等；2016 年修正了《海洋环境保护法》，依法明确海洋主体功能区规划的地位和作用，加大了对污染海洋生态环境违法行为的处罚力度；2016 年修正了《环境影响评价法》明确规定，"建设项目的环境影响评价文件未依法经审批部门审查或者审查后未予批准的，建设单位不得开工建设"，加大了违法行为处罚力度；2016 年修正了《固体废物污染环境防治法》，严格规定了危险废物的转移和生活垃圾处置设施、场所的关闭、闲置或者拆除等。另一方面，从地方而言，省、自治区、直辖市、设区的市与自治州共颁布有关环境卫生的地方性法规三百多部，如《海南省城乡容貌和环境卫生管理条例》（2017 年修正）、《甘肃省石油勘探开发生态环境保护条例》（2019 年修订）、《南京市环境噪声污染防治条例》（2017 年修正）、《南阳市白河水系水环境保护条例》（2023 年修正）、《江西省农业生态环境保护条例》（2018 年修正）、《潮州市韩江流域水环境保护条例》（2019 年修正）、《陕西省秦岭生态环境保护条例》（2019 年修订）、《延边朝鲜族自治州天然矿泉水水源环境保护条例》（2020 年修正）、《青岛市海洋环境保护规定》（2018 年修正）、《河北省固体废物污染环境防治条例》（2022 年）等。

第二，历史文化保护立法的发展。享有立法权的地方较为重视通过制定地方性法规对历史文化加以保护，尤其是自 2015 年设区的市享有立法权以后，有关历史文化保护方面的地方性法规迅速增加，地方立法的规范有助于各地方对本地区历史文化的保护，如《亳州国家历史文化名城保护条例》、《淮南市寿州古城保护条例》、《贺州市黄姚古镇保护条例》、《十堰市武当山古建筑群保护条例》、《赤峰市红山文化遗址群保护条例》（2022 年修正）、《洛阳市非物质文化遗产保护条例》、《泉州市海上丝绸之路史迹保护条例》、《襄阳古城墙保护条例》、《歙县徽州古城保护条例》、《厦门经济特区历史风貌保护条例》等。

第三，城乡建设与管理方面立法的发展。城乡建设与管理包括诸多方面，如居住建筑、公共建筑、市政公用设施、城市容貌管理、城市环境卫生管理、城市绿化管理、城市市政公用设施管理、城市交通管理、监督管理等。如《沈阳市城市道路管理条例》（2017 年修正）、《长春市节约用水条例》、《孝感市城市综合管理条例》、《新乡市中小学校幼儿园规划建设条例》、《杭州市道路交通安全管理条例》（2017 年修正）、《日照市城市管理条例》、《太原市餐厨废弃物管理条例》、《南京市院前医疗急救条例》（2022 年修正）、《大理白族自治州乡村清洁条例》、《雅安市新村聚居点管理条例》、《钦州市坭兴陶土资源保护条例》、《威海市居民养老服务保障条例》（2020 年修正）等。

第二节　公共参与与地方立法的民主化建设

"党的十八大以来，中国共产党围绕着社会治理提出了一系列新思想新观点，为构建全民共建共治共享的社会治理格局，提供了根本遵循，奠定了坚实的基础。"[1]这是社会主义本质及尊重人民群众主体地位在新时代的重要体现[2]。1982 年《宪法》"序言"指出："一九四九年，以毛泽东主席为领袖的中国共产党领导中国各族人民，在经历了长期的艰难曲折的武装斗争和其

---

〔1〕 齐艳红等：《创造社会治理的新格局》，人民出版社 2023 年版，第 256 页。

〔2〕 李淑梅等：《"以人民为中心"及其践行路径》，人民出版社 2023 年版，第 237 页。

他形式的斗争以后，终于推翻了国家主义、封建主义和官僚资本主义的统治，取得了新民主主义革命的伟大胜利，建立了中华人民共和国。从此，中国人民掌握了国家的权力，成为国家的主人。"这是人民当家作主这一根本政治原则的经典表达。《宪法》第2条规定："中华人民共和国的一切权力属于人民。人民行使国家权力的机关是全国人民代表大会和地方各级人民代表大会。人民依照法律规定，通过各种途径和形式，管理国家事务，管理经济和文化事业，管理社会事务。""地方各级人大及其常委会是地方的权力机关，也是地方民主运行的国家机构载体。在人民代表大会制度下，地方政权机关开展立法活动，体现了人民民主原则，是我国全过程人民民主的生动实践。"[1]全过程人民民主丰富了实现民主的"工具箱"，可以适应国家和社会治理的不同场景，并能够克服单一民主实现方式的缺憾。[2]这说明，我国对主权在民原则的规范是复合式的，而非单纯的自由主义式的；换言之，从宪法规范的构造来看，其并没有将人民当家作主的民主权利嵌入自由主义的政治和法律框架当中，而是在规定采取代议制的民主形式之余，保留了人民对于"国家事务，管理经济和文化事业，管理社会事务"的参与管理权。宪法上的民主不仅是代议制的间接民主，而且还表现为广泛的公共参与权利。

按照王锡锌教授的说法，"新公共运动"可以被用来指称在社会结构和话语变迁的时代背景下，为了健全公共生活制度品格、提升公共生活质量、培育公共生活精神而展开的一场重塑制度与人的品格的社会运动。这种"新公共运动"主要表现为这样几个方面的内容：第一，新公共运动缘起于变化社会所带来的对民主法治、公平正义价值的现实需求，对新公共运动的鼓励，表明了国家"制度化能力"和政府自信心的增强；第二，新公共运动既受到政府自上而下的鼓励和推动，也受到社会自发的、自下而上的参与和推动；第三，就目标来看，新公共运动的总体目标是"现代化"，而其具体的目标则是高度生活化的；第四，就方式和形式来看，新公共运动的主要方式是公众对公共生活的参与。这些参与是以个别化的、程序化的、有序的形式展开的，

---

〔1〕 李少文：《中央和地方关系视角下地方立法权扩容的治理效能》，载《法学论坛》2024年第2期。

〔2〕 刘怡达：《论全过程人民民主的宪法基础》，载《比较法研究》2022年第2期。

而不是以往那种主要以集体行动、社会运动的方式进行的。[1]王锡锌教授不无感慨地写道:"作为一套制度系统的公众参与,不论是在国家宏观的政治生活中,还是在微观的行政过程中,都被理解为健全国家民主制度、提升公共生活民主性和公共性的重要途径……社会转型所带来的社会结构变迁、权利时代公众主体意识的觉醒、现代社会对公共生活的'公共性'吁求,这些都从自上而下和自下而上两个方向推动了公众参与的兴起。公众参与已经成为中国公共生活领域的一个关键词。"[2]

考虑到公共运动、公众参与以及从中体现出的参与原则,所指的主要是民间社会自上而下的对于公共事务的积极介入,因而公共参与实践与原则的落实仍然是社会建设的一个环节。准确来说,其发源于社会,但却具有政治意义和效果,其能否发挥规范潜力,最终还是要看社会主体的自主意识和公共精神。鉴于当前公共参与对于社会生活的教育和组织、公共决策的巨大影响力,其势必会影响到地方立法,尤其是地方立法的民主化进程和水平。因此,公共参与可谓地方立法的又一社会动力。

一、公共参与的原则与实践

公共性可以从多种角度去界定。有人从制度角度去界定,认为一套设计良好的公共制度通过向人们持续地供给与公平地分配公共物品和基本善,能够拉近公民与国家之间的距离,规范人们行为,并确立人们的认同。有人将公共性定义为"程序共和国",认为一套价值中立、不偏不倚的程序,能够将国家专制性权力的恣意降到最低限度,社会中分布的多元价值观和利益诉求能够被最大限度地容纳进来,以最大限度地减少分歧积累共识,从而发挥公民个人权利保护和凝聚共同体的双重作用。还有人从公共世界观和道德观的角度去定义公共性,认为公共性是一个共同体或社会所持有、分享的一套由诸多价值、原则、观念构成的公共正义观,它为生活在这个社会中的理性公民所周知,公民基于此而形成彼此的信任关系,并通过这套公共正义观去评价、批判、理解、认同社会基本制度和官员人的公共行为。

---

〔1〕 参见王锡锌:《公众参与:参与式民主的理论想象及制度实践》,载《政治与法律》2008 年第 6 期。

〔2〕 王锡锌:《公众参与:参与式民主的理论想象及制度实践》,载《政治与法律》2008 年第 6 期。

汪晖教授指出："如今，我们面临的是一种新型的'去政治化的政治'。"[1]公共性是全面、和谐而非片面、压制性的社会关系的一种基本属性，其表达的是对人的异化的超越、自我主体地位的确立，质言之，"只有当现实的个人把抽象的公民复归于自身，并且作为个人，在自己的经验生活、自己的个体劳动、自己的个体关系中间，成为类存在物的时候，只有当人认识到自身'固有的力量'是社会力量，并把这种力量组织起来因而不再把社会力量以政治力量的形式同自身分离的时候，只有到了那个时候，人的解放才能完成"。[2]关系、主体是其诠释的对象，它适用的是公共交往。在此，我们把公共性定义为公共参与。倘若联系去政治化的政治所导致的公共生活范围萎缩和品质下降的问题，那么，公共参与的价值和意义就更加清楚了：公共参与是现代生活的一项基本原则，其表示的是一种更具参与性的生活形式和制度框架。

（一）公共参与原则的权威性

关于公共参与的概念，《中国大百科全书政治学》认为，所谓的公众参与，就是"公民自愿地通过各种合法方式参与社会生活的行为"。俞可平认为，公众参与是指公民通过一定的渠道对公共事务表达意见，并且对公共事务的决策和治理产生影响的行为。参与的主体是公民，参与的范围是公共事务，这种参与是与政府和有关部门的互动过程，并且产生了一定的影响。[3]蔡定剑教授认为："作为一种制度化的公众参与民主制度，应是指公共权力在作出立法、制定公共政策、决定公共事务或进行公共治理时，由公共权力机构通过开放的途径从公众和利害相关的个人或组织中获取信息、听取意见，并通过反馈互动对公共决策和治理行为产生影响的各种行为。它是公众通过直接与政府或其他公共机构互动的方式决定公共事务和参与公共治理的过程。"[4]

公共参与最为民主的内涵之一，就是公民对治理、立法、公共决策等公共事务的参与权利、行为和过程，它本质上是统治者或国家与公民对治理权

---

〔1〕 汪晖：《去政治化的政治：短20世纪的终结与90年代》，生活·读书·新知三联书店2008年版，第16页。

〔2〕《马克思恩格斯文集》（第1卷），人民出版社2009年版，第46页。

〔3〕 吕同舟、黄伟、钟婷：《公众参与问题的研究综述》，载《管理观察》2009年第6期。

〔4〕 蔡定剑：《中国公众参与的问题与前景》，载《民主与科学》2010年第5期。

利的共享。"公共参与基本公共服务供给的过程能够使个体的基础性和差异化需求得以满足。"〔1〕公共参与具有多重维度，其既涉及了一个国家或共同体的宏观制度结构，又内化到人们的微观生活经验当中；既囊括了现代公民生活的一系列有价值的观念和美德，又提供了公民参与政治进程、制约统治精英权力（膨胀）的体制机制安排；既表现为一种公众自下而上地对公共问题的讨论、参与、检视，又表现为国家对其声音、诉求的配合、筛选和回应。概言之，它首先表现为一种原则，而后是一种民主实践机制；原则体现在与诸多通行于现代公共领域中的道德价值的关系当中，实践机制则是由主体、对象、程序和方式构成。这里先论述以下公共参与的原则权威。

在"去政治化的政治"的支配和意识形态语境中，作为一项原则，公共参与的基本作用就是要重塑公共生活的品格和公共精神，重塑制度的品格。要完成这一目的，公共参与就应重新定义那些表征社会秩序的概念，或者扩充其内涵，或者修改其在社会规范体系中的位置。

1. 公共参与对于民主基础的深化

民主是现代生活和国家治理的基本方式，民主政体更是当代唯一获得道德正当性辩护的支配形式。但值得注意的是，民主的古今含义具有较大差异。在实行民主制的古代希腊城邦世界，民主是一种全民参与式的决策方式，即只要满足一定条件的希腊公民，都可参与到城邦国家权力的运作当中，都可对国家的命运进行决策。与古典民主制不同，现代思想家们推崇的民主制，乃是建立在近代民族国家的巨大政治躯体上的民主制，因此，与传统的小国寡民的直接民主不同，其采取代议制的基本形式，限制公民对于国家公共生活和决策的直接参与。从此，参与的内涵从民主概念中逐渐减低，取而代之的程序、权利、自由、法治、代议制、政党则成为民主化和民主建设的核心内容。就政党而言，"缺乏政党，会出现政治参与的无序和混乱，政治秩序走向脆弱；现代政治必然需要政党"。〔2〕托克维尔将民主直接定义为一种暗含暴政危险的多数人的统治，"民主的政府的本质，在于多数对政府的统治是绝对

---

〔1〕 陈世香、周维、吕志杰：《公众参与行为、社会阶层属性与基本公共服务均等化感知——一个有调节的中介模型》，载《公共行政评论》2023 年第 6 期。

〔2〕 ［美］塞缪尔·P. 亨廷顿：《变化社会中的政治秩序》，王冠华等译，上海人民出版社 2015 年版，第 341 页。

的，因为在民主制度下，谁也对抗不了多数"。[1]熊彼得更是明确指出："民主方法就是那种为做出政治决策而实行的制度安排。在这种安排中，某些人通过争取人们的选票而获得做出决策的权力。"[2]对于熊彼得来说，"有没有竞争性的选举成为他们评判一个政体是否民主的最重要甚至唯一的标尺，至于人民是否真正能当家做主则显得不重要了"。[3]

这样一种作为常规性的权力运作与组织的民主制，如果与不加节制的资本力量相结合，再加上新自由主义或新保守主义的意识形态点缀，就有可能与资本力量结盟，与国家权力纠缠、凝固在一起，而丧失民主原本对公共生活的动能。这是一种典型的去政治化的政治。[4]在这一条件下将公共参与纳入民主的概念当中，实际上是要克服制度、程序所具有的形式主义弊端，以及民主的权力异化。其意义包括：①打破政党、国家的官僚化运作逻辑，重新确立公民或人民在公共生活中的主体地位；②使国家权力保持面向社会的开放性、流动性和公共性；③制衡资本的力量，抗衡、阻止权力、政党、代表与资本的联盟，使立法和公共政策最大限度地体现人民的意志和公共利益，而非仅仅用来满足统治者的利益偏好或资本的逐利本能；④使公民能够实质性地参与到公共生活和治理实践当中，使其能够平等地参与、影响政治过程与结果；⑤将多元的利益组合、阶级关系、价值观念带入民主政治进程当中，通过多方面的对话、竞争、交流、碰撞、对抗来保持民主生活的活力。[5]

2. 公共参与对于平等原则的实践

民主的原初理解是人民当家作主，与此概念相关，民主更多关注的是公民的平等，而非个人自由，民主制的核心概念和合法化基础是平等。但随着

---

[1] [法] 托克维尔：《论美国的民主》（上卷），董果良译，商务印书馆 1989 年版，第 310 页。

[2] See J. A. Schumpeter, *Capitalism, Socialism and Democracy*, London: Geo. Allen & Unwin, 1943, p. 269.

[3] 王绍光：《民主四讲》，生活·读书·新知三联书店 2008 年版，第 45 页。

[4] 关于"去政治化的政治"和"代表性断裂"理论，详情参见汪晖以下著作：《去政治化的政治、霸权的多重构成与 60 年代的消逝》，载汪晖：《去政治化的政治：短 20 世纪的终结与 90 年代》，生活·读书·新知三联书店 2008 年版。《齐物平等与跨体系社会》，载邓正来、郝雨凡主编：《转型中国的社会正义问题》，广西师范大学出版社 2013 年版。《"后政党政治"与中国的未来选择》，载《文化纵横》2013 年第 1 期。

[5] 参见郭文理、李维维：《困境与出路：公共政策制定中的公民参与》，载《郑州大学学报（哲学社会科学版）》2023 年第 5 期。

近代民主的概念日益被嵌入、收束进自由主义的制度框架当中，法治、财产权或基本权利与自由皆成为民主制的制衡因素，与之相应，民主平等观也被剔除了。社会经济内涵越来越单一化和形式化了，平等表示的只是法律面前人人平等，或前途向能力开放的机会平等，而社会平等、分配正义等实质平等观念都是与此格格不入的。平等被自由主义化了。例如，对于新古典自由主义的代表性人物哈耶克而言，"当下人们通常所说的'社会的'或分配的正义，只是在……组织秩序中才具有意义；而它在自生自发的秩序中……则毫无意义且与之完全不相容"。[1]"在这个世界上，平等地对待人们与试图使人们变得平等这两者之间始终存在着重大的区别。前者是一个自由社会的条件，而后者则像托克维尔所描述的那样意味着'一种新的奴役形式'。"[2]

实际上，这种片面强调个人自由的权重、压缩平等原则适用空间的保守主义意识形态，恰恰推进了去政治化的政治进程，加剧了代表性断裂。在这个情况下，引入公共参与式的民主概念，正好具有重建一个社会的平等的图景和关系的意义。这种价值在于：①其能够通过参与，通过将社会公众的声音和诉求反映到政治领域，逆转公共政策和立法在利益选择上过度向资本靠拢的局面，使其更充分地体现公共利益和公共善；②面对去政治化的政治格局中权力和资源向政府部门倾斜、集中的现象，公共参与能够整合社会声音，向统治者及其代理人施加强大的压力，促使其转变自身职能，改善公共产品与服务的提供，以维护社会平等；③公民合理有序的公共参与，能够使最大多数人的根本利益作为立法与政策的目标，保证社会利益和发展成果的分配，以实现分配正义，缩小社会差距；④公共参与在主张公民的主体性的同时，还可以在市场社会中发挥社会化的作用，重建社会保护网络，维护多样性的文化生活方式。

3. 公共参与对于权力的积极约束

现代社会与传统社会的一个基本区别，就在于其对待国家的态度方面。在传统社会，国家往往被赋予道德内涵，被视为共同体的善，或是公民个人

---

〔1〕［英］弗里德利希·冯·哈耶克：《法律、立法与自由》（第 1 卷），邓正来等译，中国大百科全书出版社 2000 年版，第 4 页。

〔2〕［英］弗里德利希·冯·哈耶克：《个人主义与经济秩序》，邓正来编译，复旦大学出版社 2012 年版，第 14 页。

价值的实现。国家也因此无节制地介入人民的社会经济生活和道德文化领域，并扮演一个监护人或仁慈家长的角色。而在现代社会，国家已经被剥夺了道德法权，被视作一个亟须防范的利维坦，一种必要的恶。笼罩在国家身上的面纱一旦被查处，那么人们就开始认真地审视国家的本质和功能。由此，国家能够历史地发挥维持社会秩序、界定和保护产权、推动制度变迁的作用，但由于统治者本身具有独立的利益偏好，"统治者租金的最大化和社会产出最大化的目标并不完全一致"，[1]因此，人们应防止统治者和国家权力的滥用。权力约束成为现代社会的一条基本原则，公民的个人自由观即建立在权力约束的基础之上。

然而，近代的权力约束概念是建立在自然权利观念或个人的消极自由之上的，这种自然权利或消极自由更多只是一种防御性的或反对性的权利。但仅有这种消极性的权利，公民在国家权力面前，其权利并不能得到全面实现，因为其具有软弱的一面，尤其在其政治化的政治情势下，其仅能拒绝国家权力干预私人领域的自由和权力，并不能够及时有效地扭转国家的行为偏好、权力恣意和合法化模式。这个时候，公共参与的积极价值就体现了出来，其对政府权力的滥用不仅是划定一条消极的界限，而是施加足够的公共舆论压力、道德压力和利益集团压力，正如有学者所指出的："公民参与公共政策的执行过程可以对政策进行监督和制约，防止公共政策执行的独断专行和以权谋私等违法乱纪行为，有利于克服公共政策执行的盲目性和随意性，在某种程度上克服政府失灵和政策执行偏差等现象。而公民参与政策执行有助于防止公共政策执行结果的失真，确保公共政策执行信息反馈的完整性和科学性，也有助于加强公共政策执行的责任追究和行为监控，防止政策执行不良结果的恶化，维护公共政策的权威。"[2]

4. 公共参与对于良法善治的主体保障

何为善治？有学者认为，善治包括四个要素：其一，公民安全得到保障，法律得到尊重，特别是这一切都须通过法治来实现。其二，公共机构正确而公正地管理公共开支，亦即进行有效的行政管理。其三，政治领导人对其行

---

[1] 杨光斌：《政治变迁中的国家与制度》，中央编译出版社 2011 年版，第 5 页。

[2] 韦春艳、王琳：《公共政策执行中的公众参与探讨》，载《理论月刊》2009 年第 1 期。

为向人民负责，亦即实行责任制。其四，信息畅通，便于全体公民了解情况，亦即具有政治透明性。[1]王利明教授亦从民主治理、依法治理、贤能治理、社会共治、礼法合治五个方面来界定善治。[2]可以看出，这些观点多是从制度的角度、从政府的体制机制的角度、从常规性的国家权力运作的角度去界定善治。如果继续按照常规性、官僚化的逻辑运作，那么社会制度就无从发挥公共性的潜能；而如果我们忽视去政治化的政治趋势，那么，所谓的制度建设只能陷入制度拜物教或原教旨主义的思维方式当中。此恰如汪晖教授所说的："在现实条件下，问题并不在于是否需要法治化、制度化，而在于怎样的法治化和制度化，以及是否必须将整个社会构造（及其传统）全部纳入法制和制度的框架内部；不在于'去国家'或'反国家'，而在于应该建立怎样的国家及其制度，以及能否在国家及其政治之外形成真正的政治空间。"[3]

可以说，在去政治化的背景下，公共参与正好为我们界定良法善治的概念提供了一个全新而有益的视角。一般而言，公民可以通过公共参与，将自身的利益诉求和意志反映到政治公共领域当中，督促统治者或国家对其诉求做出有效的回应。可见，公共参与实际上修改的是民主政治运作的重心，这将影响对民主政府的判断，从输入端即选举挪移到了政治过程的输出端，即政府对公民需求的回应程度。实际上，政府对公民和社会利益的呼应性，也是国家能力的核心概念。这样，公共参与就为我们提供了一个新的视角，即从国家能力和政府形式的角度去定义善治。任何自上而下的制度供给都面临着能否适用社会经济生活条件的问题。公众对立法和决策的公共参与，恰恰能够保证为立法者和政府提供多方面的社会声音，从而使制度的选择更具社会适用性，更具有地区和文化特色。[4]

---

〔1〕 参见张文显：《法治与国家治理现代化》，载《中国法学》2014年第4期。

〔2〕 王利明：《法治：良法与善治》，载《中国人民大学学报》2015年第2期。

〔3〕 汪晖：《去政治化的政治：短20世纪的终结与90年代》，生活·读书·新知三联书店2008年版，第53页。

〔4〕 See Benjamin J. , Richardson, Jona Razzaque "Public Participation in Environmental Decision-Making", *Delaware Lawyer*, 22（2004），11~14.

5. 公共参与对于公共精神和美德的塑造

若国家与公民之间的距离被日益拉大，一方面容易导致在市场化条件下权力的集中，巩固与资本的联盟，另一方面则可能导致人民被以各种借口排除在政治和公共生活之外，使公共生活萎缩，降低民众的参与感和平等感，并进而削弱民众对社会基本制度的认同。同时，当政治合法性标准落实在发展主义的意识形态之上，而非普遍主义的道德观念上时，社会共识的基础就是不稳定的，因为当利益格局发生失衡时，人们随时会绕过基本的道德原则而去追逐发展主义所标榜的利益最大化。从长远来看，这种以利润最大化为目的、以技术主义为底色的发展主义，[1]或者是功利主义的共识和合法性观念，只会动摇人们相互信赖关系的基础，在人们之间造成普遍的冷漠症，最终使社会在变革过程中陷入普遍失范，在彼此的怀疑、猜忌和互相伤害当中陷入难以弥合的分裂。

这说明，在去政治化的政治情境中，要寻回制度的德性，树立制度的权威，克服其合法化问题，除制度改革以外，还需要公共精神的支持，重新培育公共美德。以公共参与为主要内容的公共精神是公民美德的第二层次内容，[2]而公共参与正可谓是公民美德的养育基地，对于公民美德培养的意义在于：①平等的精神。公共参与教育了公民，其都是平等的权利和义务主体，能够平等地参与公共生活，人们之间是基于自愿原则的相互合作而非宗法或封建式依附关系，人的自由是共存而非相互妨害的，每一个人不仅是手段，而且是目的本身；②互惠的美德。即使人们认识到，其在相互尊重的基础上参与社会合作，所产生的利益应该平等、合理地分享，负担和风险应该公平地分配，杜绝暴力、欺诈或剥夺关系的发生；③正义感。参与公共生活的人们对于宪法根本问题或基本正义问题，就有基本的判断力和是非感，对于制度和决策的非正义，其能够合理地去质疑；④独立自由的人格。公民恰恰在彼此

---

〔1〕　对发展主义意识形态的研究和批判，请参见汪晖：《中国"新自由主义"的历史根源》《去政治化的政治、霸权的多重构成与60年代的消逝》，二文俱载于《去政治化的政治：短20世纪的终结与90年代》，生活·读书·新知三联书店2008年版。［美］大卫·哈维：《新自由主义简史》，王钦译，上海译文出版社2010年版。郁建兴：《发展主义意识形态的反思与批判》，载《马克思主义研究》2008年第11期。

〔2〕　孟融：《社会信用体系建设中的美德缺失及其填补——关于信用法治构建的政治与法律哲学思考》，载《浙江学刊》2022年第3期。

的交往与参与当中互通有无，锤炼了其完善的个人人格，同时，参与公共生活需要敢于发表意见，勇于承担责任，这在无形之中又培养了其独立精神；⑤宽容美德。公共生活的活力，离不开多元观点和价值观的交流、碰撞、对抗、冲突，事实上，这种合理的多元主义是公共生活的核心特征之一，公民们作为公共参与的主体，在对立意见的交流、利益的妥协、观念的协商当中，能够学会宽容精神；⑥对制度的理性认同。公民们通过广泛的公共参与而得出的制度认同，已经不同于那些基于习惯、传统或宗教形而上学的认同方式，因为公民们在彼此合作、交往、对抗当中已经培养出了足够的公共理性，因而其对社会制度的认同是高度理性化的。

（二）公共参与的实践机制

就地方立法实践来看，一些地方制定了专门的公众参与立法的法规，如《甘肃省公众参与制定地方性法规办法》（2022 年修订）、《河北省环境保护公众参与条例》（2020 年修正）；有一些地方还专门制定了公众参与行政立法的规章，如《长春市规章制定公众参与办法》《日照市公众参与政府立法办法》《山东省公众参与政府立法办法》《烟台市政府立法公众参与规定》《广州市规章制定公众参与办法》（2020 年修订）。

1. 公共参与的主体

公共参与的本质在于治理权力的共享。其主体当然是在社会中履行义务、享有权利的公众，而处在公众对立面的则是统治者、立法者和政府，他们当然都不属于公众的范畴。但在现实中，"公众"的概念还需要进一步界定。

第一，现代国家的成员多由职业化、受过专业训练和教育、讲究技术理性的技术公职人员构成。固然，他们都是从社会公众当中依据一定标准选拔出来的，同样享有基本的人权和自由，但是，当他们分布在政府的各层级、各部门当中，以身份特权来参与的时候，他们是在运用公共权力，而非行使私人权利，与作为私权利主体的自然人不可混同。[1]

第二，公众需要与人民代表相区分。现在主流的民主形式虽然是自由主义式的代议制民主，即由人民通过选举确定代表，代表自己来治理国家和管理公共事务，但这不否认在代议制形式下"人民还不能完全放弃自己的立法

---

〔1〕 参见王鸿铭：《国家治理能力：现代国家建设的理论分析范式》，载《学海》2024 年第 3 期。

权，还需要设置相应的制度来更为直接地反映公众的意愿和要求"，[1]因为，在代议制原理之上还存在更高的人民主权原则，在将治理权力授予代表的同时，人民还保留着登场的权利。民主也并不等同于代议制和代表。一旦选民与代表之间的信任关系发生松动，那么，代表的民主作用就是可疑的。因此，要让公共参与发挥激活国家外部的政治空间和政治价值，夯实民主的社会基础的作用，就应将公众与代表相区分。

第三，公众与人民。公共参与中的公众指的是作为法律上权利义务主体的自然人和其他社会组织，换言之，只要一国的公民，其尚未被依法限制和剥夺参与性的权力，那其皆可为公共参与的主体。因此，公众的主体身份是高度普遍主义的。而人民则是一个高度政治性的概念，其在公民内部包含了敌友的区分、阶层的区分、利益的区分、统治与被统治地位的区分，因而，作为政治基础的人民概念是特殊主义的。公众不是以政治立场，而是以法律权利来划分的，其是一个公民的概念，因而区别于人民。

2. 公共参与的对象

一般认为，公共参与的对象就是公共事务或公共治理。所谓的公共事务，实际上是与一个社会的成员的福利和生存条件普遍相关，反映其普遍利益的一类事务。公共事务首先具有公共性的特征，其包含的产品和服务往往为社会成员所共享，不具排他属性；其次，公共事务具有利益相关性，因为包括立法或公共决策在内的公共事务，都会普遍影响到社会成员们的利益；最后，公共事务既可以是政治性的，比如立法、政策制定或国防事业，也可以是非政治性的，比如教育、医疗事业。《宪法》第 2 条第 3 款规定："人民依照法律规定，通过各种途径和形式，管理国家事务，管理经济和文化事业，管理社会事务。"这里的国家事务、经济文化事业、社会事务，属于公共事务的范畴。再如，《立法法》第 81 条规定："设区的市的人民代表大会及其常务委员会根据本市的具体情况和实际需要，在不同宪法、法律、行政法规和本省、自治区的地方性法规相抵触的前提下，可以对城乡建设与管理、生态文明建设、历史文化保护、基层治理等方面的事项制定地方性法规，法律对设区的市制定地方性法规的事项另有规定的，从其规定。……"这里的城乡建设与

---

〔1〕　王鉴辉：《我国地方立法的价值取向研究初探》，载《现代法学》2002 年第 2 期。

管理、生态文明建设、历史文化保护、基层治理也属于公共事务，因而公众皆可参与。不同的立法参与主体所代表的利益特点不同，[1]公众充分地参与地方立法有利于立法利益的合理配置。

3. 公共参与的方式和内容

公共参与的方式和内容即公民参与公共事物的机制的总称。在现代社会，公共事务多种多样，公民的公共参与的方式也是多元的，并且，公共参与的方式愈加多样化，那么其民主的实质水平也就越高。在当前条件下，公民公共参与的方式即有公民调查、信访、听证、申诉与控告、公民会议、咨询委员会、网络平台、选举与投票、监督、街坊论坛、社区自治组织、立法论证会、立法听证会、立法草案起草、行使提案权、提供立法意见、参与立法座谈会等。例如《立法法》第39条第2款规定："法律案有关问题专业性较强，需要进行可行性评价的，应当召开论证会，听取有关专家、部门和全国人民代表大会代表等方面的意见。论证情况应当向常务委员会报告。"该条同时规定："法律案有关问题存在重大意见分歧或者涉及利益关系重大调整，需要进行听证的，应当召开听证会，听取有关基层和群体代表、部门、人民团体、专家、全国人民代表大会代表和社会有关方面的意见。"皆可看作公共参与的法定方式。除此之外，"与地方立法有关的国家机关，包括地方党委、人大及其常委会、政府，在立法过程中要充分发挥商谈作用，真正做到审慎立法"。[2]地方人大立法协商是协商民主理论与人民代表大会制度相勾连的落脚点，亦是推动地方立法民主化、科学化的重要途径。[3]由上可见，无论是在原则还是在实践层面，公共参与都能够释放出巨大的规范效能。对于立法而言，其基本作用就在于促进地方立法的民主化。

二、地方立法民主化的价值与制度路径

从应然的层面来看，立法，包括地方立法的民主化，是我国立法的一个

---

[1] See William N. Eskridge Jr. & John Ferejohn, "Super Statutes", *Duke Law Journal* 50 (2001), 1215~1276.

[2] 李少文：《中央和地方关系视角下地方立法权扩容的治理效能》，载《法学论坛》2024年第2期。

[3] 巢永乐、林彦：《地方人大立法协商：概念厘定、实践难题与发展进路》，载《经济社会体制比较》2022年第3期。

基本原则，一个所欲达至的理想状态。《立法法》第 6 条第 2 款规定："立法应当体现人民的意志，发扬社会主义民主，坚持立法公开，保障人民通过多种途径参与立法活动。"其将民主化明确规定为我国立法（包括地方立法）的基本原则。这里的民主化，包括人民的普遍意志、立法公开（程序与内容公开）、公共有序参与等内涵。就是说，作为立法原则的民主化，其内容、方式和机制是丰富和多层次的，既有主观意志方面的规定，也有客观行为方面的内容，既包括程序、过程方面的要求，又包括结果、绩效等方面的考虑，既容纳了普遍意志、公共参与等激进方面的内容，又正视了程序、规范以及立法制度框架对于立法活动的规范作用。[1]如此，在不同层次的立法活动当中，面对不同的立法任务，这种复合式的民主概念提供了多重选择，即可以在多重要素之间实现有意义的组合，这就保证了民主原则适应的灵活性和弹性，而非像保守主义的民主理念那样单一而僵化。

不仅在立法层面，同样在政策层面，党的十八届四中全会不仅强调要从立法主导的立法体制、法案起草、立法协商、重大利益论证咨询机制、法律法规草案公开征求意见和反馈机制、审议表决等方面来实现立法的民主化的科学化，[2]更是将民主化与坚持党的领导、法律面前人人平等、依法治国与以德治国相结合、从中国实际出发等一道，作为立法和社会主义法治建设的基本原则。特别值得注意的是，这里对民主化的界定，直接回归了《宪法》的根本原则，即坚持人民群众的主体地位，"坚持人民主体地位。人民是依法治国的主体和力量源泉"。决定指出，其一，"必须坚持法治建设为了人民、依靠人民、造福人民、保护人民，以保障人民权益为出发点和落脚点，保证人民依法享有广泛的权利和自由、承担应尽的义务，维护社会公平正义，促进共同富裕"。[3]"2035 年共同富裕取得实质性进展只是共同富裕建设中的一个中期目标"，[4]地方应当"坚持尽力而为、量力而行原则推进共同富裕，要

〔1〕　参见朱力宇：《全过程人民民主在我国立法中的体现论析》，载《人权》2022 年第 1 期。

〔2〕　参见汪全胜、黄兰松：《我国法案公开征求意见回应机制的建立与完善》，载《南通大学学报（社会科学版）》2015 年第 2 期。

〔3〕　《中共中央关于全面推进依法治国若干重大问题的决定》，人民出版社 2014 年版，第 6 页。

〔4〕　刘万平、黄陈晨：《2035 年共同富裕之明显实质性进展的阶段、目标及其实现》，载《中南大学学报（社会科学版）》2023 年第 1 期。

因地制宜地探索促进共同富裕的有效途径"〔1〕。其二，"必须保证人民在党的领导下，依照法律规定，通过各种途径和形式管理国家事务，管理经济文化事业，管理社会事务"。党领导立法是中国特色党法关系的典型规范性范畴，也是全面依法治国过程中需要处理好的重要关系，包括党领导立法的主体、内容与方式，以及对象和事项。〔2〕其三，"必须使人民认识到法律既是保障自身权利的有力武器，也是必须遵守的行为规范，增强全社会学法尊法守法用法意识，使法律为人民所掌握、所遵守、所运用"。这种建立在人民的主体性基础上的社会主义民主原则包括多层含义：①是人民，而非抽象的法律人团体或主权者，才是法治和社会秩序的最终渊源；②以人民为主体力量的社会秩序，必须以公平正义为最高的价值准则，平等是其首要的政治原则；③人民民主的核心含义是人民当家作主，公共参与是人民当家作主地位的重要方式；④法律反映的是人民的普遍意志和根本利益，而人民又是国家主权的享有者，因此，人民主权与法律主权并不冲突，两者是辩证统一的。

由此可见，公共参与在立法民主化原则中始终占据重要的位置，它与人民的主体性地位、平等的价值准则密切相关。在这种背景下，地方立法如果以公共参与为基础，那其必将发挥多重民主化的意义和价值。

（一）地方立法民主化的价值

1. 维护人民的主体地位，使立法维护地方居民意志

地方立法本应是一个展现公共理性、体现公共利益的政策平台，是去政治化的政治逻辑将其演变为一个权力寻租的工具。要破解这种权力网络所凝聚的霸权关系，激活地方公共生活的民主化价值，就要重申地方立法权的共享原则。在去政治化的政治语境中，公共参与是实现立法权共享的最佳方式和最优途径。因为，只有公众对于地方立法广泛而实质地参与，才能真正体现人民当家作主的政治地位，才能实现其在地方治理活动中的主体地位；〔3〕只有人民对于地方立法的积极参与，才能在地方政府和权力机

〔1〕 孙豪、曹肖烨：《中国省域共同富裕的测度与评价》，载《浙江社会科学》2022 年第 6 期。
〔2〕 参见封丽霞：《党领导立法的规范原理与构造》，载《中国法学》2024 年第 1 期。
〔3〕 参见乔耀章：《地方治理不仅仅是地方的事——我国地方治理中几个重要理论与实践问题解析》，载《学术界》2023 年第 11 期。

构欠缺代表性的情况下，使立法重新面向普遍利益，体现地方居民的自治意志。

2. 实现社会公正，遏制制度寻租和腐败行为

将公共参与引入地方立法当中，其能够发挥多种民主约束和公正的价值，包括：①引入公共参与机制，就等于在地方立法过程中引入有效的民间监督和制衡力量，遏制政府及其部门以权谋私、腐败行为，制约行政机构的片面逐利本性。②"立法不是立法机关的自成品，而是相互竞争的利益群体之间寻求某种妥协的博弈产物，如果相关利益群体不能充分表达意见，实际上是取消博弈，扼杀表达。"〔1〕在地方立法中引入多元利益主体，引入多方利益博弈机制，能够在竞争、交流的基础上形成稳固的立法共识，有利于公共利益的表达。③伴随公共参与而来的是人民民主、公共利益、平等等一系列的价值观念，其成为地方立法的主导思想，能够有效地矫正去政治化的政治意识形态对于地方立法的片面指引，约束其利益偏好，促使地方立法者在立法价值目标的选择上更倾向于公共利益而非部门利益，更加忠诚于公平正义而非效率和利润。

3. 建立基于民心、民意的正当性概念，确立立法权威

公共参与意味着一种全新的、截然不同于超凡魅力或政绩合法化模式的良法之治。第一，立法的公共参与意味着公共理性在地方立法领域中的运用，其所达至的共识，以及蕴含在共识之中的民心、民意，才是地方治理和立法的合法化基础，其能够有效克服地方立法民主化基础薄弱的事实。第二，按照季卫东教授的说法，法制的权威模式存在三种，其分别为约定俗成的权威、有理有据的权威、定分止争的权威。〔2〕公共参与通过引入民间力量、引入多方利益的博弈机制，把说理、理由、理性、交流、协商等范畴引入立法过程当中，并把立法所涉及的知识、信息和立法需求带入地方立法实践当中，增强公众对于立法的认受程度，使立法真正地尊重人民的意志、反映公众的权利和福利，实现良法之治和地方法制的理性权威。

---

〔1〕　崔卓兰、孙波：《地方立法质量提高的分析和探讨》，载《行政法学研究》2006 年第 3 期。

〔2〕　参见季卫东：《论法制的权威》，载《中国法学》2013 年第 1 期。

4. 增强地方立法的实用性和特色性

从实际出发是我国立法和法治事业的一项基本原则。"提出意见、办法，要从实际出发，不能从想当然出发，不能从概念、本本出发，不能从哪个'权威'的眼神出发。"[1]"细心地回顾会发现中国立法的一个特点：从分解式的立法到组合式的立法、从单行法到法典化，这也是从实际出发的思想。"[2]《立法法》第 7 条第 1 款规定："立法应当从实际出发，适应经济社会发展和全面深化改革的要求，科学合理地规定公民、法人和其他组织的权利与义务、国家机关的权力与责任。""从实际出发，最根本的是从中国的国情出发。"[3]党的十八届四中全会亦指出，要完成推进依法治国战略、建设法治国家的总目标，应遵循"坚持从中国实际出发"的基本原则，其指出："中国特色社会主义道路、理论体系、制度是全面推进依法治国的根本遵循。应从我国基本国情出发，同改革开放不断深化相适应，总结和运用党领导人民实行法治的成功经验，围绕社会主义法治建设重大理论和实践问题，推进法治理论创新，发展符合中国实际、具有中国特色、体现社会发展规律的社会主义法治理论，为依法治国提供理论指导和学理支撑。"另外，地方立法的目的既不是要扩张政府的权力，也并非无用的面子工程，而是要降低治理的成本，取得一定的治理绩效，包括社会秩序稳定、社会有序、公平正义等。而立法或制度创新能否取得特定的政治经济绩效，很大程度上就取决于制度安排能否对社会实际具有基本的适用性，能否对社会实际的变迁及时做出有效的回应，能否与人民群众的文化心理和道德认同相契合。[4]

观诸当前的地方立法，其面临的一个重要问题就是制度适用性较差，其更多是简单地重复、复制法律、行政法规和政府规章，存在一定的立法抄袭现象。地方立法的本质在于其独特性，缺乏这一点，就如同无灵魂的躯体。[5]当然，"影响到地方立法体系结构时，可以重复上位法规定，特别

---

〔1〕 杨景宇：《吾感吾悟》，中国法制出版社 2006 年版，第 102 页。

〔2〕 张春生、吕万：《再做 30 年，我们也不能合着眼睛立法——张春生访谈录》，载《地方立法研究》2019 年第 6 期。

〔3〕 张春生主编：《中华人民共和国立法法释义》，法律出版社 2000 年版，第 13 页。

〔4〕 参见高中意：《新时代地方立法的规范渊源选择》，载《理论视野》2023 年第 8 期。

〔5〕 参见石佑启：《论地方特色：地方立法的永恒主题》，载《学术研究》2017 年第 9 期；胡健、任才峰：《推动地方立法工作高质量发展的十个关系》，载《地方立法研究》2024 年第 1 期。

是对上位法中具有承上启下、前后贯通作用的支架性、过渡性、连接性条款，可以做必要的重复，以达到总揽、衔接、转换、过渡等功能"。[1] "立法体系的完备是一国法治的前提和基础，是良法在量上的表现。"[2]因此，在地方立法中贯彻公共参与原则，引入公共参与机制，其作用就在于保证地方立法的制度供给水平。①考虑到当前政府主导的强制性的制度供给与人民需求之间并不一致，公共参与可以有效地将地方居民的需求及时、全面地反映到地方立法当中，从而节约立法成本，[3]增强其制度对于人民利益的回应能力，以保证立法的制度安排与社会生活变迁的步调保持一致。②地方民众的公共参与，能够更好地将地方生活经验、社会关系样态带入立法过程当中，使地方立法真正建立在地方的经济基础、生活方式和交往关系之上，从而摆脱立法抄袭的尴尬处境，具有相当程度的地方特色。习近平总书记指出："地方立法要有地方特色，需要几条就定几条，能用三五条解决问题就不要搞'鸿篇巨制'，关键是吃透党中央精神，从地方实际出发，解决突出问题。"[4]③法律反映的不仅是公共意志或意见，它还凝聚着共同体的文化精神和共同信念。通过公共参与，地方的民情、民意、文化心理、风俗习惯、生活方式、信仰、价值观、人生态度等能够较为全面地渗透进地方立法的最终制度安排和价值选择当中，避免立法与民心相违背，与民情相抵牾，从而在地方立法具有权威性、正当性的同时，又有充分的文化适用性，不仅能够满足地方公民的利益虚无，而且尊重地方民众的共同精神与信念。

（二）地方立法现行的民主机制

"立法总要多听不同意见。"[5]地方立法的民主性主要是指通过保障人民多种途径参与立法活动来使立法体现人民的意志，重在突出民意在立法中的

---

〔1〕　黄锴：《地方立法"不重复上位法"原则及其限度——以浙江省设区的市市容环卫立法为例》，载《浙江社会科学》2017年第12期。

〔2〕　李龙、汪进元：《良法标准初探》，载《浙江大学学报（人文社会科学版）》2001年第3期。

〔3〕　黄兰松、汪全胜：《论我国立法成本效益评估制度的实施困境及应对措施》，载《湖北社会科学》2016年第2期。

〔4〕　习近平：《坚定不移走中国特色社会主义法治道路　为全面建设社会主义现代化国家提供有力法治保障》，载《求是》2021年第5期，第10页。

〔5〕　张春生：《一个法律条文背后的故事》，载 www.legalweekly.cn/f22g/2021-10/28/content_8617428.html，2024年5月31日访问。

重要性，其目的在于获取真实的民意。真实可靠的民意信息是地方立法决策的重要依据。我国地方立法的民主实践体现在诸多方面，具体包括如下方面：

（1）立法公开制度。立法民主和立法公开是密不可分的，立法公开是实现立法民主的必经环节，也是立法民主的重要内容。公开的立法信息体系有助于公众全面客观地了解立法有关内容，有效地参与立法。有学者指出："立法公开制度是公民参与立法的前提，是立法机关有关公布立法规划和立法议程、公布法律草案并允许公民对法案发表意见、发表立法记录、通过媒体播放立法审议过程、准许公民旁听立法、允许公民查询立法资料等各种制度的总称。"[1]我国《立法法》明确规定，应当坚持立法公开。在各地方制定的《地方立法条例》和《地方性法规制定条例》对立法公开均作了强制性的规定。不仅如此，有些地方还专门针对地方立法公开制定了地方性法规，如广东省人民代表大会常务委员会《立法公开工作规定》就对地方立法公开作了较为细致的规定，包括公开范围、公开方式和途径、公开时间、对各方面意见的反馈等。

（2）立法规划、立法计划和法规草案公开征求意见制度。在中央立法和地方立法中，立法规划和法律法规草案向社会公开征求意见已经成为一种常态，前者不仅是对整个立法规划、立法计划向社会征求意见，同时还包括公开征集立法项目建议；后者侧重听取社会公众对法律法规草案的意见。中共中央《关于全面推进依法治国若干重大问题的决定》指出："健全法律法规规章草案公开征求意见和公众意见采纳情况反馈机制。"我国《立法法》对此也作出了强制性的规定，一方面，人大常委会在编制立法规划和立法计划时，不仅应当认真研究代表议案和建议，还应当广泛向社会征集意见；另一方面，其也对法律、行政法规与地方性法规的草案向社会公开征求意见作出了强制性的规定，草案进入常委会审议后应当将草案全文及其起草修改的说明向社会公布，征求意见，时间一般不少于 30 日。草案公开征求意见是常态，不向社会公开征求意见是例外，需要经委员长会议决定不公布。

---

〔1〕 李林主编：《立法过程中的公共参与》，中国社会科学出版社 2009 年版，代序第 12 页。

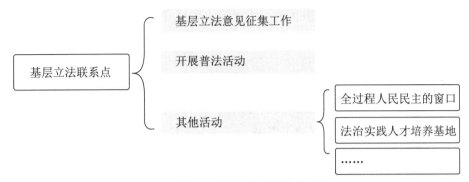

图 4-3　基层立法联系点的职能发挥[1]

（3）立法过程中的参与制度，包括立法协商、立法咨询、立法听证会、立法论证会、立法座谈会、基层立法联系点制度等，这是立法民主的重要表现形式。例如，就基层立法联系点而言，"全国人大常委会法工委共建设有覆盖 31 个省（区、市）的 32 个基层立法联系点，各省级人大常委会的立法联系点有 509 个，设区的市（自治州）的立法联系点有 5000 多个"。[2]截至 2022 年 1 月，法工委的基层立法联系点已就 132 部法律草案和年度立法计划征求基层群众意见，共收到 11 360 余条建议。这些建议受到国家立法机关的重视和认真研究，其中 2300 余条建议被采纳。[3]立法协商是协商民主在立法中的重要表现，立法协商的目的在于充分听取各政协委员、各人民团体、社会组织及各民主党派、无党派人士、工商联对法规草案的意见，这也是立法民主的重要体现。全国人大常委会《2015 年工作要点》；中共中央、国务院《法治政府建设实施纲要（2015—2020 年）》；中共中央《关于全面推进依法治国若干重大问题的决定》《关于全面深化改革若干重大问题的决定》；中国法学会《中国法治建设年度报告（2013）》等重要文件都指出了立法协商的重要性，并提出了改进立法协商工作的要求。立法咨询、立法听证会、立法论证

---

〔1〕 冯玉军：《立法联系人民——基于五个"国字号"基层立法联系点的实证研究》，载《甘肃政法大学学报》2024 年第 1 期。

〔2〕 陈宗波、韩晋雷：《基层立法联系点铸牢中华民族共同体意识的时代价值与实践路向——以三江县基层立法联系点为个案分析》，载《民族学论丛》2024 年第 1 期。

〔3〕 参见全国人大常委会法制工作委员会：《基层立法联系点是新时代中国发展全过程人民民主的生动实践》，载《求是》2022 年第 5 期；冯玉军：《立法联系人民——基于五个"国字号"基层立法联系点的实证研究》，载《甘肃政法大学学报》2024 年第 1 期。

会、立法座谈会、基层立法联系点制度等体现民主立法的方式更是以制度的形式不同程度地被规定在中央法律和文件中，同时，更为普遍地被规定在地方性法规当中，例如，有约 318 部地方性法规规章规定了立法咨询，约 122 部地方性法规规章规定了立法论证，约 301 部地方性法规规章规定了立法听证。不仅如此，第十二届全国人民代表大会第三、四、五次会议的全国人民代表大会常务委员会工作报告中均提出了建立基层立法联系点制度。

三、公共参与与地方立法民主化的建构

"全过程人民民主理念是我国民主政治发展的根本遵循和行动指南，因此更有利于发挥作为我国根本政治制度的人民代表大会制度的制度优势。"[1]"其以人民为中心，以法治为保障，走出了与西方资本主义不同的民主与法治的融合之路。"[2]全过程人民民主的完整实践首先应在民主立法的过程中得到贯彻和体现，它的全面性、连贯性和普遍性主要通过法律体系在社会和政治生活中的实际效能得以突显，确保民主的广泛参与、真实性和有效性。[3]在提出建议之前，我们首先应当弄清当前地方民主化过程中存在的诸多问题与不足。这些问题有的来自观念层面，有的来自现实的制度安排层面，无论如何，它们都阻碍了地方立法的民主化实践。

（一）地方立法民主化的问题与不足

虽然我国就地方立法的民主化已经提供了诸多制度和渠道，但如果以公共参与为标准，那地方立法的民主化还存在一些问题，[4]地方立法的民主化程度不高也是长期困扰我国地方立法建设的问题和难点。概括而言，这些问题主要表现在两个层面。

第一，在观念层面，人民的主体性意识和对公共事务的参与意识不强，即便其经历过近代启蒙和革命的洗礼。究其原因，这一点主要还与中国传统

---

〔1〕 秦前红：《用全过程民主镌刻"为了人民"》，载《法治与社会》2023 年第 5 期。

〔2〕 付子堂、魏杰：《全过程人民民主的法治维度》，载《广西民族大学学报（哲学社会科学版）》2024 年第 1 期。

〔3〕 参见封丽霞：《"全过程人民民主"的立法之维》，载《法学杂志》2022 年第 6 期。

〔4〕 See Brietzke, Paul H, "Democratization and Administrative Law", *Oklahoma Law Review*, 52 (1999), 1~48.

的文化土壤有关。①历史上，君主专制制度过度集权，导致绝对权力的产生，这种一个人的统治往往独断专行，遂导致人们的权利意识不强，较少通过参与政治生活、公共生活来争取、捍卫自身的权利和那些能够保障这些权利的制度安排。②受官僚本位思想影响，国家与人民的关系、官员与民众的关系往往是单方面的，人们较少对官员的行为进行监督和评判。③以宗法血缘关系为核心的身份制思想影响很大。这种身份关系，使人民的主体意识较为淡薄。④受传统等级思想影响，对国家的行为进行纠偏的能力不强。[1]

第二，在现实制度层面，地方立法的公共参与机制也有待完善。"现实生活中，虽然目前我国非政府组织呈现出良好的发展态势，社会自主空间的扩展成为今后政治参与的一个'生长点'，但其运作对政府的依赖性依然很大，缺乏组织整合应有的独立利益和自主权，一元化的、国家主宰的、自上而下的社会组织形态并未根本改观，而且组织本身的制度化程度也远远不够，制约了其整合功能的充分发挥。可以预见，如果不能迅速改变公民参与持续的低度组织化状态，并使民间组织成为党和政府所信任和依赖的、良性互动的社会力量，公民有序的实质性参与仍然难有较大起色。"[2]

（二）地方立法中公共参与机制的强化

有专家指出，完善公众参与机制，提高信息公开程度的路径包括完善听证制度和旁听制度，完善和强化公民讨论制度，全面推行法案公布制度等。[3]社会公众参与立法不仅是立法民主的重要体现，[4]也是提升立法质量的重要保障。

第一，提高人大代表参与论证咨询的比例。立法中涉及重大利益调整论证咨询机制的建立应当以人大立法为中心，强化人大在立法过程中的主导地

---

〔1〕　参见拜荣静、赵嘉玲：《权利—能力型建设：全过程人民民主的立法逻辑》，载《理论探索》2023 年第 6 期。

〔2〕　赵国印：《公众参与的应然与实然——增强公众参与社会治理有效性的路径选择》，载《理论探讨》2006 年第 3 期。

〔3〕　参见陈斯喜：《论我国良法的生长》，中国民主法制出版社 2023 年版，第 273~275 页。

〔4〕　Kravchenko, Svitlana, "Effective Public Participation in the Preparation of Policies and Legislation", *Environmental Policy and Law*, 32（2002），204~209.

位。在这方面，除优化人大代表的人员结构，加强人大代表与选民的实质联系之外，非常重要的一点就是提升人大代表在论证咨询中的比例，充分发挥人大代表的"代表"作用，以遏制部门利益法治化倾向。在立法论证咨询的实践中，人大代表参与程度过低的原因是多方面的：其一，人大代表参与立法论证的比例过低。参加立法论证的主体主要包括立法提案权人、立法机关邀请的有关专家学者以及立法起草机关。由于在立法的实践中，大部分立法项目和法律草案由政府部门提出，在立法论证的过程中，也以起草部门、立法机关邀请的专家学者参加为主，加之立法论证制度本身尚不健全，并未规定相关人大代表的参与比例，导致涉及有关利益的普通人大代表参与较少。其二，人大代表参与立法评估的比例较低。立法评估的主体主要包括立法评估的决策主体、组织与实施主体、参与主体。现有的有关立法评估的地方性法规和地方政府规章对人大代表参与立法评估均未作出要求，在立法评估实践中扮演主要角色的参与主体包括人大常委会、政府及有关部门、专家学者或者科研院所，有关的人大代表参与较少，甚至有很多的立法评估自始至终几乎没有人大代表参与。其三，人大代表参与听证的程度较低。通过中央和地方的立法听证实践和地方颁布的人民代表大会常务委员会立法听证规则、立法听证办法、立法听证条例、立法听证规定可以看出，有权提出立法听证建议的主体主要包括公民、法人或者其他组织，常务委员会组成人员五人以上联名、市人大专门委员会和常务委员会法制工作机构，公民、法人或者其他组织的代表有权申请作为陈述人，而除了《汕头市人民代表大会常务委员会立法听证条例》规定听证机构根据需要可以直接邀请人大代表作为陈述人参加听证会以外，其他规范性文件均未对人大代表申请和参加立法听证会作出规定。因此，人大代表理应积极参与到立法利益博弈过程当中，通过参加立法评估、立法论证会、立法听证会、立法座谈会，将所代表阶层的利益客观地反映到立法当中，将本阶层和本代表区域的利益充分表达出来。

第二，建立立法中涉及重大利益的论证咨询制度。我国立法中不同利益博弈参与机制主要包括代表代议制、直接参与制与咨询参与制三类。[1]立法中利益磋商本质上体现的是一种主体间的交往关系，正是由于这种主体关系

---

〔1〕 参见陈斯喜：《论我国良法的生长》，中国民主法制出版社 2023 年版，第130~149页。

的存在，立法才能从国家权力的单方面行使升格为统合各方面的意见的公共言说空间和政策平台，才有可能对社会重大利益进行合理协调。因此，健全立法重大利益调整论证咨询机制的必备内容是要完善其相关主体制度。党的十八届四中全会提出要"探索建立有关国家机关、社会团体、专家学者等对立法中涉及的重大利益调整论证咨询机制"。改革开放以来，我国的利益格局发生了重要变化。首先是随着市场化改革的深入推进，呈现出利益多元化的特点，主要体现在利益主体的多元化、利益内容和种类的多元化、利益冲突的多样性。"在从传统社会向现代社会转型、从同质性社会向异质性多元社会转型的过程中，社会利益分化和利益结构重构成为转型时期最重要、最深刻的变化，"[1]有学者甚至断言权力体系的一元化与利益格局的多元化已成政治体制改革所面临的基本矛盾。[2]其次是与不均衡的发展模式相关，社会利益分化和利益调整的过程也伴生了利益失衡。利益失衡主要表现为地区之间利益的失衡、行业之间利益失衡、城乡之间利益失衡、阶层之间利益的失衡。当前房屋拆迁、土地征用、环境保护日益成为公共舆论关注的焦点，可以说，这些问题很大程度上就是彼此相互冲突的重大利益关系，例如私有产权与公共利益、生存权与契约自由、一代人的正义与多代人的正义等问题未在立法上得到理顺、阐明的结果。

第三，充分利用现代化的电子科技手段，创造更为便捷的参与方式，拓宽公众参与立法的渠道，保障人民能够通过多种途径参与地方立法活动。修订《山东省未成年人保护条例》就是一个典范，其首次邀请未成年人在立法过程中发表意见，因为他们是立法保护的主要对象。除了通过政府公报、官方网站和传统媒体进行宣传，现在也利用互联网和新媒体平台如官方微信、微博、小程序、App 和视频网站来公布立法信息，这样做有助于公民更便捷地参与和监督立法。[3]"现代社会是一个信息社会，座谈会、论证会、新闻媒体、信函、电话等传统信息方式以及新型的电子邮件方式，都是决策过程中

---

〔1〕 刘恩东：《中美利益集团与政府决策的比较研究》，国家行政学院出版社 2011 年版，第 1 页。

〔2〕 季卫东：《通往法治的道路——社会的多元化与权威体系》，法律出版社 2014 年版，第 28~31 页。

〔3〕 参见魏治勋、刘一泽：《论地方立法程序运作机制及其保障》，载《河南大学学报（社会科学版）》2024 年第 2 期。

信息的重要来源。"〔1〕例如，在立法听证方面，广州市人大常委会就通过创新听证方式，通过推行网上立法听证来扩大公众的有效参与。网络信息时代，根据《中国互联网络发展状况统计报告》的统计，截至 2016 年 6 月，我国的网民数量已达 7.1 亿人。互联网具有方便快捷、经济的优势，传统的立法听证具有成本高、参与人数有限的不足。广州市人大常委会于 2012 年对《广州市社会医疗保险条例》开展了网上立法听证，这也开创了我国网上立法听证的先河。整个听证程序均在网上进行，听证会总页面上标明了被听证的地方性法规、听证时间、主办单位及陈述人陈述、听证人提问、陈述人辩论、最后陈述和主办方小结，每一个环节下面都标明了具体的时间，点击每个环节按钮即可了解该环节的所有信息，页面下方还专门设置了留言区和投票区，网友可直接留言发表个人意见，该次听证会网上点击量高达 1220.84 万人次，网友参与投票和评论 6353 人次，发表了 919 条评论、意见和建议，解决了传统立法听证参与人数受局限的问题，提升了公民参与立法的广度和深度。〔2〕

第四，重视发挥立法座谈会在立法中的功能。立法座谈会是听取社会公众意见的重要形式，被广泛地应用于地方立法的各阶段，举办形式比较多样，可以针对地方立法的全部内容、部分内容、重点内容、立法技术问题等召开立法座谈会，有效弥补地方立法人员在有关专业知识、立法技术、经验等方面的不足。但实践中的地方立法座谈会的召开存在诸多问题：其一，"立法座谈会大多是由有关领导或工作人员内定参加人，这样难免带有一定的主观色彩，遴选的范围也难免有一定的局限性"。〔3〕如 2012 年 10 月，四川省水利厅办公室《关于召开〈四川省渔业船舶管理办法〉立法座谈会的预通知》明确规定了参会人员，包括成都、自贡、德阳、绵阳、遂宁、南充、眉山、资阳等市水务局分管渔政工作的局领导和科（处）长，以及政策法规科（处）长；厅规计处、财务处，省水利综合监察总队，省水科院的有关人员；省水产局有关人员；省政府法制办、四川大学法学院等单位的有关领导和专家。

〔1〕 李高协主编：《地方立法和公众参与》，甘肃文化出版社 2005 年版，第 230 页。

〔2〕 参见《推行网上立法听证，扩大公众有效参与》，载 http://www.npc.gov.cn/zgrdw/npc/lfzt/rlyw/2015-09/25/content_ 1947234. htm，2024 年 6 月 2 日访问。

〔3〕 尹中卿主编：《人大研究文萃 第三卷（人大立法制度研究）》，中国法制出版社 2004 年版，第 334 页。

再如，《南昌市教育局转发〈江西省人民政府教育督导室关于在你市召开《江西省教育督导办法》立法座谈会的函〉的通知》也列明了参加立法座谈会的名单，包括南昌市教育局副局长、南昌市人民政府教育督导室主任、南昌市教育局普高处处长、南昌市教育局义教处处长、南昌市教育局职称处处长、南昌市教育局计财处副处长、南昌市教育局办公室副主任、南昌县人民政府教育督导室主任、进贤县人民政府教育督导室主任、东湖区人民政府教育督导室主任、青云谱区人民政府教育督导室主任、红谷滩新区教体办副主任、南昌经济技术开发区教办主任、南昌市第十九中学校长、红谷滩新区育新分校校长、南昌市教育兼职督学。参加立法座谈会人员的选定权掌握在立法机关手中，主观色彩较重，参会人员往往缺乏广泛的利益代表性，在没有利益冲突或者利益代表具有一致性或不关乎自身利益的情况下，根据参会代表得出的结论容易出现利益倾向性，不够客观。其二，地方立法座谈会的与会人员通常因被动邀请产生，且往往具有公益性质，在不涉及其自身利益的情况下，就失去了激励因素，影响了参与座谈会的积极性。其三，地方立法座谈会的公开程度较低，这种"关起门来讨论"的方式阻碍了社会公众对立法的参与。其四，地方立法机关对地方立法座谈会结果的回应程度比较低。其五，地方立法座谈会在地方立法中的召开频次较低。召开立法座谈会是科学立法[1]、民主立法的重要表现形式，并不具有强制性，具有一定的随意性，一般地方立法机关在立法过程中根据实际需要决定是否召开，很少予以强制性的规定，只有个别地区以地方政府规章的形式予以强制性的规定。如 2017 年 8 月 31 日苏州市政府颁布的《关于印发苏州市人民政府立法协商办法的通知》。

　　鉴于上述地方立法座谈会中的问题，我们应当采取相应的措施进一步完善地方立法座谈会制度：首先，增强地方立法座谈会的公开性。充分利用媒体、网络的传播作用，一方面，可以邀请有关媒体参与会议向社会及时报道座谈会的召开情况及内容；另一方面，及时将立法座谈会的召开通过网络向全社会公开，认真听取网友的意见和建议。[2]其次，在地方立法座谈会的人

---

〔1〕　参见宋方青、向浩源：《论科学立法的科学哲学证成及其整合策略》，载《法学评论》2023 年第 4 期。

〔2〕　Kravchenko, Svitlana, "Effective Public Participation in the Preparation of Policies and Legislation", *Environmental Policy and Law*, 32（2002），204~209.

员选择方面,采取立法机关选择与社会公众自愿申请相结合的方法,构建科学的参会人员代表结构,兼顾代表利益的广泛性与多样性。立法的实质就是对利益的分配与利益格局的调整。"尽量拓宽与会人员的范围,使与法规案有关的机关、团体、企业、事业单位、利益集团尤其是处于弱势地位的社会公众都有代表参加,使各种意见特别是针锋相对的意见得到充分的表达。"[1]除此之外,可充分发挥基层立法联系点的作用,通过基层立法联系点征求立法意见。[2]"截至 2023 年 3 月,基层立法联系点制度经历了首批试点、第二批丰富、第三批推广和第四批深化四个发展阶段,基层立法联系点的数量从 4个增长到 32 个。"[3]

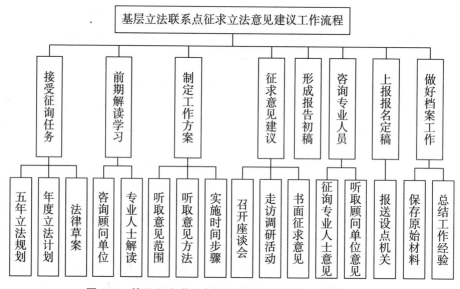

图 4-4　基层立法联系点征求立法意见建议工作流程[4]

〔1〕 李高协主编:《地方立法和公众参与》,甘肃文化出版社 2005 年版,第 240 页。

〔2〕 参见陈宗波、韩晋雷:《基层立法联系点铸牢中华民族共同体意识的时代价值与实践路向——以三江县基层立法联系点为个案分析》,载《民族学论丛》2024 年第 1 期。

〔3〕 冯玉军:《立法联系人民——基于五个"国字号"基层立法联系点的实证研究》,载《甘肃政法大学学报》2024 年第 1 期。

〔4〕 陈宗波、韩晋雷:《基层立法联系点铸牢中华民族共同体意识的时代价值与实践路向——以三江县基层立法联系点为个案分析》,载《民族学论丛》2024 年第 1 期。

第三节　良序社会与地方立法的价值转型

从理念本身来看，良序社会具有深厚的传统文化渊源，可在中华民族的诸多古典文献中找到依据；另外，它又具有丰富的时代内涵，它立足于近代中国革命实践、社会主义建设、改革开放的历史经验的范畴，深刻回应了当代政治、经济、文化、社会方面的一系列问题和弊端，并能够随着时代主题、核心任务、人民群众的利益诉求、生活态度和价值观的转变而作出扩充解释。从实践层面来看，良序社会又不仅是一个纯粹抽象的范畴，它还现实性地包括了一种良序的治理状态，一种公民个人与国家权力、政府与市场、国家与社会之间的良性互动关系，一种社会共同体和公民之间友好、互惠、互利、共赢的合作局面，一套能够维护社会安定和实现公平正义的制度体系和体制机制，以及用以指导立法、行政和司法活动的理性道德原则共和社群价值。[1]概言之，良序社会综合了上述诸要素，其是一个整全性的概念，能够为制度结构变迁和社会治理活动提供共享的价值目标。地方立法，作为国家治理体系的一个环节，在社会结构急剧变革的时代，必然也受到良序社会的规制和塑造，特别是在价值目标方面。

一、"良序社会"的基本理念

改革开放以来，中国政府在国家治理层面放弃了"以阶级斗争为纲"的思路，将治理工作的中心逐步转移到以生产力为中心的经济建设上来，由此通过一系列的体制机制创新、政策优惠来推动经济发展。

（一）良序社会提出的基本背景

围绕着"经济"的改革在内容上虽然庞杂多样，但概括来说重点包括两个层面：①以"产权激励"为目的的制度创新；②面向劳动力再生产的社会建设。于是，四十多年来中国不仅创设了规模庞大的"世界工厂"和消费市场，确认和保护私人产权的宪法和民法制度，有利于市场扩张的中央—地方

---

〔1〕　参见李牧今：《良序社会与道德人格的建构——论罗尔斯关于道德人格的"三个统一"》，载《浙江学刊》2021 年第 2 期。

权力体系，而且，地方政府直接蜕变为推动经济发展的能动主体，打破了农村与城市、地域、身份之间的刚性界限，创造了队伍庞大的劳动力市场。在此基础上，经济史上的"中国奇迹""中国模式"遂开始形成。

1. 经济奇迹与社会危机并存性

经济奇迹产生的同时，社会问题也逐步积累和迸发。这些问题包括：①大规模群体事件和社会运动频发，政府维稳压力的陡增；②民主法治呼声日益高涨的背景下，先前延续的政绩合法性的稳定性和可持续性受到质疑；③由政府所主导的自上而下的强制性制度变迁的规范效能正在消退，制度供给迫切需要更深厚的社会渊源和现实适用性；④发展成果的不均衡分配，日益影响到人们对于改革前景的期待；⑤社会利益主体多元化的矛盾加剧，等等。

对于市场化改革以来与经济奇迹相伴随的社会问题，黄宗智教授在分析当下"改革的国家体制"的特点时，即认为这一体制在经济发展中既能发挥优势，又是腐败、环境污染和社会不公的重要原因。黄宗智写道："改革过程中形成的特殊国家体制既可能是一种过渡性的体制，也可能会是长期凝固的体制。从正面来说，它推进了震惊世界的经济发展'奇迹'；从反面来说，它导致了社会问题，并在许多方面具有既是旧体制的也是新牟利化的制度性劣质。在原有的官僚化倾向——烦琐的程序、形式主义、臃肿和低效率、官官相护、懒政怠政等等——之上，消除了过去的为人民服务意识形态以及其钳制作用，更加上了部门和官员的谋利意识，其弊端可能更甚于过去的官僚主义。如果不进一步改革，很可能会凝固成一种新的僵化体制。"[1]同样，在分析中国的转型秩序的性质和制度逻辑时指出，以经济赶超增长和社会稳定为目标所形成的"准分权结构"，在塑造超速经济增长和压制大规模暴力犯罪的同时，也伴随集体福利机制消散、日常生活安全机制缺失、政府市场获利机制建立等外部性，这些因素交织重叠在秩序内部，从而逐渐引发了权利配置失衡、财富分配失衡、风险分配失衡等一系列社会问题。[2]无疑，这些问题尚是分散的、潜伏的、自发的、非对抗性的，但如果这些社会问题不能得到

[1] 黄宗智：《改革中的国家体制：经济奇迹和社会危机的同一根源》，载《开放时代》2009年第4期。
[2] 参见何艳玲、汪广龙：《中国转型秩序及其制度逻辑》，载《中国社会科学》2016年第6期。

及时有效的化解，那就有可能加剧矛盾。

2. 社会失衡

政治本是一个积极的领域，它本应利用手中的组织化权力对社会、经济进行调控，对稳定、发展与变革的诉求和矛盾进行回应。对于国家治理而言，没有一劳永逸的永久均衡，权力之间的均衡、利益之间的均衡以及制度均衡，只是存在于一个个孤立的节点上，没有人为的努力和干预，其连续性随时有可能被打破。因此，当政治蜕变为一个消极领域时，不均衡发展也随之而来。

当代中国社会在发展速率和收益分配方面的不均衡，既表现在区域之间，包括南方与北方、东部与西部、沿海与内陆、内地与边疆、主体民族与少数民族、城市与乡村，又表现在阶层之间，比如不同职业之间、国企与私企之间、垄断行业与非垄断行业之间、正规经济与非正规经济之间。以收入分配为例，根据相关研究，早在 2002 年中国的基尼系数就已接近 0.46，其中收入最高的 5% 人群获得了社会总收入的 20%，最高的 10% 人群获得了社会总收入的 32%，而与之相比，收入最低的 5% 人群仅占社会总收入的不足 1% 份额，最低的 10% 人群也仅获得社会总收入的 1.7%；通过对比可以看出，最高的 5% 人群所获得的平均收入是最低的 5% 人群的 33 倍，最高的 10% 人群的平均收入是最低的 10% 人群的 19 倍。[1]另外，据《中国统计年鉴》数据分析，20 世纪 90 年代劳动者收入在国民收入初始分配中的份额平均值为 59%。然而自 2004 年中国加入世界贸易组织后，这一比例呈下降趋势，并在 2011 年跌至 47.49% 的历史最低点。尽管之后有所回升，比重仍旧未超过 53%，维持在相对较低的水平；与此同时，2019 年的基尼系数攀升至 0.465，超出了国际公认的 0.4 的预警线，显示出社会财富分配的不均衡加剧。[2]对于社会失衡问题，中共中央《关于构建社会主义和谐社会若干重大问题的决定》也指出："我国已进入改革发展的关键时期，经济体制深刻变革，社会结构深刻变动，利益格局深刻调整，思想观念深刻变化。"更为复杂的是，在这种利益分化的社会变迁过程中，社会结构从单纯的"阶级"划分，开始向"阶级+阶层+利

---

〔1〕 参见李实、岳希明：《中国城乡收入差距调查》，载《乡镇论坛》2004 年第 8 期。

〔2〕 参见李楠、陈伟：《社会主义基本经济制度优势转化为治理效能的三个维度》，载《江汉论坛》2021 年第 5 期；冯彦君、顾男飞：《第三次分配视角下慈善法的模式转型与立法因应》，载《云南师范大学学报（哲学社会科学版）》2023 年第 5 期。

益群体"转化。[1]

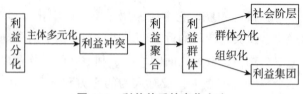

图 4-5　利益关系的变化[2]

利益分化与利益重构，以及此种利益配置的失衡，已成为我国的矛盾之一：这种社会发展的失衡不仅影响到社会的和谐安定，而且从长远来看威胁到社会主义现代化建设的战略大局；这种发展失衡的定型化和制度化还衍生出诸多不平等的再生产机制。孙立平教授认为，中国社会阶层定型化的标志有四：一是社会各阶层之间的边界开始形成，其集中表现在不同居住区域的隔离，以及因为生活方式和文化观念差异而形成的无形边界开始出现，并发展出不平等之阶层结构再生产的内在机制；二是社会各阶层内部认同开始形成，从而加剧了社会隔离的趋势；三是不同阶层之间社会流动逐步减少，社会门槛越筑越高；四是社会阶层的再生产。[3]而按照邓正来教授的观点，这种社会失衡及断裂对于社会秩序的良性发展和社会和谐所造成的负面影响，至少表现在：①其使得底层民众普遍具有相对剥夺感，并使其逐渐成为引发社会冲突的主要群体；②它使中国形成了精英与大众对峙的"金字塔"结构，由此导致的中间阶层的缺失正在成为社会不稳定的根源所在；③它强化了阶层认同，并造成不同阶层（特别是社会底层和精英阶层）之间的对立。[4]

（二）良序社会理念的文化渊源

良序社会是一个内涵广泛的规范概念，因而不同的学者对其内涵的界定（思路）也就会显示出诸多差异。例如，有人认为，良序社会作为一种和而不

---

〔1〕参见许耀桐：《利益集团和利益群体的区别》，载《党政干部文摘》2007 年第 2 期。

〔2〕徐加根：《金融制度改革中利益集团作用机制研究》（第 2 版），西南财经大学出版社 2015 年版，第 16～17 页。

〔3〕参见孙立平：《重建社会：转型社会的秩序再造》，社会科学文献出版社 2009 年版，第 250 页。

〔4〕参见邓正来：《中国语境中的社会正义问题——序〈转型中国的社会正义问题〉》，载邓正来、郝雨凡主编：《转型中国的社会正义问题》，广西师范大学出版社 2013 年版。

同的理性社会，其外在形态应是有序、安全、稳定，其前提应是开放、多元和互动，其内核应是理性、人本与认同，其目标应是合作、互助与自由。[1]有人认为，良序社会的科学内涵应当包括六个方面，其分别是人与自然的和谐、人自身的和谐、人与人的和谐、人与社会的和谐、社会内部结构的和谐、外部环境的和谐。[2]还有人认为，良序社会的根本是利益和谐，"社会主义和谐社会的建设必须围绕利益和谐展开，其根本是利益和谐"。[3]良序社会是一个适用于变革社会、现代化发展的范畴对良序社会概念的界定，应当从其古典文化渊源和现代内涵两个层面入手，这里先谈前者。

良序社会理想一直是中华文明的精义。"和"的理念遍布在古典思想文献当中。例如，《礼记·中庸》有云："喜怒哀乐之未发谓之中，发而皆中节谓之和。中也者，天下之大本也；和也者，天下之达道也，致中和，天地位焉，万物育焉。"《中庸》曰："诚者，天之道也；诚之者，人之道也。唯天下至诚，为能尽其性；能尽其性，则能尽人之性；能尽人之性，则能尽物之性；能尽物之性，则可以赞天地之化育；可以赞天地之化育，则可以与天地参矣。"《尚书·尧典》说："百姓昭明，协和万邦。"《论语·子路》曰："君子和而不同。"《礼记·乐记》曰："和，故百物皆化。"《管子·兵法》云："畜之以道，则民和；养之以德，则民和。和合故能谐，谐故能辑，谐辑以悉，莫之能伤。"《庄子·山木》曰："以和为量，浮游乎万物之祖。"《淮南子·祀论训》曰："天地之气，莫大于和。和者，阴阳调、日夜分而生物。"在古典思想家眼中，"和"是一个典型的完备而又整全的哲学理念，它涉及人性的调节，人与人之间的关系、人与自然、人与国家关系的调节；它还包容了一系列文化和政治价值，以及儒家、道家、法家的善观念。然而，作为表征政治秩序的"和"，在本文看来主要有以下几种用法：

第一，《论语·学而》有云："礼之用，和为贵。先王之道，斯为美；小大由之，有所不行。知和而和，不以礼节之，亦不可行也。"任何社会共同体的维系都需要依赖一套根本、核心的价值、原则和规范。中国古代推行的是

---

〔1〕　参见罗豪才、宋功德：《和谐社会的公法建构》，载《中国法学》2004年第6期。

〔2〕　参见秦宣：《论和谐社会的科学内涵》，载《马克思主义与现实》2007年第1期。

〔3〕　参见王臻荣、常轶军：《论社会主义和谐社会视野下的公民利益表达》，载《政治学研究》2007年第2期。

礼治、德治，现代社会推崇的是法治，因此，古代社会治理和组织的基本方式是"一准乎礼"，现代国家治理的基本方式则依赖法治的权威，古代的政治共同体所依赖的是儒家所阐释的"礼"的政治价值，而现代社会的合法性证明和确认则需要依靠法治的基本价值和原则。任何组织良好的社会，都需要有公共的价值信仰、公共正义观念来对其社会关系进行调节和规制，引导人们确立普遍的政治和文化认同。但是礼或者公共道德、正义准则的适用又不是当然而无条件的，它要遵循的规范或是理想目标是"和"。所谓"礼之用，和为贵"即要求道德原则的适用，需要在事实与规范之间、原则与经验之间、理论与实践之间，做到合理的权衡；它既反对拘泥于原则，用道德信条去硬套社会现实，全然不顾社会实际的情势和变化，又反对抛弃德行和原则，凡事只追求实用、权宜和权力：那种偏执道德信条的态度是不折不扣的教条主义，那种不顾原则的权宜是赤裸裸的权力政治。因此，理想的状态是在原则与实践两端之间找到恰当的均衡点，而非偏执于一端。

第二，《孟子·公孙丑下》有云："天时不如地利，地利不如人和。"《唐律疏议·名例篇》开篇即云："夫三才肇位，万象斯分，禀气含灵，人为称首。"事物的秩序起源于名分。万事万物只有各归各位，才能产生基本的秩序，无论是自然秩序，还是社会秩序，莫不如此。对于社会秩序的达成而言，天、地、人是三个最基本因素，与之相应，天时、地利、人和则为理想政治秩序的当然标准和应然要求。但这三者对于理想秩序的开创意义又是显然不同的，在这里，天时、地利等要素虽然价值较大，但却并非处在人世秩序的最高等级；在政治价值序列中，人被摆放到了最高和优先的位置，这无疑肯定了人的主体性价值。人的主体性的意义即在于，人（人和）才是理想、可欲、正当的社会秩序的最终渊源，它具有无限的道德可能性和能动性。从此观点出发，"和"表示的是一种治理良好的社会的状态，在这种状态下人的主体地位和判断能力得到了充分的肯定。事实上，在"和"的理念看来，只有充分尊重、发觉、鼓励这种内在的主体性，那么单个的个体才能摆脱"孤立的单子"命运，从而为共同的事业、目标和价值观凝聚成一个社群共同体。总而言之，作为一种政治性的观念，"和"的精髓是以人为本。

第三，《老子》第四十二章有云："阴阳冲气以为和。"所谓阴阳、黑白、动静、是非、美丑、善恶、高下、优劣、好坏、得失、本末、利害、正邪、盛衰、治乱，在实践当中其二元对立是不成立的，相反，事物的秩序依赖于这些对立因素的动态均衡。《尚书·大禹谟》有云："人心惟危，道心惟微，惟精惟一，允执厥中。"人世间事物的秩序不是二元对立的，任何制度性的均衡也不是一劳永逸的，在世事的流变和新陈代谢当中，在阴阳矛盾的转化调和面前，任何的等级名分都是偶然易逝的。因此，那些最佳政制、优良政体、永恒正义，其达成的途径是要在各种对立因素之间获得辩证统一，在其对应之中寻求转化之道和共通之点，在其统一之中寻找殊化之处和变奏之时。阴阳相而产生的"和"，对于治理而言，其规范意义就在于反对任何形式的最大化思维，包括利润最大化、产值最大化、利益最大化、福利最大化。"和"的辩证理念告诉我们，日中则移，月满则亏，事物到达其顶点，往往是其衰落的开始。

第四，《国语·郑语》记载，太史官史伯认为："夫和实生物，同则不继。以他平他谓之和，故能丰长而物生之。若以同裨同，尽乃弃也。"除在贵族与平民、统治者与被统治者、政府与公民之间保持基本的平衡而不能恪守严格僵化的等级制以外，理想政治秩序的达成还特别需要多元主义的要素。多元主义，按照其本质，并不存在于概念天国当中，其多元主义问题的解决，也并非全然依赖于抽象的逻辑、概念。多元主义并不表示各种价值观念、文化传统、生活方式是不可通约的。古典哲学传统中的"和"所表示的多元主义理念，建立在辩证思维而非形式合理性的基础上，它讲求的是历史和实践优先，而非抽象逻辑先行。多元主义是一个实践性问题，它可以在历史当中流变，包括文化交流、融合、转化、吸收、扩展、复兴等多种形式。多元主义理念的核心是发展，因而只能采取道德中立。多元主义不否定、排斥"因政施教"。事实上，只有从这种实践的视野出发，我们才能够说，组织良好的社会是建立在一种多元主义的基础上的。

（三）良序社会的现代内涵

1. 高度稳定的社会

良序社会首先应当具有高度的稳定性，其秩序应当表现出一致性、连续性、安全性、可预期性和制度性。[1]一致性即意味着参与社会合作的人们一

---

〔1〕 参见张鑫焱、张国清：《违反正义的利益是没有价值的——罗尔斯关于正当与善关系的三个命题》，载《浙江社会科学》2024 年第 6 期。

致遵守共同的规则，认同共同的信念的原则，遵从规范社会合作的公平条款所提供的各种利益与不利益，并竭力将社会冲突和社会反对行为控制到最低限度。连续性是指社会秩序一直在持续演化和自觉地有机发展，不同的历史阶段和秩序形式之间并无截然相区别的断裂，文化、制度、态度和生活方式时间性联系并未被暴力和历史突变所打断。安全性是指社会秩序当中的成员能够获得一个受保障的空间，在此空间之内，其生命、自由、财产、隐私等权利皆受到有效保障和救济，此外，社会还应建立公共的风险防范和保障机制，以适当分散公民个体所承受的生存压力和风险负担。可期待性，表示社会成员之间、公民与政府之间，建立起较高的信赖关系，人们可以根据他人行为、政府的决策或公共的制度安排，来度测到自身所可能具有的风险、损失和利益期待，以合理地安排自身的生活计划。制度性则是指良序社会是一个社会生活各方面高度制度化的社会，其基本的运作以那些正当化了的行为规则为基础，通过规则和制度安排来增加克服个体的有限理性、获得规模经济、降低交易费用，而非凭借那些偶然的事实，以期在社会生活中全面贯彻非人格的制度权威。[1]

2. 公平正义的社会

与社会秩序的稳定性相比，公平正义才是良序社会的主题，它反映了良序社会的价值追求。[2]对于良序社会的公平正义，我们可以多层设想：社会制度界定了人们参与社会合作和自我人格发展的基本背景，良序社会的建立与稳定应依赖一套公正、有效且稳健的基本制度框架作为前提，[3]因而良序社会的基本制度结构应当是正义的；[4]作为一种公平正义的制度设计，其不能根据公民之间的各种偶然的差别对其作出区别对待，而应把公民视为平等的个人来看待；公平正义的落脚点应放到公民的基本权利和自由层面，因为公民的基本权利和自由是公民各自有发展、参与社会合作、实践生活计划所

---

〔1〕 参见余根雄：《作为正义的民主：全过程人民民主的政治哲学境界》，载《西南大学学报（社会科学版）》2023年第6期。

〔2〕 See Geyh, Charles Gardner, "The Dimensions of Judicial Impartiality", *Florida Law Review*, 65 (2013), 493~552.

〔3〕 叶金州：《主张多元化的挑战与罗尔斯的解决方案》，载《伦理学研究》2022年第2期。

〔4〕 参见余根雄：《作为正义的民主：全过程人民民主的政治哲学境界》，载《西南大学学报（社会科学版）》2023年第6期。

必需的，是一种基本善，所以良序社会的制度安排应在公民之间公平地分配这种基本善，而不能随意地限制、剥夺公民的基本权利和自由；良序社会还应是一个平等的社会，在此当中不仅能力相近的个体能够拥有大致相同的成功与生活前景，而且社会最不利阶层的生活前景能够得到实实在在的保障；良序社会不仅应保证社会合作的利益分配公平公正，避免分配份额的差距悬殊，而且应当通过一系列的公共服务和社会保障机制建设，来确保公民不仅具有参与社会合作的资格和经济条件，而且还具有切实参与各项社会事业的能力，真正做到以人为本，"不远人，不弃人"。

3. 充满包容性的社会

良序社会不是一个到处充满歧视、隔离、壁垒、排斥的社会，而是一个包容性的社会；它本质上是一个开放社会，而非封闭社会。良序社会的开放包容性质，首先体现在其社会秩序的渊源不单是权力集中的政治权威，政府也不应该单方面地进行强行性的制度供给，而是应该鼓励民间社会和个体的创造精神，切实把人民群众的实践经验当作理论和制度创新的渊源。良序社会也是一个承认差异、尊重差异的社会，除尊重主流的和支配地位的价值观念、制度选择、生活方式之外，其对异质的、变革的、边缘的因素也给予平等的尊重与关注，以对自身的发展进行调适。良序社会还是一个多元主义的社会，在这里，人们所信奉的价值观念、生活图景和善观念，能够得到同等的对待，人们不会因为信仰的不同而遭到制度性的歧视对待和压制；每一种文化和价值观念都有其独立的价值，彼此不同、交互多元的文化价值的交流、碰撞，使得彼此能够相互学习、吸收、借鉴、实验，从而孕育新的文明样式和发展经验。最后，良序社会还要容纳不同的利益诉求，因为良序社会本质上是一个充满了竞争的社会，包括政治市场与经济市场，良序是建立在充分的利益竞争和表达基础上的，只有允许多元利益之间的竞争，才能汇聚多方意见，为最终的社会共识打下基础。

4. 充分流动性的社会

历史法学家梅因有言："如果我们依照最优秀著者的做法，把'身份'这个名词用来仅仅表示一些人格状态，并避免把这个名词适用于作为合意的直接或间接结果的那种状态，我们可以说，所有进步社会的运动，到此处为止，是一个从身份到契约的运动。"〔1〕现代社会是一个契约社会，流动性是其基本特征。良序社会即一个充满内部流动性的社会。良序社会的安定性、正义性、包容性皆与其流动性相关。社会秩序的稳定性不是建立在僵化的身份制之上的，它的前提是实现社会各阶层、各地域、各族群之间的交往与流动，并且，只有这种社会流动性获得足够体制机制的保障，良序社会的安定性才是真正自由、充满活力而非压制的安定性，才是可持续而又有创造力的安定性。良序社会的正义性和平等性也与社会流动性相关，因为一个社会的要素只有充分流动起来，才能将经济自由、迁徙自由等基本权利落到实处，才能真正打破社群、种族、性别、地域、阶级、阶层、城乡之间的隔离。最后，良序社会的开放性和包容性也是建立在流动性的基础上的，很明显，一个为等级制、身份制所直系、俘获的社会，难有开放性可言。

5. 法治取向性社会

良序社会只能是一个法治社会。这是因为，只有在法治社会，法治才能真正替代统治者的意志和即时性的政策而成为主要的国家治理方式，才可以通过法治规则本身的一般性、平等性、确定性来保障人们的行为预期，维护一种充满自由与互惠的秩序安定，哈耶克认为："法治的意思就是指政府在一切行动中都受到事前规定并宣布的规则的约束——这种规则使得一个人有可能十分肯定地预见到当局在某一情况中会怎样使用它的强制权力，和根据对此的了解计划它自己的个人事务。"〔2〕只有在法治社会，才会真正贯彻正义的基本原则，才会对公民的基本权利的自由给予充分的尊重，萨维尼指出："生物人处于外在世界之中……最为重要的因素是他与其他人的联系，这些人具有和他一样的性质和目的。如果现在在此种联系中，自由本质应当并存，应当在其发展中相互促进而非相互妨碍，那么这只有通过对于以下这个看不见的界限予以承认才可能实现，在此界限之内，所有个人的存在和活动都获得了一个安全的、自由的空间。据以界定上述界限和自由空间的规则就是法。"〔3〕

---

〔1〕 ［英］梅因：《古代法》，沈景一译，商务印书馆 1959 年版，第 90 页。

〔2〕 ［英］弗里德里希·奥古斯特·冯·哈耶克：《通往奴役之路》，王明毅等译，中国社会科学出版社 1997 年版，第 73 页。

〔3〕 ［德］萨维尼：《当代罗马法体系》（第 1 卷），朱虎译，中国法制出版社 2010 年版，第 257~258 页。

只有在法治社会，才能通过无目标的抽象规则，来容纳多元主义的价值观念和生活方式，如德沃金所言："政府必须不仅仅关心和尊重人民，而且应当平等地关心和尊重人民。它千万不要根据由于某些人值得更多关注从而授予其更多权利这一理由而不平等地分配物品和机会。它千万不要根据某个公民的某一良好生活的概念更高尚或高于另一个公民的同样概念而限制自由权。"[1]最后，只有在法治社会，公民的契约自由、财产自由、迁徙自由、择业自由才能得到制度化的保障，从而为社会流动性提供制度基础。

二、良序社会与地方立法的价值维度

市民社会主要关注的是其成员的自治性权利，在此与之不同，良序社会是一个典型的关系概念，它的侧重点不是那种基于方法论的个人主义的自由和自主性，从理念上讲，它不是从自由意志的主体或公平正义的制度角度，而是从社会关系的角度去界定良好的社会治理状态。这种基本关系型视角基本决定了地方立法的价值维度和重心所在。

（一）良序社会的关系维度

马克思曾经指出："人的本质不是单个人所固有的抽象物，在其现实性上，它是一切社会关系的总和。"[2]社会关系表现为人们之间的利益关系，"人们为之奋斗的一切，都同他们的利益有关"。[3]对于一个社会而言，利益是一种短缺的资源，而人性又存在自利的一面，因此围绕着利益就会存在竞争和分配。在社会法学家庞德看来，"利益可以看作人们——不管是单独地还是在群体或社团中或其关联中——寻求满足的需求、欲望和期望。因此，在借助政治组织机构调整人们的关系或规范人们的行为时，必须考虑到这些需求、欲望和期望"。[4]

出于公平正义的考虑，人们在进行立法活动或者是社会制度的设计时，往往会对利益进行制度性的区分和识别，以确立人际比较的恰当基准。学者

---

[1] [美]罗纳德·德沃金：《认真对待权利》，信春鹰、吴玉章译，上海三联书店2008年版，第362页。

[2] 《马克思恩格斯选集》（第1卷），人民出版社1995年版，第56页。

[3] 《马克思恩格斯全集》（第1卷），人民出版社1995年版，第187页。

[4] [美]罗斯科·庞德：《法理学》（第3卷），廖德宇译，法律出版社2007年版，第14页。

们对利益的把握往往是类型化的。例如，有学者根据主体不同的需求将利益分为六类，即根据利益的形态分为物质利益和精神利益；根据利益的属性分为经济利益和政治利益；根据利益的主体分为个体利益和群体利益；根据利益的时间可以分为当前利益和长远利益；按照利益的冲突性可以分为相容性利益与排他利益；按照利益的实现状态可以分为既得利益、中间过程利益和潜在利益。[1]再如，庞德将利益从总体上区分为个人利益、公共利益和社会利益。其中，个人利益包括人格利益、家庭关系、物质利益（财产权、合同自由等），社会利益又包括公共安全、社会制度安全、公共道德、社会资源保护等。[2]良序社会的社会关系或利益关系，既可表现为地区之间利益关系、行业之间利益关系、城乡之间利益关系、阶层之间利益关系，又可以体现为私有产权与公共利益、生存权与契约自由、一代人的正义与多代人的正义之间的竞争关系。

良序社会本质上属于一个尊奉民主法制的现代社会，它不同于那种以礼治、德治为基础的传统社会。"广大人民群众要求加强和完善我国的社会主义法制。有了完善的法制，就能使宪法所规定的人民的民主权利得到有效的保障，就能不断地发展安定团结、生动活泼的政治局面，以利于社会主义建设的进行。"[3]在传统社会当中，最基本的社会关系是君臣关系、父子关系、夫妇关系，"夫礼，辨贵贱，序亲疏，裁群物，制庶事。非名不著，非器不形。名以命之，器以别之，然后上下粲然有伦，此礼之大经也"，[4]礼作为系统化的社会关系，其功能就在于解释、评判、确认、调整、规范这三层社会关系。而在现代社会，个人早已从君主专制的权威下摆脱出来，告别了臣民的身份而成为自由公民，就家庭而言随着血缘宗法制的解体，原先在家庭中处于依附地位的"子"和"妻"也从家长制、监护制的权威中解放出来，而具有独立的人格。传统社会与现代社会的不同，不仅体现在政体或政治的支配状态

---

〔1〕 参见徐加根：《金融制度改革中利益集团作用机制研究》（第2版），西南财经大学出版社2015年版，第16~17页。

〔2〕 参见［美］罗斯科·庞德：《法理学》（第3卷），廖德宇译，法律出版社2007年版，第56页。

〔3〕 张春生：《新时期的法制建设从这里起步》，载 www.npc.gov.cn/npc/c2/c30834/201905/t20190521.296674.html，2024年5月21日访问。

〔4〕 《资治通鉴》卷一。

方面，而且体现在社会关系的形式方面。在现代社会，最基本的社会关系是国家与社会、政府与市场、国家与个人之间的关系。建构良序社会，应正确处理这三层社会关系。

第一，国家与社会的关系。两者关系的核心问题是，是国家优先还是社会优先？国家与社会何者才是秩序的主要渊源？在现代化的制度变迁过程中，其路径应该以国家为中心还是以社会为中心？国家对于社会的态度又应该是怎样的？实际上，包括洛克、马克思、哈耶克在内的近代思想家，无不在论证社会相对于国家的优先性。无论是自由秩序还是社会共和国，在他们眼中，国家并非道德的渊源，相反，它需要在社会面前对自身的正当性做出辩护；一国之内并不存在侵吞一切的绝对权力，存在的只是对公共权力的限制，换言之，国家应尊重社会的自我治理和自我维续功能，尊重其秩序的自我生成演化；就制度变迁而言，社会各阶层之间的互动、文化传统的继承、实践经验的积累，相比于由政府法令所推行的那种强制性的、自上而下的制度供给，往往更能彰显制度的活力，强化制度对环境的适应性，更能摆脱统治者的偏好的自利而反映公共利益和普遍意志，更欠缺意识形态的刚性诉求而具有制度变革的动机和激励。罗尔斯的"作为公平的正义"尊重社会中的最不利者，并将对其自由和权利的保障视为良序社会的应然之事。[1] 一句话，对于良序社会的建设而言，国家在社会面前需要的是依据一般性规则的治理而非片面依靠行政命令的管理；社会的扩展秩序本性即决定了，在治理领域，除涉及主权的事项需要政治决断外，国家必须在社会面前保持足够的道德中立，也即"政治决定必须尽可能地独立于任何一个特殊的美好生活观，或者政治决定必须尽可能地独立于什么东西赋予生活以价值的任何特殊观点"。[2]

第二，政府与市场的关系。政府与市场是现代性的另一层关键关系。"在一切都商品化的市场经济里，经济活动在社会关系中居于决定性地位，形成了经济自由主义的运动；而与此相对应，为了防止市场机制给社会带来的侵害，还存在反向的社会自我保护运动，并因而需要政府对市场经济进行干

---

〔1〕　张祖辽、王美乐：《正当何以优先于善？——布鲁德尼对马克思公共性问题的近罗尔斯阐释》，载《东岳论丛》2022年第7期。

〔2〕　［美］罗纳德·德沃金：《原则问题》，张国清译，江苏人民出版社2008年版，第239页。

预"。〔1〕因此，良序社会的建构应当改变那种国家对社会经济生活的强制性控制，仅依靠行政指令组织社会生产和消费的计划经济模式，在政府与市场"双向运动"的基础上，辩证地处理政府与市场这两者之间的关系及其功能定位。一方面，所谓"仓廪实而知礼节，衣食足而知荣辱"，需要充分发挥市场在资源配置中的基础性作用，增加社会财富，以提高社会成员的福利水平；另一方面，所谓"不患寡而患不均"，在政府自律性市场机制的扩张面前，又应做到对社会的保护，避免其受到市场抽象扩张的侵害。

对于前者，正像张守文教授所指出的："需要针对我国目前最为突出的政府干预过多、市场化程度不足的问题，全面实施简政放权，推进市场化。"〔2〕因此，政府应当竭力保障公平竞争的环境，打造权限清晰的产权制度，创设降低交易费用的制度框架。之于后者，波兰尼指出："自律性市场的信念蕴含着一个全然空想的社会体制。假如不放弃社会之人性的本质及自然的本质，像这样的一种制度无法存在于任何时期，它会摧毁人类，并将其环境变成荒野。"〔3〕更为重要的是，"市场社会不会自发地导致均衡，恰恰相反，如果没有合理的调节、制度保障和为争取平等和正义的社会斗争，民主的政治形式和社会形式之间的分离和断裂将是常态"。〔4〕因此，理性、可行的对策是政府转变其职能，打造一个公共服务的政府体制。

第三，国家与个人的关系。在传统社会，讲求的是"事在四方，要在中央，圣人执要，四方来效"，国家作为"第一个支配人的意识形态力量"和"具有暴力潜能的政治组织"，是阶级专政的工具，对人民实施的是不容置疑的统治，因而拥有不受限制的绝对权力。同时，在一个人的统治之下，个人也并非都具有独立的法律的道德人格，而是被组织在严密的等级秩序当中，只拥有义务而缺少权利，承受着沉重的社会负担，所谓"天有十日，人有十等，下所以事上，上所以共神也。故王臣公，公臣大夫，大夫臣士，士臣皂，皂臣

---

〔1〕 张守文：《政府与市场关系的法律调整》，载《中国法学》2014年第5期。

〔2〕 张守文：《政府与市场关系的法律调整》，载《中国法学》2014年第5期。

〔3〕 ［英］卡尔·波兰尼：《巨变：当代政治与经济的起源》，黄树民译，社会科学文献出版社2013年版，第52页。

〔4〕 汪晖：《齐物平等与跨体系社会》，载邓正来、郝雨凡主编：《转型中国的社会正义问题》，广西师范大学出版社2013年版，第395页。

舆，舆臣隶，隶臣僚，僚臣仆，仆臣台。马有圉，牛有牧，以待百事"，[1]就是这种不平等且压抑人性的等级制度的深刻写照。

而在现代社会，尤其对于良序社会而言，国家与个人都已经过革命性的改造。国家不再单纯是阶级统治的工具，其功能更多用来保障公民的生命、自由、财产和追求幸福的权利，用来提供公共产品、服务、社会保障和实施分配正义；国家的合法性不再单纯是统治者的意识形态说教和灌输，而是更多取决于被统治者的公共同意和普遍意志；权力的行使也不像以前那样随心所欲，自行其是，而要"于法有据"；国家权力也不再被一个人或少数人所占据并服务于少数人，而是要面向公共利益，照顾社会最少受惠者阶层的福祉。对于个人而言，其身份已经从被动的臣民转化为主体的公民，基于其自然属性，其享有平等的权利能力，享有平等的宪法和法律权利。这些权利和自由构成其受法律保障的私人领域，能够抵御他人和掌权者的恣意侵犯。尤为重要的是，良序社会坚持人是目的，而非手段这一道德信条。"政府的一切强制行动，都必须明确无误地由一个持久性的法律框架来决定，这个框架使个人能带着一定程度的信心来进行规划，使前景的不确定性缩小到最低限度"，[2]公民私人及其基本权利与自由不能作为政府所掌握的资源，不是政府为追求其即时性的政策目标而可随意支配的手段。

法律就是调节社会关系的规范，而不论这些具体的规范是出自国家，还是源于社会。社会关系的核心又是各种利益关系。"法律的主要作用之一就是调整及调和种种相互冲突的利益，无论是个人的利益还是社会的利益。这在某种程度上必须通过颁布一些评价各种利益的重要性和提供调整这种利益冲突的一般性规则方能实现。如果没有某些具有规范性质的一般性标准，那么有组织的社会就会在做出决定时因把握不住标准而出差错。"[3]在法治的背景制度中，利益需求与法律制度之间的关系，就如同亚里士多德的"质料"与"形式"之间的关系；所谓"形式"决定"质料"，现实中人们对于实施其合

---

〔1〕《左传·昭公七年》。

〔2〕［英］弗里德里希·奥古斯特·哈耶克：《自由宪章》，杨玉生等译，中国社会科学出版社2012年版，第352页。

〔3〕［美］E. 博登海默：《法理学：法律哲学与法律方法》，邓正来译，中国政法大学出版社1999年版，第398页。

理生活计划所需的利益的意识和感知是由意见决定的，一定时期人们对于特定利益的期待和追求离不开主流法律观念、意识形态对于这些利益的价值确认和合法化判断。现代法律正是通过"一般、抽象而平等的法律"这种公开的、无差别的制度权威来对人们在社会合作中所产生的权利、义务、责任、负担进行公平分配，以保证公民各方的合理利益期待。因此，法律对于良序社会的建构可谓至关重要。

值得注意的是，党中央很早就已意识到了重大利益调整对于实现公平正义、建设社会主义良序社会的重要性。中共中央 2006 年通过的《关于构建社会主义和谐社会若干重大问题的决定》指出："我国已进入改革发展的关键时期，经济体制深刻变革，社会结构深刻变动，利益格局深刻调整，思想观念深刻变化。"党的十六届四中全会指出要"协调各方面的利益关系，维护和实现社会公平"。党的十七大报告中有 24 处提到了利益，指出当下社会结构、社会组织形式、社会利益格局发生深刻变化的现实，特别强调应当妥善处理各方面的利益关系。党的十八大报告中亦有 23 处提到利益，并突出强调深化重点领域和关键环节改革，防止利益冲突。在良序社会建构问题上要正确处理好利益关系，就要厘清国家与社会、政府与市场、国家与个人这三层社会关系，并且必须把具体的问题和争议放置在这种关系框架内寻求解决。具体到地方立法问题上，良序社会的这种关系型视角就决定了地方立法的价值维度。

（二）地方立法的价值维度

在这里，地方立法的价值维度是对应于良序社会的关系维度的，质言之，国家与社会、政府与市场、国家与个人的关系构造形态即决定了地方立法所应有的价值取向；概括而言，其包括合宪性价值、社会安定的秩序价值、交易费用的效率价值，以及公平正义的价值。

1. 合宪性

地方立法权是我国立法权力体系的重要组成部分，同样，地方立法主体所制定的地方性法规和政府规章，也是我国社会主义法律体系的重要内容。我们也应当注意，规章的性质及地位是受争议的话题，自《立法法》制定伊始，关于行政规章的法律性质、制定规章是否属于立法行为以及是否应纳入《立法法》规范的争论就显现出困惑：有人主张，规章是行政性质，不应被视为法律，故不宜在《立法法》中规定；而另一些人则指出，规章事实上具有规范作用，应当承认其作为法律的地位，不应仅因其存在问题而一概否定。[1]然而，无论从何视角，合宪性都是地方立法的基本价值。地方立法的合宪性主要涉及地方立法的主体、内容和程序方面。地方立法主体的合宪性，是指在地方性法规和政府规章的制定过程中，地方立法主体必须拥有宪法所赋予的立法权力，或经过特别授权，且其指定的内容必须属于该职权范围，不能越权制定法律；凡没有法定职权或未经授权制定规范性文件的行为均属于无效行为。地方立法内容的合宪性，则是指制定出来的地方性法规和地方政府规章在内容上要符合宪法原则、宪法精神和宪法具体规定，不得有同宪法原则、宪法精神、宪法具体规定相违背、相冲突、相抵触的内容。立法程序的合宪性，是指所有法律的制定过程都要依照法定程序进行。[2]

考虑到良序社会所要处理的三层社会关系，在本质上属于宪法性关系，其构成与关系形态影响到一国的宪法体制，所以，地方如要受到良序社会建构的规制，那么，合宪性需是地方立法的核心价值之一。

2. 社会安定

社会秩序的安定是良序社会的基本表现，同时也是地方立法的重要价值。但良序社会的秩序概念并不同于单纯的"强制"或稳定性，而是一种充满活力的包容性秩序，用张文显教授的话说就是"是各种社会分歧、矛盾和冲突能够在道德精神和法律理性的基础上得以和平解决或缓和的秩序，是社会组织健全、社会治理完善、社会安定团结、人民群众安居乐业的秩序"。[3]

因此，地方立法所推崇的秩序价值，应该表现为一种自由秩序，而非压制性的秩序。它突出的是地方立法对公民基本权利与自由的维护，而非汲取财政资源的工具性价值；其强调的是政府在治理活动中对一般性规则的遵守和政治中立，其目的在于开创一个平等、开放而又人人乐居其中的社会，因而它要求地方政府的强制性权力降到最低限度；其对地方社会矛盾的解决不

---

[1]　参见乔晓阳主编：《中华人民共和国立法法讲话》（修订版），中国民主法制出版社2008年版，第278页；吴鹏：《行政规章"参照"研究》，载《首都师范大学学报（社会科学版）》2003年第4期。

[2]　参见汪全胜等：《立法后评估研究》，人民出版社2012年版，第201~202页。

[3]　张文显：《法治与国家治理现代化》，载《中国法学》2014年第4期。

再刻意运用"维稳"思维,而是遵循法治思维、法治方法、民主协商。一句话,良序社会要求地方立法的社会安定追求不再建立在官僚本位、国家主义、威权主义的基础上,而是建立在自由、民主、法治的基础之上,建立在和平而普遍的社会共识之上,建立在理性、安定而又可期待的规则、程序之上,建立在对人民群众的能动性、创造性、主体性的尊重的基础之上。

3. 低交易费用

社会主义良序社会并非不尊重效率,不尊重制度,而是照样尊重人们自利的经济价值,讲求对人们的行为激励,鼓励资源、机会的竞争与创造,鼓励生产要素、资源的自由流动和创造社会价值。一句话,良序社会是一个不断发展变化而非封闭僵化的社会。过往的国家社会主义实践和计划经济体制的一个最主要的失败之处,就是其将社会平等理解为一个低效、重复而欠缺激励手段的平均主义,其推行一种自上而下的行政命令,而非基于自由竞争与个人创造的分配正义,因而造成生产的重复、浪费和效率低下。良序社会是一个普遍富足而非资源匮乏的社会,其有理由包容效率价值。

因而,良序社会当中地方立法可以在尊重公平正义原则的前提下,追求经济效率的目标。具体而言,其可以通过保障私有财产而对公民提供基本的激励,通过制度创新、竞争而提升地方对于优质资源的吸引力,通过打造公平、法治而充分竞争的交易环境而降低社会交易费用,等等。

4. 公平正义

公平正义是社会主义良序社会的核心价值,是良序社会的根本表现。[1]以良序社会为动力基础,地方立法的核心价值当然首推公平价值。实际上,地方立法的合宪性价值、秩序价值、效率价值,都只能建立在公平价值的基础之上。没有基本的立法公平和制度正义,社会就会陷入持久的对立和分裂之中,人们就不会对政治体制产生起码的尊重与认同,更不会去起身捍卫它的理念和原则。没有基本的公平正义,那些社会的安定性只是一个表象,就如同建立在流沙之上的空中楼阁,矛盾始终潜伏在暂时的利益博弈或经由权力压制而形成的均衡的下面,其随时可能激化和爆发。没有必要的公平、平

---

〔1〕 See Mullan, D. J., "Fairness: The New Natural Justice", *University of Toronto Law Journal*, 25 (1975), 281~316.

等与正义，地方的经济收益虽然能够在某些方面、短时间内得到迅速扩张，但从长远来看，这种牺牲公平和平等的增长是不可持续的，这是因为，以人为本的基本理念决定了，不是一时的目的或暂时的收益，而平等才是经济制度的最佳激励。地方立法只有平等地对待人们，包括地方的居民和企业和其他市场主体，其才能真正地降低制度费用，提高社会产值。

因此，地方立法的公平正义应当体现在这样几个方面：①机会和资格平等，尤其要破除政策保护主义的壁垒，保障公民的契约自由、择业自由、迁徙自由，而非对其作出区别对待；②立法作为一种制度供给，应当更多通过制度化的手段向地方居民供给公共产品和服务，而非仅仅专注地方财政收益的最大化；③应该对地方公民提供平等的社会保护，包括教育、医疗、环境、卫生、就业在内的平等保障和权利救济；④尊重地方居民、团体、族群生活方式的多元化，地方立法应对其一视同仁，而非做出差别待遇。

三、地方立法的价值转型

当前地方立法的价值转型，应注重公共服务和公共利益，兼顾效率。就良序社会的宗旨而言，公平正义才是地方立法的最终价值目标。

（一）从追求经济效率到提升公共服务

当前，地方立法的价值冲突，主要发生在经济效率与社会公正之间，这两者构成地方立法价值的主要冲突。地方立法究竟是应当效率优先，兼顾公平，还是应该正义优先，公正第一？[1]地方立法应该更多用来进行制度创设，以服务于市场环境，增加产值，还是应该加强对公共产品和服务的制度供给，以弥合社会差距，塑造平等秩序？地方立法应当工具化，被用来贯彻地方政府的发展意志和效应偏好，还是应该体现地方居民的普遍意志，保护和增益其自由与权利，以实现公平正义？对于良序社会而言，价值问题是首要问题：地方立法如要融入良序社会的建构当中，需妥善处理好交易费用、产值最大化、发展主义等效率价值与平等、社会保障体系、公共服务体系等公平公正价值的关系，质言之，在地方立法的价值选择中，公平正义与效益最大化到

---

〔1〕 See Geyh, Charles Gardner, "The Dimensions of Judicial Impartiality", *Florida Law Review*, 65 (2013), 493~552.

底何者优先?

表 4-7 我国社会服务基本情况（2009—2016 年）[1]

指标	2009	2010	2011	2012	2013	2014	2015	2016
社会服务事业费支出（亿元）	2181.9	2697.5	3229.1	3683.7	4276.5	4404.1	4926.4	5440.2
基本建设投资总额（亿元）	157.0	183.00	218.5	235.0	292.8	282.2	239.9	245.8
社会服务机构和设施固定资产原价（亿元）	5198.0	6589.3	6676.7	6675.4	6810.2	7213.0	8183.1	5393.6

良序社会建设的主要目标之一，就是要改善这种不均衡的发展模式。在此基础上，地方立法的价值选择就不好偏向经济效率。公平正义才应是地方立法的优先价值选择。

（二）走向公平正义的地方立法

地方立法走向公平正义是建构良序社会的必由之路。[2]积极审慎推进地方立法进程，以更高的法律权威和法律约束力，更为有效地防止政府滥用行政权力，从而营造公平的社会环境。[3]《立法法》第81条规定："设区的市的人民代表大会及其常务委员会根据本市的具体情况和实际需要，在不同宪法、法律、行政法规和本省、自治区的地方性法规相抵触的前提下，可以对城乡建设与管理、生态文明建设、历史文化保护、基层治理等方面的事项制定地方性法规，法律对设区的市制定地方性法规的事项另有规定的，从其规定。……"《立法法》一方面扩大了地方立法权，将地方性法规与政府规章制定权统一下放到设区的市，另一方面又将设区的市的立法权权限限定为"城乡建设与管理、生态文明建设、历史文化保护、基层治理等方面的事项"，即

---

〔1〕 中华人民共和国民政部：《中华人民共和国2016年社会服务发展统计公报》，中国统计出版社2017年版，第1~3页。

〔2〕 See Cercel, Sevastian, "Historical Survey on the Concept of Moral", *Revista de Stiinte Juridice*, 2 (2009), 19~32.

〔3〕 牛丽云、马霁昀：《公平竞争审查制度的青海实践与法治化路径》，载《青海社会科学》2023年第5期。

公共服务方面。于此立法的立法目的是明确的，其无非就是在扩大地方立法主体的自主权限的同时，激励其通过立法向地方社会加大对公共产品与服务的供给水平。提高政府和立法机关对于公共产品和服务的制度供给水平，是实现公平正义的主要方式。公平正义的社会建构，无非就是要求政府通过立法或政策手段在教育、医疗、就业、社会保障等方面加大供给力度，通过非竞争性的公共产品来弥补私人在市场竞争中的风险和不均衡处境，以减少其损失感，增强其获得感。当前地方立法对于公共产品与服务的制度供给，主要包括地方教育、地方医疗、地方就业、地方社会保障、文化保护、环境保护、公共秩序、公共设施等方面，[1]下面以其中三个方面为例：

1. 地方教育

地方教育立法对地方教育的发展起到了非常重要的作用，我国目前仅专门有关教育的地方性法规就已经达到五百多部，包括诸多方面：其一，学前教育，其目的在于促进和规范学前教育，维护学龄前儿童、保育教育人员和学前教育机构的合法权益，促进和保障学前教育健康发展，提高学前教育质量，法规内容涵盖幼儿园规划与建设、幼儿园设立与审批、幼儿园工作人员、保育与教育、保障与扶持、监督管理、法律责任等，如《浙江省学前教育条例》、《辽宁省学前教育条例》、《天津市学前教育条例》（2020 年修正）、《吉林省学前教育条例》、《宁波市学前教育促进条例》等；其二，义务教育。义务教育直接关系到适龄儿童少年接受义务教育的权利、保障义务教育的实施，以及义务教育均衡发展，其内容包括均衡发展、就学管理与保障、学校建设与安全、入学机会、办学条件、教师队伍建设、素质教育、措施保障、法律责任等，如《甘孜藏族自治州义务教育条例》、《贵州省义务教育条例》（2020 年修正）、《福建省义务教育条例》《无锡市义务教育均衡发展条例》等。其三，民办教育。民办教育有关法规的颁布意在促进民办教育事业的健康发展，维护民办学校及其教职工和受教育者的合法权益，其规范内容涵盖民办学校的设立、民办学校的教学和管理、民办教育的鼓励和支持、民办教育的管理与监督等，如《昆明市民办教育促进条例》、《陕西省民办教育促进条例》（2014 年

---

〔1〕 参见吴晟兵、贾康：《政府与市场合作供给公共产品的理论分析和制度设计》，载《江西社会科学》2023 年第 5 期。

修正)、《云南省民办教育条例》《天津市民办教育促进条例》等。其四，教育督导。教育督导的目的在于保证教育法律、法规和国家教育方针、政策的贯彻执行，提高教育质量，促进教育公平，推动教育事业科学发展，推进教育治理体系和治理能力建设，其规范内容包括督导机构与督学、督学的管理、教育督导的实施、结果运用、法律责任，如《重庆市教育督导条例》、《上海市教育督导条例》（2020 年修正）、《天津市教育督导条例》（2021 年修正）、《苏州市教育督导条例》（2023 年修正）、《大连市教育督导条例》。

2. 地方医疗

医疗也是地方重要的公共产品与服务资源，有必要通过地方立法来促进医疗卫生事业发展，规范医疗执业行为，维护医疗秩序，保障医患双方的合法权益。地方医疗方面的法规主要包括以下内容：首先，医疗急救，其目的是规范院前医疗急救行为，提高院前医疗急救服务水平，及时、有效抢救急、危、重症患者，保障公民身体健康和生命安全，包括急救网络建设、急救服务机构、急救服务规范、急救服务保障、社会急救能力建设、法律责任等，如《南京市院前医疗急救条例》（2022 年修正）、《北京市院前医疗急救服务条例》（2021 年修正）、《淄博市院前医疗急救管理条例》（2021 年修正）、《长沙市院前医疗急救管理条例》、《杭州市院前医疗急救管理条例》、《郑州市社会急救医疗条例》。其次，医疗纠纷的预防与处理，制定该方面地方性法规的目的在于有效预防与规范处理医疗纠纷，保护患者、医务人员和医疗机构的合法权益，维护正常医疗秩序，构建和谐医患关系，包括医疗纠纷预防、医疗纠纷处理、纠纷解决途径、医疗鉴定、医疗责任保险、医疗风险分担、法律责任等方面，如《天津市医疗纠纷处置条例》、《江苏省医疗纠纷预防与处理条例》（2021 年修正）、《江西省医疗纠纷预防与处理条例》（2021 年修正）等。最后，医疗机构、医疗卫生设施、医疗器械、药品等的管理。其立法目的在于加强医疗机构及医疗卫生设施的规划和建设管理，提高医疗机构服务水平，满足人民群众医疗卫生服务需求，均衡配置和有效利用医疗卫生资源，[1]促进医疗卫生事业发展，其内容涉及医疗卫生设施规划管理、医疗卫生设施

---

〔1〕 See Huang Lansong etc，"Construction of public health core competence and the improvement of its legal guarantee in China"，*Frontiers in Public Health*，11（2023），1~7.

建设管理、医疗机构设置、登记与校验、药品和医疗器械的采购、运输、储存、销售、使用及监督管理等，如《郑州市医疗卫生设施规划建设管理条例》《云南省医疗机构管理条例》《石家庄市医疗卫生设施规划建设管理条例》等。

3. 地方就业

就业问题一直以来是备受中央和地方关注的，我国于 2007 年就颁布了《就业促进法》，并于 2015 年作了修正，目的在于促进就业，促进经济发展与扩大就业相协调，促进社会和谐稳定，其内容包括政策支持、公平就业、就业服务和管理、职业教育和培训、就业援助、监督检查、法律责任等方面。对地方而言，一项重要任务是促进就业，地方已制定的地方性法规中，不少是关于如何促进地方就业的，如《四川省就业创业促进条例》、《天津市就业促进条例》（2018 年修正）、《山东省就业促进条例》（2016 年修正）、《辽宁省就业促进条例》（2014 年修正）、《山西省就业促进条例》等，涵盖就业促进、创业促进、就业服务与管理、就业支持、创业扶持、职业教育和培训、就业援助、监督监察、有关法律责任等内容。此外，有些地方对高等学校学生实习、毕业生就业见习与残疾人就业也做了专门性的规定，如《广东省高等学校学生实习与毕业生就业见习条例》（2019 年修正）包括组织与保障、实习规范与管理、见习规范与管理、扶持与奖励、法律责任等内容，其意在提高学生实践能力、就业能力和创新能力，完善人才培养机制，促进毕业生就业。

表 4-8　当前地方立法对于公共产品与服务的制度供给情况

类别	数量	有关法规部分列举
地方教育	专门针对教育进行规范的地方性法规共 500 多部，包括省级地方性法规、设区的市地方性法规、经济特区法规、自治条例和单行条例	《贵州省未成年人家庭教育促进条例》《浙江省学前教育条例》《福建省教育督导条例》《福建省义务教育条例》《重庆市家庭教育促进条例》《新疆维吾尔自治区南疆地区普及高中阶段教育条例》《黔西南布依族苗族自治州教育条例》《宁波市终身教育促进条例》《成都市职业教育促进条例》《宁波市中等职业教育条例》《徐州市老年教育条例》《汕头市基础教育投入保障条例》《宁波市职业教育校企合作促进条例》《北京市专业技术人员继续教育规定修正案》《吉林省少数民族教育条例》等

类别	数量	有关法规部分列举
地方医疗	我国专门有关医疗的地方性法规有90多部，专门有关的地方政府规章有300多部	《江苏省医疗纠纷预防与处理条例》《南京市院前医疗急救条例》《深圳经济特区医疗条例》《上海市急救医疗服务条例》《北京市院前医疗急救服务条例》《淄博市院前医疗急救管理条例》《无锡市社会医疗机构管理条例》《内蒙古自治区城镇基本医疗保险条例》《长沙市院前医疗急救管理条例》《天津市医疗纠纷处置条例》《杭州市院前医疗急救管理条例》《江西省医疗纠纷预防与处理条例》《四川省医疗机构管理条例》《广东省医疗废物管理条例》等
地方就业	我国专门有关就业的地方性法规40多部	《四川省就业创业促进条例》《天津市就业促进条例》《山东省就业促进条例》《辽宁省就业促进条例》《山西省就业促进条例》《北京市就业援助规定》等
地方社会保障	我国目前以社会保障为主题的地方性法规约13部，地方政府规章14部	《厦门市社会保障性住房管理条例》《天津市劳动和社会保障监察条例》《河北省劳动和社会保障监察条例》《宁夏回族自治区社会保障资金审计监督条例》《湖北省劳动和社会保障监察条例》《山东省劳动和社会保障监察条例》等
文化保护	目前我国专门有关文化的地方性法规200多部，地方政府规章近百部	《苏州国家历史文化名城保护条例》《山西省历史文化名城名镇名村保护条例》《亳州国家历史文化名城保护条例》《滁州市非物质文化遗产保护条例》《南平市朱子文化遗存保护条例》《镇江市非物质文化遗产项目代表性传承人条例》《成都市历史建筑和历史文化街区保护条例》等
环境保护	我国对环境保护问题高度重视，以环境保护为主题的地方性法规300多部，地方政府规章100多部	《延边朝鲜族自治州城市饮用水水源环境保护条例》《甘肃省石油勘探开发生态环境保护条例》《湛江市城区市容和环境卫生管理条例》《南充市城镇环境卫生管理条例》《南京市环境噪声污染防治条例》《山西省城乡环境综合治理条例》《江苏省固体废物污染环境防治条例》《南阳市白河水系水环境保护条例》《陵水黎族自治县城乡容貌和环境卫生管理条例》《江西省农业生态环境保护条例》
公共秩序	我国以公共秩序为主题的地方性法规近百部，地方政府规章100多部	《兰州市城市公共汽车客运管理条例》《成都市公共场所治安管理规定》《济南市城市公共交通条例》《昆明市特种行业和公共场所治安管理条例》《兰州市公共场所控制吸烟条例》《四川省公共图书馆条例》《大连市城市公共客运交通管理条例》《广东省突发公共卫生事件应急办法》等

续表

类别	数量	有关法规部分列举
公共设施	我国以公共秩序为主题的地方性法规 30 多部，地方政府规章近百部	《天津市公共电信基础设施建设和保护条例》《福建省电力设施建设保护和供用电秩序维护条例》《湖南省电力设施保护和供用电秩序维护条例》《珠海经济特区公共安全技术防范条例》《徐州市公共体育设施条例》《银川市公共消火栓建设维护管理条例》《兰州市保护城市重点公共绿地的规定》等

第五章

地方立法的历史文化动力

中国的现代化进程离不开文化层面的变迁。随着经济发展水平以及综合国力的提升，文化问题以及相应的软实力建设日益成为人们关心的话题。正所谓"国民之魂，文以化之；国家之神，文以铸之"，不仅是经济，文化同样是能够决定人们行为的因素。我国具有独特的文化传统，[1]立法者作为民族共同体的代表，其生长于民族的文化传统当中，其身上不可避免地带有这些文化、思想和观念的印记；这些因素作为一种内在的力量，将不可避免地影响到立法者的世界观、决策和价值选择。在文化动力这一章当中，我们将从公共道德观念和传统秩序的遗产两方面刻画地方立法的动力，前者影响的是地方立法的实效性，后者作用的是地方立法的实践性继承。它们共同破除了文化决定论和基因决定论的狭隘性。[2]

第一节　公共道德基础与地方立法的实效性

托克维尔在考察美国的民主制度何以维续时，提出了一种经典的政治社会学观点，即正在北美大陆实践的那种区别于古典城邦民主制的民主制度，

---

〔1〕　See Yun-han Chu, "Sources of regime legitimacy and the debate over the Chinese model", *The China Review*, 13 (2013), 24.

〔2〕　See Neumann, Richard K. Jr, "Legislation's Culture", *West Virginia Law Review*, 119 (2016), 97~468.

之所以能够获得比在欧洲或南美大陆更大程度的发展，是由三个因素决定的，即地理环境、法制和民情。所谓地理环境，指较为优越的战略地缘环境、广袤的国土、丰富的自然资源。所谓法制，即指区别于小国共和的联邦制、基层自治的乡镇制度，以及自我克制、约束多数人冲动的司法权配置。[1]所谓民情，用托克维尔的话说，即那些能够维护、促进民主共和制度良性发展的"一个民族的整个道德和精神面貌"。[2]在托克维尔看来，这三个原因都从不同方面对美国的民主制度的巩固有所贡献，但是，应当对它们的贡献划分等级。其中，贡献最大的莫过于民情。"我确信，最佳的地理位置和最好的法制，没有民情的支持也不能维护一个政体；但民情却能减缓最不利的地理环境和最坏的法制的影响。民情的这种重要性，是研究和经验不断提醒我们注意的一项普遍真理。"[3]"只有美国人特有的民情，才使全体美国人能够维护民主制度的独特因素。"[4]托克维尔对于民主共和制度的巩固和研究，既没有从政治支配结构的角度入手，也没有诉诸任何形而上学的观念和论证，而是直接引用民情，也即民众的一般的、共享的思维方式、习惯、道德观念、历史经验等。这不是简单地在背离传统的政治理性主义，而是在将政治的分析放置在常识的轨道上、嵌入民众的常规生活经验当中。[5]民主是为多数人的统治。如果说在一个人的统治的专制制度下，国家治理的好坏依靠于专制者的自我克制、政治远见与责任心，一部分人统治的贵族政体，其兴衰依赖于贵族精英阶层的荣誉感、政治担当意识和美德，那么，在多数人掌握权力的民主社会，其能否实现公平正义和组织有序，就高度依赖于民众的公共精神和道德观念。伟大的制度总是伴随伟大的人民。没有风俗淳朴、健康向上且富公共精神的公民，设计再良好、内容再健全、体系再自治的制度，也会沦为空洞

---

〔1〕　参见［法］托克维尔：《论美国的民主》（上卷），董果良译，商务印书馆1989年版，第364页。

〔2〕　［法］托克维尔：《论美国的民主》（上卷），董果良译，商务印书馆1989年版，第365页。

〔3〕　［法］托克维尔：《论美国的民主》（上卷），董果良译，商务印书馆1989年版，第393页。

〔4〕　［法］托克维尔：《论美国的民主》（上卷），董果良译，商务印书馆1989年版，第392页。

〔5〕　托克维尔指出："英裔美国人长期实行民主管理制度的经验和习惯，以及最有利于维护这种制度的思想，都是在东部取得或形成的。在这里，民主制度逐渐深入人们的习俗、思想和生活方式之中，并反映在社会生活的一切细节和法制方面。"［法］托克维尔：《论美国的民主》（上卷），董果良译，商务印书馆1989年版，第392页。

而与社会脱节的形式，其或者被民众们的民粹情绪、无节制的要求和欲望冲击得七零八落，或者为野心家、统治者的独断专行所把持。让政治回归常识，即意味着不再抽象地去分析制度，而是辩证地将制度与民众的情感和生活方式结合起来，既把国家治理视作人民的生活方式制度化、法治化的过程，又把社会制度看作一个凝聚着政治社会的生活经验、道德情感而非只有纯粹理性的有机体。制度的生命力不在于抽象逻辑，而在于其是否能够融入社会生活当中，是否能深入民众的道德情感和直觉当中。况且，民主制推崇的是身份平等、个人的独立和自由以及政治上的自愿联合。专制政体可以依靠单方面的强制或恐惧来维持秩序，贵族制也可以依靠身份制、等级制来安排社会，相形之下，民主共和国家想要独立和和平地发展，其依靠的就不是传统的暴力手段；在政治纽带相对松散的条件下，民主社会想要避免秩序崩溃和普遍失范，其只能依托稳定的公共意见和政治共识，而民情，正是培育公共意见、公共精神和共识的文化土壤。对于民主共和政体的实践而言，民情至关重要。

以民情论为基础，托克维尔进一步提出了对制度或者是立法进行判断的一个重要标准。托克维尔指出："不可否认，总的来说，美国的立法是适用它所治理的人们的天才和国家的性质的……因此，美国的法制是良好的，而美国的民主政府所取得的成就，也有很大一部分应归功于法制。"[1]"我也不认为美国的法制可以应用于一切国家。"[2]良好的法律或立法，不是看其是否符合某种普遍的形而上学的观念或价值，而是要看其是否符合人民的道德心理状况，是否符合国家的治理问题、任务、需要和方式。或许，作为一套抽象的价值观体系，某些价值、观念是普遍主义的，但作为一套对多样的社会关系、社会生活、社会行为进行调整的制度安排，其只能是因地制宜的，从而也是特殊主义的。然而，作为一种解释范式，一种建构社会秩序的手段，甚或是一种克服政治制度的缺陷和人之天性的弱点的方式，其又是普遍适用的。"美国的民情和法制，并非只对民主国家适用；而且，美国人已经证明，不要放弃以法制和民情来调整民主制度的希望。"[3]可见，托克维尔所阐释的观点不仅适用于民主制度，实际上更是一种一般性的观点。这种制度与民情之间

---

〔1〕〔法〕托克维尔：《论美国的民主》（上卷），董果良译，商务印书馆 1989 年版，第 391 页。
〔2〕〔法〕托克维尔：《论美国的民主》（上卷），董果良译，商务印书馆 1989 年版，第 391 页。
〔3〕〔法〕托克维尔：《论美国的民主》（上卷），董果良译，商务印书馆 1989 年版，第 397 页。

的关系，可以适用于法制建设或立法。

　　民情之于立法的重要作用，实际上也很早就受到我国立法者的重视。现行《立法法》第 7 条第 1 款规定："立法应当从实际出发，适应经济社会发展和全面深化改革的要求，科学合理地规定公民、法人和其他组织的权利与义务、国家机关的权力与责任。"如改革开放初期，在没有搞清楚经济改革目标和许多制度性问题的前提下，起草出符合实际的民法典是不现实的；制定完整的民法典、搞一次性"批发"还有困难，于是采取"零售"的办法，成熟一个，制定一个。[1] 可以说，一切从实际出发，实事求是，不仅是执政党的治国理政原则，还是一条立法原则。党的十八届四中全会上，一切从实际出发被重申为建设中国特色社会主义法治体系，建设社会主义法治国家所必须坚持的基本原则，"从我国基本国情出发，同改革开放不断深化相适应，总结和运用党领导人民实行法治的成功经验，围绕社会主义法治建设重大理论和实践问题，推进法治理论创新，发展符合中国实际、具有中国特色、体现社会发展规律的社会主义法治理论"。[2] 不仅如此，"汲取中华法律文化的精华"也成为从中国实际出发原则的内涵之一。更为重要的是，党的十八届四中全会还重申了依法治国与以德治国相结合的原则，其内容包括"大力弘扬社会主义核心价值观，弘扬中华传统美德，培育社会公德、职业道德、家庭美德、个人品德"，法治并非意味着排斥或者超越德治要素，德治也并非质疑或破坏法治方略，[3] 既重视发挥法律的规范作用，又重视发挥道德的教化作用，以法治体现道德理念、强化法律对道德建设的促进作用，以道德滋养法治精神、强化道德对法治文化的支撑作用，实现法律与道德相辅相成、法治与德治相得益彰"。从中可以看出：其一，法治与德治并不相互违背，而是两种辩证统一的治理手段，法律和道德属性不同、功能各异，各自起着相对独立、不可替代的重要作用。[4] 法治，即便作为一种以个人权利和自由为基本

　　〔1〕　参见张春生：《始终无法落地的中国民法典，如何在 80 年代初终于开始突破》，载 https://www.chinanews.com.cn/gn/2018/10-16/8650693.shtml，2024 年 5 月 21 日访问。

　　〔2〕　《中共中央关于全面推进依法治国若干重大问题的决定》，载 https://news.12371.cn/2014/10/28/ARTI1414492334767240.shtml，2024 年 5 月 21 日访问。

　　〔3〕　舒高磊、付洪：《德法共治的实践限度及其疏解可能——兼论中国式现代化方案》，载《河北学刊》2024 年第 4 期。

　　〔4〕　蔡宝刚：《习近平法治思想中的法治和德治相结合理论》，载《政法论坛》2022 年第 6 期。

价值观的价值体系，一种公共文化和制度设施，其也具有相当程度的包容性，也能够与传统的美德观念和政治文化相兼容，换言之，法治并不必然排斥德治。其二，德治的内容相当广泛，其涉及社会关系的各个领域，内容不仅包括社会主义核心价值观，而且包括中华民族的传统美德，因此，其十分接近托克维尔所谓的"民情"。其三，法治与德治的相得益彰，实际上是制度与民情的辩证关系，换言之，如果没有道德层面的认同，没有对自身文化身份的感知、没有对历史经验和记忆的积累、沉淀，没有文化观念对于法律制度的支撑，那么，法治将可能陷入空洞、乏味的虚无主义之中，遑论解决国家治理的实践难题以及克服人性的弱点。

民情实质上是一种公共道德观念。[1]这种公共道德在内涵上非常广泛，其既可以包括适用于集体行动的公共理性、民族精神、共同信念、公共正义观念，也可包括适用于私人生活的家庭美德、私人美德、契约精神；既可兼容习惯、经验、意识形态、思维方式等非正式制度安排，又可吸收权利、自治、自由、主体性、制衡等制度性要素；既囊括了传统的道德、宗教、信仰、文化等因素，又接受了现代的法治精神、法律人思维、多元主义等现代价值观及政治设施。这种道德观念乃是经历史迭代累积、沉淀而成，表达着公共政治文化的实践性特征，凝聚了政治共同体的核心价值和共同信念。说公共道德观念是历史性的，并非说它是僵死的道德信条，而是表明其始终处在不断的发展变迁当中；实际上，正是由于法律制度或立法自觉地建立在这种公共道德观念的源头活水之上，法律体系才能具有持续的有机发展能力。这种公共道德观念是持续、永久开放而非封闭性的，它能够就吸纳、融合、筛选、甄别、打磨各种文化观念与价值观，最终不停地将这些经过价值打磨过的观念输入法治体系当中，以保证法治的开放性和多元性。这种公共道德观念还是实践性的，因为其目的不是要建构一个鲁滨逊式的一人世界，而是要调整各式各样的社会关系；而只有吸收了这些公共道德观念，法律才可以说不是一个纯粹的规则体，而是一个规则与原则、价值构成的综合体，法律或法治不仅是一种调整社会关系的技术手段，而且是一种国家治理的价值基准。如

---

〔1〕 See Cercel, Sevastian, "Historical Survey on the Concept of Moral", *Revista de Stiinte Juridice*, 2 (2009), 19~32.

果我们将分析的眼光放置在地方立法的动力机制身上，那么这里的民情或公共道德观念将在很大程度上作用于地方立法的实效。

表 5-1 地方立法中涉及文化的内容

序号	文化类别	内容	涉及单位、部门	法规举例
1	菜技艺文化和饮食文化	刀功、烹饪、果蔬雕刻、装盘美术等制作技艺；传统饮食习俗；历史名店、名菜、名小吃等传统品牌；具有历史和艺术价值的相关文献史料、民间文学等	市商务行政主管部门、文化、财政、教育、旅游、人力资源、市场监督等行政主管部门	《福州市闽菜技艺文化保护规定》《佛山市广府菜传承发展条例》《汕头市潮汕菜特色品牌促进条例》《江门市侨乡广府菜传承发展条例》《梅州市客家菜传承发展促进条例》
2	历史文化名城	历史文化名城的规划、保护、利用和管理	市城乡规划主管部门、文物主管部门、文化旅游、城市管理、房产、住建等有关主管部门	《亳州国家历史文化名城保护条例》《山东省历史文化名城名镇名村保护条例》
3	广播电视管理，发展广播电视事业	广播电台、电视台、广播电视站的设立，广播电视节目的采编、制作、播放、传输以及信息网络传播视听节目服务等活动	人民政府广播电视行政部门、人民政府教育行政部门	《安徽省广播电视管理条例》《贵州省广播电视管理条例》《浙江省广播电视管理条例》
4	图书、报刊、出版物发行、全民阅读、公共图书馆	图书、报刊的出版、印刷和发行、批发、零售等；行政区域内的全民阅读促进工作；各级人民政府投资兴办，向社会开放，具有图书、音像等文献资料收集、整理、存储、开发和服务功能的公益性机构	县级以上人民政府，人民政府文化主管部门、新闻出版广电部门、市场监管、公安、物价、教育、邮政、海关等行政管理部门	《吉林省全民阅读促进条例》《天津市图书报刊管理条例》《上海市出版物发行管理条例》《湖北省公共图书馆条例》《温州市全民阅读促进条例》《深圳经济特区全民阅读促进条例》

序号	文化类别	内容	涉及单位、部门	法规举例
5	民族文化	传统口头文学以及作为其载体的语言；传统美术、书法、音乐、舞蹈、戏剧、曲艺和杂技；少数民族传统技艺、传统医药；传统礼仪、节庆等民俗；传统体育和游艺；体现少数民族生产、生活习俗和历史发展的建筑、服饰、器具、手稿、谱牒等；保存比较完整的少数民族传统村落等文化生态区域	市、县（市、区）人民政府、街道办事处、村（居）民委员会等	《宁德市畲族文化保护条例》《贵州省优秀民族文化传承发展促进条例》《海南省少数民族文化保护与开发条例》《黔东南苗族侗族自治州民族文化村寨保护条例》《连南瑶族自治县民族文化遗产保护条例》《三都水族自治县民族文化村寨保护条例》
6	非物质文化遗产	传统口头文学以及作为其载体的语言；传统美术、书法、音乐、舞蹈、戏剧、曲艺和杂技；传统技艺、医药和历法；传统礼仪、节庆等民俗；传统体育和游艺；其他非物质文化遗产	县级以上人民政府文化主管部门、县级以上人民政府、县级以上人民政府其他有关部门、镇人民政府、街道办事处等	《甘肃省非物质文化遗产条例》《北海市非物质文化遗产保护条例》《百色市非物质文化遗产保护条例》《呼伦贝尔市非物质文化遗产代表性传承人保护管理条例》《晋中市太谷传统医药国家级非物质文化遗产保护条例》
7	大运河文化遗产	大运河河道：杭州塘、上塘河、中河、龙山河、浙东运河西兴段等；大运河水工设施遗存：拱宸桥、广济桥、凤山水城门遗址、西兴过塘行码头等；大运河附属遗存：富义仓等；大运河相关遗产：桥西历史文化街区；其他依	市人民政府、大运河遗产所在地的区人民政府、大运河遗产综合保护部门	《杭州市大运河世界文化遗产保护条例》《苏州市大运河文化保护传承利用条例》《宿迁市大运河文化遗产保护条例》《扬州市大运河文化遗产保护条例》《沧州市大运河文化遗产保护若干规定》《河北省大运河文化遗产保护利用条例》《淮安市大运河文化遗产保护条例》

序号	文化类别	内容	涉及单位、部门	法规举例
		法补充列入的遗产要素		
8	历史文化名城、名镇、名村和传统村落	行政区域内历史文化名城、名镇、名村和传统村落的保护与管理	县级以上地方人民政府城乡规划（建设）主管部门、同级人民政府文化（文物）主管部门、县级以上地方人民政府	《福建省历史文化名城名镇名村和传统村落保护条例》《成都市历史文化名镇名村和传统村落保护条例》《湘潭市历史建筑和历史文化街区保护条例》
9	红色资源保护利用	红色资源的调查认定、保护管理、传承弘扬及合作利用	市、县（市、区）人民政府及有关部门	《丹东市红色资源保护利用条例》《浙江省红色资源保护传承条例》《邓小平故里历史文化遗存保护条例》

一、民情、公共道德与地方立法

在论及公共道德的立法价值之前，我们首先应当回顾那些关于民情与法制的关系的、有代表性的一般理论，以为公共道德观念与地方立法的实效性的关系提供基本的理论视野。

（一）民情、公共道德与法律

倘若认为，法律只是主权者的意志的体现，主权者可以凭借自己的意志主宰或变更法律的制定及其内容。在这种思想主导的法律观中，法律的内容易显空洞，易成为命令、规则、程序构成的技术组合，同样，为了在技术统治的现代化氛围中保证法的技术中立性质，法的体系也是封闭性的，其对社会关系的处理仅仅依靠形式理性。无疑，历史地看，这种看待法律的方式是存在一定的合理性的。这种实证主义的立法和法律观，很大程度上适应了欧洲15、16世纪兴起的民族国家建设及其主权的发展趋势。因为民族国家需要政治权力的理性化，或者是集中化，实证主义恰好提供了一种一元化的法律观和立法论，这不仅有助于在新型的民族国家内部统一立法权，而且有助于克服封建社会中法律体系的多元混争、管辖权凌乱分散的状态，实现法律的民族化。这样，法律是抽象的，因为只有抽象才能保证其一般性，才能保证其适用于内部构成复杂的统一的多元社会，才能超越地方的、封建的、等级的、族群的、宗派的因素而铸就一种凌驾于社会之上的公共权威和力量。这种法律又是诉诸理性的，因为只有理性，才能保证其超然性，才能将其与主权者的意志联合起来并赋予后者以革命法权，才能保证这种法律会打破既存的封建格局，超越传统的秩序模式，实现共同体的统一并贯彻主权者的抽象意志。

然而，这种建立在权力意志之上的法律观也具有明显的局限性，与现代民族国家庞大的主权权力结盟，而一旦主权建构的热情退却，或许会使主权权力陷入异化、机械的境地，那这种法律的解释力和适用性就会遭到削弱。事实上，当历史从政治史向社会史转变，现代社会生活的主题从如何革命、如何打破旧秩序转变为如何安顿个人的生命、财产和精神，以及如何重建社会、道德秩序时，这一法律或立法观的使命便告一段落了。这时，那些有创造力的法律思想家们会普遍地去追求"超越法律"，尝试着从法律规则以外去寻找答案。于是，社会的、经济的、宗教的、习惯的因素接二连三地进入法律人的视野。其中，民情的地位不可谓不突出。

1. 孟德斯鸠：法与习俗风尚

在近代的思想家中，孟德斯鸠是第一个将法律与民情作为一个正式主题并进行详细考察的作者。在《论法的精神》这部著作中，孟德斯鸠一方面严格区分了政治德性与道德德性、政治上的善和基督教的善，[1]严格贯彻法律与习俗、风尚、宗教的分离原则，对专制政体下法律与习俗风尚混为一谈大加批判，另一方面其又将法律与风俗习俗的关系作为自己所要探讨的主题。[2]

_____

〔1〕 在该著作的"说明"中，孟德斯鸠特意强调："为了正确理解本书的前四章，需注意，我所说的美德，在共和国里就是爱国，也就是爱平等。这既不是伦理美德，也不是基督教美德，而是政治美德。正如荣宠是推动君主制的动力一样，美德是推动共和制的动力。因此，我把爱国和爱平等称作政治美德。"〔法〕孟德斯鸠：《论法的精神》（上卷），许明龙译，商务印书馆 2012 年版，第 1 页。

〔2〕 孟德斯鸠指出："只有特殊的制度才把法律、习俗和风尚等自然分离的事物混为一谈。不过，分离归分离，它们之间依然存在着某些重大的关系。"〔法〕孟德斯鸠：《论法的精神》（上卷），许明龙译，商务印书馆 2012 年版，第 369 页。

孟德斯鸠的议论纵横古今，采取一种跨文明比较的方式，试图通过对各民族的道德风尚的考察，提炼出关于法律与道德风尚的一般原理。对于孟德斯鸠所阐释的法律与习俗和风尚关系的主要观点，概括起来，主要包括这样几点：其一，虽然法律与道德、习俗、风尚是不同的社会控制手段，但良好的法律离不开风尚的支持，接受良好的法律需要充分的精神、道德方面的准备。假如一个民族还未曾经过启蒙开启民智，甚至只知一味服从而不知自由和权利为何物，那即便带给他们自由开明的法制，其也会无所适从，断然拒绝。[1]因此，法治的宽松和紧张程度应当与民情的宽松和紧张程度保持同一水平。其二，民情对于法制的支持主要体现在，良好的风尚和公共精神有利于提高法律的认同，从而推动其制度落到实处。并且，一个民族只有具备了良好的习俗和风尚，才能够创制出良好的法律，才能够接受这些规则的约束。"一个民族倘若养成了良好的习俗，法律就变得很简单。"[2]其三，法律虽然是一种正式的制度，立法虽然由主权者的意志和国家的强制力做保障，但其却未必能创造出一个良性且规范的社会秩序，其规则的创制不是任意的，而一个民族的习俗和风尚，尤其是那些淳风美俗，就为立法确定了相应的道德界限，而不能随意改变风尚。"只要民族精神与政体原则不相违背，立法者就应当尊重这种民族精神。"[3]其四，作为一个立法者，仅仅做到不随意干涉民族精神或良好风尚是不够的，除给以必要的尊重以外，明智立法者还要学会因势利导，合理地利用、学习、发挥、节制、培训良好的习俗和风尚，合理地利用这些风尚和美德的效应和弊端，因为这些习俗和风尚不仅体现出民族的自然本性，而且关系到政体的性质、原则与国家的治理。"虚荣是政府良好的动力，傲慢是政府危险的动力，两者的作用不相上下……一方面，虚荣带来了数不清的好处，诸如奢华、勤奋、艺术、时髦、礼貌等；另一方面，傲慢给某些民族带来了难以胜数的弊病，诸如懒惰、贫困、百业俱废等。"[4]其五，"人受气候、宗教、法律、施政的准则、先例、习俗、风尚等多种因素的支

〔1〕 "对于那些不习惯享有自由的民族来说，自由也不可容忍。"[法]孟德斯鸠：《论法的精神》（上卷），许明龙译，商务印书馆2012年版，第355页。

〔2〕 [法]孟德斯鸠：《论法的精神》（上卷），许明龙译，商务印书馆2012年版，第369页。

〔3〕 [法]孟德斯鸠：《论法的精神》（上卷），许明龙译，商务印书馆2012年版，第357页。

〔4〕 [法]孟德斯鸠：《论法的精神》（上卷），许明龙译，商务印书馆2012年版，第359页。

配，其结果是由此而形成了普遍精神"。[1]法律不仅应当追随一个民族的良好风尚，同时，它还有助于民族形成良好的习俗和风尚。民族的性格和普遍精神并非一成不变，尽管不能采用强制手段，但其却可以采用较为自然的方式引导一个民族的道德、精神、性格的形成。所以，法律与习俗、风尚始终处在一种辩证互动的关系之中。

2. 萨维尼：立法与民族精神

在孟德斯鸠之后，另一位将法律与民情联系起来的伟大著者，无疑为德国伟大的历史法学派的集大成者萨维尼。在《论立法与法学的当代使命》当中，萨维尼阐释了其名噪一时的"民族精神说"。萨维尼论道："在人类历史展开的最为远古的时代，可以看出，法律已然秉有自身确定的特性，其为一定民族所特有，如同其语言、行为方式和基本的社会组织体制。不仅如此，凡此现象并非各自孤立存在，它们实际乃为一个独特的民族所特有的不可分割的禀赋和取向，而向我们展现出一幅特立独行的景貌。将其联结一体的，乃是排除了一切偶然与任意其所由来的意图的这个民族的共同信念，对其内在必然性的共同意识。"[2]从中可以看出：其一，不是普遍理性，而是民族，才是法律的渊源，法律本质上是民族精神的体现，其与民族的生活方式、习俗、道德品行须臾不可分离。其二，如萨维尼所言："法律并无什么可得自我圆融自洽地存在，相反，其本质乃为人类生活本身。"[3]法律并非一种超越正义观念体系或逻辑自洽的规则体，也并非一套普遍主义的价值体系，其内容扎根并依赖于特定民族的生活样式，唯其如此，其才能保持基本的生命力；也因此，法律是特殊主义的，是一种反映特定民族偏好和秩序观念、形态的地方性知识或生存性智慧，法律是民族之法，而非普世之法。其三，法律不是抽象的、孤立于历史之外的观念，而是一种实实在在的、以民族为躯体和疆界的法律秩序。"此种法律与民族的存在和性格的有机联系，亦同样展现于时代的进步中……对于法律来说，一如语言，并无决然断裂的时刻；如同民

---

[1] [法] 孟德斯鸠：《论法的精神》（上卷），许明龙译，商务印书馆 2012 年版，第 356 页。

[2] [德] 弗里德里希·卡尔·冯·萨维尼：《论立法与法学的当代使命》，许章润译，中国法制出版社 2001 年版，第 7 页。

[3] [德] 弗里德里希·卡尔·冯·萨维尼：《论立法与法学的当代使命》，许章润译，中国法制出版社 2001 年版，第 24 页。

族之存在和性格中的其他一般性取向一般，法律亦同样受制于此运动和发展。此种发展，如同其最为初始的情形，循随同一内在必然性规律。法律随着民族的成长而成长，随着民族的壮大而壮大，最后，随着民族对于其民族性的丧失而丧失。"[1]既然法律不是一成不变的观念，那其就是历史性的，具备世世代代的有机发展能力，不仅其内容，而且其表达方式，也在不断地变迁当中；而获得这种发展能力的关键，就在于法律能够根植于民族精神之中，扎根于共同体的价值秩序内部。其四，这种以民族精神为基础的发展，在形态上不是基因突变、革命，它不会激烈主张与旧制度断裂，然后只凭自身的纯粹理性和普遍意志就创造一个新秩序；与之不同，其所谓的有机发展是一种持续性的、渐进性的、自发性的演变。可以说，这种有机发展的精髓，不是完全蔑视传统，抛弃传统，而是在尊重传统、继承前代历史遗产的。法律发展是在重新发掘、解释、整理古典文献和民族文化遗产的基础上发生的。每一时代只有将自身作为民族精神历史的一个部分，并自觉地将自身的创造纳入历史进程当中，其制度和法律才能获得这种发展。其五，也因此，这种立法和法律就会尊重民情。这不仅体现在将民族精神、民族信念、民族共同意识作为法的本座上，而且体现在其对民族习惯的尊重上，体现在其将习惯法与制定法（法典编纂）并列，一道作为基本的法律渊源方面。其六，任何重大的立法活动，任何试图创造新秩序、开创新模式的法典编纂活动，不能仅仅依靠立法的精神或意志，而是必须尊重传统，尊重民族的历史文化遗产；不是将立法仅仅看成一种政策和意识形态的宣示，而是真正将规则嵌入民族生活内部。总而言之，对民情的尊重必须是立法者的世界观的组成部分。

3. 托克维尔：政制与宗教

对于托克维尔而言，他赋予民情以决定性因素的地位，民情甚至被他视作一项"普遍真理"，他强调"最佳的地理位置和最好的法律，没有民情的支持也不能维护一个政体，[2]除却教育情况、习惯和实践经验，民情的主体内

---

[1]〔德〕弗里德里希·卡尔·冯·萨维尼：《论立法与法学的当代使命》，许章润译，中国法制出版社 2001 年版，第 9 页。

[2]黄璇：《民主共和政制的爱国动力——孟德斯鸠与托克维尔的"结构"之谬》，载《天津社会科学》2022 年第 5 期。

容就是宗教。[1]不同于萨维尼及其历史法学，托克维尔在这里探讨的问题不是实在法的起源及其发展路径问题，而是民主作为一种安顿人类生活的基本政制，其是如何获得巩固的。因此，托克维尔对于民情与制度的关系的讨论，所处理的尽是些宗教信仰如何直接或间接地维护美国民主制度、其为什么能够促进民主制度的和平发展方面的问题。答案是明显的，对于人类生活的重大问题，托克维尔选择了回归政治常识，而不是追随孟德斯鸠的那种政治与道德的二元论。托克维尔指出："专制制度可以不要宗教进行统治，而自由的国家却不能如此。宗教，在他们所赞扬的共和制度下，比在他们所攻击的民众制度下更为需要，而在民主共和制度下，比在其他任何制度下更为需要。"[2]对于宗教与美国民主共和制度的关联，托克维尔给出了这样几层解释：

第一，美国所信奉的宗教在价值观上与民主共和制度相兼容。对于当初第一批移民美国的欧洲人——清教徒而言，其宗教具有反对教皇的至上权威，反对宗教对于世俗生活、政治生活的支配，因此可以说，其宗教本质上就是一种"民主的共和的基督教"。同时，作为后来者的天主教而言，其虽然尊崇教皇权威，很少贡献自由观念，但他却提供了民主制所必备的平等思想。"在基督教的不同宗派中，天主教反而是最主张身份平等的教派。"[3]

第二，民众是多数人的统治，它所包含的自由观念、平等观念、权利观念，实质上是肯定、放纵了人民欲望、需求的正当性和至上性。多数人的欲望是无限的，激情是猛烈的，而多数人的意志却是不稳定的，其容易受到嫉妒心理、暂时的利益的引诱而变得贪图小利，缺乏远见且不尊重少数人的权利。在此，宗教即为社会成员提供了基本的规范，以用来约束成员的行为。如果说民主释放了人们的贪欲，使人们的变革情感变得激进，那宗教在这里扮演的就是一种缓冲力量，其能够克制住多数的民主冲动，使其变得理性而审慎。"美国的立法者在以权力观反对忌妒感上，在以宗教道德的固定不变对抗政界的经常变动上，在以人们的经验弥补他们的理论无知上，在以处事的

---

[1] See Frohnen, Bruce P., "Constitution-Reading through Tocqueville's Eyes", *Capital University Law Review*, 42 (2014), 879~906.

[2] [法] 托克维尔：《论美国的民主》（上卷），董果良译，商务印书馆 1989 年版，第 366 页。

[3] [法] 托克维尔：《论美国的民主》（上卷），董果良译，商务印书馆 1989 年版，第 366 页。

熟练习惯抵消欲望的急切上，并不是没有取得成功。"〔1〕

第三，民主社会在很大程度上是一个开放社会、自由社会或自发秩序，它用来组织国家、人民的方式不是专制制度下的强制，这里也不存在绝对的主权。在政治权力的集中和使用方面，共和国的政治形式是较为松散的，其依赖于人民的意志和公共舆论的稳定性。在这种情况下，宗教则为人民提供了基本的信仰，从而使得民主治下的人民团结成一个信仰共同体，强化了其民族躯体的精神纽带，从而有效地预防了政治社会的制度和秩序崩溃。"对于社会来说，最重要的不是全体公民信奉什么教派，而是全体公民信奉宗教。何况在美国这样的社会，所有的教派都处于基督教的大一统之中，而且基督教的道德到处都是一样的。"〔2〕

第四，正如托克维尔所说的："在美国，宗教从来不直接参加社会的管理，但却被视为政治设施中的最主要设施，因为它虽然没有向美国人提倡爱好自由，但它却使美国人能够容易地享用自由。"〔3〕在托克维尔看来，宗教对于民主政治的另一个重要价值，就是其教会了美国人民掌握行使自由的技巧。质言之，自由的真谛不是无拘无束，而是规则之下的自由；政治社会中的自由，即意味着人们服从某些共同接受的、固定的、可见的、普遍的道德法则的统治和约束。"在道德即精神方面，一切都是事先确定和决定了的，而在政治方面，则一切可任凭人们讨论与研究。因此，人们的精神在基督教面前从来没有自由活动的余地：尽管他们十分果敢，但经常要在一些不可逾越的障碍面前止步。人们的精神不论有什么革新，事先都必须接受一些早已为它规定下来的重要原则，使其最大胆的设想服从于一些只会推迟或阻止其行动的清规戒律。"〔4〕

第五，托克维尔认为："美国仍然是基督教到处都对人们的灵魂发生强大的实在影响的国度，而且再也没有什么东西能够表明它比宗教更有利于人和合乎人性，因为这个国家在宗教的影响下，今天已是最文明和最自由的国家。"〔5〕宗教之所以能够发挥这种作用，其原因就在于，美国已经贯彻政教分

〔1〕　〔法〕托克维尔：《论美国的民主》（上卷），董果良译，商务印书馆1989年版，第396页。
〔2〕　〔法〕托克维尔：《论美国的民主》（上卷），董果良译，商务印书馆1989年版，第370页。
〔3〕　〔法〕托克维尔：《论美国的民主》（上卷），董果良译，商务印书馆1989年版，第372页。
〔4〕　〔法〕托克维尔：《论美国的民主》（上卷），董果良译，商务印书馆1989年版，第371页。
〔5〕　〔法〕托克维尔：《论美国的民主》（上卷），董果良译，商务印书馆1989年版，第370页。

离原则。这表现在方方面面，主要包括：①包括神职人员在内，亦对政教分离原则及其民主政体持支持态度；②宗教权力与政治权力分离，神职人员避免担任公职，公共舆论对此也是态度鲜明；③宗教事业不需立法力量去支持，同样，政府对于社会的管理也不是以宗教为界限和准则；④宗教退出政治领域，宗教上的善、真和美德，并不等同于政治上的真、善和美德；⑤宗教成为一种私人事务，一种纯粹的精神力量，来培育人的情感和道德能力。"当宗教把它的国家建立在所有的人都一心向往的永生愿望上时，它便可以获得普遍性……宗教只有依靠使所有的人都能得到安慰的情感，才能把人类的心吸引到自己方面来。"〔1〕

4. 法治与本土资源

对于民情与制度的关系的论述较具有代表性的苏力教授，其经典理论即为法治的"本土资源论"。苏力教授对于制度与民情的关系的论述，分布于其对中国法律现代化的理论理解当中，分布在其对法律发展的资源和路径的解释当中，分布在其对制度安排的论证当中，当然，更存在于其本土资源的概念当中。苏力论道："寻求本土资源、注重本国的传统，往往容易被理解成为从历史中去寻找，特别是从历史典籍规章中去寻找。这种资源固然是重要的，但更重要的是从社会生活中的各种非正式法律制度中去寻找。研究历史只是借助本土资源的一种方式。但本土资源并非只存在于历史中，当代人的社会实践中已形成或正在萌芽发展的各种非正式的制度是更重要的本土资源。"〔2〕从这一概念当中，我们可以看出：

第一，苏力的本土资源论所要讨论或回应的问题仍旧是法律现代性的问题，包括如何认识中国法制的现代化，以及实现现代化的路径选择问题。在此，不同于那些全盘接受西方法律制度、价值和观念的现代化论者，苏力将眼光放到历史文化传统资源身上，更为关键的是，其不再像西化论者那样简单以舶来自西方的价值、原则为评判标准，去全盘、激进地否定中国的历史和文化，而是通过本土资源的论证，将历史文化遗产作为建构中国法律现代化大厦的正面资源。"更重要的是中国的传统法律制度和文化，以及在这一文

---

〔1〕 ［法］托克维尔：《论美国的民主》（上卷），董果良译，商务印书馆 1989 年版，第 378 页。

〔2〕 苏力：《法治及其本土资源》（第 3 版），北京大学出版社 2015 年版，第 15 页。

化中积累起来人们的行为规范、行为模式和法律观。这些东西，尽管从某种特定的法律定义出发可以否认它是一种法律，然而无法否认的是与这种制度和文化有联系的观念和行为方式仍深刻地存在于中国社会中，规范着中国社会，特别是中国农村社会生活的许多方面，影响着中国现代国家指定的法律的实际运行及其有效性。"[1]

　　第二，制度变革必须顾及民情，而不能只靠立法者的设计，制度与民情应当互动。本土资源在制定法或者是出自国家的正式制度以外，还重视那些非正式制度因素和资源，人们关注当前中国法律多元的事实，尤其是制定法与民间法的互动与冲突关系。"至少在近期，我国的法律多元的情况会加剧，法律冲突会增加……这也许并不完全是应当避免的现象。特别是在目前的体制转换和社会变革时期，恰当地利用法律多元会促进社会规范秩序的形成，实现或辅助实现社会安定和行为规范、有序的功能。"[2]

　　第三，拒绝法律直接移植的现代化选择，[3]从实践和民间秩序出发，把人民群众的实践和改革所积累的历史经验作为制度和理论创新的源泉，视作建构法律现代性的根本动力。"我们的历史传统、我们众多的人民（包括我们自己）和我们的变革时代给予了我们一个学术的'富矿'，提供了巨大的可能性。因此关注中国当代的现实生活，发挥我们的比较优势，是中国学者有可能作出独特学术理论贡献的必由之路。"[4]从这一观点出发，法律现代性就不是要简单地移植一套制度体系，而是要真真切切地重建社会秩序，重构社会秩序的规范原理。"这种研究一方面有助于我国社会和法制的重构；另一方面则可以打破以欧美法律制度为理想法律模式的迷思，我们将发现和重视在中国社会中一些适用于中国的、有助于社会安定和经济发展的规范性秩序，从而建设一种具有中国气派的同时具有普遍意义的现代法制。"[5]

---

　　[1]　苏力：《法治及其本土资源》（第 3 版），北京大学出版社 2015 年版，第 57 页。
　　[2]　苏力：《法治及其本土资源》（第 3 版），北京大学出版社 2015 年版，第 62 页。
　　[3]　See White, William R., Lawres, Irving A. J, "The Modernization of Legal Lists", *Law and Contemporary Problems*, 5 (1938), 386~398.
　　[4]　苏力：《法治及其本土资源》（第 3 版），北京大学出版社 2015 年版，第 3 页。
　　[5]　苏力：《法治及其本土资源》（第 3 版），北京大学出版社 2015 年版，第 60 页。

第四，法律移植的现代化理论，[1]其核心不在于法律可不可以移植，如何进行移植或移植何种法治，而在于对法律是什么解释上。法律移植论一方面把法律作为一种普遍主义的价值体系，从普遍正义或权利的角度去看待法治，但另一方面又将法律视作一种可以脱离其发生的社会文化经济背景的通用的技术和规则。如果说现代化理论用普遍主义的意识形态论证了法律移植的正当性和必要性，那法律的技术规则论又论证了法律移植的可行性。既然法律可以任意地脱离其制度的发生背景而变得抽象化，那么在另一文化语境中即便缺乏相应的配套设施和文化精神，那法律移植在实践上也是可行的。与之相反，本土资源论把法律看作一种地方性知识，"具体的、适合一个国家的法治并不是一套抽象的无背景的原则和规则，它涉及一个知识体系。一个活生生的有效运作的法律制度需要大量不断变化的具体知识"。[2]这种地方性的、具体的知识在很大程度上并未诉诸文字、进行批量生产复制，而是一种具体的、个别的、非原则性的、默会的知识，它不是高度理论化、体系化的知识，而是实践性、经验性的知识。它并不存在于书本上，而是渗透在民族生活的实践当中，潜含在民族的共同精神和文化记忆当中，指引着人们的道德情感、本能和判断，指导着人们对参与社会合作的条件、具体行为规则的认知和遵守。

第五，"一个民族的生活创造了它的法制，法学家创造的仅仅是关于法制的理论。"[3]可以说，现代化的根本问题是制度的建构问题。对此，法律现代化论者或移植论者坚持的是一种哈耶克所谓的"建构论的理性主义"的意识形态立场，他们对于现代性问题以及制度的理解，更多从其抽象的理念、书本上的知识出发，其意图简单地按照自身的理念或抽象理论来全盘改造世界、创造制度结构。但本土资源论对此做出了明确否定的回答。法律、法制和法治不是由法学家们阐释的观念，而是一个民族的历史实践创造的规范化的生活秩序。法律固然是一种制度，但对于这种制度的产生以及其在社会生活中的实际运作而言，仅有抽象的理念是不够的，它必须获得民主生活方式的支

---

〔1〕 See White, William R., Lawres, Irving A. J, "The Modernization of Legal Lists", *Law and Contemporary Problems*, 5 (1938), 386~398.

〔2〕 苏力：《法治及其本土资源》（第3版），北京大学出版社2015年版，第19页。

〔3〕 苏力：《法治及其本土资源》（第3版），北京大学出版社2015年版，第308页。

持。在这里，一个民族的生活不仅包括它的生产实践和经济基础，而且包括一系列的政治上层建筑，民情也当然包括在内。并且，如一项法律制度要降低制度适用成本，取得较大的政治经济绩效，那其需尊重民情、贯彻民情。

（二）地方立法的文化包容性

文明，就其广义而言，是指一个民族、一个社会自觉发展出并为其所坚持的生活样式、制度体系、价值观念、思维方式、精神态度的总称。狭义的文化，则是指一个民族所孕育的相对于经济基础和政治上层建筑的观念性、精神性的存在，或者用约瑟夫·奈的说法，即文化软实力。[1]我们这里的文化与法律相对，指的是狭义的文化，也即一个民族内在的精神生活方面，当然，其也包括一些非人为刻意指定的、由该民族在历史中不断试验、改进、选择的习俗、习惯和其他一些具有规范力的规则。[2]如哈耶克所言，所谓文明，即人类之所以能够成为一种更为高级的社会性动物，其与其他生物的基本区别，不在于其是否按照自身的理性去构建社会，而在于是否能够按照习传的道德和规则来规范自身的生活。[3]传统、道德或习久的行为规则即为文明之所在。"文明展现出形塑社会制度并矫正其发展形态的功能。文明时代具有政治变革形式的价值意涵。"[4]文明将分散的个人凝聚在一起，但人们的共同生活同样需要法律或立法。法律或立法反映着一个民族基本的生活态度和文化世界观、秩序观，凝聚着这个民族对于人性的省思和洞见，承载着其独一无二的实践经验、历史记忆和对未来理想生活秩序的想象。可以说法律，或者是立法，即为文明的制度表达。

立法与文明的发展并非总是正相关的，立法有的时候甚至与文明的成长是截然对立的。[5]有时，技术精良、思想成熟、政策得当、时机准确地立法，

---

〔1〕　参见［美］约瑟夫·奈：《软实力与中美竞合》，全球化智库（CCG）译，中信出版社 2023年版。

〔2〕　参见嵇睿：《中华民族现代文明的内涵辨析、演进规律及世界意义》，载《马克思主义研究》2024 年第 5 期。

〔3〕　参见［英］弗里德里希·奥古斯特·哈耶克：《致命的自负》，冯克利等译，中国社会科学出版社 2000 年版，第 16~19 页。

〔4〕　汤荣光：《人类文明发展境遇与价值重塑》，载《宁夏社会科学》2024 年第 2 期。

〔5〕　See Cloe, Lyman H; Marcus, Sumner, "Special and Local Legislation", *Kentucky Law Journal*, 24 (1936), 351~386.

能够推进文明之自我扩展；但也有些时候，立法会阻碍文明的自我调适以及社会关系的调整。如果立法者本身具有深厚的政治法律哲学素养，堪认民族优秀法律文化之代表或担纲者，并能够保持足够的审慎与克制，自觉地把自身的法律理性放置到民族的历史经验、传统的进化过程当中，那么这种立法将通过正当行为规则的提供，作用于人们交往活动范围的扩大，以及推进文明向更高程度发展。但倘如立法者既未熟谙本民族的历史传统以及当前民众所持有的公共道德观念，又缺乏对道德传统和社会秩序自由进化的尊重、对社会制度实验性成长的认识有误，妄图只凭借自身的理性和专断意志进行立法，并希图以此来改变法律文化传统和社会秩序的样式，甚至全盘否定传统，仅凭自身的逻辑创造就想造就一个理想的秩序安排，那么这种立法往往不能实现立法者的意图。更为可悲的是，其在后果上可能导致人们积久成习的秩序的解体和文明的断裂、衰落。

如若把文化、道德、观念、传统排除在立法者的世界观之外，有可能造成立法与文化相割裂的局面。如果这种法律与文化割裂的局面不能得到及时改变，那么其将不仅使立法欠缺基本的精神面向和气度，而且会阻碍文明的自我生成演化。[1]"作为在文化之中存在并成为文化构成一部分的法律，首当其冲地应该被当作一种文化的存在予以特别看待的，也就是说，法律的存在真正是嵌入乃至于融会于由文化密布的意义之网中的，由此法律的存在也便难于轻易地被从文化中分离出来。"[2]这正如甘阳所说的："21世纪的中国人必须树立的第一个新观念就是：中国的'历史文明'是中国'现代国家'的最大资源，而21世纪的中国能开创多大的格局，很大程度上将取决于当代中国人是否能自觉地把中国的'现代国家'置于中国源远流长的'历史文明'之源头活水中。"[3]

地方立法体制属于国家体制的一部分，地方立法属于社会主义法律体系

---

〔1〕 参见王起超：《新〈立法法〉强化立法规划的法理基础——基于立法规划的实证研究》，载《政治与法律》2023年第10期。

〔2〕 赵旭东：《作为文化的法律与法律文化——基于整体论视角的法律人类学思考》，载《江苏行政学院学报》2024年第1期。

〔3〕 甘阳：《新时代的"通三统"——三种传统的融会与中华文明的复兴》，载《书城》2005年第7期。

的重要内容，当然也面临着这一问题。地方立法，无论是技术主义、工具主义，还是面向发展主义、功利主义，所反映出的都是当前其价值关怀的缺失。考虑到地方立法是地方行政区划和社群自我组织与自我治理的基本制度手段，其与地方社群所持有的价值观和生活方式的维续之间的关系，将从深层面影响地方立法的经济与社会绩效，因而地方立法与文化的关系就是一个亟须重视的问题。在此背景下，增进对文化问题的考虑与吸纳，即具有多重积极价值。

第一，地方立法引入文化问题，首先考虑的是对不同生活方式的包容性。我国国情复杂，地区与地区之间的差异非常明显，即便在同一行政区划之内，其民族、文化、习俗、历史、语言、宗教也是复杂多样的。这就提出了对多元生活方式的包容性问题。以往地方立法多受制于发展主义意识形态所规划的单一目标，其对不同单位、社群、民族的风俗、习惯和民情，要么采取置之不理而直接用社会公利替代，要么就对其直接通约。这种粗放型的制度变迁和过度简单化的处理方式，不仅欠缺对民情的尊重，导致文化遗产的流失，而且还会因为对公民的私人生活领域施加过度的立法压制而激发不同社群之间的矛盾和冲突。将文化问题引入地方立法，就是要克服其技术主义的严格和工具主义的僵化，真正地回归民情，给予不同的生活方式和习惯以平等的尊重、关注以及发展空间。

第二，提升地方立法对社会生活实际的适用性。地方立法，当然需要适应地方社会的生活实际，回应地方居民的公共需求。[1]但地方社会的实际和需求不仅仅包括经济上的需要，从更广泛的角度来说，地方的文化、习惯、风俗、民情、多元价值观同样构成地方的社会实际。制度的生命力在于其对社会环境的适用性，对于社会需求的回应性。地方立法回应地方居民对于社会福利与公正的需求能够提升自身的生命力，其回应地方居民的对政治生活的公共参与与自治要求也能够提升自身的生命力。除此之外，地方立法尊重公民的多元价值观念，认真对待、反映和回应其公共道德需求的价值感受，同样能够提升自身对于地方社会的适用性。

第三，在价值多元化的现代化条件下，[2]当代对于文化问题的处理的主

<hr>

[1] 参见朱最新：《区域协同立法的运行模式与制度保障?》，载《政法论丛》2022年第4期。

[2] See Gageler Stephen, "Traditional Chinese World Order", *Chinese Journal of International Law*, 1 (2002), 20~58.

流方式是一种罗尔斯所谓的"政治自由主义",即将复杂而又相互竞争的文化观念问题排挤出公共领域,就是说,任何一种系统的文化都不再用于对政治问题的论证,而是交于一种独立的政治性正义观念。在此条件下,文化被划归入私人领域,文化之间的竞争和冲突不会导致政治之间的冲突与问题。因此,在文化被归结为私人领域的前提下,地方立法思考文化问题,体现的是对公民私人的自主生活领域的尊重和保护。

第四,在尊重文化与价值观念的多样性、适应社会生活实际、保障公民私人的道德文化生活领域的基础上,地方立法所服务的,是一种自我维持、自我循环的自生自发秩序。地方立法服务于自发秩序的基本条件包括:①多样性的生活方式的竞争,扩大了人们社会交往的范围和深度;②多元生活方式提供了制度安排的多元想象空间,使制度实验、试错和竞争成为可能;③受尊重的民情、习俗和信仰,提供了公共的道德观念,它们交织在一起,融汇成一种传统,从而成为立法及制度创新的思想和观念渊源;④地方立法对公民个人文化生活领域的尊重,保障了公民在公共道德问题方面的自由和独立判断,为其自由运用理性、知识、观念促进法律、制度和文化的进步、演化提供了可能。总之,地方立法通过对文化问题的思考,使得文明点滴地向更大范围、更深领域、更高等级扩展成为可能。

第五,地方立法自觉主动地面向文化问题,使得文明之连续性重新进入人们的视野。马克思指出:"人们自己创造自己的历史,但是他们并不是随心所欲地创造,并不是在他们自己选定的条件下创造,而是在直接碰到的、既定的、从过去承继下来的条件下创造。"[1]萨维尼也认为:"从来不存在完全个别的、分离的人类存在,毋宁是,如果以另一个方面观察看起来是个别的东西,那么它是崇高整体中的一个部分。任何个人必须同时被认为是家庭、民族、国家中的一个部分;一个民族的任何一个时代也必须被认为是所有过往时代的继续和发展。"[2]地方立法,并不是仅凭立法者的理性或意志再造一套秩序和治理方式,也不是要通过立法所提供的道德规则来全盘、生硬取代公众多持有的道德观念和信仰。对文化问题的思考说明,立法者开始自觉地

---

〔1〕《马克思恩格斯选集》(第1卷),人民出版社2012年版,第669页。

〔2〕[德]蒂堡、萨维尼:《论统一民法对于德意志的必要性:蒂堡与萨维尼论战文选》,朱虎译,中国法制出版社2009年版,第105页。

将规则置于传统当中，置于公众的道德观念的检视之下。立法的目标始终是延续文明，而非割裂文明。

可见，文化问题，为我们理解、检视地方立法，提供了一套全新的视野。公共道德观念、文化包容性和连续性的问题，实际上在检讨地方立法的文明底色和地方特色，看其是否真的与地方民众的生活，特别是吉尔兹的地方性知识、邓正来的生存性智慧、苏力的本土资源以及哈耶克的内部秩序协调无间。同时，文化与法律这一关系型视角，从另一层面观之，则是文化为地方立法提供了取之不尽、用之不竭的动力和思想源泉。既然公共道德观念的存在是肯定的，那么，在一个倡导文化自信与制度自信的时代，在一个全球化和文化自主性的时代，其必将自觉助益于地方立法文化与制度价值的提升。文化或公共道德观念之于地方立法的最大意义，莫过于提升地方立法的实效。

二、地方立法的实效性

在考察公共道德观念如何推动地方立法的实效性的问题之前，我们先行讨论一下法的实效这一经典概念。

（一）法的实效

清末修律大家沈家本有言："法立而不行，与无法等。"法律与立法的生命力在于其实行。这是因为，法律并不像实证主义者所宣称的那样，是一个逻辑自洽的规则体系，或其效力和意义取决于主权者的意志与意图。法律是一种制度安排，但其却并非为鲁滨逊一人世界所准备的，而系一种适用于人们的社会生活、协调人们的交往关系、合理化其资源竞争和分配的规范。制度经济学家舒尔茨把制度看作对经济增长的动态需求的回应，是为适用人的经济价值提高而生的滞后调整。[1]张五常则把制度定义为一种合约安排，一种为约束人们的竞争而生的广义的合约安排。[2]林毅夫亦指出："在技术条件给定的

---

[1] 参见［美］西奥多·W. 舒尔茨：《制度与人的经济价值的不断提高》，载［美］罗纳德·H. 科斯等：《财产权利与制度变迁：产权学派与新制度学派译文集》，刘守英等译，格致出版社、上海三联书店、上海人民出版社 2014 年版，第 175~184 页。

[2] 参见张五常：《经济解释　卷四：制度的选择》，中信出版社 2015 年版。

前提下，交易费用是社会竞争性制度安排选择中的核心。"[1]可见，制度并非悬浮于生活世界之外，而是内在于生活秩序之中，它存在深厚的人性论基础，以及广泛的经济、政治和利益需求。同样，从其诞生的那一刻起，法律制度的生命力就不在于其概念天国，而是懂得"从天国降到人间"，亦即对人们多样的纠纷和矛盾的调整，对各种可能的生活方式进行赋值和保护，将纸面上的权利和义务现实化为实在的权利义务关系。这就是法律的实效性，也即作出条文而对社会关系进行规范的那种状态或效果，而不论其具体规范的能力和程度如何。

凯尔森认为，法的实效指"人们实际上就像根据法律规范规定的应当那样行为而行为，规范实际上被适用和服从"。[2]按照谢晖教授的观点，所谓法的实效，即"指国家实在法效力的实现状态和样式，是应然的法律效力实然化的情形，是法律主体对实在法权利义务的享有和履行的实际状况。因此，法律实效在实质上表达着法律的实现过程"。[3]谢晖教授认为，法的实效性应从这样五个方面进行把握：①法律实效概念中所讲的法律是指国家实在法；②法律实效是法律效力的实现样态和方式；③法律实效是实然的；④法律实效还意味着法律的实现；⑤法律实效事实上就是法律的实质效力。[4]

讨论法律实效问题，首先应明确其对象。法虽然在定义上存在多重含义，现实中的法律渊源也是多种多样，但此处的法的实效明确指的是制定法的实效。众所周知，现代化过程在制度层面的一个重要表现，是实现国家权力的理性化。这一过程的要旨，就是要用国王的、君主的、议会的、人民的统一权力，来取代原来遍布于封建社会中的诸侯、领主、城市、教会、庄园的支配性权力，以为民族国家奠立基本的制度架构。与政治上层建筑的现代化、理性化过程相适应，法律渊源也经历了一个理性化的过程。原先分布在封建关系网络中的习惯法、教会法、封建法、王室法、庄园法、城市法、商法以及革命的自然法，逐渐被国家制定法所取代。民族国家的法律秩序的主体是

---

〔1〕 林毅夫：《关于制度变迁的经济学理论：诱致性变迁与强制性变迁》，载［美］罗纳德·H.科斯等：《财产权利与制度变迁：产权学派与新制度学派译文集》，刘守英等译，格致出版社、上海三联书店、上海人民出版社2014年版，第262页。

〔2〕 ［奥］凯尔森：《法与国家的一般理论》，沈宗灵译，中国大百科全书出版社1996年版，第42页。

〔3〕 谢晖：《论法律实效》，载《学习与探索》2005年第1期。

〔4〕 谢晖：《论法律实效》，载《学习与探索》2005年第1期。

制定法，即由国家制定或认可的、具有法律效力的规范性文件，制定法是民族国家主权意志的法律表达。另外，现代国家具有集权和分权的双重特征，政治上的集权并不妨碍行政上的分权。[1]同样，民族国家法秩序的主体虽然是制定法，但其法律渊源仍然是多样的。相反，在法律秩序的运作中，诸多地方性法律、习惯法和其他非正式制度资源往往是与国家制定法相互配合的，国家制定法往往需要反映地方、交易或民众生活特色的习惯法来支持，有时也需要借助民众的公共道德观念来保证其权威。在这种制度背景中，制定法的实效性问题，很大程度上就是习惯法、民族法的公共道德观念和直觉性法律观与制定法的关系问题，或者，上述意识形态或非正式制度资源是如何促进制定法的实效的。

法的实效需要与另一个概念即法的效力进行区分。法律效力是指法律所具有的一种作用于其对象的合目的性的力量，[2]是指法律由于某种原因而对其指向的对象具有的一种要求其服从或实际具有的约束力。[3]法律效力最核心的本质内容是法律的确定力、约束力和强制力，这种法律的约束力以及确定力和强制力都是以法律的有效性为前提的。而法律的合法有效，须具备很多条件，诸如立法的主体是否合法，其内容是否反映现实社会经济关系，是否符合法定程序，是否有合法形式等。[4]之所以如此，是因为自休谟以来，价值与事实的两分已经成为基本的哲学共识。说一个事物是什么样，并不能直接决定其应是什么样的。是并不能决定应当，事实上的合理性并不能代替价值上的合理性，单纯的事实并不能证成价值。事实上的政治支配关系，并不能用来证明这种支配在道德上是合理的，其有可能违反道德上的律令。以此为基础，实然与应然之间也进行了区分。法的实效与法的效力的区分就沿用了这一框架。法的实效属于实然领域，法的效力属于应然领域。"法的效力是法律规范本身固有的一种特性，它表达的是'应当怎样'的概念，属于理想领域；法的实效'是人们实际行为的一种特性'，法的实效表明人们的实际

---

〔1〕　参见［法〕托克维尔：《论美国的民主》（上卷），董果良译，商务印书馆 1989 年版，第 106~107 页。

〔2〕　杨春福：《论法律效力》，载《法律科学（西北政法学院学报）》1997 年第 1 期。

〔3〕　王旭：《法的规则有效性理论研究》，载《比较法研究》2007 年第 3 期。

〔4〕　参见潘晓娣：《法律效力的再认识》，载《河北法学》1993 年第 1 期。

行为符合法律规范，它表达的是'是怎样'的概念，属于现实领域。"[1]

法的实效不是当然的，法律制度并不是一经制定或颁布就对人们的行为产生拘束力，就能自然而然地实现立法者所期待的结果。作为其适用的对象，政府往往会因为其权力本能和寻租的冲动而选择突破规则的约束，有时，人们也会因为制度的硬性规定距离自身的生活过于遥远而造成不适当、不便利的缘故而选择规避法律。显而易见，法律作为一种制度体系，要想真正达成那种依法而治的状况，真正将规则融入社会生活当中，还需要规则以外的诸多条件。这就是说，法律作为一种制度的统治，政府和人们对其采取服从的态度，需要明确的根据。现实中影响法实效的因素是多重的，既有法律自身的原因，也有法律外部的原因。例如，有学者就将影响我国法律实效的因素总结为以下六方面：①立法落后，手段陈旧。具体表现为立法者的业余化、法律知识匮乏和立法意识的淡薄以及立法手段的手工化。②法规政策化、抽象化，缺乏具体、明确的规定。③法规等级不明、条文之间互有冲突。这方面表现较为突出的是国务院所属部、委依据"法定职权"制定的行政部门规章与地方制定的法规之间的冲突。④司法解释混乱，具体表现为这些司法解释有悖于原立法目的超越法定权限。⑤司法地方保护主义，干扰了法律的公正执行、适用。⑥立法稳定性差，影响了法律的有效遵守。[2]

虽然，法的实效并不等于立法的实效性，但法的实效的根据却为公共道德观念和地方立法的实效性的关系开辟了问题空间。我们将会看到，公共道德观念之于地方立法的最大价值，就是从多维度提升了地方立法的实效性。

(二) 地方立法实效性的维度

地方立法的实效性即地方立法的立法者的意图的实现程度，以及立法对于地方经济社会文化生活的适用性和回应性。[3]简单来说，立法的实效就是立法所制定的规范在实际生活中成为现实，该规范得到立法者、政府和人们的共同认同。从这种政治经济学的视角出发，把握地方立法的实效，大致就

---

[1] 刘焯：《法的效力与法的实效新探》，载《法商研究》1998 年第 1 期。

[2] 参见黄海林：《我国法实效的对策性研究》，载《政治与法律》1992 年第 2 期。

[3] See Garner, James W. "Legislative Department", *University of Illinois Law Bulletin*, 2 (1919), 301~320.

可以从经济、政治、社会三个维度入手。

1. 经济维度

这里的经济，应当尽量从广义上来理解，既不应当将其简单理解为利润，也不应当理解为发展主义意识形态所定义的经济增长或效应最大化，而是物质生活资料的生产。因此，这里经济的概念不仅关乎财富的积累、私产的保护，更关乎基本的经济民主及正义，以及公民基本的生存权保障。这里的经济维度包括：①交易费用是整个经济体系的运行费用和制度费用。衡量地方经济增长与否的一个重要指标是看其是否降低交易费用，防止租值消散。②降低交易费用、防止租值消散、促进增长的一个可靠措施是加强制度建设，因此，地方立法实效的经济维度的另一个重要指标是看其是否能保护公平竞争，是否能推进有效率的市场秩序的建设。③无论是交易费用的高低，还是市场制度的建设，其一个基本前提就是落实产权的保护。因此，地方立法的另一个实效维度是看立法能否提供有效的产权规则，以对公民的产权进行充分的界定和保护。④正义不仅是一个政治的概念，同样也是一个经济的概念，其关系的是社会资源的公平分配。因此，地方立法不仅应当关注经济效率，也应当实现经济正义，以对公民的生存权利提供普遍的保障。

2. 政治维度

与经济的概念相同，这里的政治同样是广义的，其不仅仅指政治世界中无处不在的权力争斗、划分以及对统治的维护，而且包含了更为重要的国家治理、政治合法性、制度能力建设。这里的政治实效包括：①看地方立法是否有效地界定了地方政府各部门之间、地方政府和地方人大之间的职权，以防止官僚机器内部的消耗、倾轧，浪费社会资源。②"自古以来的经验表明，所有拥有权力的人，都倾向于滥用权力，而且不用到极限决不罢休。"[1]地方立法能否真正实现法治的要求，对政府及其权力的意志有效的约束，以防止其对公民基本权利的侵犯。③地方立法是否有效地维护了地方社会的基本秩序，为人们的生产生活提供充分的安全保障。④政治的精髓在于治理。地方立法实效性的一个政治维度，就是看其是否实现了有效的社会治理，是否通过

〔1〕　[法]孟德斯鸠：《论法的精神》（上卷），许明龙译，商务印书馆2012年版，第185页。

规则之治开创了良好的社会秩序。[1]⑤除政治支配之外，政治还关乎统治的合法性。这种合法性一方面是统治者的行动合乎基本的规范和程序的要求，另一方面则是获得公民的广泛认可。因此，地方立法实效性的另一个政治维度就是看其是否具备基本的合法性，是否能够得到地方公民的认同和遵守。⑥立法属于制度建设的范畴，而制度能力又关系到地方政府的治理能力。因此，地方立法实效的最后一个政治维度就是看其能否推进地方制度建设，提升地方制度能力。

3. 社会维度

与经济、政治的概念相同，这里的社会同样不是一个抽象的秩序形式，而是各种关系的复合体。它是一个交往秩序，各种因素都在这种交往关系的不停扩展中实现竞争、合作与收益的分配。从这种概念出发，地方立法实效性的社会维度包括：①现代社会的一个基本特征是世俗化，就是政治领域与经济领域的分离。因此，地方立法实效性的第一个社会维度就是看其是否贯彻了这样一条基本原则，即其是否在政治系统与经济系统、市民社会与政治国家之间做出了基本的区分。②社会成员之间的关系不是统治与被统治、服从与要求服从的依附关系，而是平等的交往关系。因此，地方立法实效性的社会维度的另一个重要方面就是看其是否维护公民之间的平等合作关系，是否将社会看作一个公平合作体系，而非计划管理体制。③不同于国家机器的暴力及强制属性，社会可以说是公民自由活动的领地。所谓公民的自治和自由，即指公民能够自由地运用其所掌握的知识、技能去管理自身的事务，去追寻自己已知的目标。地方立法实效性的另一层维度是看地方立法是否能为公民的私人生活领域提供足够的保护。④地方立法的目的很大程度上在于推动制度变迁，制度变迁不仅是经济和政治的概念，其还牵涉到社会领域的变革。因此，考察制度变迁是否推进社会变革、是否消耗过于巨大的社会成本，同样是地方立法实效性的题中应有之义。⑤社会是多样性的领地，它能够容纳各种复杂的关系和要素。因此，维护地方社会生活和文化形式的多样性，为各种价值观念提供充分的发展空间，也是地方立法时效性的必要维度。⑥虽

---

〔1〕 See Cloe, Lyman H; Marcus, Sumner, "Special and Local Legislation", *Kentucky Law Journal*, 24 (1936), 351~386.

然地方立法所推动的制度变迁更多是一种强制性变迁，因为其更多是由地方人大和政府及其部门自上而下地推动的，但同样不应忘记，以多元化、自治等要素为基础的社会还具有自发秩序的特征。因此，地方立法实效性的另一维度则是看其是否尊重社会的自我调适功能。⑦社会同样存在公共的领域，存在公民发表意见、表达意志以影响立法者和决策者的舞台。因此，衡量地方立法时效性的另一重要维度，就是看其是否充分保障地方居民对于地方社会治理的参与能力。

表 5-2　地方立法时效性的维度及内容

地方立法实效性的维度	内容
经济维度	交易费用、保护产权、市场秩序、经济公正
政治维度	分配权力、控制权力、维护秩序、优良治理、合法性认同、制度能力建设
社会维度	扩展秩序、平等关系、文化与生活方式的多样化、公共领域

（三）公共道德观念助益于地方立法实效性的路径

公共道德观念的立法价值，[1]也即对于地方立法实效性的提升，主要体现为以下方面：①作为制定法以外的法律渊源；②调和法律的安定性与变化之间的矛盾。③作为一项能够降低交易费用的制度安排；④确立对地方立法合法性认同的基础；⑤对统治者、主权者和立法者实施约束；⑥推动社会秩序的自发成长；⑦开阔公共治理的空间。兹分述之。

第一，公共道德观念为地方立法提供了一种可资鉴别的法律渊源。在近代化之前，各国的法律渊源皆是多元的，除制定法外，习惯法、宗教法、自然法、科学法都在不同时期成为主要的法律渊源。及至近代，各国的法秩序无一例外地经历了一个民族主义化的过程，为适应民族国家集中全力的需要，法律渊源也逐渐从多元过渡到一元化。[2]然而，国家制定法的局限性是明显的，由

---

〔1〕　Cercel, Sevastian, "Historical Survey on the Concept of Moral", *Revista de Stiinte Juridice*, 2 (2009), 19~32.

〔2〕　参见孙嘉奇：《公共道德与司法推理自主性》，载《南大法学》2023 年第 4 期。

于统治者和立法者所拥有的只是有限理性，其无法把握政治社会运作的方方面面的知识，而我们都知道，社会实际又是无尽多样的。受制于立法者的有限理性和意识形态刚性，制定法难免会显示出滞后性、僵化性等弊端，难以适应社会的需求。这个时候如果立法者的意志过于专断，试图对制定法加以严格使用，那效果往往会适得其反。因此，制定法就需要其他法律渊源作为补充。在此，公共道德观念不仅是一种道德，而且是一种明确的法律渊源，一种含载公理的道德规则或传统；其亦不是私人的，而是公共的，围绕着它人们能够诉诸公共理性进行思考。公共道德观念作为法律渊源的主要方式有：①超越实证的规则，提供一种超验的、不受主权者或立法者专断意志所左右的正义观念；②作为一种未经阐明的规则来发挥效力，补济成文法之不足，以对人们的行为和道德确信进行调整；③其所有内含的道德观念和正当理性，可以作为自然法、高级法而存在，以提供普遍的价值标准来检验、评判地方立法的合理性和正当性。

第二，公共道德观念能够很好地处理法律的安定性与变化之间的矛盾，从而促进地方立法的实效性。地方立法的实效性与法律本身的性质相关。"法律自身就是法律实效的应然模式。法律自身是否反映了'事物关系的法的规定性'，是否表达了主体的需要，在规范设计上是否具有可操作性等都在应然层面决定着法律实效的大小。因此，立法与法律实效息息相关，虽然，它不直接产生法律实效。"[1]法律是一种抽象而无具体目的的行为规范，稳定性、体系化、连续性是其基本要求。但社会实际却又是变动不居、具体实在的，它需要一个具有弹性和包容性的制度框架来容纳其诸多要素，因此需要发展的眼光。由此，法律或立法的稳定性和变动性之间的矛盾，影响了立法的实效性，地方立法也不例外。韩非指出，"法莫如一而固，使民知之"，又说，"法禁变易，号令数下者，可亡也"。著名法学家庞德也认为："法律必须保持稳定，但又不能一成不变。因此所有的法律思想都力图协调稳定必要性与变化必要性这两种彼此冲突的要求。"[2]对此，公共道德观念很好地克服了这一矛盾。①如哈耶克所言，道德的眼光涉及长远的后果。[3]公共道德观念之中

---

〔1〕 谢晖：《论法律实效》，载《学习与探索》2005年第1期。

〔2〕 ［美］罗斯科·庞德：《法律史解释》，邓正来译，商务印书馆2013年版，第4页。

〔3〕 参见 ［英］弗里德里希·奥古斯特·哈耶克：《致命的自负》，冯克利等译，中国社会科学出版社2000年版，第62~63页。

所包含的诸多道德观念，为立法者和守法者提供了基本的行为范围与方式，使其避免短期利益的诱惑，学会为长远目标而思考。②公共道德观念之中所包含的一些观念、理想和理念，凝聚成基本的法律和道德原则，支配着立法者的活动。通过对这些法律和道德原则的解释，能够缓解实证法的严苛性和僵化性，从而适应时代精神的进步要求。

第三，公共道德观念可以作为一种意识形态，可以起到降低法律制度实施的摩擦成本的作用。公共道德观念通常表现出的观念、习惯和传统等文化因素，[1]在制度经济学家眼中，则被视为一种意识形态，一种可以降低制度运行成本的非正式的制度安排。杨光斌指出："每一个国家的制度都是特定的历史文化的产物，是各种力量长期博弈所产生的一种制度均衡。"[2]林毅夫认为，"意识形态是减少其他制度安排的服务费用的最重要的制度安排"，"一个社会或一个团体，如果它成员中的大多数对系统的公正原则不具有相同的感觉，那么它就不能长久地存在下去"。[3]公共道德观念作为一种意识形态，其可以发挥如下的制度性作用：①其有助于政治社会的成员树立对法治的信仰，对法律制度的忠诚；②其有助于社会成员接受法律正义的观念，从而认可地方立法所产生的制度安排；③在法律认同的基础上，其能够为地方社会成员提供道德激励，使其自发地遵从法律，认可地方立法的权威，克服法律规避问题；④其有助于法律文化和法律共同体的培养；⑤其传统、观念等要素可以为社会成员提供道德依据，适用地方立法所导致的制度变迁，从而减少社会变革的阻力；⑥公共道德观念可以作为一种地方性知识，为抽象的地方立法提供传统、习惯、民情方面的支持，增大制度对于社会的适应性。

第四，公共道德观念可以增进人们对于地方立法的合法性认同。地方立法的实效性高度依赖于法律的实施，而法律制度能否有效实施，则高度依赖于法律制度本身的权威。实际上，权威的概念不仅仅与暴力、强制、支配、

---

[1]　See Levin, Joel, "Moral Maturity", *Health Matrix*: *Journal of Law-Medicine*, 6 (1996), 219~228.

[2]　杨光斌：《政治变迁中的国家与制度》，中央编译出版社 2011 年版，第 143 页。

[3]　林毅夫：《关于制度变迁的经济学理论：诱致性变迁与强制性变迁》，载 ［美］罗纳德·H. 科斯等：《财产权利与制度变迁：产权学派与新制度学派译文集》，刘守英等译，格致出版社、上海三联书店、上海人民出版社 2014 年版，第 266~267 页。

统治相关。法律制度基于定分止争、基于理性说理、基于规则本身的合逻辑性，同样能够取得某种权威。但法制权威涉及合法性问题。很明显，如果人们自发地认同法律制度，那么其就会遵守法律，按照规则的要求去行动。法律的这种实效是任何制裁和强力都无法达到的。公共道德观念增进地方立法的合法性基础的方式有三：①公共道德观念有助于人们形成法治共识，进而在全社会形成对法治的信仰，从而减少社会各阶层对于制度落实的分歧和争议。福山认为："最深刻意义上的法治意味着：社会产生共识，其法律是公正和既存的，能够约束其统治者的行为；享有主权的不是统治者，而是法律；统治者的权力只能来自法律，方才享有合法性。"[1]公共道德观念中的自由观念、权利观念、平等观念，都有利于人们超越狭隘的宗教、身份、阶层、地域、民族认同，对法律规则的实施树立起普遍的认同。②从根本上说，合法性与否与法律正义问题息息相关。所谓的法律正义，一方面是对社会资源和利益的合理分配，另一方面则表现为人们基于某种观念和原则对于法律制度及其实施进行某种合乎理性的评判与检视。公共道德观念中的一些理念即为人们提供了法律正义的基准。那什么才是法律正义呢？公共道德观念中的人权原则坚定地指出，如果法治社会的公民权利和自由，包括政治自由、个人自由、思想自由、良心自由、基本财产权都是给定的，那么，法律正义即为在自由平等的公民中间平等地分配这些基本权利和自由。③法律的合法性不仅涉及抽象的、理性的道德观念和正义原则，而且还表现为人们具体的心理感知和道德评判方式。在这个意义上，合法性即为人们的正当性认同。如果一种法律制度背离人们的基本道德观念和确信，那么无论其规则设计得再精良，立法程序是多么无瑕疵，其也难以得到人们尊重和服从。如果一种制度合乎人们的道德信念和情感，那么，其实施的成本就会相应地减小，其取得的实效就会增加。

第五，公共道德观念中的一些要素，能够有效地约束立法者和政府，从而有效贯彻法治约束的原则。近代法治的一个基本价值，就是限制公共权力，保护私人权利。对此，博登海默曾明确指出："法律的基本作用之一乃是约

---

〔1〕［美］弗朗西斯·福山：《政治秩序的起源：从前人类时代到法国大革命》，毛俊杰译，广西师范大学出版社2014年版，第236页。

束和限制权力，而不论这种权力是私人权力还是政府权力。在法律统治的地方，权力的自由行使受到了规则的阻碍，这些规则迫使掌权者按一定的行为方式行事。"〔1〕公共道德观念中的某些要素，恰恰符合这种限制权力的法治精神。〔2〕这主要体现在：①当前，受部门利益的膨胀化和官本位影响的地方立法，很多已经背离了约束政府的规范旨意，从公共产品降格为地方政权谋求政治经济绩效的政策工具。如是发展出"独特的利益偏好"的地方政府不仅不可能主动开放权力资源，回归有限政府，反而会通过立法权的不正当行使，使部门利益"影响"地方立法政策的选择。加之政府既是实际的立法者，又是法律法规的执行者和解释者，这样就很容易造成具体法律条款中政府的权责配置失衡或失诸明确，最终导致地方立法和法律陷入控权对象缺失、权力制约的规范依据阙如、权力法外推定盛行、面对权力放任的局面却束手无策的"权力缺席与权力失约"状况。〔3〕而公共道德观念，恰恰为人们检视政府的行为，评判地方立法，提供了道德和观念方面的支撑。②如德沃金所言："权利保证法律不会引导或者允许政府去做它的道德身份之外的事情；权利保证法律能够使政府对其行为负道德责任，正如权利也保证法律能够使个人对其行为负道德责任一样。"〔4〕公共道德观念中的权利和平等观念是尤为重要的。它们使地方立法不再根据一些偶然的因素，比如地域、身份、天赋来对人们进行差别对待。同时，其还树立了人格的观念，督促政府和立法者把公民当作独立、平等的道德主体来看待，给其以平等的尊重与关注。

第六，促进社会秩序的自发生成。公共道德观念及其背后深层的文化问题，使我们改变了社会秩序的观念，即社会秩序不是一个主权者自上而下的制度体系，而是一个自由合作的公平体系，一个持续自我演进的自生自发秩序。但这里有必要再提及一点，即社会秩序自发的观点，实际上对国家主导

〔1〕　〔美〕E. 博登海默：《法理学：法律哲学与法律方法》，邓正来译，中国政法大学出版社1999年版，第358页。

〔2〕　See Levin, Joel, "Moral Maturity", *Health Matrix: Journal of Law-Medicine*, 6 (1996), 219~228.

〔3〕　参见谢晖：《权力缺席与权力失约——当代中国的公法漏洞及其救济》，载《求是学刊》2001年第1期。

〔4〕　〔美〕罗纳德·德沃金：《认真对待权利》，信春鹰、吴玉章译，上海三联书店2008年版，第21页。

的法律现代化的纠偏，其能够保证现代化进程运用更多知识资源，由此得出的制度体系对于人们的生活也具有更大的适用性，更有助于传统和道德的积累、传递和学习。公共道德观念推动社会秩序自我生成演化的方式包括：①一些道德观念为公民提供了文化上的自治空间，从而促进了其创造力的发挥。②公共道德观念中的某些要素，比如习惯，是民众在长久的社会生活中自发形成的，还未打上国家权力的印记，因而其有利于保障市民社会成员的私人空间免遭公权力部门的专断干涉。③公共道德观念能够提供丰富的文化渊源，人们可以通过对这些观念、原则和传统的再解释、发挥、创造性转化，推动社会秩序和制度的更新与再造，并为社会秩序的发展提供理性证明。④公共道德观念积淀在民众的文化情感、信念和信仰当中，其所形成的传统和习俗具有历史连贯性，增强了人们对于环境和问题的解决能力，能够保证社会秩序在遭受各种冲击的情况下仍然稳定，不会发生剧烈的断裂和制度解体。公共道德观念增强了文明的连续性。

三、夯实地方立法实效的措施

以公共道德观念与地方立法实效性的关系为基础，增强地方立法的实效性可以从三方面展开，分别为：①地方立法者首先应当转变立法思路，拒绝立法重复和立法抄袭，[1]在立足现代法治的基础上对传统道德观念、民间法律和习惯、未明确付诸文字但却能够对人们的经济、社会实践产生规范作用的规则保持开放性，坚持创造出具有地方特色、符合地方生活实际的立法作品；②在具体的立法方式方面，地方立法者应当维护人民群众的主体地位，坚持从群众中来到群众中去的工作方法，尤其是要加大立法之前的调研工作，认真搜集、检视仍然通用于地方实际生活中的道德观念和未成文的规则；③在法律制度的设计方面，应当使地方立法努力反映，或者至少不违背那些通行已久并且足够合理的公共道德观念。

（一）转变立法思路

地方立法与中央立法的重要区别之一就是地方立法应当更多反映和体现

---

〔1〕 参见温荣：《地方性法规"不作重复性规定"的体系意旨及其实现》，载《广东社会科学》2023 年第 5 期。

地方特色，针对本省情、市情立法，增强地方立法的可操作性，增强地方性法规的实施效果。在已经建立起的中国特色社会主义法律体系背景之下，通过"小切口立法"的方法精确地制定法，已经变得尤为关键，这一做法对于提高立法的精确性和质量具有重要意义，[1]如《山西省禁止公共场所随地吐痰的规定》《河南省餐饮服务从业人员佩戴口罩规定》《上海市促进大型科学仪器设施共享规定》《广州市母乳喂养促进条例》《德阳市绵竹年画保护条例》《陕西省防灾避险人员安全转移规定》《深圳经济特区互联网租赁自行车管理若干规定》《北京市医院安全秩序管理规定》即为"小切口立法"实践。《立法法》第 82 条第 4 款规定："制定地方性法规，对上位法已经明确规定的内容，一般不作重复性规定。"但地方立法重复和抄袭现象仍然比较明显，如自 2015 年 3 月《立法法》修正案通过后，设区的市均取得了地方立法权，进而纷纷制定《地方立法条例》或者《地方性法规制定条例》。截至 2024 年 4 月，全国范围内现行有效的地方《立法条例》有 186 部，如《贺州市立法条例》《锦州市人民代表大会及其常务委员会立法条例》《铜川市地方立法条例》《广西壮族自治区立法条例》《河南省地方立法条例》《福建省人民代表大会及其常务委员会立法条例》《山东省地方立法条例》等，其中有 50 部已经经过了修正；现行有效的省级、设区的市颁布的《制定地方性法规条例》或《地方性法规制定条例》共 120 多部，如《南京市制定地方性法规条例》《威海市制定地方性法规条例》《济宁市制定地方性法规条例》《海南省制定与批准地方性法规条例》《江苏省制定和批准地方性法规条例》《北京市制定地方性法规条例》《天津市地方性法规制定条例》等。[2]一方面是地方性法规之间内容的高度相似性，另一方面是与上位法的重复程度较高，结合地方具体立法实践且具有可操作性和针对性的创新点不足，单纯通过重复立法难以解决地方立法实践中存在的实际问题。

对于地方立法重复的问题，很多学者在研究中也指出了这一问题，如封丽霞教授认为，地方立法的形式主义体现在追求庞大而全面的法律体系和对

---

〔1〕 参见马光泽：《迈向精细化立法——地方"小切口"立法之困境及其纾解》，载《湖湘论坛》2023 年第 4 期。

〔2〕 来源于"北大法宝法律数据库"所收录的法规统计，https://www.pkulaw.com/，2024 年 4 月 9 日访问。

法典的盲目崇拜，以及在内容上复制上级法律和其他地区的法规，缺乏本地特色。这种现象通常源于对地方立法权的误解、立法空间的局限、行政职责的一致性、立法业绩导向的误区、回避立法风险和对立法问责的现实考虑，以及地方创新能力的不足；〔1〕张述存教授在《山东省"十三五"规划重大问题研究》中指出："地方立法重复引用多，体现地方特色少"〔2〕；王继军指出了设区的市存在立法质量、立法重复或立法冲突等问题；〔3〕京津冀地区以往各自为政的模式导致多头立法和重复立法的问题；〔4〕"基于对浙江省设区的市市容环卫立法的考察和分析，可以发现地方立法重复率仍居高不下，并在地方立法权扩容的背景下有蔓延之势"〔5〕。通过下表对固废法规不必要重复的统计结果，我们可以看出地方立法中不必要重复的法条比例仍然较高。

表 5-3　各地固废条例的不必要重复情况〔6〕

各地固废条例（办法）	不必要重复涉及的条数	不必要重复占条文的比例
江苏	11	20%
浙江	13	21.7%
广东	7	17.5%
山东	10	26.3%
河北	7	14.6%
安徽	11	21.6%
南京	12	26.6%

（二）调整立法方式

在立法之前加大对公共道德观念的调查力度，以使地方立法贴合地方生

〔1〕　参见封丽霞：《地方立法的形式主义困境与出路》，载《地方立法研究》2021 年第 6 期。

〔2〕　张述存主编：《山东省"十三五"规划重大问题研究》，山东人民出版社 2016 年版，第 322 页。

〔3〕　王继军主编：《三晋法学》（第 10 辑），中国法制出版社 2016 年版，第 125 页。

〔4〕　常纪文：《生态文明的前沿政策和法律问题——一个改革参与者的亲历与思索》，中国政法大学出版社 2016 年版，第 191 页。

〔5〕　黄错：《地方立法"不重复上位法"原则及其限度——以浙江省设区的市市容环卫立法为例》，载《浙江社会科学》2017 年第 12 期。

〔6〕　汤善鹏、严海良：《地方立法不必要重复的认定与应对——以七个地方固废法规文本为例》，载《法制与社会发展》2014 年第 4 期。

活实际和民情。

1. 充分开展地方立法调研工作

立法调研既是体现立法为民的必然要求，也是拓宽公民有序参与立法的重要途径。[1]"法不察民情而立之，则不成。"地方立法调研既是收集立法信息的重要途径，也是了解人民群众的真实意愿和汇集民意、民智的过程，深入基层和群众开展调研工作，应准确把握人民群众关心的问题，从实际出发调查民情，并将其作为立法调研的重点内容，真正使所制定的每一部地方性法规都能够回应社会期盼，满足人民的现实预期。

立法调研最重要的是在立法的准备阶段，一般来说，首先，要成立立法调研起草工作机构，落实工作责任、工作人员，制定具体的工作方案；其次，由起草部门牵头，各相关部门参与，在法规规范的范围内开展调研和搜集资料工作。在此基础上，提出法规的指导思想、原则、应当规范的主要内容和保护措施，明确法规的框架结构；最后，组织完成法规草案的起草工作，拿出法规草案建议稿。

表 5-4　开展立法调研的法规实例

调研法规名称	调研内容
《湖北省烟花爆竹安全管理办法》	（1）如何进一步理顺地方政府及有关部门在烟花爆竹安全管理工作中的职能； （2）如何建立和完善打击烟花爆竹非法生产、经营、运输、储存、邮寄、燃放和废品销毁工作机制； （3）如何进一步强化和落实县（市、区）、乡（镇）政府以及其他基层组织烟花爆竹安全生产监管职责； （4）如何进一步强化烟花爆竹企业安全生产主体责任，规范生产经营行为，推进企业工厂化、机械化、标准化、科技化、集约化建设和改造提升； （5）如何完善烟花爆竹生产经营规划，结合实际提高安全准入门槛，推进零售专店经营，建立和完善配送服务机制； （6）如何进一步加强烟花爆竹监管执法，规范监管执法措施和手段； （7）加强烟花爆竹安全监管的其他意见和建议

---

[1] 参见黄龙云主编：《广东地方立法实践与探索》，广东人民出版社 2015 年版，第 184~185 页。

调研法规名称	调研内容
《宁夏回族自治区经营服务性收费管理办法》	(1) 目前经营服务性价格存在的主要问题及原因有哪些？ (2) 如何充分发挥市场在价格调节中的基础性作用？ (3) 价格行政主管部门应当如何对经营服务性的价格进行引导和规范？ (4) 对自然垄断的经营服务性价格如何监管？ (5) 对承担公共服务职能的经营服务性行为价格如何监管？ (6) 对经营服务性收费有无必要实行政府定价或者政府指导？哪些经营服务性收费应当实行政府定价或政府指导价？ (7) 对实行政府定价或政府指导价的经营服务性收费，政府应当如何进行合理定价
《西安市粮食安全保障条例》	(1) 制定《西安市粮食安全保障条例》的必要性、可行性。 (2) 保障我市粮食安全面临的主要问题、亟须解决的问题有哪些？ (3) 我市在保障粮食安全方面有哪些基本经验和做法可以上升为地方性法规？ (4) 粮食生产环节存在的问题及对策。 (5) 粮食流通环节存在的问题及对策。 (6) 粮食消费环节存在的问题及对策。 (7) 各环节粮食质量安全方面存在的问题及对策。 (8) 保障我市粮食安全，在发展现代粮食产业方面有什么可行的措施？拟建立哪些法律制度？ (9) 保障我市粮食安全，在健全粮食调控体系方面有什么可行的措施？拟建立哪些法律制度？ (10) 保障我市粮食安全，在严格粮食流通监管方面有什么可行的措施？拟建立哪些法律制度？设立哪些具有普遍约束力的内容或条款？ (11) 保障我市粮食安全，在节约粮食反对浪费方面有什么可行的措施？ (12) 保障粮食安全立法，涉及政府职能部门有哪些？他们对立法的意见和建议有哪些

2. 重视发挥立法论证会、立法协调会和座谈会的作用

立法论证会、立法协调会和座谈会是立法过程中为提升立法的科学性和民主性常用的一种方式，其可以在地方性法规起草的过程中使用，也可以在审议的过程中使用，如在 2017 年《广州市城乡生活垃圾分类管理规定（草案）》二审时，法制工委自 8 月 30 日至 9 月 7 日分别召开了立法顾问和立法咨询专家论证会，市人大代表、政协委员、基层立法联系点、基层政府和行政相对人征求意见座谈会，与会人员结合个人生活、工作实践以及自己的学

术专长，针对草案提出了很多具体的修改建议，使立法更加贴近民情，增强了立法的可操作性。[1]再如，2018 年《广州市停车场条例》在制定过程中开展了多次立法调研，召开了十几场立法论证会、征求意见座谈会，在此基础上围绕重要问题开展立法协调会，省人大常委会法制工委、市人大常委会法制工委、市法制办、市交委、市发展改革委、市公安局、市财政局、市国土规划委、市住房城乡建设委、市环保局、市编办以及花都区、番禺区、南沙区、从化区、增城区政府等单位负责同志参加会议，并就涉及的停车场议事协调机制、住宅停车场的收费管理模式、公共停车场的建设、用地方式和鼓励措施、城市道路泊位的收费性质和管理模式等内容达成了一致意见，取得了较为不错的立法效果。

第二节　传统秩序与地方立法的实践性的继受问题

随着改革开放的展开，以及现代化事业被国家提升到国家战略的高度，法律现代化遂成为法治建设和法学研究的主题。关于法律现代化的理论已经形成了一种主流的观点。这种观点多认为，要实现法律制度的现代化，政府需运用国家强制力尽快建立一个现代的法律体系，以保证市场经济的快速发展；同时，应尽快移植经验发达的国家和地区的法律制度，以与国际社会和普遍价值接轨。苏力教授把这种强调运用国家强制力规制社会和经济建设以实现现代化的观点概括为现代化的"变法模式"。[2]至于这种现代化理解模式的具体观点及其所提出的诸多制度、价值方案，则是五花八门、不一而足，并且多体现在立法者的立法政策当中。例如，有人即主张现代法律制度是个人主义而非集体主义的，捍卫个人的价值和尊严，而非使个人的权利继续屈从于家庭的、部落的、社会的乃至国家的集体性权利，乃是现代法律基本的价值立足点。

---

〔1〕　参见丁轶：《论地方自主性立法中的立法事实查明与论证》，载《四川大学学报（哲学社会科学版）》2022 年第 6 期。

〔2〕　参见苏力：《法治及其本土资源》（修订版），中国政法大学出版社 2004 年版，第 3~4 页。

一、法律现代化过程中表达与实践的背离

现代法律是权利本位而非义务本位的。[1]所谓无人权则无法治，对现代法律而言，权利才是本源性的，而义务和责任则是派生的。现代法律推崇的是一种法治，即一种按照普遍的规则进行国家治理的方式，它反对任何无政府状态和统治者的专断意志，反对对自由平等的公民进行专断的差别待遇，以此为基础，这种法律秩序能够容纳更加多元的生活方式和价值观念。还有人主张现代法律是高度理性化的，这种理性化的文化不仅衍生出了权利、平等、个人等观念，而且使法律规则本身具有了一种远超主权者的意志确定性，这种法律的确定性为人们提供了基本的行为预期，人们可以根据这些一般性的规则来预期政府的行为，并据此对自身的活动进行安排。因而它反对关于法律的任何模棱两可与神秘主义，"要使一个自由社会能顺利有效地运作，法律的确定性，其重要意义是如何强调也不大可能会过分的"。[2]还有，最重要的，现代法律的一个重要制度功能是限制国家的权力，无论这个国家权力表现为威权政府还是民主政府，也不论这些权力是来源于统治者手中的暴力，还是民众的集体授权。

这种法律现代性的理解方式，显而易见属于一种"断裂论"，而这种"断裂论"又是以现代化的断裂理论为根据的。现代化的"断裂论"主张，现代性并非传统社会自然演化的结果，相反，两者虽然存在一定程度的共性和连续性，但现代性与传统之间却存在明显的断裂。"现代性以前所未有的方式，把我们抛离了所有类型的社会秩序的轨道，从而形成了其生活形态。在外延和内涵两方面，现代性卷入的变革，比过往时代的大多数变迁特性都更加深远。在外延方面，我们确立了跨越全球的社会联系方式；在内涵方面，它们正在改变我们日常生活中最熟悉和最具个人色彩的领域。"[3]那么，这种断裂

---

[1] 参见何勤华、张陶然：《建构中国自主法学知识体系之法理学创新——以"权利本位说"的完善为中心》，载《东南学术》2024年第2期。

[2] [英]弗里德里希·奥古斯特·哈耶克：《自由宪章》，杨玉生等译，中国社会科学出版社2012年版，第331页。哈耶克接下来指出："对于西方的繁荣起了作用的种种因素当中，恐怕没有哪一个因素能比在我们这里一直占主导地位的法律相对的确定性所起的作用更大的了。"

[3] [英]安东尼·吉登斯：《现代性的后果》，田禾译，译林出版社2011年版，第4页。

所蕴含的具体内容又是什么呢？对此，吉登斯指出："这里涉及若干要素：首先，是现代性时代到来的绝对速度。传统的文明形态也许比其他的前现代体系更富动力性，但是在现代性的条件下，变迁的速度却是更加神速。这一点在技术方面表现得最为明显，它还渗透进了所有其他领域。其次，断裂体现在变迁范围上。当全球的各个角落都开始与其他地区发生联系时，社会巨变的浪潮实际上已席卷了地球的整个层面。最后，是现代制度的固有特性。某些现代社会的组织形式并不能简单地从此前的历史时期里找得到，例如，民族国家的政治体系的形成，生产的批售对毫无生气的权力系统的依赖，以及劳动产品和雇佣劳动本身的完全商品化；其他的只与前在的社会秩序存在一种似是而非的延续性。"[1]这种断裂论否定了历史的延续性，而赋予现代性独特的特质。通过与传统的比较，以及本质化或类型化把握，其完成了对现代性强有力的自我确证。

现代性断裂论的核心不仅是价值、规范、制度、技术层面的，而且还包含一种态度、一种思想方式、一种叙事模式。关于法律现代性的诸多理解中最能体现出这种"断裂论"的是传统—现代的两分观。这种二元论还包括这样几层假设：①传统与现代都是实体性的存在，而非出于某种人为的建构。它们表现为一个历史运动的过程。②传统与现代作为一种历史性的存在，二者的区别是本质性的，它们之间存在明显的标识。就是说，人们可以通过价值、观念、规则、原则、制度、生活方式等对其进行总结和区分。③作为一种历史性的存在，传统代表着黑暗、野蛮、落后、专制与愚昧，其生活方式是封闭的，而现代则代表着光明、自由、文明、理性和民主，其价值取向是开放的。④从历史运动的角度，传统向现代的方向运动，这是一种进步。如果任何一个社会、一个群体抗拒这种进步的趋势，那其就将会被历史淘汰。按照从落后向文明的进步规律，由传统向现代过渡是历史的必然。⑤进步不仅是一个历史（演化）的概念，而且还是一个道德的概念。传统作为一个静态的社会，不仅在历史阶段上是低级的存在，而且是一种道德上的恶。现代不仅是历史发展的更高阶段，并且在道德上其还意味着总体的善。这种道德判定意味着，除非我们接受现代的信条，并将其奉为金科玉律来改造自己，

---

〔1〕　［英］安东尼·吉登斯：《现代性的后果》，田禾译，译林出版社 2011 年版，第 5~6 页。

否则任何对于现代命运的拒斥，不管出于何种理由，其在道德层面都是不正当的。[1]

这种断裂论或传统/现代的二元论属于一种代表性的历史目的论的思想方式。如果说将其定义为一种思想方式显得太过于抽象，那么，与当代流行的道德观念相结合，这种二元论就相对容易把握。我们可以看到，这种法律现代性的断裂论表现在一系列道德范畴的本质化对比当中。例如，传统社会是一个身份社会，诸如宗教的、封建的、地方的、家族的、血缘的要素决定了一个社会地位，个人的法律地位被社会关系网络分割，而并不表现为一个生来即享有权利的自然人。因此，传统社会是严格的等级制的。而现代社会则是一个契约社会，[2]其推崇的是自由人之间的平等交往和意思自治，人们所享有的权利，所承担的义务和责任，或者取决于人们自身的意志，或者是基于法律的平等规定，而不取决于财产、出身、宗教信仰、天赋美德等相对偶然的因素。可见，现代社会是以平等为基本的社会组织原则。传统社会的法律是形式非理性和实质合理性的，法律不但未能与习惯、道德、宗教等其他的社会控制手段相区分，而且更多是用来满足统治者的私欲和统治的手段。传统社会虽存在法律，但却并没有法治；虽然存在规则，但与身份制相适用，其适用是特殊主义的，法律的判断始终潜含在各式身份关系和伦理当中。现代社会推崇的则是一种形式合理性，在此当中，法律作为一种独立的社会控制手段，不仅与宗教、礼仪、习俗、伦理等规则相脱离和区分，而非社会治理严格按照法律所提供的一般性规则。其遵循的是法治原则而非礼治原则；其治理按照的是普遍性的规则而非未经反思的习俗或特殊性的道德。因而，这种形式合理性的法律（文化）为社会提供了一套能够容纳所有社会成员自由交往的理性的制度框架。再如，传统社会的治理方式是"小政府、大天下"，[3]国家虽然掌握着强大的权力，但这种权力的社会渗透性却相对较差，

---

[1] 关于法律现代理论的传统与现代的二元论所包含的假设，可参见邓正来：《中国法学向何处去——建构"中国法律理想图景"时代的论纲》（第2版），商务印书馆2011年版。

[2] 参见李宏基：《契约社会的演化图景：梅因古代法背后的社会理论》，载《社会学评论》2023年第6期。

[3] See Zumbansen, Peer, "The Law of Society: Governance through Contract", *Indiana Journal of Global Legal Studies*, 14, (2007), 191~234.

以致在基层和遥远的边疆地区造成权力真空状态，为了维护有效的统治，其就特别需要多样化的治理方式加以配合。与这种国家的权力结构和治理模式相适应，传统社会的法律和制度往往是多元而参差不齐的。与之相较，现代社会之上的民族国家的政治系统，其权力虽然受到规则的约束，但其理性化程度却远超过国家时期。为了推行和建立法治秩序，现代国家可以通过运用手中的权力，通过立法来实现法律渊源的统一。制定法和立法的至上地位就是这种法律秩序一元论的集中表现。

然而，如果我们将眼光关注广阔的立法实践和历史，可以发现，意识形态层面的断裂论在现实和实践的头脑中并不存在太多的市场。[1]在立法实践当中，人们更多坚持的是传统秩序与现代化法治建设的延续性。我们可以把现代性的断裂论视作意识形态的表达问题，把立法实践中的延续论视作实践问题。对于这种在法律现代化问题发生的表达与实践的背离，黄宗智曾有过异常经典的表述。在其著作《清代以来民事法律的表达与实践：历史、理论与现实》（第1卷）当中，黄宗智认为："通过法律的实践历史来看，中国的法律则明显是个混合体，其中有旧国家的传统的延续和演变，也有新革命传统的创新和延续，更有对西方法律所作出的选择性转释和改造。"[2]

概括而言，这种延续性可以包含这样几层信念：

（1）延续性体现了历史进化的思想：历史是一个总体，每一个历史阶段，任一历史时代，都不是孤立存在的。虽然会有所取舍，但却会在继承前代遗产的基础上充实自己。进化不仅是不同世代之间传承的过程，而且也是代际之间学习、模仿的过程。并且，历史的点滴积累、缓慢进化与革命等历史突变并不是截然对立的，因为从历史进化的总体角度来看，无论是人类理性的运用，还是大规模的革命所导致的秩序瓦解和转变，其都是历史演进的一个环节。具体到中国的问题场域，中国的现代化进程虽然以革命和改革为主调，其间充满了革命性的制度变迁，但这种革命性的制度和社会变迁不是突然发生的，而是历史因素不断积累的结果。这种革命性的制度变迁虽然在形态、

---

〔1〕　参见倪皓：《法治与德治一体化实施的实践探究——评〈论法治与德治：对中国法律现代化运动的内在观察〉》，载《中国教育学刊》2024年第4期。

〔2〕　［美］黄宗智：《清代以来民事法律的表达与实践：历史、理论与现实》（第1卷），法律出版社2014年版，第1页。

剧烈程度上与过往的、建立在儒家传统之上的社会变迁存在诸多不同之处，但这种变迁所采取的制度措施、路径和最终的制度结果，却很明显继承了诸多传统的要素，例如传统国家的幅员、人口、民族分布以及治理方式。这些都是传统秩序的文化遗产，并悄无声息地对我们今天的立法活动的实际过程发挥着作用。

（2）法律现代化过程中表达与实践相背离的秘密，就存在于这种延续性当中。不可否认，现代化过程确实遭受了一定程度的文化损失。尤其是儒家文明作为传统利益秩序和国家治理的正当化基础，当传统的统治和治理制度受到质疑时，其正当化原则和基础必将首先遭受挑战。由此导致儒家文化遭到大范围的破坏，从社会生活中被排挤掉，进而衍生出了诸多怀疑主义和虚无主义。然而，文化传承不仅是一个文化符号的问题，而是一个实践的问题。换句话说，文化能够得到传承，并不必然取决于文化符号的留存，而是更多取决于文化主体和政治担纲者阶层的自觉实践。所谓传承，不是咬文嚼字、字词章句的形式，而是精神深处的文明复兴冲动和自觉精神。这就是说，传统能否得到继承，关键是看文化主体是否具有文化自觉，是否在社会秩序和制度的兼顾上保持自身的文化主体性。我们可以看到，中国的法律现代化在实践当中正好维护传统的延续性。传统的文化符号虽然已不存在，但文化主体却明显地保存了下来，更为关键的是，这一文化主体和政治担纲者是在文化自觉的基础上推动革命性的制度变迁和现代化建设的，无论对于制度、技术还是文化，其始终立足于本国的历史文化传统的社会实际来做出选择、吸收和再生产。当代提出的社会主义法治以及道路自信、制度自信、文化自信三个自信，就是这种实践继承和文化自觉的表现。

（3）如弗朗茨·维亚克尔所言："'持续性'概念所表达的文化承受以及对这个事件的意识，乃是一种特殊的人与人之间的相互理解过程：它不是同时共处的，而毋宁是一种先后流传承受的了解。它同时也是一种——可以和个别的教导和学习相比拟的——集体的过程。"[1]要达到这种传承和理解，必须满足相应的条件：其一，传统不再是一堆僵化的社会和文化事实，而不与

---

〔1〕〔德〕弗朗茨·维亚克尔：《近代私法史——以德意志的发展为观察重点》（上册），陈爱娥、黄建辉译，上海三联书店2006年版，第29页。

社会生活发生任何关系，而是仍然能够为人们的经济、政治和文化生活提供基本的规范，对于人们的各种社会关系和制度安排做出基本的正当化解释。其二，传统不是静止的，现代生活对于传统的接续也不是自然而然的，而是经过了反复的实验、磨合、转化、吸收、再创造。换言之，对传统的接受取决于现代人对传统的态度及其基本的历史处境。其三，文化的精髓不是简单地复制和人云亦云，而是创造。文化创造浓缩着区域文化和民族文化的精髓，有着深厚的历史和文化价值，在历史变革中的传承发展体现出了理性智慧和坚韧力量。[1]这种创造既有可能通过对传统文化的理解、解释而完成，也有可能通过与新制度的合作共同作用于法律秩序的运作和国家治理而完成。而这一切，都取决于人们是否能够从当代的问题意识出发，去自觉地改造、升级、转化传统的制度和文化信念。而传统，只会使现代化进程陷入保守主义的迷途。而中国的法律现代化，恰恰是由这些条件所织就的。

二、传统秩序的文化遗产：家庭、地方与国家

既然讨论传统的秩序观念，那这里的遗产当然就是与秩序观念相关的制度性要素。更为重要的是，无论在古代还是在现代，这些制度性遗产都发挥了不可替代的作用，都在为社会秩序提供基本的规范，都在作为基本的社会单位而担负起了组织社会的角色。概言之，这些遗产都存在政治性的一面。

当然，传统文化遗产是多种多样的，这里简单地讨论不可能将其一一列举。我们只是列举其具有显明意义的秩序范畴。这里的秩序遗产包括家庭、地方与国家。

（一）伦理性的家庭观念

在古代社会，家庭往往与身份的、等级的、经济、习俗、宗教、文化、法律等因素缠杂在一起，构成一个典型的复合体。在古罗马，家庭是一个显

---

〔1〕 李红飞、李杉杉、慈福义：《区域文化生态视野下非物质文化遗产价值与高质量发展路径研究——以贵州少数民族非物质文化遗产为例》，载《贵州民族研究》2022 年第 2 期。

著的准主权性质的单位，家父对家子掌握有规训、惩罚和处分的权力。[1]在私有财产未得到充分发展的条件下，家庭是基本的经济单位，家父享有家族的财产权。[2]同时，家庭又是一重要的法律单位，这不仅是说家父的权力被法律化为一种家父权，而且家父作为法律拟制的一种权力地位，是罗马法中唯一具有法律人格者，其他家子则皆处于被支配的地位。

与古罗马的这种具有强烈的法律-经济性质的家庭形式不同，中国传统社会的家庭更多是政治-伦理性质的。中国古代的封建社会，实践的是一种典型的家-国体制，家代表的是一人、一姓、一族，其往往能够凭借自身所承载的伦理政治意涵而对国家会发生某种政治塑造作用，但这种关系大多只是发生在新制度、新政体、新王朝的创建初期。而一旦秩序鼎革结束，新制度取得统治地位，那么家庭则更会服从国家的逻辑，千方百计地选择与国家紧密结合，直至产生权力的异化。所谓要治其国者，必先治其家，家庭作为基本的单位，介于国家与社会之间，是国家治理的一个基本环节。特别是宋代以后，由于王朝政府以及尊奉理学的儒家士大夫在基层重建宗族、宗法伦理的努力，家庭的社会组织与礼仪教化功能变得更加稳固。

中国古代的家庭还是一个礼仪-教化单位。对于传统的儒家式教化政体而言，因政施教是其基本原则。与其他文明所奉行的宗教——神学政体不同，中国古代唯一正当化的社会秩序，是一种带有复古主义的、崇尚治道合一的礼治秩序。司马光有云："夫礼，辨贵贱，序亲疏，裁群物，制庶事。"[3]礼是一种世俗化的、等级性的标准、规则和原则。在礼治秩序当中，国家和社会关系是严格按照礼仪原则组织起来的。而家庭，则是贯彻三纲五常、尊尊亲亲等礼仪原则的基本单位。除实践利益原则外，家庭在自我组织上更多显示出伦理教化的特质。虽然家庭最初是因为血缘关系而结合在一起的，但由

---

　　[1]　法律史家梅因指出，古罗马的家父权是我们原始父权的典型。"就人而言，根据我们所获得的资料，父对其子有生死之权，更毋待论的，具有无限制的肉体惩罚权；他可以任意变更他们的身份；他可以为子娶妻，他可以将女许嫁；他可以令子女离婚；他可以用收养的方法将子女转移到其他家族中去；他并且可以出卖他们。"[英]梅因：《古代法》，沈景一译，商务印书馆1959年版，第91页。

　　[2]　"古代罗马法禁止'在父权下之子'和父分开而持有财产，或者不考虑子有主张一种各别所有权的可能。父有权取得其子的全部取得物，并享有其契约的利益而不牵涉到任何赔偿责任。"[英]梅因：《古代法》，沈景一译，商务印书馆1959年版，第91页。

　　[3]　《资治通鉴》卷一。

于礼仪原则的加入，家庭更多表现为一个伦理道德实体。也因此，对于传统秩序，家庭不仅是一个组织单位，而且还是一个文化传承的单位，其作为一种载体，担负起礼仪秩序的基本原则、观念的世代传递的责任。

　　直到近代，这种传统形式的伦理-政治式家庭在一系列的政治和法律变革中面临逐渐解体。首先是政治层面，伴随君主专制和家国体制的终结，家庭用来维护封建统治的政治功能消失了。家庭作为私人活动空间，被转移到社会领域。其次，随着民主、科学、平等、人权等观念的兴起，儒家的礼仪原则作为君主专制的正当化基础，受到猛烈的抨击和质疑，其被现代社会果断抛弃。由此，家庭既不可能再按照礼仪原则组织为家族形态，也不可能再继续传递传统秩序的原则、信念等文化基因。[1]家庭失去了对个体的组织和控制能力，或者，个人从家庭所代表的宗法血缘网络中解放出来了，取得了独立的社会地位和法律人格。最后，随着清末开始的一些民事和刑事法律变革，譬如废除亲属相盗、妻殴夫、无夫奸、子孙违教令等伦理性犯罪，[2]家庭的伦理内涵逐渐被消解了。

　　现代的家庭是基于个人婚姻而结合起来的一个共同生活空间，而非像传统家庭那样，是根据礼仪原则组织起来的宗法伦理家族。"家庭作为一种伦理关系不能仅是一种自然血缘关系。即使是家庭规范，也绝不只是自然的血缘或亲情，而是一种'法则'，是要靠人的理性自觉遵守，而不是仅仅依靠本能和情感。"[3]现代的家庭制度是高度个人主义化的，家庭成员皆具有独立的法律人格，可享有独立的财产。同时，婚姻自由（包括结婚与离婚自由）成为维护家庭关系的基本原则，夫妻之间的关系不再是支配与被支配的关系，而是平等的人格关系。婚姻在法律上被很大程度上解释成一种处于个人意愿的契约。除此之外，家庭也是一个财产结合体。夫妻之间因婚姻关系而被推定为享有共同财产。很明显，这种权利-经济式的家庭无论在规模上还是在功能上都与传统的家庭存在很大的区别。但这并不是说两者之间就没有了历史连

---

　　〔1〕　Zhaojie, Li, "Traditional Chinese World Order", *Chinese Journal of International Law*, 1, (2002), 20~58.

　　〔2〕　参见杨鸿烈：《中国法律发达史》，中国政法大学出版社 2009 年版，第 502 页。

　　〔3〕　刘燕：《家庭伦理的道德起源与未来面向——基于对家庭伦理限度的考察》，载《湖北大学学报（哲学社会科学版）》2024 年第 2 期。

续性。虽然受制于权利自由主义的道德语境，但家庭并不纯粹是一个契约共同体，而更像一个伦理共同体，只不过其表达的信念不再是三纲五常，而是夫妻共同生活、彼此互助，尤其是在社会保障网络尚未完全建立的今天。夫妻之间不仅是冷冰冰的权利义务关系，很大程度上仍然存在着道德关系。另外，在良序社会的语境中，家庭同样承担了一项稳固社会秩序的职能。这说明，即便在个人主义的现代化条件下，家庭，而非个人，才是基本的秩序单位。

（二）有限分权的地方观念

中国古代的秩序格局，呈现出的是一种无所不包的天下体系。[1]换句话说，虽然其内部存在统一的行政制度、强大的压制性的专制王权、理性化的中央集权，但它却并非现代意义上的民族国家，而是一种历史悠久、规模超大型的文明型国家。在这种秩序格局当中，地方扮演了重要的角色，即便国家在国家结构上自始至终也并未采用自由主义的联邦制，而是专制主义中央集权体制。

专制主义中央集权自诞生的那一刻起，就在面临中央与地方政权之间的矛盾：要扩大地方的权力，就会削弱乃至动摇中央的权威，带来秩序的不稳定甚至制度解体；要增大中央的权威，就不可避免地会削弱地方的积极性，这样虽然利于维护中央的统治和国家的统一，但却不可避免地导致积贫积弱的弊端；要取得较高的治理绩效，就需要地方分权，而要维护统治的稳定性，就要中央集权，弱化地方的治理效应。周雪光将这种中央集权与地方分权的矛盾概括为"权威体制与有效治理之间的矛盾"。周雪光认为，在中央集权与地方分权关系上不可能形成稳定的结构，而只是表现为"集权—分权"的周期性调整和循环波动。不过，此种"集权—分权"的循环波动并非任意地，而是受到一系列治理机制的约束，这些治理机制调节着中央集权与地方分权的动态平衡。[2]

中国古代虽然以儒家学说为正统，但儒者却多秉持一种复古主义倾向，

---

[1] See Zhaojie, Li, "Traditional Chinese World Order", *Chinese Journal of International Law*, 1 (2002), 20~58.

[2] 周雪光:《权威体制与有效治理:当代中国国家治理的制度逻辑》,载《开放时代》2011 年第 10 期。

其崇尚的是三代的那种封建秩序，而非秦代以来所行的集权式的郡县制。尊封建而批判郡县制一直是儒学的基本主题之一。与之相对，韩非子有言："事在四方，要在中央，圣人执要，四方来效。"[1]，其明确坚持的中央集权的体制。中国封建社会对于中央与地方的制度安排，采用的即法家的制度方案。从秦朝开始，中国就在地方逐步推行一种有利于中央集权、削弱地方分权和割据势力的郡县制。由于专制集权的存在，地方并不是独立的单位。在中央面前，地方并没有对立的权源。中央始终处于一种超然的地位，我们并不能从地方单位当中推导出国家的正当性，相反，地方的正当性始终来自中央的授权。作为国家机器的一个有机部分，地方扮演的是次一级的统治单位。

　　虽然中央与地方的关系在体制中处于主导地位，但这一事实却并不妨碍天下体系赋予这种央地关系以多元性。我们可以看到，国家的内部组织结构是多元主义。这种多元主义表现在：①虽然统治者在推行单一的郡县制，使中央与地方的关系以及随之而来的权力结构变得理性化，但中央与地方的关系却是多样的。在中国国家的统治历史中，中央与地方既存在领土、边疆等现代主权性关系，也存在藩属、朝贡等礼仪性关系。不同的地方单位往往会被赋予不同的职能和角色定性。地方因为角色功能的演化和区分而形成不同的战略性区域。②中央在地方推行的行政是多元的。虽然是君主专制，但统治者的意志并不是肆无忌惮的，为了有效地降低统治风险，节约治理成本，其采取了多样化的治理方式安排地方的行政。这些治理方式往往取决于地方的区位、资源禀赋、人口分布、民族构成、宗教特点等。③与行政多样化相联系的是制度多元主义，这是天下体系的特征。国家内部始终存在制度和法律多元主义的特点，它允许不同的地方根据自身的习俗、历史、文化和生活方式，选择独特的制度。当然，这一切都得在不威胁中央的统治权威的前提下进行。

　　在传统中国，地方尤其是基层，虽然推行的是一种官僚制，但其国家机器和人员配置往往相对简单，在国家权力无法有效控制和干涉到的地方，地方往往具有相当大的自主性。"尽管国家的政府有一个庞大的彻底控制社会的设想，特别是它的十进制户籍管理组织——里甲、保甲制度，然而事实上，

---

　　[1]　《韩非子·扬权》。

世袭主义制的逻辑要求政府机构保持最少数量的科层，以免切断整个体系倚为纽带的个人忠诚，造成地方性的世袭分割。"〔1〕另外，虽然存在凌驾于一切之上的专制性权力，但是，在治理领域，中央权力与地方权力却是存在明确的分工的。一般而言，中央在治理中承担着政治和军事的职能，而地方，则更多承担着经济和社会发展的职能，由此形成了独特的"中央治官，地方治民"的国家治理结构。"中国历代统治者经过长期探索，找到了一种可行的策略，即利用地方政府分散治民，以分散控制和化解来自民众的统治风险。为此，中央政府需要把管治民众的权力和责任授予地方政府，并把那些容易引发民众强烈不满的行政事务尽可能交给地方政府去处理；同时，中央政府专注于选拔、监督、指导和考核地方官员以及控制地方官员的行为，由此形成'中央治官、地方治民'的结构。"〔2〕

中国在现代化过程中继承了传统国家的幅员、人口和民族布局，以及文明型国家的格局。地方作为此间基本的秩序单位，其意义在很大程度上得到了继承：①诸如两个积极性、〔3〕行政发包制、地方政府间竞争、地方立法主体扩张等一系列的政治经济学和制度事实证明，地方作为国家政权体系的一部分，在单一制的国家结构当中仍然具有很大的自主性和行为空间。②地方政府与中央政府仍然存在明确的职能分工。中央政府负责的是外交、国防等政治性的领域，而地方政府则是政府职能的实际承担者。③地方政府仍然是维护统治的一个重要环节，其对于社会秩序的稳定具有重要作用。④地方政府与中央政府的关系仍然是多样的，其呈现出差序格局的空间结构。"中国的一般省份不是全都以相同的方式与中央政体对接。如果中国是一个清一色的单一制国家，将会很难治理。"〔4〕⑤中国地方单位的权力设置和制度安排仍然是多元的。除省、市、县等常规的行政设置外，直辖市、民族区域自治制度乃至

---

〔1〕 ［美］黄宗智：《过去和现在：中国民事法律实践的探索》，法律出版社 2009 年版，第 70 页。

〔2〕 曹正汉：《统治风险与地方分权：关于中国国家治理的三种理论及其比较》，载《社会》2014 年第 6 期。

〔3〕 "我们的国家这样大，人口这样多，情况这样复杂，有中央和地方两个积极性，比只有一个积极性好得多。"参见毛泽东：《论十大关系》，载中共中央党校教务部编：《毛泽东著作选编》，中共中央党校出版社 2002 年版，第 399 页。

〔4〕 ［美］Lynn T. white III：《中国宪法的现状》，马俊亚译，载《开放时代》2009 年第 12 期。

"一国两制"的实践，都是这种制度多元性的体现。

（三）文明型的国家观念

中国古代的政治文化和历史悠久绵长，逐渐发展出了独特的国家概念。在传统秩序当中，[1]国家不是一个人为制造的利维坦，而是制度和秩序的创造者，是文明的守护者和传承者。国家是传统秩序的核心范畴之一。这种传统的国家概念在现代化的历史情境中其越来越多地受到了自由主义范式的挑战。

传统的国家概念还包含着一系列的其他特质，正是这些特质支撑着国家体系和制度的持久长存和不断地更新再造。这些因素当中首先重要的就是大一统的国家结构。大一统不仅牵涉中央层面的集权制和在地方普遍推行的郡县制，也不仅仅指政治意志和行政命令在全国范围的统一，从更广阔的角度来看，它还涉及风俗、礼仪、正统观念、文化传承以及中国概念的不断解释与变迁。大一统既是权力、制度和政治意志的产物，也是文明的造物。因此，既不同于欧洲中世纪的那种分立割据的封建国家，也不同于近代那种民族与国家高度重合的民族国家，大一统的政治不仅为历代王朝政府提供了合法性证明，而且还使中华文明的规模得到最大限度的扩展，为文明型国家的基本格局和气象奠定基础，也即张维为先生所说的超大型的人口规模、超广阔的疆域国土、超悠久的历史传统、超深厚的文化积淀，以及它独特的语言、社会、政治和经济系统[2]——也许在世界上，这些要素单列出来，中国不是唯一的，但从综合集成的角度，中国却是独一无二的。

中国古代这种大一统的集权结构存在的脆性，要求国家对社会实施强控制，实施这种强控制的条件有二：一是建立及时下达中央号令和收集各地情况的信息传递系统，并建立一个实行强控制的执行网络；二是当系统的实际状态偏离平衡时，控制中枢要做出灵活而及时的反应，实行调节和控制。[3]

---

〔1〕 See Yingchun, Gong, "Impact of Maritime Non‐Traditional Security Factors on Marine Legal Order", *China Oceans Law Review*, 1（2006），592~608.

〔2〕 参见张维为：《中国震撼：一个"文明型国家"的崛起》，上海人民出版社 2011 年版，第 65~79 页。

〔3〕 参见金观涛、刘青峰：《兴盛与危机：论中国社会超稳定结构》，法律出版社 2011 年版，第 55~57 页。

无论如何，要实现这一目标，其前提需在社会制度和文明之上存在一个强有力的国家，这就是有为政府的理念。这种政府观念的立足点，并不是产生自西方近代的政治国家与市民社会、政治系统与经济系统的分离，而是国家与文明的历史性和统一性。这即说，文明是历史流长的，每一时代建立的政府，以及其所采取的制度形式，都是出自文明的凝聚和积淀，其目的都是捍卫这种不断发展着的文明，都在践行这种文明的原则和理想，都把这种文明的目的当作自身的历史抱负。事实上，如果脱离这种文明，任何政府及其制度统治都无法为自身的正当性提供证明。这就是说，有为政府的合法性资源之一，就是其历史性，是其对背负的文明所承担的责任。有为政府的合法性的另一个重要资源，则是其国家治理所带来的绩效，即看其是否能够有效地发展经济，能否为社会提供基本的安全和秩序，能否满足人民对于社会公正的期待，能否通过国家能力尤其是制度能力的提升增加对社会产品的供给，以充分回应民众的需求。

大一统的文明结构、有为政府的另一个重要的合法性资源，则是传统儒学所提供的礼仪原则。[1]也许，这是中国古代国家与现代国家之间最显著的区别，即传统国家概念始终与某种道德理论联系在一起，后者为国家的文明地位做出了合法性论证。因此，国家统治的概念，不仅是一个权力控制的概念，它只是其中的一个方面，甚至次要的方面。从儒家所缔造的国家观念来看，统治的关键是合法性与正当性的论证。此间一个基本的政治和历史常识是，如果一个政府的正当性基础是不稳固的，即便它具有再大的专制性权力，也不可能运作长久，而要维持国家的长治久安，使统治不因代际的传递而崩溃，需能够通过合法性论证来争取人心，得到社会各阶层的普遍支持。在具体的论证结构上，这种合法性的关键点是看具体的统治及其制度安排，是否符合儒学的礼仪原则，是否合乎正统观念，是否坚持其复古理想，是否能够实践其理想的秩序图景。

虽然与儒家的教义和原则纠缠在一起，但这种国家政治却并非一种神学政治，而是一种高度世俗化的政治。之所以这么说，是因为：①中国古代并

---

〔1〕 See Zhaojie, Li, "Traditional Chinese World Order", *Chinese Journal of International Law*, 1（2002），20~58.

不存在宗教与政治、世俗世界与精神世界的两分，其国家政治不是在世俗与宗教的二元论中，而是在国家与文明的历史辩证视野中展开的，其当然也不存在诸如西方近代政治与宗教分离问题。②在大一统的文化架构和有为政府的控制下，一切社会因素都只是国家之下的一个可以调控的因素，并不存在宗教权威或教权凌驾于王权之上的问题。宗教是存在的，僧侣阶层是存在的，但他们只是社会阶层中的一员，其自始至终也并没有达到控制国家机器的地步。一个显著的历史现象是，中国古代的国家不会因为宗教教义或教派的分歧而陷入正当化问题，不会因为宗教的争端而产生大规模的战争冲突与人身迫害。③国家在行动当中始终坚持的是儒家的世俗化信条，"未知生，焉知死""敬鬼神而远之"。④有为政府的目标和评判标准是高度世俗化的，他坚持的是历史的文明责任，以及现实的治理与治道，而非某种形而上学的超越性标准或彼岸的完善。

与文明型国家和有为政府相关的一个重要的制度性因素，则是理性化的管理制度。[1]的确，与王权国家的世袭主义、封建主义相背离的历史事实是，传统国家为维护统治和实施有效的国家治理，逐渐发展出了欧洲近代官僚制。这种官僚制的目的，即是要通过对国家机器的集中掌握，切断权力世袭的政治根源，从而有效地实施国家治理，维护统治的稳定性和国家统一。无疑，这种官僚制是高度世俗化的，它始终面向全社会开放，并且存在统一的准入标准，而不会因为宗教信仰的问题而将某一地区、某一民族或某些团体、个人排斥在外。但这种官僚制的运作又是高度合法性的，官僚制一直被认为是合法的民主秩序的一部分，[2]其不是因为习惯或君主的命令，而是因为其制度设置符合儒家的礼仪原则及其解释。儒生官僚阶层坚持的是实践理性，其对于国家治理问题往往会采取多样化的手段，除正式制度因素外，其往往会调动其他非制度的资源，综合运用多种制度和非制度的手段，实现优良治理。

当代获得辩护的国家形式只有两种：一是古典自由主义所阐释的守夜人式国家或最低限度的国家，国家功能仅限于保护产权，并保护人们使其免受

---

〔1〕　See Green, L. C. "Civilized Law and Primitive Peoples", *Osgoode Hall Law Journal*, 13（1975），233~250.

〔2〕　佟德志、王毅刚：《民主治理何以可能——民主与治理融合的理论分析与实践趋势》，载《吉林大学社会科学学报》2022 年第 4 期。

欺诈、暴力的迫害；二是福利国家，即国家可以通过对经济生活的有序干预，分配社会资源，实现社会公正，保证人们的生存和生活。这两种国家观念都是现代的。其不仅主张最低限度的政府，而且即便是后一种国家观念，都主张国家从人民的道德文化生活中退出。这种观念与传统的儒家教化式政体不同。因而，传统的国家观念在意识形态领域陷入正当化问题当中。然而，幸运的是，传统国家的诸多要素、特质仍然顽强地保存了下来，这即包括文明型国家的格局、发达的世俗官僚制度、有为政府的观念、多元化的治理手段等。

三、传统秩序的实践性特征

除这些重要的制度性因素外，这里还有必要谈论一下传统秩序的一些特点，这些特质同样属于当前地方立法可以实践性继承的要素。

(一) 礼俗社会

中国古代的秩序形态可以称为礼治秩序，礼是基本的社会规范。现代人对于礼治秩序的认识，经常放置在法治与人治对立的二元框架中来分析，在他们看来，礼治虽然有规则的成分，虽然也在一定程度上能够约束君主集权，但它毕竟是一种传统的人治。例如，费孝通先生即把礼治放置到现代法治的对立面，并宣称"这里所谓的礼治也许就是普通所谓人治，但是礼治一词不会像人治一词那样容易引起误解，以致有人觉得社会秩序是可以由个人好恶来决定的"。[1]如果说法治讲求的是对公民权利的平等尊重与关注，那么礼治则表示社会秩序等级有差、男女有别。

但这里所讲的礼俗社会却并非人治意义上的。任何社会秩序都不可能单单凭借权力的运作而保持活力。事实上，相比于权力，对于社会秩序的维续和再造而言，习俗、传统、共识更加重要。社会秩序是传统的造物。[2]传统所提供的那些值得尊重的成见，以及符合民众文化心理的道德共识，不仅能够起到唤起个人认同，凝聚共同体的价值，而且能够增强人们对于变迁的环境的适用力，为其解决问题提供足够的方案和资源，为其持续的发展和进化

---

〔1〕 费孝通：《乡土中国》，上海人民出版社2007年版，第50页。

〔2〕 See Hope, Tim, "Crime and Social Order", *Police Journal*, 68（1995），99~102.

提供深厚的文化视野和底蕴。社会秩序立足于传统而非纯粹理性，说明这种秩序是进化而非建构的。礼俗社会即一个立足于历史文明传统而不断地自觉进化的社会。

（二）差序格局

传统秩序的另一个特点是差序格局的空间形态。[1]差序格局这一概念最早来自费孝通对于中国乡土社会的描述，这一概念从传统伦理思想中吸收了丰富资源，"差序格局"概念就是对"伦"的类别、关系、结构三层含义的综合。[2]费孝通指出："伦重在分别，在《礼记》祭统里所讲的十伦：鬼神、君臣、父子、贵贱、亲疏、爵赏、夫妇、政事、长幼、上下，都是指差等。'不失其伦'是在别父子、远近、亲疏。伦是由等差的次序。在我们现在读来，鬼神、君臣、父子、夫妇等具体的社会关系，则能和贵贱、亲疏、远近、上下等抽象的相对地位相提并论？其实在我们传统的社会结构里最基本的概念，这个人和人往来所构成的网络中的纲纪，就是一个差序，就是伦。"[3]费孝通运用差序格局概念所分析的，是礼治秩序中的身份制和等级制要素，在他看来，差序格局是中国社会关系和伦理规范的基本特点。

但这里的差序格局却并非用来概括传统社会秩序的身份制色彩，而是用来表示其独特的、层次分别的政治空间结构。大一统的国家结构和文明型的国家格局为差序格局提供了物质基础，而差序格局则丰富了文明型国家内部的多样性和复杂性。这里的差序格局主要是就国家治理而言的，其能够起到降低治理成本的作用。一方面，"改革中的国家体制"、差序格局分布而又未完全模式化的基本宪制显示出内部高度流动性的特点，从而推动了政治共同体自我整合的趋势，即便其存在官方"表达"方面的单一性和法律强制性的制度分割（城乡、区域）。另一方面，政治空间的自主性、多元化在扩展制度试错空间的同时，也造成了政治社会体系的复合结构，这从消极方面表述，即为主权单位的内部非同质性。这种主权的高度复合特征，能够把急速、剧

---

〔1〕 See Zhaojie, Li, "Traditional Chinese World Order", *Chinese Journal of International Law*, 1 (2002), 20~58.

〔2〕 吴柳财：《从"伦有二义"到"差序格局"：潘光旦、费孝通社会学思想的脉络》，载《中国农业大学学报（社会科学版）》2022年第6期。

〔3〕 费孝通：《乡土中国》，上海人民出版社2007年版，第26~27页。

烈的制度变迁对社会所造成的压力和成本约束分散在不同的区域里面，使其不停地小型化，防止产生共同体矛盾的内向积聚或者向场域外扩散的效应；即便是在"去政治化的政治趋势"下，社会的阶级分化也会呈散状分布而非区域集中，不均衡发展而非整齐划一。不平等的合法化问题所冲击的是主权下的复合结构，而非直接面向高度发达的主权本身。

（三）差异平等

与差序格局联系在一起的另一个制度特点，就是传统秩序推崇一种差异化的平等。当代占据主流地位的平等观念，是一种形式平等观念，其主张的是相同的情况应同等对待。这一观念不仅适用于平等的公民个体之间，而且也适用于作为国家组成部分的各个地方单位之间。在其看来，唯有维持权利关系的平等，才能调动地方的积极性，才能维持地方对中央政策的认同，才能维持国家的统一和团结。然而，差序格局却为这种平等观的适用带来现实的困境：由于政治空间内部如此复杂、多元，地方与地方之间的历史、经济、政治、人口、宗教、民族、环境差异是如此之大，一刀切式的推行某种形式平等，只会带来结果上的不平等，拉大地区与地区之间的差异。因此，差序格局的地域结构决定了，在地方之间推行形式平等固然重要，但更重要的是根据历史经验，推行一种差异平等，即对不同的情况给予不同的处理（方式）。事实证明，这种差别对待不是一种专断的不平等，而是制度安排方面的一种卓越的实践性智慧。差异平等既不削弱地方的自治性权利，也不侵犯地方居民的公民权利和自由，相反，其却拓宽了平等观念的适用性，特别在自律性市场和立法万能的冲击的现代化条件下，为多元生活方式的竞争、交流和保护创造了条件。

（四）包容性秩序

以差序格局和差异平等为基础，传统秩序表现为一种高度复合的社会体系，一种高度包容性的社会秩序。[1]如果说政治空间上的差序格局为包容性秩序提供了空间条件，那么差异平等的观念则为包容性秩序提供了意识形态前提。包容性秩序指的是一个国家、一个文明、一个制度体系内部多元要素

---

〔1〕 See Zhaojie, Li, "Traditional Chinese World Order", *Chinese Journal of International Law*, 1 (2002), 20~58.

之间的流动、交流和融合。差序格局塑造了不同的地方之间资源禀赋、政治区分之间的差异性，使资源、要素的流动性存在必要，而差异平等又保证各个地方可以根据自身的特点来制定相关的发展政策和战略，来吸收优质资源，以保持自身在地方竞争中的优势地位。传统秩序的包容性可以概括为：①文明的包容性，即不同文明的因素可以在这一政治体内和谐相处、自由交流。②制度的包容性。与现代民族国家不同，传统秩序内部存在多元化的制度安排，尤其是地方之间。③生活方式的包容性。其能够吸纳、融合不同的生活方式。

（五）实践理性优先

无论是包容性秩序还是差异平等的观念，其都存在一种哲学基础，也即实践理性优先。对于实践理性，张维为教授指出："中国模式的哲学观主要是实践理性，就是在'实事求是'的思想指导下，一切从实际出发，不搞本本主义，不断总结和汲取自己和别人的经验教训，推动大胆而又慎重的体制改革和创新。这种哲学观和中华文明拥有世界上最强的入世文化有关。中国文化对人生、对现实、对社会的关注总是第一位的。中国没有西方意义上的神学传统，中国今天的实践理性背后是中国文化的世俗性。"〔1〕实践理性不仅与世俗化的公共政治文化相关，而且还与文明的多元化问题相关。

实践理性优先，即意味着其从来不优先假定世界上存在着一个由概念、逻辑构成、由思辨加以验证、可以不断抽象延展复制的封闭价值体系。"实践理性决定了实践活动的意义、目的以及所应遵循的理性精神和价值原则。"〔2〕具体到制度安排上，其不是从社会生活的产物，即抽象规则入手，不是从抽象规则推导出社会生活，而是从社会生活实际经验中提炼出抽象的制度。其并不假定制度和秩序具有超越时空条件的普遍性，可以不顾具体的时空条件进行文化、道德、规则和制度的复制和移植，或直接进行自上而下的设计，相反，其鼓励一切从实际出发，进行制度试验和文化交往。历史证明，以这种实践理性的政治文化为支撑的秩序，比那种由抽象逻辑演绎支撑的秩序，具有更多文化包容性。在实践理性优先的秩序观当中，所谓的文化多元主义

---

〔1〕　张维为：《中国震撼：一个"文明型国家"的崛起》，上海人民出版社2011年版，第100页。
〔2〕　阎孟伟：《"实践理性"的内涵及其当代意义》，载《教学与研究》2023年第11期。

问题，从来都是一个历史实践的问题，而非形而上学的问题。在实践理性看来，所谓的制度均衡，从来都不是永恒的或只凭制度就能完成的，相反，均衡仅仅是瞬时的，而流变才是历史的永恒，在制度安排当中，需要人的因素参与其中，而非只凭抽象逻辑的演绎。

四、地方立法对传统秩序观念的实践性继承

"通常来说，社会状况是事实的产物，有时也是法律的产物，而更多时候是这两者结合的产物。然而，一旦社会状况确立，它又可以反过来成为那些规制国民行为的法律、习惯、思想的首要因素，只要不是由它产生的，它都要加以改变。"[1]

（一）地方立法应尊重和反映民情

地方立法机关应当充分了解本地方的社会状况，使地方立法与本地民情紧密联系，立法中应当努力尊重和反映本地区的习惯、文化和民情。如慎到所言："法非从天下，非从地出，发于人间，合乎人心而已。"[2]

第一，通过多种途径充分了解立法民情。地方性法规的起草应当充分体现反映本地区的民情，在法规起草时，应当通过立法调研、访谈等多种途径了解立法民情。如广州市在启动图书馆立法工作后，就通过立法民情问卷调查的形式深入掌握本地区的立法民情，包括阅读对于更好工作或收入的重要性、市民获取信息的方式、市民利用公共图书馆的频率和时间、市民对公共图书馆服务不满意的原因及认为应当改进的地方、公共图书馆服务延伸到街（镇）的必要性等，通过对回收的 1885 份问卷的分析使立法者比较客观地了解了广州市民利用公共图书馆的情况，在此基础上制定的《广州市公共图书馆条例》有助于完善本地的公共文化服务体系。[3]又如，扬州市在村或者社区不同程度地设立了立法民情联系点，不管是法规草案的征求意见还是政府政策的制定，都能够通过征求立法民情联系点的意见来吸纳当地民众意见，同

---

〔1〕 ［法］托克维尔：《论美国的民主》（上册），董果良译，商务印书馆 1989 年版，第 33 页。

〔2〕 《慎子·逸文》。

〔3〕 参见潘燕桃、彭小群主编：《〈广州市公共图书馆条例〉解读》，广东人民出版社 2015 年版，第 242~253 页。

时，进一步提升了了解民情的广度、深度和效率。[1]

第二，地方立法应当充分尊重和反映本地区的优秀传统文化。[2]2021 年《关于进一步加强非物质文化遗产保护工作的意见》提出要"完善政策法规。研究修改《中华人民共和国非物质文化遗产法》，完善相关地方性法规和规章，进一步健全非物质文化遗产法律法规制度"。[3]例如，滁州市人大常委会就非常重视继承和弘扬优秀的传统文化，并于 2017 年 9 月 29 日颁布了《滁州市非物质文化遗产保护条例》，保护范围为本市行政区域内世代相传并被公认为文化遗产组成部分的各种传统文化表现形式，以及与传统文化表现形式相关的实物和场所。具体包括传统口头文学以及作为其载体的语言；传统美术、书法、音乐、舞蹈、戏剧、曲艺和杂技；传统技艺、医药；传统礼仪、节庆等民俗；传统体育和游艺；其他非物质文化遗产。市、县（市、区）人民政府应当加强对非物质文化遗产保护工作的领导，将非物质文化遗产保护工作纳入本级国民经济和社会发展规划，建立非物质文化遗产保护协调机制，协调解决非物质文化遗产保护工作中的重大问题。又如，铜陵市人大常委会 2017 年 9 月 29 日颁布了《铜陵市工业遗产保护与利用条例》，为了加强对工业遗产的保护与利用，传承和展示铜陵工业文明，弘扬历史文化。本条例所称工业遗产，是指铜陵历史上具有时代特征和工业风貌特色，承载公众认同和地域归属感，反映铜陵工业体系和城市发展过程，具有历史、科技、文化、经济、社会教育等价值的工业遗存。市和县、区人民政府负责本行政区域内工业遗产保护与利用工作，应当把工业遗产保护与利用纳入本级国民经济与社会发展规划，将保护经费列入本级财政预算。

第三，地方立法应尊重本地区的生活习惯。例如，三江源区生活的藏民，在高寒严酷的自然环境下形成了藏民族朴素的生态伦理观，三江源区生态保护立法应当"尊重高原藏族具有根基性的文化生存手段和适应模式的合理性，

---

〔1〕 丁纯主编：《扬州经济社会发展报告（2014）》，社会科学文献出版社 2014 年版，第 265～266 页。

〔2〕 See Trusler, Harry R. "Hasty and Local Legislation", *American Law Review*, 60（1926），362～373.

〔3〕 中共中央办公厅、国务院办公厅印发《关于进一步加强非物质文化遗产保护工作的意见》，载 https://www.gov.cn/gongbao/content/2021/content_ 5633447.htm. 2024 年 5 月 27 日访问。

认真对待和理性吸纳藏族生态文化中的优良资源，从传统精神资源中寻求价值和现代意义，使其成为我们立法的民情基础"。[1]

（二）立法者世界观应当转变

习惯与国家法应当始终保持和谐一致、相互融合的关系。在世界范围内，习惯一致是重要的法律渊源。优秀的法律规范均有一个共同点，均建立在对传统文化和民情习惯的尊重和衔接基础上。立法与民情的融合程度直接影响了立法的实施效果。立法者应重视这些民情对于地方立法的实效的作用，而不是单方面排斥。国家的善治必须要遵循民情，民情的好恶是立法的重要依据。商鞅曰："故圣人之为国也，观俗立法则治，察国事本则宜。不观时俗，不察国本，则其法立而民乱，事剧而功寡，此臣之所谓过也。"[2]清末在变法修律的过程中，就比较重视调查风土人情和习惯，一方面提出了习惯调查的观念，如光绪三十三年，大理院正卿张仁黼上书《奏修订法律请派大臣会订折》指出的："一国之法律，必合乎一国之民情风俗"；另一方面设置了习惯调查的机构，如光绪三十三年成立的宪政编查馆之《办事章程》第 13 条规定，"本馆调查各件，关系重要，得随时派员分赴各国各省实地考察"。[3]

周旺生教授认为："立法与民情相吻合，则意味着立法者在立法时要充分考虑、尊重人心人情所向所愿所望，充分考虑、尊重民众的习惯和风俗等。"[4]这些民情因素应当充分体现到我国的地方立法中。如表 5-5 所示，《景德镇市立法条例》重点指出了民情对地方立法的重要性，地方立法应当集中民智，反映民情，体现民意；《山东省旅游条例》（2016 年修订）等都突出了风俗民情的重要性。

---

〔1〕 张立等：《三江源自然保护区生态保护立法问题研究》，中国政法大学出版社 2014 年版，第119 页。

〔2〕 高亨注译：《商君书注译》，中华书局 1974 年版，第 69 页。

〔3〕 参见陈刚主编：《中国民事诉讼法制百年进程（清末时期·第一卷）》，中国法制出版社2004 年版，第 83~84 页。

〔4〕 周旺生：《立法学》，法律出版社 2000 年版，第 498 页。

表 5-5 地方立法中的民情因素

序号	法规名称	法规中的民情体现
1	《山东省旅游条例》（2016年修订）	各级人民政府应当坚持创新、协调、绿色、开放、共享的理念，突出地方人文历史、风俗民情、自然资源等特色，有效保护旅游资源，建设游客友好型社会环境，发展全域旅游，满足大众旅游需求，实现社会效益、经济效益和生态效益相统一
2	《景德镇市立法条例》	地方立法应当坚持立法公开，发扬民主，集中民智，反映民情，体现民意
3	《北京市人民代表大会常务委员会组成人员守则》（2023年修订）	常务委员会组成人员应当严格落实常务委员会组成人员联系市人大代表的制度要求，加强与基层市人大代表的联系，充分听取、吸纳和反映市人大代表的意见和建议
4	《吉林省实施〈中华人民共和国民族区域自治法〉办法》	尊重和保护少数民族的语言文字、风俗习惯、宗教信仰和传统节日，禁止破坏民族团结和制造民族分裂的行为
5	《河北省消费者权益保护条例》（2017年修订）	消费者在购买、使用商品和接受服务时，享有人格尊严、民族风俗习惯得到尊重的权利，享有个人信息依法得到保护的权利
6	《石家庄市肉品管理条例》（2021年修正）	生产经营肉品，应当尊重少数民族的风俗习惯和宗教礼仪
7	《大化瑶族自治县自治条例》（2017年修订）	自治机关保障本行政区域内各民族的合法权益，保障各民族都有使用和发展自己语言文字的自由；保障各民族公民有信仰或者不信仰宗教的自由，有保持或者改革自己风俗习惯的自由；尊重各民族的风俗习惯
8	《浙江省少数民族权益保障条例》（2016年修订）	各类媒体应当按照国家和省有关规定，尊重民族风俗习惯，做好少数民族工作的舆论传播和引导。 在有清真饮食习惯的少数民族人口较多的城市，应当合理布局、设置清真饮食供应网点，并对清真饮食服务企业予以帮助，方便少数民族公民生活
9	《太原市文明行为促进条例》	遵循文明旅游规范，服从景区景点引导、管理，爱护文物古迹，尊重当地宗教信仰、文化传统、风俗习惯

续表

序号	法规名称	法规中的民情体现
10	《南京市旅游条例》	旅游者应当遵守社会公共秩序和社会公德，遵守文明旅游行为规范。旅游者有下列行为之一的，依法给予处理，并按照规定纳入旅游不文明行为记录：……违反旅游地社会风俗、民族生活习惯……
11	《山西省旅游条例》（2017 年修订）	旅游者在旅游活动中享有下列权利：……人格尊严、民族风俗习惯和宗教信仰受到尊重……；旅游者在旅游活动中应当履行下列义务：……遵守法律法规、公共秩序和社会公德，尊重当地民族风俗习惯和宗教信仰……

不仅如此，一些地方性法规还专门对民风民俗和习惯做了规定，如《葫芦岛市殡葬管理条例》规定，遗体火化后骨灰自行存放的应当符合民风民俗等习惯；《融水苗族自治县自治条例》（2017 年修订）规定，各民族有保持或者改革自己风俗习惯的自由，尊重各民族的风俗习惯和传统节日；《四川省非物质文化遗产条例》规定，进行非物质文化遗产调查应当征得调查对象同意，尊重其风俗习惯、宗教信仰，不得损害其合法权益；《贵州省民族乡保护和发展条例》规定，民族乡应当保障少数民族合法权益，尊重各民族风俗习惯和宗教信仰；《玉树藏族自治州民族团结进步条例》规定，自治州内各民族干部和群众应当互相尊重语言文字、风俗习惯、宗教信仰，共同维护民族团结与社会和谐；《宁德市畲族文化保护条例》规定，畲族文化保护工作应当尊重畲族风俗、信仰和习惯，维护民族团结，不得歪曲民族历史和文化，不得伤害民族感情。

（三）立法方式的改进

地方立法与传统文化、习惯风俗及民情的合理衔接需要进一步增强地方立法的公开性和民主化程度，以保证立法能够掌握更多这些关于民情的知识和信息：

1. 强化地方立法公开

一方面，应当创新地方立法公开方式，使人民群众能够更为便捷高效地了解立法信息。地方立法机关公布立法信息的最重要的平台一般是通过本级人民代表大会的官网平台进行，但形式较为单一，公众对立法信息的获取也较为滞后，直接影响了其后期对地方立法活动的参与。由此，地方立法机关应当丰富立法公开的途径，其现状如图 5-1 所示，充分利用网络、媒体资源（包括自媒体）。建立和完善地方人大立法旁听制度，增强旁听的代表性，规范旁听程序，提高对旁听人员意见的重视程度。[1]另一方面，地方应当坚持以公开为原则，以不公开为例外，应当全方位进行立法公开，包括立法准备（包括立法规划、立法计划、立法起草等）的公开和立法过程的公开。截至 2018 年 1 月，我国已有《鹤壁市地方立法条例》《凉山彝族自治州立法条例》《三亚市制定地方性法规条例》《黔西南布依族苗族自治州立法条例》等 88 部地方性法规明确规定了地方立法应当坚持立法公开。

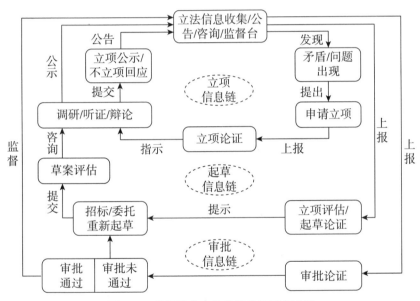

图 5-1　我国地方立法信息公开路径[2]

2. 在立法起草阶段加大调研力度

立法调研的目的在于收集有效立法信息，掌握实际情况，也是立法为民的重要体现。[3]在调研的过程中应当把群众普遍关心的问题作为立法调研的

---

[1]　参见李林主编：《立法过程中的公共参与》，中国社会科学出版社 2009 年版，第 71~72 页。

[2]　饶光明、石菊君：《论我国地方立法信息公开》，载《图书情报工作》2010 年第 11 期。

[3]　See Trusler, Harry R. "Hasty and Local Legislation", *American Law Review*, 60 (1926), 362~373.

重点，深入基层和现场，重视实地调研，充分听取多方利益主体意见的表达，及时高效地了解群众面临的问题。立法调研论证，应当通过多种形式，充分发挥人大代表、政协委员和基层单位的作用。立法调研论证应当明确需要解决的主要问题，立法调研报告也应当列明拟调整的社会关系以及立法的重点、难点，调研、论证和征求意见的情况。另外，立法调研应当有明确的责任单位，以保障立法调研活动的顺利开展。如《曲靖市人民代表大会及其常务委员会立法条例》规定："调研项目应当明确责任单位，责任单位应当组织开展立法调研和地方性法规草案起草工作。"另外，在地方性法规草案征求意见阶段充分听取群众意见和建议。

第三节　文化问题与地方立法的现代化

之所以将文化问题与地方立法的现代化联系起来，是因为相较于技术和制度层面的进步，文化才是中国现代性的根本问题，文化现代化是经济、政治和社会治理现代化的精神支撑和价值内核。在此语境中，立法，无论是以体制、程序、技术，还是以原则、观念的方式呈现，它都必须以现代化的价值为基础，并从现代诸原则中得到自身的正当化证明。[1]

所谓文化问题之于现代化进程的最基本，实际上的意思是，无论是"古今中西"的文明冲突说，还是"中体西用"或"西体中用"的中西融合论，都是从文化的问题来建构现代中国，对于这些问题来说，文化现代化意味着中国现代化进程真正完成。中国的现代化问题自始就是以现代化冲突和现代化问题的形式交替出现的，这些冲突归根结底就是传统的礼仪秩序和价值观在近代遭遇到了西方启蒙价值观，即自由、民主、平等、法治的挑战，[2]因此，中国的现代化，就是一个如何贯彻自由、民主、法治等价值观念的过程。以此为基础，地方立法的现代化，同样也是一个结合国情与各种地方性知识在具体的立法制度和立法规则当中贯彻这些普遍主义的价值观的问题。

---

〔1〕　参见廉睿：《让"意识"运转起来："中华民族共同体意识"融入中国式现代化的法治范式》，载《广西民族研究》2023 年第 3 期。

〔2〕　参见傅才武、李越：《论中国式现代化的文化道路问题——国家文化结构视野下由文化认同建构国家认同的逻辑》，载《山东大学学报（哲学社会科学版）》2024 年第 3 期。

一般而言，文化可以有广义和狭义两种含义。广义的文化实际上指的是由特定的实践经验、历史记忆、传统习惯、思维方式、制度安排、意识形态、生产关系等要素构成的生活方式。很显然，这一文化概念是一种综合性的概念。与之相比，文化的狭义概念在内容上则要狭窄也更具体得多，其更多指的是思想意识形态、价值观、生活理想等层面。可以看出，本节所谓的文化问题，所指的实际上是狭隘的文化，其具体所指，实际上是现代性原则及其价值观。

一、技术、制度与价值：现代化的三重含义

现代化作为一种已经融入我们生活并将在未来不断追求、进步和展开的生活方式，其存在是实体性的，其既可以是一种与前现代不同的技术世界，也可表现为一种与传统的而礼乐秩序不同的制度结构和安排，更可表现为与国王支配性的礼仪原则不同的价值观念和正当性原则。概言之，现代化实际上包括技术、制度与文化三重含义，并且，在这三者当中，文化价值观，或者是那些区别于传统特殊主义的普遍主义的正当化原则，是决定性的。

现代化首先意味着技术的现代化。但必须注意的是，这里的技术并不仅指现代科学、技术以及由此带来的生活变化，而系指一个技术化的、与传统不同的物质世界，正是由于现代性的技术进步，才决定了人类的生存方式并拓展了向未来发展的可能性。我们可以总结出这个技术化世界的几个典型特征。譬如，科学世界观颠倒了人们以前目的论的宇宙观，为人们有意识地改造自然、征服自然打下了基础。科学技术代替以前简单地人力堆积，成为提升生产力的决定性因素，由此带来生产率的提高。也正是由于现代科学世界观的启蒙和科学技术在实践中的应用，人们才创造出了与传统农业文明截然不同的工业文明。以工业为基础，人们进而创造出巨大的城市，后者成为人类活动的中心，而传统的乡村日益处于依附的地位。一句话，现代性的技术文明带来的是物质生产方式的巨大变革，经济的力量逐渐被解放，逐渐代替传统身份的、封建的、宗教的、部落的、血缘的、民族的因素，开始成为人们社会关系的决定性力量。[1]在此意义上，马克思的经济决定论可以说是现

---

〔1〕　参见雷磊：《"中国式法治现代化"释证》，载《法学论坛》2024 年第 3 期。

代化意识形态的一个有机组成部分，它有力地解释了现代世界的经济—技术特征。

　　现代性的第二层面的展开无疑是在制度方面，即自近代化以来，人们逐渐发展出了与传统的礼仪社会不同的权力安排组织方式，统治与支配变成了不同的形态和性质，以及不同的社会结构。随着社会规模的扩大，原先作用于小团体、小区域治理的单一意志统治、目的统治的治理方式日益难以维持，加之人们发现经济活动中的自发性均衡现象，人们开始遵循一种与传统权威秩序区别甚大的自发秩序。社会经济交往规模的扩大产生了政治领域的理性化的要求，由此，近代官僚制逐渐发展起来，它克服了地域、部落、封建的分散化因素，创制出了庞大而理性化、集中化的国家权力，以及民主国家实体。与官僚化相应的另一个趋势，是对庞大的民族国家权力的驯服，在此，传统的君权神授、主权在君逐步被转化为主权在民原则，人民通过普遍意志的实现成为最终的统治者，以此为基点，现代社会的制度结构开始向着民主化、平等化、契约化的方向发展。最后，人们创生了法治的制度安排，其不仅对民主化的主权权力施加了规则的约束，而且真正在人们交往规则层面确立平等原则，从而用平等的法治秩序代替了传统等级化的礼仪秩序。

　　现代化不仅意味着人类的技术手段、制度结构的变化，还意味着人们道德世界观的变化，并且后者更为根本。如果说现代性的技术因素改造提升了人类的生存条件，现代化的制度结构规范了人们之间的社会关系，塑造了人们的行为模式，那现代化的道德世界观则是解决了人们的动机问题，并同时为现代世界的技术增长、行为准则，以及人们利用这些共同的准则来满足自身欲望、实现利益最大化提供了合法性证明。很显然，技术手段及利用，新制度的创设及普遍接受，都是由具体实践中的人完成的。如果人们不能首先从道德心理层面认可新的世界，接受新的道德准则，那么其是不可能去自主地创生和推进现代化的政治、经济及规则系统的。换句话说，没有道德世界观的改变，没有人为政治和道德评价方式的转变，人们是不可能创生出现代文明及其生活方式的。因此，相对于技术集成和制度设置，道德世界观才是本源性的。

　　与传统适用于封建秩序、礼仪社会或神权政体的世界观不同，现代性的世界观首先是高度世俗化的，它摒弃了各种目的论、至善论和形而上学的色彩，充分肯定了人们对于自身利益追求的正当性，尤其是自利的政治经济价值。新世界的价值观是普遍主义而非传统特殊主义的，它具有一般性、平等性、公共的可接受性等显见的特征；这也就决定了，现代世界的认同不再可能建立在某些特殊主义的宗教、伦理、传统、习惯之上，而是建立在那些高度理性化、具有普遍适用性的原则和价值观念身上。质言之，它促成人们认同方式的改变。与此相关，现代性的道德世界观，特别是其诸原则、观念和理想，也彻底改变了正当化的方式。在现代社会，特定的生活方式和制度安排已经不再通过上天、上帝等范畴获得正当化变化，而是诉诸民主、法治、平等、权利等理性的政治道德观念，概言之，现代政治和立法体制的运作，其正当性或者取决于人们的普遍同意，或者取决于对基本权利与自由的平等保障，或者取决于对于平等价值观特别是分配正义的实现。

在这种现代化的结构框架内，文化问题对于地方立法的现代化而言，同样是最基本的。只有充分地遵循并践行了现代价值观，地方立法才能说是真正实现了现代化。同时，地方立法还应当立基于城市传统积淀和未来发展定位，运用立法表达技术在法律文本中充分反馈地方特色。立法表现技术则应当与城市发展价值相契合，确保立法决策顺应城市发展规律。[1]然而，在这一问题的分析过程中，我们首先得重视地方立法在现代化过程所可能或已经遭遇到的各种困境与矛盾。

二、文化与地方立法现代化的困境

当然，为文化问题进行辩护是一回事，将特定的文化价值观在实践中予以贯彻则是另一回事。几乎所有的现代化论者（包括法治现代化论者），哪怕对于现代社会的前景和理性再乐观，也都不会否认，中国法治的现代化工程自始即面临着诸多的困境和矛盾。比如，在早年讨论 20 世纪中国的现代化与法治问题时，苏力教授就深刻指出了中国法治现代化所面临的五重悖论，即变法和法治、法律与立法、国家与社会、理想与国情、普适性与地方性。[2]这些矛盾同样存在于地方立法的现代化过程中。

---

〔1〕　张琼：《类型化视野下的地方立法能力及其现代化路径》，载《法商研究》2023 年第 1 期。
〔2〕　参见苏力：《二十世纪中国的现代化和法治》，载《法学研究》1998 年第 1 期。

当前地方立法的现代化主要面临这样几层矛盾，其分别为制度变革与法治的稳定性、正义与效率、发展与正当性、普遍主义与地方性知识、原定则与权宜。可以看出，地方立法的现代化虽然取决于其对现代价值观和原则的贯彻程度，但这种贯彻以及随之而来的法治规则需尊重某些事实性的知识，尤其是特定的时空条件。唯有与特定的事实相结合，那么原则和价值才能结构化为良性的秩序状态。但另一方面我们也可以看到，这些事实性的要素，又在很大程度上对地方立法的现代化水平产生掣肘，从而造成了诸多矛盾。

（一）变革与确定性

中国的现代化并未定型，因此其基本上仍然是一个现代化变迁的过程，即一个从农业社会转向工业社会、从传统国家式的集权治理转向民主多元治理、从过去身份制、等级制的社会结构向平等的社会结构转变的过程。当然，这一过程中也包含着价值观念的巨变，传统的礼仪、天理、道德乃至革命乌托邦理想已经不太可能引导人们去畅想未来，进言之，它们已经逐渐丧失了描绘现实、凝聚共识、刻画未来的能力，因而被世俗化、理性化的权利、平等等现代共识所代替。但是，这种变迁过程对于地方立法的现代化而言，本身就是一种压力。现代性具有不断变革、不断进步的本质。变革意味着人们交往形式的改变，意味着社会利益格局和人们需求的变化与增长，意味着人们的评价标准和审美趣味的变化，它为人们的生活带来了不确定性。而现代化的地方立法及其创造的法治秩序的首要要求，就是能够创制一个具有稳定性的制度框架，并能够通过明确的规则来为人们的行为提供可靠的预期。这样，现代化本身的变革性与法治所要求的稳定性、确定性之间形成了矛盾。

（二）正义与效率

现代性根本特征或者是基本价值观是权利为本，立法体现了权利为本的价值观。以此为基础，所谓的法律正义，[1]或者更准确地说是在立法当中实现的正义，实际上是看其是否平等规定和有效保障了公民的基本权利和自由。可以说，这一以权利和自由为基准的正义观念，在现代化的地方立法中应当占据优先地位。但现实的问题是，立法者往往会基于社会福利的理由去自由

----

[1] See Blumenthal et al, "Poetic Justice, Legal Justice", *Cornell Law Forum*, 13 (1987), 2~7.

地裁剪公民的权利，或者就是直接用效率的原则去代替正义原则，为了追求效率的提高而单方面地通过立法来限制公民的基本权利和自由。特别是在地方立法中，地方政府往往会基于自身的利益偏好、部门利益以及特定社会集团的利益判断去推动地方立法，而非恪守正义的原则。如此，就不可避免地形成法律正义的要求与提高效率之间的矛盾。

（三）发展与正当性

不仅是传统社会，即便是现代社会，也要根据一定的依据、运用一定的手段来论证自身的正当性。在现代社会，人们用权力约束和权利保障来论证制度结构的正当性，用平等来论证分配正义的正当性。可见，现代社会的正当性就维系于这些由自由、权利、平等构成的价值观上。任何一个社会，任何一个合法有效的制度安排，如果想要为自身的正当性辩护，就要努力贯彻这些价值观，如果不同的地区和政治体存在区别，就是其能够根据自身的时空条件来对这些价值观做出不同的排序和组合。地方立法不仅存在同样的正当化需求，而且其本身就是在运用规则、法治的原则来对地方治理和制度供给予以正当化。但除正当化之外，现实中中国的现代化进程还存在强烈的发展需求。就是说，其不仅应当用现代价值原则论证自身的正当性，而且还要把一个落后的农业国家转变为一个发达的工业国。在此，发展与正当化，就构成了另一对矛盾。

（四）原则与权益

现代社会是一个高度抽象的社会，它比传统社会更有效地将出身于不同地域、种族、宗教的人们组织在一起。这样一种抽象社会，其赖以维系的基础是抽象的，能够获得人们共同认可并以之形成社会共识的基础，也是抽象的。这即社会组织原则。在现代社会，原则具有至高的地位，其不仅能够促使人们去评价现行的制度安排，以求平等地分享社会合作中的权利和利益，而且还可以用来指导人们对于现行制度安排的改进。对于地方立法而言，原则同样是最基本的，原则不仅要高于一般性的规则，而且要高于政策、政府即时性的目的以及意志。另外，我们又可以看到，地方立法以及地方治理中的各种权宜又是随处可见的，这些权宜或者是为了贯彻政策、短期目标，或者是为了提升制度安排对于社会实际的适用性，从而取得更大的政治经济绩效。

(五) 普遍与特殊

无疑,现代性的价值观是高度理性主义、普遍主义的。[1]地方立法想要保持现代化的水准,其就应贯彻那些已经经过理性证明了的、普遍主义的价值与原则。然而,现实中的问题却是,地方立法应兼顾各种特殊主义的因素。这背后的理据包括:①地方立法本身即地方治理的手段,其适用于地方,就应照顾到地方的特色;②地方立法想要在地方保持充分的有效性,除通过民主立法的手段获得其合法性基础之外,还要兼顾各种地方性知识,因为唯有与这些地方性知识、具体性的智慧相结合,那些抽象的规则和原则才能真正深入社会经济内部,才能使立法所提供的制度安排适应社会环境的变化;③地方立法如果想要真正地创生出一个良性的治理秩序,那其就应学会与各种非正式制度安排相结合,如此不仅能够降低立法本身的社会成本和执行成本,而且会使地方立法更加贴合于地方实际,反映其实践性的智慧和经验。如此,不可避免地,地方立法又是特殊主义的。在现代性语境当中这种特殊主义就与现代性本身的普遍性形成张力。

三、实现地方立法现代化的一些建议

地方立法现代化过程虽然会存在诸多矛盾,但这一现代化过程是不可逆的。我们所能够做的,仅仅是采取各种措施使损失降到最低限度,同时获得收益的最大化。针对上述矛盾,笔者尝试着提出以下建议。

(一) 确立人大主导的新型地方立法体制

"1982 年宪法,搭建起了国家现行立法体制的框架。这个立法体制的基本指导思想,是处理好最高国家权力机关和它的常设机关、权力机关和行政机关、中央和地方之间的关系,合理配置立法权限,发挥几个方面的积极作用,又能保持法制统一。"[2]对于地方立法现代化过程中的诸多矛盾,其应对之策无疑还是应该从制度入手。立法现代化的诸多困境,归根结底,都与地方立

---

〔1〕 See Coyle, Sean, "Legalism and Modernity", *Australian Journal of Legal Philosophy*, 35 (2010), 55~84.

〔2〕 张春生:《我国立法体制的变迁与创新》,载《法治日报》2021 年 9 月 9 日。

法的官僚化现象有关，都与地方政府垄断地方立法的现象有关。因为政府及其职能部门对立法的实质性垄断，不仅抑制了社会团体、专家学者对立法的共同参与，而且还削弱了人大及其常委会的立法职能。周旺生教授指出："全国人大和地方人大开会时，国务院和地方政府的许多负责人以代表的身份参加大会或列席会议，因而直接影响法律和地方性法规的通过。许多政府部门虽然无权提出立法议案，但它们往往承担法律或法规草案起草工作，因而也对立法施以影响。"〔1〕《立法法》虽然规定了由全国人民代表大会常务委员会负责制定和通过立法规划，但在实际的立法中却广泛存在着政府越权变相制定立法规划和变相影响人大常委会制定立法规划的情形，比如政府在制定和颁布立法规划时把地方性法规的制定同时列入政府制定的立法规划当中。此外，根据相关法律、法规的规定，有权提出法律、法规草案的主体包括人大各专门委员会、人大常委会、法院、检察院、代表团或一定数量的代表，就是说，法案起草主体是多元化的。但在现实中，政府及其部门起草的法律、法规仍然占据多数，法案起草的比例呈现出失衡的状态（见表5-6）。

表5-6 珠海市人大常委会 2016 年立法工作计划中提请初次审议的 8 个项目〔2〕

序号	法规名称	起草单位	提请审议主体	初审专委
1	《珠海经济特区公共安全技术防范管理条例》	市公安局	市政府	内司委
2	《珠海经济特区物业管理条例》；废止《珠海市物业管理条例》	市住房和城乡规划建设局	市政府	城建环资委
3	《珠海经济特区安全生产条例》；废止《珠海市安全生产条例》	市安监局	市政府	财经委
4	《珠海市人民代表大会常务委员会关于珠海经济特区横琴廉洁岛建设的决定》	市监察局、横琴新区管委会	市政府	内司委
5	《珠海经济特区企业绿色排放条例》	市环保局	市政府	城建环资委

---

〔1〕 周旺生：《立法学教程》，北京大学出版社 2006 年版，第 165 页。
〔2〕 图中资料来源于中国法律信息总库。

续表

序号	法规名称	起草单位	提请审议主体	初审专委
6	《珠海经济特区环境保护条例》；废止《珠海市环境保护条例》	市环保局	市政府	城建环资委
7	《珠海经济特区建筑物外立面管理条例》	市住房和城乡规划建设局	市政府	城建环资委
8	《珠海经济特区市容和环境卫生管理条例（修改）》	市政和市林业局	市政府	城建环资委

2011年，《中共全国人大常委会党组关于形成中国特色社会主义法律体系有关情况的报告》首次提出要发挥人大及常委会在立法中的主导作用，随后十八届四中全会《关于全面推进依法治国若干重大问题的决定》进一步提出要"健全有立法权的人大主导立法工作的体制机制，发挥人大及常委会在立法工作中的主导作用"。人大主导型立法体制的制度内涵，"就是在我国立法过程中，应由人大把握立法方向，决定并引导立法项目、立法节奏、立法进程和立法内容、原则与基本价值取向"。[1]人大要发挥在立法中的主导作用，就需重申人民代表大会这一政治制度，在实践中重新调整人大及其常委会与政府及其职能部门之间的关系，坚决贯彻人民民主的价值观念，杜绝立法部门化倾向。

（二）规范政府参与立法的边界

除建立健全人大主导的地方立法体制之外，地方立法现代化困境的另一个应对之策毋宁是努力贯彻现代价值观念，规范政府参与立法的边界。规范政府参与地方立法的边界，具有遏制地方立法部门利益法治化，实现立法公正的重要意义。因而，其对于促进地方立法现代化的作用是不言而喻的。

1. 坚持精立多修的立法工作方针

目前，我国已经形成了一个门类齐全、数量较为庞大的法律体系。截至2024年3月，我国现行有效的法律达300件，地方性法规14 370件。[2]在社会主义法律体系已经初步形成且不断完备的背景下，要规范政府立法参与的

---

〔1〕 李克杰：《"人大主导立法"的时代意蕴与法治价值》，载《长白学刊》2016年第5期。

〔2〕 数据来源于"国家法律法规数据库"，https://fck. npc. gov. cn。

权力，重新寻回人大主导的立法体制机制，人大及其常委会就应当转变一直以来的以立法为中心，以修法、废法为辅助的工作方针。如果说在社会主义法律体系建设的初期，立法者工作的核心思路是尽量使改革开放和社会主义市场经济建设"有法可依"，因而需要加紧制定新法，哪怕是由政府部门主导，那么现阶段人大及常委会的立法工作中，就应当把对现行法律、法规的评估、修改和废止作为工作的重点。同时，完善立法前评估制度，预防立法割裂、立法重复和立法冲突。[1]

立法工作方针转变所具有的对政府及其部门主导立法现象的抑制效果在地方立法中表现得更为明显。由于地方长期推行的是一种政府主导治理事务的治理，地方立法权力的扩张和法治试验，都可能被政治精英们用来巩固权力。2015年《立法法》的修改，进一步将地方性法规的制定权授予设区的市，后者也开始准备行使立法的权力。但是，观察各市制定的立法规划和立法计划，其突出特点是立法规划和计划的数量较多，且把制定法规作为最紧要的任务，存在忽视立法质量而片面追求大而全的立法体系的问题。考虑到这些地方人大及其常委会本身的立法能力较低，立法人才急缺的现实，若盲目偏重于新法的制定，追求立法数量的增加，势必强化其对地方政府及其部门的依赖。[2]因此，在立法规划的制定过程中，地方立法机关应当处理好立、改、废之间的关系，关注需要修改或废止的法律、法规，并及时把其纳入立法规划或立法计划之中。

2. 规范政府参与立项和法律、法规起草的行为

法律中的实质性条款以公民的权利和义务、政府的权力与责任为基本内容，它们构成一部法律、法规的核心内容。规范政府参与立法边界的一个非常重要的方面，就是对政府参与实质性条款的制定权限确立一定的标准和限度。一方面，人大或常委会在审议政府部门负责起草的法规时，对涉及权利、义务方面的规定，应当尽量充分、具体地予以审议，包括其合法性、合理性和必要性等内容；另一方面，政府职能部门作为法律、法规草案的起草者，当涉及本部门职权性的规定、强制的管理手段以及相对人权利义务条款设置

---

〔1〕 参见吕稣：《地方环境立法系统性困境与出路探析》，载《华侨大学学报（哲学社会科学版）》2024年第2期。

〔2〕 参见汤能干：《地方立法科学立项的原则、标准和程序》，载《湖南社会科学》2023年第3期。

时，应当遵循必要的设置规则。具体来说，政府及其部门在牵头法律、法规的起草工作时，需要注意以下几方面的问题。

（1）严格法律法规主管部门的设置条件

在立法过程中，一个非常重要的部分就是对法的主管部门条款的设置。主管部门经依法授权，享有管理某一行业或领域的权利义务，是法律、法规得以有效实施的保障。一般来说，地方性法规主要由对口的行政部门起草，起草主体同时也是执法主体，也即我们所称的法的主管部门。一方面，现实中一部法律、法规的执行往往需要多个行政主体相互协助，但另一方面，如果在立法法中设置的主管部门过多，那就容易导致负责行政主体不明确、执法不作为、执法不当等问题。[1]如果负责法案起草的行政部门时常以本部门利益最大化为指导，那就会普遍衍生"避责就权"心理，在分配执法主体权利和义务时对自身责任性条款规定较少，各执法主体之间的权责不明确，在执法过程中出现相互推诿和监管虚置。

因此，其一，政府部门在起草法案的过程中应当严格遵守《宪法》《地方组织法》等宪法和法律的有关规定，坚持权责明确和权责一致，不得借用法规的名义扩大本部门的职权或限缩本部门的行政职责。有关政府部门在对法案中具体的法的主管部门的设置条款在提交人大或常委会审议时应附相应的论证材料。其二，政府在参与法律、法规的起草过程中，应当严格区分政府公共服务事项和单位、个人自己承担的事项，避免政府通过参与立法草案起草来减轻其义务性的职能，增加行政相对人的负担。其三，政府部门在起草法案时，需要授权其他社会团体、企事业组织、行业管理机构为法的主管部门时，应当针对具体条款作出说明，包括其合法性与合理性，以避免政府部门授权其下属行业组织而导致行业垄断和利益垄断。

（2）严格政府部门在法案起草中设置行政强制性的管理条款的设置条件

对于包括罚款、查封、扣押财物、限制人身自由、设定行政许可在内的行政强制性的管理条款的设置，我国法律作出了较为严格的规定。按照《行政处罚法》《行政许可法》，地方性法规可以设定除限制人身自由、吊销企业营业执照以外的行政处罚；尚未制定法律、行政法规的，可以设定行政许可，

---

〔1〕　参见汪全胜等：《法的结构规范化研究》，中国政法大学出版社 2015 年版，第 151 页。

若同属于地方性事务可以设定扣押财物、查封场所、设施或者财物方面的行政强制措施。省级人民政府可以对法律、法规的处罚行为作具体规定，没有上位法规定的情况下可以设定警告或者一定数量罚款的行政处罚和临时性的行政许可，但罚款的限额需由同级人大常委会规定，若临时许可满一年仍要继续实施，需提交同级人大及常委会制定地方性法规。"制定行政许可法，对于巩固行政审批制度改革成果，履行我国对外承诺，进一步推进行政管理体制改革，从源头上预防和治理腐败，都有重要意义。"[1]法律之所以要把强制性的行政管理的设定权主要授予高位阶的立法主体，其原因一方面在于，上述行政权在行使的过程中容易减损相对人权利或增加其责任和义务，对相对人造成不利影响。另一方面行政强制性的管理条款的设置也包含着巨大的利益，以行政管理中的资质等级评定、资产评估等为例，由于这些事项对专业技能的要求比较高，需要专业的机构予以评估、确认，政府部门在参与法案起草的过程中可能会通过规定让与其有利害关系的机构负责，以巩固本部门的垄断或行业垄断。因此，在政府起草法律、法规草案时，若需要设置行政强制性的管理条款，就应当对具体有关条款的合法性和合理性做出分析，并在提交人大或常委会审议时一并附件报送论证说明。

（3）规范政府部门起草的法规草案中关于相对人权利义务的规定

《立法法》在赋予设区的市的地方政府规章制定权的同时，还设置了相应的"权利不得减损条款"，即"没有法律、行政法规、地方性法规的依据，地方政府规章不得设定减损公民、法人和其他组织权利或者增加其义务的规范"。但这并不意味着地方政府就不存在通过立法限缩公民权利，增加公民义务的其他途径。多数法规草案出自政府部门；加之其对本领域的技术、信息、经验的掌握，在法规的起草审议中有较大的发言权，因而就容易出现对相对人权利、义务规定失范的问题。要防止政府部门假用立法机关之手不当地弱化公民的权利，强化公民义务，那就要求在政府部门负责起草的法规中，在法规论证和审议的过程中，重点对涉及公民的权利、义务的条款进行论证、审议。政府部门在起草地方性法规时，若需要减损公民、法人和其他组织权利或者增加其义务的规范时，应当对有关具体条款做出解释和说明。

---

[1]　张春生、李飞主编：《中华人民共和国行政许可法释义》，法律出版社 2003 年版，第 8 页。

3. 为政府及部门参与立法设立责任和激励制度

当相关制度日益完善，政府及部门通过参与立法谋取私利的空间越来越小，政府立法参与的积极性就会随之减弱。在这种情况下，如何提高政府及部门参与立法的积极性，就是我们需要解决的问题。客观来讲，政府及其职能部门参与法律、法规的制定可能面临多种结果：首先，某些立法本身对某些政府部门不能产生利益，甚至只会造成责任、负担，但该法的制定需要这些政府部门的积极参与配合；其次，一些立法对有关部门能够产生微弱的利益，但随着立法的科学化推进，这些部门在参与立法的过程中难以把部门"私货"夹带到立法当中，失去利益的驱动，政府部门被动地对待该项立法，导致立法的久拖不决；再次，某些立法中涉及较为重大的利益，政府部门受利益的驱动积极参与到立法当中，由于缺乏相应的监督制约措施，使某些部门在参与立法的过程中可能实现本部门的"利益法治化"，本部门的利益得到进一步扩展；最后，随着立法参与机制的发展和完善，政府及部门在参与的所有的立法中都难以夹带部门利益"私货"，若参与立法只能严格按照有关的规定秉公立法，毫无私利可言。政府及部门对立法的参与本来就是一种权利，并非责任或义务，由于人大的立法能力有限，需要政府及部门的配合，但政府部门态度较为消极，即使强硬施压也难以提高其参与立法的积极性。

因此，可行的对策是在对政府参与立法施加消极的边界约束的同时，为其设立责任与激励机制。具体可在《立法法》中设置专门性的条款对政府及部门参与立法做出规定，为其立法参与权利设定一定的责任性义条款。同时，为了保持政府及部门参与立法的积极性，还需辅之以激励性条款，包括把政府参与立法的成果作为其治理绩效的一部分，纳入政绩考核机制。此外，地方在制定地方立法条例或者法规制定办法时，也应当对政府参与立法的行为做出规定，包括责任性条款和鼓励性条款。

结　语

地方立法、法治中国与国家治理的现代化

　　地方立法动力论是从经济、政治、社会、文化等多个角度展开的，其囊括了地方政府间竞争、国家治理的现代化、市民社会建设、公共道德观念等一系列富有代表性的政治经济学要素；这些要素作为一种实质的动力，塑造了立法各个维度的特性。这包括国家治理的现代化变革与地方立法权的扩张、国家能力建构与地方立法的自主性、地方治理的法治化与地方立法权力配置的调整、地方政府间竞争与地方法治实验、地方发展型政府与地方立法政策的选择、市民社会兴起与地方立法的法治化、公共参与和地方立法的民主建设、良序社会建设与地方立法的职能转变、公共道德观念与地方立法的实效性、传统秩序与地方立法的实践性继承。

　　将地方立法与这些政治经济学事实联系起来，阐明立法动力机制的目的之一是更好地去理解立法。立法，当然包括地方立法，虽然是出自国家的行为，但其却并非国家意志的简单体现，而是背后存在着深厚的政治、经济与社会动力。立法也并非某种单一、抽象的价值或观念的实现，因为即便承认立法背后意识形态因素的作用，这种意识形态也必然是复杂的，不仅民众所持的道德信念可能影响立法，立法者的世界观和道德观也可能左右立法政策的选择；并且更重要的是，如果脱离社会、经济和政治力量的支持，单凭价值信念和道德的力量，是难以推动制度变迁的，价值观念不会自动发声，有些价值观念恰恰需要借助政治、经济、社会领域的支持，或者，转化为经济的需求、政治的运动、社会的支持，才能准确地作用于立法。构建地方立法动力学的目的之二是要指导立法实践。只有弄清楚立法背后的决定动因是什么，才能真正了解立法为什么是这个样的。只有更好地理解动力机制，才能在更为广阔的政治、经济、文化、社会、制度视野中来视察立法行为，才能为其提供指导，洞见其问题和不足，为化解其问题提供最优的答案。

一、对决定论思维的批判

当然，地方立法的动力机制也不是仅有这些。如承认社会生活的本质是实践的，那么社会生活就是方方面面的，因而可以充当地方立法动力的因素也是无穷多样的。想要实质性地研究地方立法除本文列举的那些政治、经济、社会、文化因素外，还存在一些重要的政治经济学事实需要人们去认真对待。例如，发端于西方资本主义世界体系的全球化运动正如火如荼，其作为一种综合了经济、政治和意识形态的、席卷世界的力量，已日益深入每一社会内部和角落当中，成为正在发生的历史和支配我们思维行动的当下。立法的地方立法，即使仍然是主权国家的权力部分，难道就可以避免全球化的冲击与影响？难道我们可以认为国家边界可以阻挡全球化力量的渗透？如果肯直面全球化过程中所存在的去民族国家化面向，那么其对地方立法的影响是毋庸置疑的。

这里的目的不是要否认这些因素对于地方立法的影响，而是正如前文所指出的，这里所要刻画的地方立法动力学，只是传统政治经济学视野的一个延续。探究地方立法的政治、经济、社会和文化动力，[1]希望展开对立法活动的实质性研究，不能把立法活动单一化或形而上学化，简单地将立法固定为政府偏好或统治者的一致的体现。在立法动力的视野内，通过对地方立法背后那些决定性的力量和因素的关注，我们也即展开对于地方立法的实质性研究。将政治、经济、社会和文化等多方面的政治经济学事实与地方立法联系起来，并探明它们实质的关系，归根结底，是对任何形式的决定论思维的批判和反对，这里不仅反对经济和制度决定论，而且反对社会和文化决定论。

首先，地方立法的实质动力学反对那种简单的政治决定论思维。除把立

---

〔1〕 See Neumann, Richard K. Jr, "Legislation's Culture", *West Virginia Law Review*, 119（2016），397~468.

法简单视作统治者意志的产物之外，政治决定论最重要的形态毋宁是制度决定论或整体思维。他们普遍认为，对于人的行为而言，只有制度才是关键性的、必然的，只有政治的支配状态才是最基本的，其他的因素如资源禀赋、人口、文化传统、经济水平等都是偶然的、次要的。有什么样的制度就有什么样的行动，有什么样的制度就会产生什么样的立法。制度决定论的思维方式有这样几个要点：其一，制度决定论假设，人的行动和世界观包括立法者的行动和世界观，都是由制度锁定的，立法具有何种性质、功能和特征，都是由制度的结构和品格决定的。换言之，要想取得优秀的立法成果，关键不是要看立法者的德性和世界观，抑或社会民众的精神信仰、社会的经济发展水平和自然条件，而是要看是否存在正当合理的制度，制度能够弥补立法者的不足，能够克服自然和社会的条件的约束，最后保证所得的立法符合制度的设想。其二，制度决定论普遍采取制度普遍主义的态度，而忽视了制度具有内生性的特征，其本质上乃是一种生活方式，而人类的生活方式具有多样的特征。按照制度决定论的观点，人们无法理解为何政体完全不同的社会会产生相同或类似的立法，而政体接近的社会却产生区别较大的立法。其三，制度决定论关注的大多是正式制度，而对于非正式制度，则往往视作非理性的传统、会产生高交易费用的习俗，并采取弃之不顾的态度。其四，到最后，现代化过程中，制度决定论又是权力实证主义的，其主张政府和立法者应当运用手中的权力直接创造法律，或者直接从发达国家移植一套制度和法律。这样，在制度决定论的思维之下，立法或法律的政治经济文化内涵实际上被压缩了或抽空了。

其次，地方立法动力学还反对那种简单的经济决定论。简单的经济决定论认为，立法作为一种政治上层建筑，只是经济因素的一个反映。不需要其他条件，经济自然而然地能够决定立法。这种经济决定论的错误是明显的。其一，这种经济决定论将马克思所谓的生产力、生产关系、经济基础等范畴与经济科学所谓的效率、国内生产总值、产值最大化混为一谈，前者关注的是对社会关系的批判，而后者关注的则是利润和收益。其二，经济决定论陷入一种线性思维当中，把人的活动包括立法者的活动与经济因素定格化。其三，经济决定论把经济范畴神秘化，在其眼中，经济因素仿佛就是一个独立于人类实践并能够对人们的立法实践产生决定性作用的领域，经济实质上是人类实践的一种形式，借助经济手段去解决问题，本质还是在用实践来解决问题。其四，经济决定论混淆了经济因素发生作用的方式，即经济因素作为一种历史因素，是从长时段来看的。这即说，在短时段内，经济因素并不总是在起作用，我们不可能事无巨细皆归因于经济因素。其五，经济决定论也忽视了，经济因素虽然是最基本的，但在大多情况下其往往是间接发生作用的。经济因素要想作用于立法，其往往需要一系列的环节，而不是直接去定格立法。

再次，地方立法的动力学也反对简单的社会决定论，或者更准确地说，是那种社会秩序自我演化、自生自发的观点。按照社会决定论的逻辑，其首先反对的是立法行为，无论是代议制机构抑或政府部门，因为在他们看来，这种出自国家权力的立法往往会给社会带来一种专断性、压制性的力量，进而阻碍社会秩序的自我演化。因此，要扶持社会的自发力量，首要的任务就是限制国家（包括地方政府）的立法权力的边界，以为自发的制度成长和实验创造空间。在严格限制国家立法权力边界的基础上，其又主张社会力量的积极参与，在其看来，但凡是出自社会的力量，都是积极的，国家的角色则是消极的。即便是利益集团的活动，那也属于自治的活动空间，因此其结果也必然强于国家权力的干涉。既然立法者的意志是不可靠的，那么立法值得信赖的动力，就只能来自社会。社会决定论或迷信自发的社会力量的观点，最初来自对国家和立法者神话的反抗，其首先批判的是那种无限主权或无限立法权力的观点，其认为，国家立法权力的过度膨胀，只会造成国家机器膨胀以及统治者专断的局面，最终导致对自由的社会领域的侵害。因此，公民安身立命的社会才是可靠的领地。但社会决定论却存在矫枉过正的嫌疑：其一，其过高地估计了社会自我维续的力量。实际上，离开国家政治权威的控制，正常的社会秩序无从建立，更不用说自我维续，如果没有立法者的参与和国家意志的承认，那社会中自发形成的规则、传统和惯例也很难具有普遍的效力，更不可能具有立法那种形式理性。其二，社会决定论也想当然地将社会中的一切因素视作善的、可欲的因素，而低估了社会的复杂性以及其内部的对立性。实际上，市民社会、公民社会内部并非铁板一块，其内部始终存在复杂的利益矛盾和对立，更重要的是，社会领域中的利益集团往往倾向于影响国家的决策，俘获立法者的意志，最终控制立法权力来实现自身利益的最大化和排他化。因此，对于社会力量，立法者也要采取审视的态度，而不能听之任之。

最后，地方立法动力学还反对那种单纯的文化决定论。文化决定论兴起于一种东西文化比较的意识形态氛围当中，对于各国、各大文明、各大法系之间的法律和立法的差异，其并不满足于制度论和技术论的既定解释，认为那最多只是一些流于形式的皮相，真正本质性的区别存在于文化层面。文化决定论认为，决定各大法律或各国立法差异的，是其背后的文化类型，或者是其历史文化传统以及其所负载的价值观念。尤其是在现代化的视野看来，现代与传统最大的区别就是文化价值层面的，与之相应，现代法律与传统法律文化最大的差异也存在于价值观念方面。某些价值才是现代化的根源，因而也是立法现代化或法治化的最终动力。如果现代化的价值观念是共同体内生的，那其立法就要反映这些价值观念，如果某一共同体并未内生这些表征现代的价值观念，那其立法所扮演的角色只能是移植这些域外的价值观念。这种文化决定论的错误是显而易见的：其一，文化决定论虚构了文化类型，认为这些价值类型及其背后的价值观念决定了立法活动。他们认为，文化类型根存在一个民族的历史文化传统当中，从这些观念一开始它们就是定型的、不可更改的，除非进行全面的否弃和移植。这明显属于一种文化基因决定论的思维方式，而全然忽略历史进程的展开，以及充斥其中人们的实践。其二，文化决定论还明显地持有现代中心论，或者更直白地说是西方中心论的色彩。因为现代性发源于西方，作为法律现代性渊源的那些价值也来自西方，由于文化类型的限制，非西方国家想实现法律和立法的现代化，除移植西方法律和法律价值之外，别无他途。在这种西方中心主义的逻辑下，立法作为一种强制性的、主权性的权利，所扮演的角色不是维护自身的文化和主权独立性，而只是加强西方中心地位。这种立法只能扮演一种扭曲的现代化的角色。

总而言之，地方立法的动力机制研究是要说明，立法是一项系统性的工程，是一个真正社会化、制度化（而非抽象化的）过程，是建立在多重的事实根据之上的。对于地方立法的研究及其问题的解决，应树立起足够宽广的视野，并把局部的、单个的问题放置在这种整体结构当中。追溯地方立法的实质动力不要为了回顾过往，或顾左右而言他，而是为了更好地指导立法实践，真正为地方立法的进步、地方法治的建设提供有益借鉴。

二、"法治中国"的制度图景

法治中国,"是对法治政府、法治国家和法治社会关系深入思索的升华;是对社会转型、社会改革与法治关系深入思考的产物"。[1]回溯历史,人类社会每经历一长时段的社会变动,都会创制出新的国家制度、新的法律体系和权利体系、新的支配性的主流意识形态和社会共识来对变动的成果进行规范性的确认;同时,对社会关系的每一次大规模或深化调整,对社会权力和利益格局的每一次大范围的重构,都需要普遍可接受的规范性基础,以表达社会各个群体的利益诉求,凝聚其基本的社会共识,调动各方面的社会力量,并为相应的制度化建设提供可以评判、评估的价值和规范标准。在当代中国的语境中,法治中国是中国现代化建设的重要一环,它既是过去三十余年的政治、经济和社会改革成果的制度性确认,也是为进一步深化政治经济体制改革,实现国家治理能力和治理体系的现代化提供一种可接受、可预期的(而非乌托邦式的)规范性基础。

法治中国的构图可以从多重维度展开。周叶中教授认为,法治中国是对依法治国战略的提升,这主要体现在四个方面,一是从思维方式上,从法律思维向法治思维的转向;二是从体系支撑上,强调了法律体系向法治体系的提升;三是从文化内涵上,强调了法律文化向法治文化的转型;四是从发展道路上,从依法治国到法治国家、法治政府和法治社会一体建设的进步。[2]葛洪义教授认为,法治中国建设,其逻辑起点应是公民权利而非义务;在权利的实现机制方面,需要重新调整政府、国家与公民社会组织之间的关系,将现行的自上而下的人治式的社会治理机制转变为自下而上的权利保障机制;在法治中国建设的方向上,应当调整国家与社会的关系,法治中国的建设应当从社会而不是国家开始,要重视法治国家建设,更要重视法治社会建设;在法治中国建设的着力点上,应当具体到地方层面,必须大力推进地方法治建设。[3]可以看出,这些关于法治中国的含义各有侧重点。法治中国是现代中国进行国家建构的一种方式,其用意在于实现法治化的国家建构和发展。

---

[1] 陈金钊:《"法治中国"的意义阐释》,载《东方法学》2014年第4期。
[2] 参见周叶中:《关于"法治中国"内涵的思考》,载《法制与社会发展》2013年第5期。
[3] 参见葛洪义:《"法治中国"的逻辑理路》,载《法治与社会发展》2013年第5期。

以法治的方式进行国家建构，实际上是政治和治理现代化的要求，这一战略主张建立在对二重传统或历史经历的反思的基础之上。第一重反思针对的是中国古代盛行的大一统的专制秩序。这种秩序形态运用宗法血缘关系而非自由契约来组织社会关系，个人是一个义务承担者而非权利主体，它被限制在狭小的交往范围内，被组织到各种目的性的共同体之中，被整合进等级森严的礼仪秩序之中。在这种社会组织形态中，平等的关注这一要素恰恰是其所欠缺的。并且，专制者的权力是无限的，虽然当时也存在明文的法律和规则，但这些法律只是用来约束人民而非用来控制统治者的恣意。第二重反思的对象是中国近代化过程中的国家失败。在推翻帝制之后中国的国家建构远未完成。这表现在国家权力虽然被民主革命打碎了，但它却并未走向理性化的轨道，并没有被有效组织起来，反而呈现出封建化的趋势，即原本无所不包的专制权力被分割成条条块块，专制等级秩序因之不断小型化。另外，这些专制权力却并不能有效地渗透进社会，以进行有效的治理，这就导致了社会秩序的崩溃和近似无政府主义的状态。可以看出，这两种政治形式其实都不是现代的，它们或者构造了等级化的社会秩序，或者创制了不受控制的国家权力，或者误解了国家与社会的正当关系。总之，这一切正如福山所深刻指出的，中国虽然在世界上最早发展出官僚制国家，但由于其欠缺法治的传统和有责任政府的观念，导致其政治发展迟迟难以进入现代化的门槛。[1]

实现法治化的国家建构，即要扭转这种治乱循环，即国家一旦加强对社会的政治控制，个人自由就容易会被淹没，社会发展因而陷入停滞；一旦国家减轻对社会的压力，那社会秩序就会陷入普遍的失范和危机。法治化的国家建构既反对任何形式的专制，也反对无政府主义，它倡导的乃是制度的统治，或者是制度的专政。它的核心乃是国家主权结构的法治化。它既认可诞生于近代革命过程中的主权，也主张应当把这种主权结构制度化、常规化、理性化，使其变成可控的而非非理性的。[2]不同于过往那种建立在阶级力量对比或利益集团的实力基础上的均衡，这里的均衡是高度制度化的。"主权结构的均衡在本质上就是意志的同一性，在中国的体制里，法律正扮演了一个

---

〔1〕　参见［美］弗朗西斯·福山：《政治秩序的起源：从前人类时代到法国大革命》，毛俊杰译，广西师范大学出版社 2014 年版。

〔2〕　参见郭晔：《中国式法治现代化概念的逻辑构造及其展开》，载《法学研究》2024 年第 2 期。

沟通党、人民与国家三者意志、最终取得共识的形式理性：人民的意志通过民主集中制成为党的政策，党的政策又通过执行成为国家政策，国家政策复次通过立法程序最终成为三者共同遵守的规则与形式，从而实现了三者意志的统一，解决主权结构均衡的问题。"[1]因而，"法治是治国理政的基本方式，"[2]优良治理的实现应坚持法治。

这种法治化的国家建构建立在两种时空语境之中。后两者提供了我们审视法治国家建设的双重视角，一是"后发展国家"视角，二是全球化视角。作为一个以礼治闻名的共同体，自由宪政和法治并非其自生自发的本土资源。这就决定了其从传统秩序向近代法制转化的过程中，拥有独特的历史经历和文明记忆。这种现代化既有基于传统的再创造，也有对西方法治文明，包括其观念、价值和制度的参考。对异域法律文明的引进有可能受到本土保守势力的抵触，而对传统文明的复兴又有可能遭到现代视角的批判。因而，中国的现代化过程，是各种思想、各种传统交流碰撞和汇聚的过程。法治中国的理念，是对各种文明传统的包容与综合。即"中华文明的千年古典传统、近代以来的党制国家的百年传统与未来人民共和宪政之世界主义的传统，三统重新归于人民的共和国或公民的自由与秩序相统一的现代法治民主之国家"。[3]

另外，法治中国的建构也是基于全球化的时代语境。全球化过程实际上拓展了我们对于政治、经济、文化、社会，当然也包括法治问题的时空感知，它把中国的现代秩序的建构放置到一个更为宏大的整体秩序当中。[4]全球化不仅以资本、财富、知识等技术形式表现出来，而且以战争、同化、文明冲突、学习、价值等秩序的形态表现出来，而全球秩序对于法治中国的建构的影响是显而易见的。中国对于自身秩序的建构，既需承担大国对于文明责任的担当，也应当对现代文明增加中国的智慧。在全球化日渐深入过程中，中国可以吸收那些反映人类基本价值的文明成果，但同时也应谨慎应对全球化

---

〔1〕 王旭：《"法治中国"命题的理论逻辑及其展开》，载《中国法学》2016年第1期。

〔2〕 应松年：《加快法治建设促进国家治理体系和治理能力现代化》，载《中国法学》2014年第6期。

〔3〕 高全喜：《"法治中国"及其指标评估的"后发国家"视角》，载《学海》2015年第3期。

〔4〕 参见张文显：《论中国式法治现代化新道路》，载《中国法学》2022年第1期。

对于中国的秩序构建所能带来的挑战。立足于后发展国家与全球化的情势，法治中国观念体现的是现代中国国家秩序建构中的文明自觉。"主体维度的法治中国涵摄了主体的法治自觉、自信、自立与自强；客体维度的法治中国聚焦于从依法治权与依法维权的二元对立转向互信、和谐的权利与权力关系模式与治理格局，致力于构建友爱的党民关系、友善的政民关系和友好的法民关系；在时间维度上，法治中国是中国模式的历史养成与现实创新的统一；在空间维度上，法治中国旨在谋求中国在全球的法治话语权、法治治理权、法治管理权和法治发展权。"[1]

在具体的构成要素上，不管人们对于法治概念的理解是什么，法治中国都应当包含权利保障、权利限制、法治政府、多元治理等内容。

（一）权利保障：法治中国的核心之义

权利观念是法治的逻辑起点。可以说，法治即为保护权利而生。法治意味着规则之治，然而，如果所制定的法律仅仅是抽象的规则，而无任何人权保障的内容，那对于规则和法律的贯彻充其量只是一种治理术。权利保障实际上践行了康德的认识目的而非手段的理念。正是由于权利的存在，原本孤立的个人才成为公民，成为公共事务的主体。因此，以权力保障为基础的法治，与其他以社会功利或义务约束为基础的法治观念不同。以义务观念为基础的制度的宗旨是要约束人的自然欲望，所谓"存天理、灭人欲"是也；而以权利为核心的秩序则是一种开放的包容性秩序，其肯定并保护这种欲望，鼓励人们为满足自身的欲望和目标而进行理想追求。

权利保障同时使最广泛的世俗化的社会共识成为可能。这种法治共识与义务本位的治理秩序不相容。在义务本位的秩序那里，被统治者仅仅作为一种消极的主体，被强制性地组织到礼仪、宗教、地域、性别等身份性的关系网络和认同当中。这种等级社会中的共识，更多带有强制的意味，而非基于自由而平等的公民的自由意志；这种共识更多是从各种习俗、宗教、道德观念当中引申出来，并借助国家权力的强制性使用而得以推广到共同体全部范围的，因而这种共识的确立，往往意味着对其他宗教信仰、生活习惯、道德传统的排斥。而法治共识既不借助于强制，也不排斥其他伦理信条和价值观，它是一种包容性的共识，它立基于理性化的、无目的、非人格化的制度或规则系统。权利保障正是这种普遍主义的法治共识的核心。

(二) 权力限制：法治中国的关键条件

哈耶克认为："法治的意思就是指政府在一切行动中都受到事前规定并宣布的规则的约束——这种规则使得一个人有可能十分肯定地预见到当局在某一情况中会怎样使用它的强制权力，和根据对此的了解计划它自己的个人事务。"[1]马长山教授也认为："法治不仅是一种制度设计和运行机制，更是一种秩序状态和生活方式，它虽然没有一个固定不变的统一模式，然而，把'权力关进制度的笼子里'却是它的根本标志。"[2]法治区别于专制的一个核心要点，就是其对公共权力实行正当化地限制。法治要求政府尊重公民的个人意志，尊重其私人领域，公民个体自成其目的本身，政府没有权力将公民个人及其私人领域当成自身实现特定目标的手段。而只有对公共权力进行限制，那才能杜绝政府对于公民私人领域的恣意强制。法治要求的是平等。而只有对政府的权力进行约束，那这种平等才可能实现。因为与普通人一样，统治者或者政府亦具有特定的行为偏好，所以，不仅是私人之间交往，政府和立法者同样要有行为边界。"法治的理想，要求政府既强制他人遵守法律——而且这应是政府唯一有权垄断的事——又要自己也依同样的法律行事，从而和任何人一样受到限制。"[3]只有对政府的专制性权力进行约束，才能真正贯彻平等的观念。

(三) 法治政府：法治中国的顶层设计

法治政府意味着职权法定、监督法定、行为法定、程序法定、责任法定。[4]法治政府要求政府既将公民的基本权利与自由作为自身的行为界限，同时也将这些基本权利与自由作为自身的目的，以代替任何特殊的目的。这样看，法治政府虽然通过列举权力清单的方式限缩了政府的强制性权力，以

---

〔1〕 [英] 弗里德里希·奥古斯特·冯·哈耶克：《通往奴役之路》，王明毅等译，中国社会科学出版社1997年版，第73页。

〔2〕 马长山：《"法治中国"建设的问题与出路》，载《法制与社会发展》2014年第3期。

〔3〕 [英] 弗里德里希·奥古斯特·哈耶克：《自由宪章》，杨玉生等译，中国社会科学出版社2012年版，第335页。

〔4〕 See Cooper, Frank E., "The Executive Department of Government and the Rule of Law", *Michigan Law Review*, 59 (1961), 515~530.

及其对社会经济生活和思想文化生活的干预范围，但实际上加强了政府对于国家治理的责任，包括政治责任和道德责任。民主要求的是政府对人民负责，法治要求的是政府应当保障和尊重公民的人权，可以说，法治政府即民主治理与法制系统的连接点。

法治政府显示出国家治理逐步向理性化发展的趋势。[1]近代中国的国家建设，很长时期内是以革命的方式展开的，因而形成了独特的运动型治理的传统。革命诉诸的是整体化的运动，它需要的是强有力的组织控制机制、能够凝聚人心的道德信念、乌托邦的世界图景，来把分散的个人凝聚成一个整体，然后诉诸以整体化的行动，而不管这种集体行为会对个人造成多大的侵害。革命需要的是激情、乌托邦、理想主义和集体主义。而对于国家治理而言，其需要的却是冷静务实、权衡利弊、恪守原则、保障人权、长远目标，支撑这一切的则是理性化、制度化、常规化、非人格化。法治政府的提出，实际上标志着由革命向正当化的秩序、由不计成本的浪漫主义向关心私利的世俗化、从毕其功于一役的运动式向理性化、制度化的治理方式的转变。

（四）多元治理：法治中国的社会基础

多元治理的关键是重构国家与社会之间的关系，这也是法治中国观念能够落到实处的一项关键性的制度安排。以往无论是在革命实践当中，还是在国家社会主义实践当中，其奉行的都是国家本位和官僚本位，在此期间，社会的组织性力量不仅没有受到重视，反而处在受压制的地位。这种国家决定社会的观点，事实上不仅违背了马克思主义的基本观点，而且为国家治理带来诸多难题。社会领域的受排挤、受压缩，是威权治理的结构性前提。因此，要提升国家治理的法治化水平，其必然的选择就是重视社会的、民间的力量，突出社会领域的优先地位。这是对于过往治理模式的一次制度矫正。法治中国的核心目的，即要实现中国国家治理体系和治理结构的现代化。

公共治理的一项基本要求是公共参与。[2]对治理的公众参与透露出对法治化治理的民主理解，其坚持的是政府、社会、个人的主体间关系。由此，

---

〔1〕　参见王启梁：《中国式回应-规划型法治推进路径——法治政府建设的延伸个案考察》，载《法制与社会发展》2024 年第 1 期。

〔2〕　See Sale, Hillary A, "Public Governance", *George Washington Law Review*, 81 （2013），1012~1035.

其一方面强化了政治公共领域对于政府决策的监督、制衡能力，另一方面也扩大了政府的信息来源，在官僚系统之外增设行为纠偏机制，切实增强了政府在治理中对于公共需求的回应能力。而要保证公共参与成为现实，那就至少要满足如下制度要求：①切实保障并坚决落实公民对本地区治理事务的知情权、表达权、参与权、监督权，以确保不同的个人、族群、利益群体、社会阶层能够通过基本权利的行使，将理性的多元价值主张、利益诉求、理想观念反映到治理框架，尤其是地方立法当中，经由充分、反复的商谈而形成普遍意志和公共利益。②政府应通过立法供给一些必要的辅助性机制和公共物品，一方面培训社会公众的参与意识，提升其组织化水平，合理引导其观念、话语、知识、技艺的公共运用，另一方面则是经由这些参与性的程序、方式、渠道的制度化、定型化，使多元的社会主体规范地参与到地方的经济文化事务、社会事务和立法过程中。③重视社会力量的作用。这要求注重培养、发掘、引导、规范民间自生自发力量和"非正式制度"因素，把社会领域的自治作为法治型治理秩序的重要组成部分，尊重其自我管理和自我组织功能，把人民群众的实践当作制度创新的源泉，真正提升人民对于公共治理和立法的认受性。

三、渐进性法治之路：从地方立法、地方法治到法治中国

(一) 渐进性的法治道路

若单纯奉行国家主导、自上而下的建构方式，会存在几种思想误区。一是其坚持一种国家主义的观点，误解了国家在现代法治秩序中的地位和作用。很明显，片面突出国家在法治建构中的主导地位，很容易造成立法的官僚化和制度寻租行为，甚至存在向全权型国家迈进的风险。二是误解了法律和法治的概念，与其把法律和法治仅仅看作一种由法条构成的体系化装置，一种纯粹技术主义的东西，一种自上而下控制社会、分配利益的现代治理术，其能够发挥制度效应并不需要特定的价值观念、原则、理想和公共政治文化的支撑。

显然，这种国家建构主义的道路是片面的。法治道路的选择问题，不仅涉及法治的概念或国家的角色定位问题，而且还涉及法治中国建设的动力问

题。比如，孙笑侠教授就认为，中国的法治建设除国家推动力外，还存在民间推动力和职业共同体的推动力。法治建设的民间原动力既与执政者认识到需要"把权力关进制度的笼子里"的必要性并且愿意推动法治有关，也与民间社会对于权利的诉求有关；法律职业共同体既不同于政治国家，也不同于市民社会，而是一种独立的建构性力量，其对法治的推动力体现在其对于法律专业知识的掌握和共享方面。[1]同样，马长山教授认为当前我国的法治建设已发生重大战略转向，即从过去单纯注重顶层设计的国家单轮驱动，转变为民间力量与国家力量相互促进的两轮整合驱动，并以此推动法治秩序的平衡发展与和谐建构。[2]

我们论述地方立法的动力学的目的之一，就是要证明立法不仅是出自国家的意志，因为它的背后存在深厚的社会需求。立法实际上是一种将社会交往活动和关系制度化的行为，其不仅具有概念、规范和体系的形式，而且还存在广泛而深刻的政治经济学基础。立法的形式、程序和技术不能替代立法的动力和基础。诚然，制度不仅是自生自发的，它还存在移植的现象，但经过移植的制度如果不能与本地的习俗、道德观念、经济形式、政治需求相结合，那是很难发挥规范效力的；这些制度只有嵌入社会生活关系网络当中，与特定的经济、文化、政治、社会因素相结合，其才能具有生命力。这说明，即便是立法行为，亦是内生性的制度发创造和秩序发展。而内生性的制度演化过程则是渐进的。

"法治中国"建构过程的渐进性的表现是多方面的。党的十八届四中全会以来虽然强调顶层设计，但中央的功能更多是提供一些框架性的目标，而不是就具体事务对地方进行指导。随着地方立法权的不断扩大，地方立法的自主性和积极性随之增强，其通过立法的方式加强对地方社会的公共产品的供给的前景是可期的。随着大地方立法权、财政权、经济决策权力的增强，以及地方政府间竞争与合作的关系的日益扩展，地方的法治实验也如火如荼地展开，这期间，由于制度竞争逐渐成为地方政府间竞争的核心，地方政府运用立法手段增强制度供给的自觉性势必会逐渐提高。这一切，都在促成当今

---

〔1〕　参见孙笑侠：《"法治中国"的三个问题》，载《法制与社会发展》2013 年第 5 期。
〔2〕　参见马长山：《"法治中国"建设的转向与策略》，载《环球法律评论》2014 年第 1 期。

"法治中国"建设的渐进性。

（二）地方立法与国家治理的现代化

地方立法、地方法治、法治中国的目的，最终在于促成中国国家治理体系和治理能力的现代化。[1]地方立法和法治中国的建构，只有嵌入国家治理体系之中，并转化为实实在在的国家治理能力，那么其相应的制度化过程才不会显得空洞化。法治促成的国家治理能力的提升，在法治的视野当中，一国的治理能力中最重要的是其制度化能力。据此，地方政权作为国家体制的有机组成部分，地方法的立法活动不仅能够作用于地方，而且能够助益于法治中国和国家治理的现代化。具体而言，地方立法对于国家治理能力的提升表现在以下方面。

第一，传统国家的治理，虽然也始终伴随集权与分权的矛盾，但其儒家官僚制却存在一个明显的优势，即官方推崇的儒家学说为其提供一套整全性的价值体系，而儒生阶层作为这套价值观念的负载者，能够对国家的制度与礼仪实践产生稳固的认同。同样，现代法治不仅规范官僚机构的行为，而且也在塑造其价值观念，并以此维系后者的凝聚力，确证其与社会的关系、自身的行为方式和责任意识。显而易见，现代法律的形式理性性格，恰好与官僚制依据抽象规则行政、反对因事而异的行为方式的特点相适应。"一旦政府所拥有的价值和象征在整个社会中成为广泛认可、毫无异议的价值和象征，那么政府就可以轻而易举地用这些价值和象征把自己的权力行为包装起来。这样一来，公民就会感到有义务遵守政府的政策"。[2]

第二，制度是为提高人的价值而设，任何法律制度都应该以实现人的价值为终极目标，[3]一旦特定的制度安排无法适应变动的环境，或者不能与相关的制度安排相兼容，那么制度短缺问题也就随之而来。在此，法治首先解决了制度需求的确认问题。所谓"改革要于法有据"，所指的恐怕不单是制度

---

〔1〕 See Graves, W. Brooke, "Influence of Congressional Legislation on Legislation in the States", *Iowa Law Review*, 23（1938），519~538.

〔2〕 王绍光：《安邦之道：国家转型的目标与途径》，生活·读书·新知三联书店2007年版，第64页。

〔3〕 刘力：《数字时代政府数据治理的法律隐忧与规制》，载《湘潭大学学报（哲学社会科学版）》2023年第4期。

变革应与现成的规范严丝合缝，关键是要看是否依据法治的原则、价值，是否运用法治的思维和方式去确认立法需求。其次法治为制度供给提供了一幅可欲理想图景，其能对具体的制度安排进行评价、指引。具体而言，法治当中所蕴含的产权保护原则、公平正义原则、秩序机制、人权观念，既能够保证国家主导的制度变迁是在合法、正当的前提下进行的，又能够保证这种制度选择是在技术条件给定的情况下，最大限度地降低交易费用的安排。

第三，对于国家之能力的建构而言，政治共同体的构成问题应当逻辑地先于政府形式问题，它是一切宪法权力安排的前提。在现代性除魅的条件下，传统形式的习俗、宗教、伦理逐渐地退缩到私人领域，取而代之的法治成为公共领域的新伦理。于此，"法治中国"等概念的提出说明，法治能够超越宗教性、地域性、家族性的伦理，为中国人的政治认同和文化身份提供一套普遍、公共的基准。作为一种公共政治文化，法治所提倡的以平等、权利为核心的现代价值观，屏蔽了传统世界观中的形而上学成分，撤除了"文明冲突"的基本条件，因而能够在多元主义的语境中塑造一种统一而又合乎理性的公民道德和民族文化。

第四，法治给出了一种道德世界观，人们能够基于其所蕴含的原则、价值、理想达成稳定的社会共识。由此在政治领域，自由而平等的理性公民可以运用这些共享的观念来对政治支配结构进行合法性评价，并形成对制度的道德忠诚，换言之，合法性判断不需要再去参照即时性的利益均衡、卡理斯玛禀赋或强制权力的集中程度。另外，把法律作为一种合法性标准，不仅可以保证制度结构的正当性，而且能够实现政治决断的正当化。法治的观念、原则和理想铸造了国民的公共道德观念和价值体系，公民以此对统治者的人格、偏好是否符合这种道德期待进行考察。因此，基于法律的合法性具有高度的可认受性，其合法性效果取决于社会公众对权力行使的道德感知、心理判断和理性推理。